DROIT DU COMMERCE INTERNATIONAL

COURS DALLOZ

Série Droit privé

Sous la direction de Marie-Anne Frison-Roche
Professeur à Sciences Po (Paris)

DROIT DU COMMERCE INTERNATIONAL

2e édition

2011

Jean-Baptiste Racine
Professeur à l'Université de Nice-Sophia Antipolis

Fabrice Siiriainen
Professeur à l'Université de Nice-Sophia Antipolis

DALLOZ

DALLOZ

31-35, rue Froidevaux - 75685 Paris Cedex 14

ISBN 978-2-247-08961-1

Abréviations

Adde	Ajouter
AFDI	*Annuaire français de droit international*
AJDA	*L'actualité juridique, Droit administratif*
Arb. Int'l.	*Arbitration International*
Arch. Phil. Dr.	*Archives de philosophie du droit*
Bull. ASA.	*Bulletin de l'association suisse de l'arbitrage*
Bull. CIA/CCI.	*Bulletin de la Cour internationale d'arbitrage de la Chambre de commerce internationale*
Bull. civ.	*Bulletin des arrêts de la Cour de cassation, Chambres civiles*
CCI	Chambre de Commerce Internationale
CIJ	Cour internationale de justice
CIRDI	Centre International pour le Règlement des Différends Relatifs aux Investissements
Contra	en sens contraire
CPC	Code de procédure civile
D.	*Recueil Dalloz Sirey*
D. aff.	*Dalloz affaires*
DMF	*Droit maritime français*
DPCI	*Droit et pratique du commerce international*
Dr. soc.	*Droit social*
Gaz. Pal.	*Gazette du Palais*
Ibid.	au même endroit

ICSID Rev.	*International Center for Settlement of Investment Disputes Review, Foreign Investment Law Journal*
Infra	ci-dessous
J-Cl.	*Jurisclasseur*
JCP	*La semaine juridique édition générale*
JCP E	*La semaine juridique édition entreprise*
JDI	*Journal du droit international (Clunet)*
JIBL	*Journal of international banking law*
JOCE	*Journal officiel des Communautés européennes*
JOUE	*Journal officiel de l'Union européenne*
J. soc. lég. comp.	*Journées de la société de législation comparée*
LPA	*Les Petites affiches*
loc. cit.	à l'endroit cité
op. cit.	dans l'ouvrage cité
Préc.	précité
RD aff. int.	*Revue de droit des affaires internationales*
RDC	*Revue des contrats*
Rec. Cours	*La Haye Recueil des cours de l'Académie de droit international de La Haye*
Rev. arb.	*Revue de l'arbitrage*
Rev. crit. DIP	*Revue critique de droit international privé*
Rev. int. dr. éco.	*Revue internationale de droit économique*
Rev. proc. coll.	*Revue des procédures collectives*
Rev. sociétés.	*Revue des sociétés*
RFDA	*Revue française de droit administratif*
RGAT	*Revue générale des assurances terrestres*
RGDA	*Revue générale du droit des assurances*
RGDIP	*Revue générale de droit international public*
RIDA	*Revue internationale du droit d'auteur*
RID Comp.	*Revue internationale de droit comparé*
R.J. Com.	*Revue de jurisprudence commerciale*
RJDA	*Revue de jurisprudence de droit des affaires*
RLDA	*Revue Lamy droit des affaires*
RLDC	*Revue Lamy droit civil*
RRJ	*Revue de la recherche juridique*
RSC	*Revue de sciences criminelles*
RTD. civ.	*Revue trimestrielle de droit civil*

RTD. com.	*Revue trimestrielle de droit commercial*
RTD. eur.	*Revue trimestrielle de droit européen*
S.	*Sirey*
spéc.	Spécialement
Supra	Ci-dessus
Trav. Com. Fr. DIP	*Travaux du comité français de droit international privé*
V.	Voyez

Introduction

1 L'économie se mondialise. Les échanges économiques internationaux croissent. Le commerce international est en expansion. Ce sont les réalités de ce début de XXIe siècle. Il existe en effet un processus de mondialisation de l'économie dont les manifestations principales sont l'intensification et la libéralisation des échanges internationaux [1]. Certaines entreprises ont un champ d'action mondial. Des produits sont vendus sur les cinq continents. La stratégie entrepreneuriale est tournée vers le développement international [2]. Cela est synonyme d'exportations ou d'implantations à l'étranger. Le capital est mobile. Les marchés financiers sont globalisés. Certaines entreprises délocalisent même leur système productif pour réduire leurs coûts. Dans la même logique, le commerce des services s'internationalise. En bref, la composante internationale est consubstantielle à l'économie moderne. Ce mouvement ne concerne pas uniquement les grandes entreprises, celles que l'on nomme communément les « multinationales ». Toutes les entreprises, même les PME, sont concernées. Il suffit pour cela que leurs fournisseurs soient étrangers, qu'elles soient distributeurs de produits fabriqués à l'étranger ou qu'elles

1. C.-A. Michalet, *Qu'est-ce que la mondialisation ?,* La Découverte 2004; J. Adda, *La mondialisation de l'économie : Génèse et problèmes*, La Découverte, coll. Repères, 2006.
2. S. Graumann-Yettou, *Commerce international, Guide pratique*, Litec, 6e éd., 2005.

développent leurs activités dans des zones frontalières pour que la dimension internationale soit présente. De même, les PME n'hésitent plus à investir à l'étranger. Le développement du *e-business*, par l'usage d'internet, ne fait que renforcer ce mouvement d'abolition des frontières.

2 Le droit s'intéresse naturellement au commerce international. C'est l'objet même de cette discipline qu'est le droit du commerce international. Son importance est grandissante à mesure que les échanges internationaux s'accroissent. Le droit du commerce international est le compagnon naturel d'une économie en voie de mondialisation. Dans ces conditions, il est possible qu'à l'avenir, il devienne le droit commun des relations d'affaires dans une économie mondialisée. En retour, la mondialisation de l'économie a pour conséquence de favoriser une mondialisation du droit [1]. Les sources internationales se multiplient et le droit comparé devient une discipline de premier plan. Il y a ainsi un phénomène de métissage des droits qui se manifeste de manière particulièrement éclairante.

3 Le droit du commerce international, pour être une matière d'actualité, n'en est pas moins très ancien [2]. Le commerce international existe depuis l'Antiquité. La période grecque est l'époque où se forgent certaines règles relatives au commerce maritime (par exemple le prêt à la « grosse aventure », ancêtre de l'assurance maritime). Le droit romain connaissait aussi un *jus gentium*, distinct du *jus civile*, applicable aux relations avec les étrangers. Il ne s'agissait pas à proprement parler d'un droit commercial, mais ce *jus gentium* permettait d'appréhender les relations commerciales. C'est en réalité le Moyen Âge qui va marquer la véritable naissance d'un droit du commerce international. De grandes villes, comme Venise ou Bruges, se livrent au commerce international. Les marchands se réunissent dans le cadre de foires. Un *jus mercatorum* apparaît alors, fait d'une union entre le droit

1. E. Loquin et C. Kessedjian (dir.), *La mondialisation du droit*, Litec, 2000 ; M. Mahmoud Mohamed Salah, *Les contradictions du droit mondialisé*, PUF, 2002. *Adde*, H. Synvet, « L'internationalisation du droit des affaires », in *Le Code de commerce 1807-2007 : Livre du bicentenaire*, Dalloz, 2007, p. 727.
2. R. Szramkiewicz, *Histoire du droit des affaires*, Montchréstien, 1998. V., aussi ; D. Cohen, « Droit du commerce international et modernité », in *Études à la mémoire de B. Oppetit*, Litec, 2009, p. 109.

romain et un droit coutumier, applicable dans toute l'Europe. De grandes institutions comme la faillite ou la lettre de change apparaissent à cette époque. Plus tard, la découverte du Nouveau Monde conduit à l'accentuation du commerce international. Toutefois, l'affirmation des États-nations va progressivement amoindrir l'importance d'un droit du commerce international. Le droit se recroqueville sur la nation et le droit « international » est principalement conçu comme un instrument de coordination entre droits nationaux. Aujourd'hui, avec la mondialisation de l'économie et le mouvement corollaire de dépassement des États-Nations, le droit du commerce international est appelé à une nouvelle destinée.

4 L'expression de droit du commerce international est celle que nous avons choisie [1]. On parle aussi de droit commercial international [2], de droit des affaires internationales [3] ou bien encore de droit international de l'entreprise [4]. Toutes ces expressions sont pour nous équivalentes. Il demeure cependant des problèmes de définition et de frontières. De manière très simple, on pourrait définir le droit du commerce international comme étant le droit des rapports commerciaux internationaux. Ces termes sont cependant ambigus.

Qu'entendre par « commerce » ? Il y a une distinction à faire avec le droit commercial interne. Le droit du commerce international n'est pas la simple projection en matière internationale du droit commercial interne. Son champ d'application n'est pas limité à la matière commerciale au sens étroit du droit interne. Il n'est pas fait référence aux notions d'actes de commerce ou de commerçant. Le mot de commerce, au sens international du terme, est

1. V. aussi, Y. Loussouarn et J.-D. Bredin, *Droit du commerce international*, Dalloz, 1969 ; R. David, *Droit du commerce international*, Économica, 1987 ; J. Béguin et M. Menjucq (dir.), *Droit du commerce international*, Litec, 2005 ; P.-A. Gourion, G. Peyrard et N. Soubeyrand, *Droit du commerce international*, LGDJ, coll. Systèmes, 4e éd, 2008 ; O. Cachard, *Droit du commerce international*, LGDJ, Coll. « Manuel », 2008 ; H. Kenfack, *Droit du commerce international*, Dalloz, coll. Mémentos, 3e éd, 2009 ; J.-M. Jacquet, P. Delebecque et S. Corneloup, *Droit du commerce international*, Dalloz, coll. « Précis », 2e éd., 2010.

2. W. Pissoort et P. Saerens, *Initiation au droit commercial international*, De Boeck, 2004.

3. S. Chatillon, *Droit des affaires internationales*, Vuibert, 2005. V. aussi, C. Leben, *Le droit international des affaires*, PUF, coll. « Que sais-je ? », 2003.

4. J.-M. Mousseron, J. Raynard, R. Fabre et J.-L. Pierre, *Droit du commerce international (droit international de l'entreprise)*, Litec, 3e éd., 2003.

beaucoup plus large. Il est synonyme d'activité économique. Il englobe même les activités économiques de l'État et des personnes publiques. Autre différence avec le droit commercial interne, le droit du commerce international utilise des règles propres. Ainsi, par exemple, une vente internationale obéit-elle à un régime particulier, distinct de la vente interne.

Qu'entendre par commerce « international ». On dira à titre liminaire qu'une opération est internationale lorsqu'elle contient un élément d'extranéité ou lorsqu'elle met en jeu des intérêts du commerce international, c'est-à-dire lorsqu'elle sollicite l'économie de plus d'un pays. Il faut faire ici la distinction avec le droit international privé [1]. Dans la mesure où seul le commerce *international* est concerné par notre matière, il existe un lien naturel avec cette discipline. À certains égards, le droit du commerce international recoupe le droit international privé. Il en va par exemple ainsi lorsqu'il s'agit de déterminer la loi applicable à un contrat (question des conflits de lois). Dans cette perspective, le droit du commerce international ne serait *a priori* que le décalque de la discipline « mère », à savoir le droit international privé. Il y a toutefois une grande part d'autonomie du droit du commerce international. La preuve en est l'existence de sources privées du droit, telle, pour partie, la *lex mercatoria*, l'usage de plus en plus fréquent des règles matérielles au détriment des règles de conflit, l'utilisation grandissante de l'arbitrage comme mode de résolution des conflits. Autrement dit, si le droit du commerce international recourt parfois aux instruments du droit international privé, il s'en démarque souvent. L'évolution tend à faire du droit du commerce international une discipline autonome par son esprit, ses méthodes et son objet.

5 Toute difficulté n'est pas pour autant évacuée. D'autres chevauchements existent. Ainsi, le droit du commerce international est-il

1. V. notamment, H. Batiffol et P. Lagarde, *Droit international privé*, LGDJ, t. 1, 8e éd., 1993 ; t. 2, 7e éd., 1983 ; Y. Loussouarn, P. Bourel et P. De Vareilles-Sommières, *Droit international privé*, Dalloz, 9e éd., 2007 ; M.-L. Niboyet et G. Geouffre de La Pradelle, *Droit international privé*, LGDJ, Coll. « Manuel », 2e éd., 2009 ; P. Mayer et V. Heuzé, *Droit international privé*, Montchrestien, 10e éd., 2010 ; D. Bureau et H. Muir Watt, *Droit international privé* (deux tomes), PUF Coll. « Thémis », 2e éd., 2010 ; B. Audit et L. d'Avout, *Droit international privé*, Économica, 6e éd., 2010.

proche du droit international économique. Cette matière couvre les règles applicables aux relations macro-économiques et forme la branche « économique » du droit international public [1]. Il serait simple de limiter le droit du commerce international aux seules relations entre opérateurs privés. Or les États sont devenus des acteurs à part entière du commerce international (notamment par le biais des contrats d'État). De plus, les règles relatives au commerce, notamment celles qui sont décidées dans le cadre de l'Organisation mondiale du commerce (OMC), ont une répercussion très concrète sur l'activité des entreprises. La distinction entre droit privé et droit public, déjà pour partie peu pertinente en matière interne, l'est encore moins en matière internationale. Un autre chevauchement potentiel vient du droit des affaires de l'Union européenne [2]. Cette discipline intéresse le commerce exercé au sein du marché intérieur qui, à certains égards, est aussi une forme de commerce international (et qui, à défaut d'être mondial, est régional). Il y a aussi des règles relatives au commerce extérieur à l'Union (exportations à destination de pays tiers ou importations en provenance de pays tiers). Dans cette optique, le droit des affaires de l'Union européenne peut être considéré comme une branche du droit du commerce international. Mais la position de ce droit est complexe. Le droit européen est un droit autonome [3]. Il fait aussi partie du droit interne des pays membres toutes les fois où celui-ci a un effet direct. Il ne recoupe donc pas entièrement le droit du commerce international.

Le droit du commerce international est finalement une matière composite [4]. Il allie des sources internes et internationales, tant publiques que privées. Il utilise à la fois la technique des règles de conflit et celle des règles matérielles. Il sollicite tant le juge étatique que l'arbitre. Il considère comme opérateurs aussi bien

1. D. Carreau et P. Juillard, *Droit international économique*, Dalloz, 4e éd., 2010.
2. V. notamment, C. Nourissat, *Droit des affaires de l'Union européenne*, Dalloz, 3e éd., 2010 ; A. Decocq et G. Decocq, *Droit européen des affaires*, LGDJ, 2e éd. 2010 ; C. Gavalda et G. Parléani, *Droit des affaires de l'Union européenne*, Litec, 6e éd., 2010.
3. J.-S. Bergé et S. Robin-Olivier, *Droit européen. Union européenne. Conseil de l'Europe*, PUF, coll. « Thémis », 2e éd., 2011.
4. Sur « l'émiettement » de la matière, mais aussi sur sa réunification, v. D. Cohen, « Droit du commerce international et modernité », *op. cit.*, p. 121 s.

des personnes privées que des personnes publiques. C'est en conséquence un droit particulièrement fonctionnel. Il ne présente pas le degré de cohérence et d'ordonnancement qui caractérise d'autres matières. Sans être véritablement un « bric-à-brac » [1], la discipline est fondée sur une réunion de principes et de règles venant de plusieurs horizons, mais qui ont toutes un même objet : les opérations qui mettent en jeu les intérêts du commerce international.

6 C'est aussi un droit qui se caractérise par les finalités poursuivies. Quelles sont-elles ? Il s'agit des besoins du commerce international [2]. Le droit du commerce international est là pour répondre à ces besoins. Cette notion, critiquée par certains [3], est une réalité. Schématiquement, les besoins du commerce international s'expriment en termes de liberté et de sécurité [4].

Le besoin de *liberté* est primordial dans les affaires internationales [5]. C'est pourquoi le commerce international a été conçu comme un champ privilégié de libéralisation et de déréglementation. C'est le cas de manière particulièrement évidente en droit des investissements. La vocation de l'OMC est d'aller dans le même sens. L'équation est simple : libéraliser les échanges commerciaux internationaux pour accroître leur volume ce qui, selon le raisonnement tenu (assez simpliste à la vérité), devrait logiquement conduire à la paix [6] et à la prospérité.

Le besoin de *sécurité* est tout aussi important [7]. Les risques d'une opération du commerce international sont à l'évidence plus

1. Les termes sont empruntés à J. Combacau, « Le droit international, bric-à-brac ou système ? », *Archives Phil. Dr.* 1986, p. 85.
2. Sur la notion, proche, d'intérêts du commerce international, v. P. Leboulanger, « La notion d'intérêts du commerce international », *Rev. arb.* 2005. 487.
3. V. Heuzé pense que « l'expression "besoins du commerce international" n'est rien d'autre qu'un slogan, qui traduit la désapprobation que les solutions du droit positif inspirent à ceux qui l'emploient », in *La réglementation française des contrats internationaux, Étude critique des méthodes*, GLN, Joly, 1990, note 35, p. 102.
4. N. Najjar, *L'arbitrage dans les pays arabes face aux exigences du commerce international*, Préface E. Gaillard, LGDJ, 2004.
5. H. Kenfack, « Bref retour sur l'esprit de liberté du droit du commerce international », in *Mélanges P. Le Tourneau*, Dalloz, 2008, p. 541.
6. Les fondateurs de la Chambre de commerce internationale en 1919 se sont appelés « marchands de paix », car ils pensaient que le commerce international contribuerait à la paix mondiale.
7. V. L. Boy, J-B. Racine et F. Siiriainen (dir.), *Sécurité juridique et droit économique*, Larcier, collection « Droit/Economie/International », 2008.

grands qu'en matière interne. C'est pourquoi la sécurité appelle une réponse particulière. Dans certains cas, la sécurité est construite par les opérateurs eux-mêmes, principalement par le recours au contrat et à l'arbitrage. La pratique a même inventé des mécanismes répondant particulièrement bien à la nature des risques du commerce international comme la garantie à première demande. La sécurité est aussi octroyée par les États qui visent, par l'édiction de normes juridiques, à sécuriser les opérations économiques. C'est le cas lorsque des États adoptent des conventions bilatérales de protection des investissements. C'est aussi l'objet de l'Organisation pour l'harmonisation en Afrique du droit des affaires (OHADA) qui tend à adopter des règles communes simples, modernes et adaptées de manière à garantir la sécurité juridique [1]. Au nom de la sécurité juridique, une tendance très nette à l'uniformisation du droit se fait jour. Un droit mondial des affaires est en train de se constituer [2]. La pratique modélise les contrats. Les conventions internationales unifiant le droit matériel sont nombreuses. Les États ont des législations qui se ressemblent de plus en plus, ce, afin de satisfaire les besoins des affaires qui sont globalement identiques quelle que soit la région du monde.

7 Les besoins du commerce international ne doivent toutefois pas être les seules finalités du droit du commerce international. L'utilitarisme a ses limites. Il est primordial que le droit prenne en compte d'autres objectifs et d'autres valeurs que la satisfaction des intérêts des opérateurs du commerce international. Il y a des logiques de préservation de l'intérêt général qui s'expriment aussi en matière de commerce international. Sont concernés aussi bien l'intérêt général défendu par un État au moyen de lois de police qu'une forme d'intérêt général mondial faisant appel à des valeurs non marchandes (ex. : l'environnement ou la santé [3]). Or, *de lege*

1. V. P. Dima Ehongo, « L'intégration juridique des économies africaines à l'échelle régionale et mondiale », in *Critique de l'intégration normative*, M. Delmas-Marty (dir.), PUF, 2004, p. 179 ; B. Martor et alii, *Le droit uniforme africain des affaires de l'OHADA*, Litec, Coll. Litec professionnels, 2e éd., 2009. Dans une optique critique, v. P. Bourel, « À propos de l'OHADA : libres opinions sur l'harmonisation du droit des affaires en Afrique », *D.* 2007.969.

2. V., de manière générale, M. Delmas-Marty, *Trois défis pour un droit mondial*, Seuil, 1998.

3. V. en ce sens, C. Jourdain-Fortier, *Santé et commerce international, Contribution à l'étude de la protection des valeurs non marchandes par le droit du commerce international*, Préface E. Loquin, Litec, 2006.

lata, le droit du commerce international peine à prendre en compte de telles valeurs. Citons les propos éclairants de Bruno Oppetit à ce sujet :

> « le droit du commerce international, à la différence des disciplines plus classiques axées sur la recherche de fins supérieures d'ordre social et individuel et sur la promotion de certaines valeurs morales ou spirituelles, baigne de manière générale dans un utilitarisme considérablement amplifié à l'époque actuelle par le règne sans partage des idées libérales et de l'économie de marché. Par suite, les finalités de la matière paraissent procéder quasi exclusivement, aujourd'hui, de la poursuite d'enjeux immédiats et matériels, traduite en droit positif par la notion d'intérêts ou de besoins du commerce international, mise en avant pour justifier telle ou telle solution légale ou jurisprudentielle ; et ce n'est qu'exceptionnellement que le droit du commerce international, soucieux de la crédibilité du système économique, fait place à des valeurs supérieures relevant de l'éthique ou de l'intérêt public, mais parfois au prix d'une difficile conciliation entre l'énoncé de principes et la tolérance d'assez larges dérogations » [1].

C'est pourquoi le droit du commerce international ne saurait se résumer à la satisfaction des seuls besoins du commerce international [2]. Cette discipline ne doit pas occulter la place de l'ordre public en tant que garant de valeurs fondamentales. Il semble par conséquent nécessaire de réfléchir à une refondation du droit du commerce international sur des bases non exclusivement utilitaristes [3]. La libéralisation du commerce international n'est pas sans limites. Le commerce international a besoin d'une éthique [4]. L'émergence

1. B. Oppetit, « L'illicite dans le commerce international », *in* P. Kahn et C. Kessedjian (dir.), *L'illicite dans le commerce international*, Litec, 1996, p. 13, spéc., p. 17. Du même auteur, « Droit du commerce international et valeurs non marchandes », *Études de droit international en l'honneur de P. Lalive*, Helbing & Lichtenhan, 1993, p. 309.

2. D. Cohen, « Droit du commerce international et modernité », *op. cit.*, p. 139 s.

3. V. les travaux de M. Delmas-Marty, *Les forces imaginantes du droit, Le relatif et l'universel*, Seuil, 2004 ; *Le pluralisme ordonné*, Seuil, 2006 ; *La refondation des pouvoirs*, Seuil, 2007 ; *Vers une communauté de valeurs ?*, Seuil, 2011.

4. M. Béhar-Touchais, « Morale et contrats internationaux », in *La morale et le droit des affaires*, Montchrestien, 1996, p. 35 ; P. Fouchard, « Droit et morale dans les relations économiques internationales », *Rev. Sciences morales et politiques*, 1997. 3. 1 ; I. Barrière-Brousse, « Ethique et *lex mercatoria* », in *Mondialisation et éthique des échanges*, Lib. Univ. Aix., coll. Ethique et déontologie, 2003, p. 89 ;

d'un nouvel ordre public accompagne inéluctablement un droit économique mondialisé [1] : la liberté peut être, et doit être, encadrée. Il paraît au final nécessaire de construire une « économie de droit » [2], c'est-à-dire une économie soumise au droit.

8 Il ne faut pas occulter non plus les aspects institutionnels du droit du commerce international. De multiples organisations s'occupent de commerce international.

Certaines sont internationales [3].

L'Organisation mondiale du commerce a pour fonction de lutter contre les obstacles aux échanges commerciaux internationaux [4]. L'objectif poursuivi est la libéralisation du commerce international.

D'autres organisations ont une compétence financière. Il en va ainsi du Fonds Monétaire International (FMI) [5]. Son rôle ne se réduit pas à celui d'un organisme « prêteur ». Il met en œuvre aussi des politiques structurelles (qui vont jusqu'à proposer des règles de « bonne gouvernance » aux États).

Il existe aussi des organismes jouant un rôle normatif. La Commission des Nations unies pour le droit commercial international (CNUDCI) a pour fonction d'œuvrer à une plus grande unité du droit du commerce international [6]. De très nombreux textes ont pour origine les travaux de cette organisation (conventions internationales, lois-types, contrats-types) [7]. Étant dépourvue de pouvoir réglementaire, celle-ci propose des textes, mais ne les impose pas. Les lois-types sont des documents modèles destinés à aider les États lorsque ceux-ci veulent légiférer dans les domaines couverts. Il y en a de nombreuses. La plus célèbre est celle de 1985, modifiée en 2006, sur

Collectif, *L'éthique dans les relations économiques internationales en hommage à Philippe Fouchard*, Pedone, 2006 ; E. Putman, « L'éthique de la *lex mercatoria* », *RRJ* 2008. 1855 ; E. Loquin et A. Martin (dir), *Droit et marchandisation*, LexisNexis Litec, 2010. V. aussi, X. Boucobza, « La prise en compte des intérêts de l'État dans le commerce international », *Rev. arb.* 2005. 465.

1. V. le numéro spécial de la *Rev. int. dr. éco.* : *La mondialisation du droit économique : vers un nouvel ordre public économique*, 2003, n° 3-4.
2. G. Farjat, *Pour un droit économique*, PUF, 2004.
3. M. Bélanger, *Institutions économiques internationales*, Économica, 1997.
4. http://www.wto.org.
5. http://www.imf.org.
6. http://www.uncitral.org.
7. P. Fouchard, « La contribution des organisations internationales à l'unification du droit commercial international », *J. soc. légis. comp.* 1985, p. 353. V. aussi le colloque de Toulouse, « La commission des

l'arbitrage commercial international qui a été reprise par beaucoup d'États. D'autres domaines ont donné lieu à une loi-type comme le commerce électronique (1996), l'insolvabilité internationale (1997) ou bien la conciliation commerciale internationale (2002). Ces lois-types sont des instruments performants d'harmonisation du droit dans un cadre mondial.

On doit avoir égard à la Conférence de La Haye qui est une organisation intergouvernementale chargée d'élaborer des conventions internationales dans le domaine du droit international privé [1].

De même, l'Institut International pour l'Unification du Droit Privé (UNIDROIT) réalise un travail remarquable en matière de droit uniforme [2]. Son œuvre majeure à l'époque récente est la rédaction des Principes relatifs au contrat du commerce international [3].

L'Organisation de coopération et de développement économique (OCDE) se charge, quant à elle, d'observer les politiques économiques des États membres et de proposer des améliorations [4]. Ses travaux les plus connus sont les Principes directeurs de l'OCDE à l'intention des entreprises multinationales et la Convention sur la lutte contre la corruption d'agents publics étrangers dans les transactions commerciales internationales du 21 novembre 1997 conclue sous ses auspices.

La Chambre de commerce internationale est un organisme privé dont la fonction est de représenter le monde de l'entreprise au niveau international [5]. Elle comprend une Cour internationale d'arbitrage. Mais son rôle est loin d'être cantonné à l'arbitrage. La CCI exerce aussi une fonction « normative » en élaborant des normes telles que les Incoterms, les Règles et usances du crédit documentaire ou la Charte des entreprises pour le développement durable.

Nations unies pour le droit commercial international: à propos de 35 ans d'activité», *LPA*, n° spécial, 18 déc. 2003.

1. http://www.hcch.net.
2. http://www.unidroit.org.
3. *Principes d'UNIDROIT relatifs aux contrats du commerce international* 2010, UNIDROIT, Rome, 2011.
4. http://www.oecd.org.
5. D. Hascher, V° Chambre de commerce internationale, *Rép. Dalloz. Dr. int.* 1998.

Certains organismes ont enfin une vocation très spécialisée. Citons à cet égard l'Organisation internationale du travail (OIT)[1], l'Organisation mondiale de la propriété intellectuelle (OMPI)[2], l'Organisation maritime internationale (OMI)[3], l'Organisation de l'aviation civile internationale (OACI)[4] ou bien encore l'Association internationale du transport aérien (IATA)[5].

D'autres organisations sont nationales.

Il existe plusieurs institutions à l'échelle nationale dont le rôle est de favoriser et de faciliter l'activité des entreprises françaises à l'étranger. Ainsi la Direction générale du Trésor entreprend-elle notamment de mettre en œuvre la politique des pouvoirs publics en matière de commerce extérieur et de soutenir les entreprises exportatrices[6]. L'Agence française pour le développement international des entreprises (UBIFRANCE) récolte et diffuse de l'information destinée à aider l'activité exportatrice des entreprises[7]. Enfin, la Compagnie française d'assurance pour le commerce extérieur (COFACE) se propose d'assurer les opérations du commerce international[8].

9 La matière du droit du commerce international est finalement particulièrement complexe en raison de la pluralité de ses acteurs, de ses méthodes, de ses finalités, etc. Afin de tenter d'en donner une présentation la plus claire possible, le présent ouvrage se divise en quatre parties portant chacune sur les grandes questions du droit du commerce international.

Première partie : Les sources du droit du commerce international

Deuxième partie : Les opérateurs du commerce international

Troisième partie : Les opérations du commerce international

Quatrième partie : L'arbitrage du commerce international

1. http://www.ilo.org.
2. http://www.wipo.int.
3. http://www.imo.org.
4. http://www.icao.int.
5. http://www.iata.org.
6. http://www.tresor.bercy.gouv.fr.
7. http://www.ubifrance.fr.
8. http://www.coface.fr.

PREMIÈRE PARTIE

LES SOURCES DU DROIT DU COMMERCE INTERNATIONAL

10 Le droit du commerce international, plus que toute autre matière, est caractérisé par une pluralité, voire un éclatement des sources [1]. Il y a bien entendu des sources d'origine publique, les États ne se désintéressant pas du commerce international (TITRE 1). Le droit du commerce international invite aussi à dépasser le dogme positiviste légaliste, qui assimile le droit à la loi et à l'État. Il existe en effet une *lex mercatoria* qui est un droit « à part » faisant la part belle aux sources privées (TITRE 2).

1. V. B. Oppetit, « La notion de source du droit et le droit du commerce international », *Archives Phil. dr.* 1982, t. 27, p. 43.

TITRE 1

LES SOURCES D'ORIGINE PUBLIQUE

11 Celles-ci sont nombreuses et variées. Il y a les sources étatiques du droit du commerce international (CHAPITRE 1). On doit également mettre en exergue l'essor du droit de l'Organisation mondiale du commerce qui s'analyse en un véritable droit mondial (CHAPITRE 2).

CHAPITRE 1

Les sources étatiques

12 Les États interviennent, soit de manière isolée par le biais de leurs droits (SECTION 1), soit de manière collective par le moyen du droit interétatique, principalement les conventions internationales (SECTION 2).

SECTION 1

LE DROIT ÉTATIQUE

13 Il n'existe certes pas d'autorité normative supranationale. Néanmoins, les sources internationales sont de plus en plus nombreuses. De plus, le phénomène de mondialisation de l'économie pousse à un retrait de l'État-nation et, partant, du droit étatique [1]. Mais bien que la place des droits nationaux s'amenuise, ceux-ci jouent encore un rôle non négligeable dans la « régulation » du commerce international. On ne saurait, pour l'heure et encore pour longtemps, évacuer le rôle du droit étatique dans ce domaine. Toutefois, il n'y a pas de code de droit du commerce

1. J. Guillaumé, *L'affaiblissement de l'État-nation et le droit international privé*, Thèse, Rouen, 2009.

international[1] ni même de loi rassemblant les textes en la matière. Bien que l'idée d'un code mondial du droit du commerce international ou de code commercial global ait pu être avancée [2], ce type de document juridique n'existe pas encore. Les sources sont dispersées, ce qui donne parfois l'impression d'un désordre. Il y a en réalité une pluralité de méthodes permettant de désigner le droit applicable à un rapport juridique (**§ 1**), méthodes qui sont contrariées par le jeu de l'ordre public et des règles impératives (**§ 2**).

§ 1. Les méthodes de désignation du droit applicable

14 Afin de savoir quel est le régime applicable à une opération du commerce international, il est nécessaire de déterminer le droit applicable à celle-ci. Deux méthodes existent : le conflit de lois (**A**) et la règle matérielle (**B**).

A. La méthode des conflits de lois

15 En matière internationale, la question principale porte souvent sur la détermination de la loi applicable à une situation juridique. De manière classique, on est conduit à appliquer une règle de conflit aboutissant à la désignation d'une loi nationale. Les règles en la matière sont issues du droit international privé, dont le droit du commerce international n'est ici qu'une branche. La méthode des conflits de lois a encore une importance en matière de commerce international toutes les fois, par exemple, où il faut désigner la loi applicable à un contrat, à une société, à un délit civil résultant d'une contrefaçon, etc.

16 Une telle méthode a plusieurs mérites.

1. Dans l'Histoire, on cite cependant un cas de «code de commerce international»: la loi tchécoslovaque de 1963 sur «les rapports juridiques dans les relations commerciales internationales».
2. Par exemple, v. M.-J. Bonell, «Do We Need a Global Commercial Code ?», *Rev. dr. unif.* 2000-3. 469.

Tout d'abord, elle permet de faire un tri entre tous les systèmes juridiques pouvant revendiquer leur compétence. Un rapport juridique international sollicite par définition plusieurs ordres juridiques qui, à des titres divers, peuvent régir la situation. Le mécanisme de la règle de conflit permet de désigner *le* système juridique parmi tous qui va régir le rapport de droit. Par nature, la règle de conflit permet d'appréhender l'internationalité d'une relation juridique en attribuant compétence à un droit en particulier.

Ensuite, l'application d'un droit étatique a des avantages. En désignant une loi, on rend compétent l'ordre juridique national dans son entier. On ne désigne pas des dispositions isolées, mais un système, celui-ci étant composé de l'ensemble des lois, de la jurisprudence, des commentaires doctrinaux, etc. Il n'y a pas de vides ou de lacunes.

17 La méthode des conflits de lois a aussi des faiblesses qui se révèlent spécialement en matière de commerce international. Dans le cadre de la méthode conflictualiste classique, un juge, ou un arbitre, fait application des dispositions de droit interne de la loi désignée. Dans cette optique, un rapport juridique international est soumis aux mêmes règles que celles régissant les rapports juridiques internes. Par exemple, un mandat international soumis au droit français sera régi par les dispositions du Code civil applicables aux mandats internes. Le mécanisme de la règle de conflit opère nécessairement un retour au droit interne après un détour par une règle de droit international. Or la règle de droit interne n'est pas toujours adaptée à la spécificité du rapport de droit né du commerce international. C'est notamment pour pallier ces faiblesses que la méthode des règles matérielles est utilisée.

B. La méthode des règles matérielles de droit international privé

18 Il existe une spécificité indéniable des opérations du commerce international. Celles-ci sont plus risquées et plus complexes que les opérations internes. La nationalité des parties est le plus souvent différente. L'opération s'exécute généralement à l'étranger, voire dans plusieurs pays à la fois. Une opération du commerce international présente donc des spécificités qui réclament l'adoption de règles idoines. C'est alors la méthode des règles matérielles qui est sollicitée.

Une règle matérielle de droit international privé régit directement le rapport juridique international sans passer par le mécanisme de la règle de conflit de lois. Comme l'écrivait Bruno Oppetit, la règle matérielle est « la norme propre aux rapports internationaux qui énonce directement la solution applicable au fond » [1]. Le procédé de la règle matérielle est direct tandis que celui du conflit de lois est indirect.

Selon quel critère une règle matérielle intervient-elle ? Une telle règle est applicable à un rapport juridique dès l'instant où le critère d'internationalité est rempli. Une règle matérielle de droit international privé a en effet pour particularité de régir spécifiquement une situation juridique internationale. Caractère direct de l'application et originalité de la solution par rapport au droit interne, voici les traits caractéristiques de la règle matérielle de droit international privé. La méthode présente les mérites de la simplicité et permet de forger des règles propres au commerce international. Les règles matérielles créent ainsi une forme de droit « réellement international » par son objet, l'objectif étant d'établir des règles répondant aux besoins du commerce international.

19 Le droit du commerce international est le terrain d'élection des règles matérielles de droit international privé [2]. Ainsi en va-t-il en matière de contrats internationaux. Par exemple, la jurisprudence a posé le principe de la validité des clauses-or dans le domaine international [3]. La Cour de cassation a en effet reconnu la validité de telles clauses pour les paiements internationaux [4].

1. « Le développement des règles matérielles », *Comité français de DIP, Journée du cinquantenaire*, 1985, CNRS, 1988, p. 121, spéc. p. 123.

2. E. Loquin, « Les règles matérielles du commerce international », *Rev. arb.* 2005. 443 ; du même auteur, « Les règles matérielles internationales », *Rec. Cours La Haye* 2006, tome 322 ; « Règles matérielles du commerce international et droit économique », *Rev. int. dr. éco.* 2010. 81.

3. F. Terré, P. Simler et Y. Lequette, *Droit civil. Les obligations*, Dalloz, 10e éd., 2009, p. 1322 s.

4. Civ. 21 juin 1950, *Messageries maritimes*, *D.* 1951, p. 749, note J. Hamel ; *Rev. crit. DIP* 1950, p. 609, note H. Batiffol ; *S.* 1952, I, p. 1, note J.-P. Niboyet ; *Les grands arrêts du droit international privé* par B. Ancel et Y. Lequette, Dalloz, 2006, 5e éd., p. 194. V. P. Lerebours-Pigeonnière, « À propos du contrat international », *JDI* 1951. 4.

La tendance est encore plus prononcée en matière d'arbitrage international où la méthode conflictualiste est totalement abandonnée au sujet de la convention d'arbitrage. Celle-ci a fait place à une règle matérielle de portée générale affirmant la validité de principe de la convention d'arbitrage international [1].

De telles règles reposent sur une dichotomie entre la matière interne et la matière internationale. La règle matérielle permet ainsi d'adopter des solutions différentes de celles qui sont retenues en matière interne [2]. C'est en cela que la règle prend en compte les « besoins du commerce international » qui réclament plus de liberté et de souplesse.

20 Il existe cependant un rapprochement entre la matière interne et la matière internationale [3] : la distinction n'est pas tranchée. De plus, il ne faut pas exagérer le particularisme des opérations du commerce international. Bien souvent, l'argument du particularisme a pour objectif de justifier l'adoption d'un corps de règles plus libérales. Or les opérations du commerce international n'ont pas toujours des particularités qui les rendraient fondamentalement différentes des opérations du commerce interne. C'est pourquoi la méthode des règles matérielles n'a pas vocation à remplacer totalement le procédé de la règle de conflit [4], même si ce dernier joue, sans doute, un rôle secondaire en matière de commerce international [5].

1. V. *infra*, n° 643 s.
2. Sur l'idée d'une « exception d'internationalité », v. P. Mousseron, « L'exception d'internationalité applicable aux contrats », in *Etudes F.-C. Jeantet*, LexisNexis, 2010, p. 377. Il s'agirait pour l'auteur d'une forme d'exception qui « aboutit à écarter l'application à des contrats internationaux de textes nationaux *a priori* applicables » (*ibib.*, p. 378).
3. Ainsi au sujet de la séparabilité de la clause compromissoire, v. *infra*, n° 644.
4. Sur la complémentarité, voire l'unité entre le droit uniforme et le droit international privé, v. C. Pamboukis, « Droit international privé holistique : droit uniforme et droit international privé », *Rec. Cours La Haye*, t. 330, 2007, p. 9.
5. Sur les rapports entre les deux méthodes, v. C. Kessedjian, « Codification du droit commercial international et droit international privé », *Rec. Cours La Haye*, t. 300, 2002, p. 79. *Adde*, du même auteur, « Les effets pervers du caractère savant du droit international privé », in *Etudes à la mémoire de B. Oppetit*, Litec, 2009, p. 379.

§ 2. L'ordre public et les règles impératives

21 Quelles sont les limites de la liberté dans l'ordre international ? Le domaine du commerce international est-il une zone de liberté totale ? La question est d'importance en pratique : les agents économiques ont besoin de savoir ce qui leur est interdit de faire. Elle est importante d'un point de vue théorique : comment penser un ordre public dans un cadre international ? Le lien peut être fait avec le mouvement de mondialisation de l'économie. La mondialisation amène-t-elle toujours plus de liberté [1] ou bien s'accompagne-t-elle d'un ordre public, lui-même mondial ?

22 L'ordre public est présent dans le droit du commerce international. Mais il n'est pas toujours facile de savoir à l'avance quels sont les règles et principes d'ordre public qu'il faudra respecter. La question est d'une redoutable complexité. L'ordre public dans le commerce international est composite.

23 L'ordre public interne a son rôle à jouer. C'est apparemment paradoxal en droit international. Mais la solution s'explique aisément. Les parties ont la liberté de choisir la loi applicable [2]. On considère généralement que le choix de la loi applicable porte sur l'intégralité des règles faisant partie de cette loi, y compris les règles impératives. Il est même globalement admis que la loi choisie par les parties puisse annuler le contrat [3]. Les parties à un contrat international sont donc conduites à respecter l'ordre public interne de la loi choisie.

24 L'ordre public intervient aussi de manière spécifique en matière internationale. Il s'agit de l'ordre public d'« éviction », autrement appelé ordre public « international » [4]. Ainsi, la loi étrangère dési-

1. En ce sens, v. L.G. Radicati di Brozolo, « Mondialisation, juridiction, arbitrage : vers des règles d'application semi-nécessaire ? », *Rev. crit. DIP* 2003, p. 1.
2. V. *infra*, n° 261 s.
3. P. Mayer et V. Heuzé, *Droit international privé*, Montchrestien, 10e éd., 2010, n° 709, p. 548-549.
4. P. Lagarde, *Recherches sur l'ordre public en droit international privé*, LGDJ, 1959 ; R. Libchaber, « L'exception d'ordre public en droit international privé », in *L'ordre public à la fin du XXe siècle*, Dalloz, 1996, p. 65 ; P. Lagarde, *Rép. Dalloz. Dr. int.* V° « Ordre public », 1998 ; F.-X. Train et M.-N. Jobard-Bachellier, « Ordre public international. Notion d'ordre public en droit international privé », *Jurisclasseur Dr. int.* Fasc. 534-1. 2008.

gnée par une règle de conflit peut-elle être évincée par le juge du for si elle est contraire à l'ordre public. Ce dernier produit un effet négatif en ce qu'il aboutit à la non-application de la loi normalement applicable. C'est un procédé classique du droit international privé dont les applications sont rares [1]. L'ordre public d'éviction tient une place particulièrement exceptionnelle dans le domaine des affaires internationales.

25 Un autre procédé d'intervention de l'ordre public en matière internationale est la méthode des lois de police, autrement appelées lois d'application immédiate ou lois d'application nécessaire [2]. Ce sont des dispositions qui s'appliquent immédiatement en écartant ainsi la méthode des conflits de lois. Avant même de s'interroger sur la loi applicable à un rapport juridique, un juge va appliquer de manière immédiate une disposition qualifiée de loi de police. On peut parler à propos des lois de police de dispositions internationalement impératives. Elles sont très importantes en pratique, car elles recouvrent des domaines stratégiques de la vie des affaires comme le droit de la concurrence ou le droit financier.

26 Il existe par ailleurs des dispositions internationalement impératives qui ne sont pas au sens strict des lois de police : il s'agit de l'ensemble des dispositions portant réglementation du commerce extérieur. Il en va ainsi des dispositions relatives au contrôle des changes, des investissements étrangers ou bien des mouvements de marchandises (importations et exportations). Il ne s'agit pas de lois de police, car les dispositions concernées sont propres à la matière internationale tandis qu'une loi de police est une disposition de droit interne qui s'applique et s'impose en matière internationale. Le domaine du commerce extérieur a certes été fortement déréglementé notamment par l'effet du droit européen. Il demeure néanmoins des règles contraignantes, par exemple dans certains secteurs d'activité sensibles [3].

---

1. La Cour de cassation a décidé qu'une loi étrangère n'était contraire à l'ordre public international que si elle heurtait «les principes de justice universelle considérés dans l'opinion française comme doués de valeur internationale absolue» (Civ. 25 mai 1948, *Lautour*, in *Les grands arrêts du droit international privé*, *op. cit.*, p. 164).
2. V. *infra*, n° 295 s.
3. V. *infra*, n° 469 s. en matière d'investissements étrangers en France.

27 Enfin, il existe, bien que la notion soit contestée, un ordre public transnational ou « réellement » international. C'est un ordre public commun à un ensemble de nations et reflétant des valeurs fondamentales à l'échelle internationale. La source n'est pas exclusivement publique ou nationale. C'est en cela que l'ordre public est transnational. La notion trouve à s'appliquer principalement devant les arbitres internationaux [1]. Mais un ordre public « réellement » international a aussi sa place devant le juge étatique [2].

SECTION 2
LE DROIT INTERÉTATIQUE

28 Les États utilisent le mécanisme du traité pour convenir de règles applicables dans le commerce international. Il existe par conséquent un maillage de conventions internationales intéressant à plusieurs titres la matière.

Certaines de ces conventions sont bilatérales. Il y en a de nombreuses. La plupart du temps, il s'agit de conventions sur les investissements qui consacrent une égalité de traitement des investisseurs : les investisseurs étrangers sont traités de la même manière que les investisseurs nationaux [3]. Dans le monde, il existe à ce jour plus de 2500 traités bilatéraux relatifs aux investissements [4]. On doit mentionner également les conventions bilatérales dont l'objet est d'éviter la double imposition [5].

D'autres sont multilatérales.

Certaines unifient les règles de conflit dans certaines matières. Il en va ainsi de la Convention de La Haye du 15 juin 1955 sur

1. V. *infra*, n° 123 et n° 707.
2. Pour une référence implicite à l'ordre public « réellement » international dans une affaire d'esclavage domestique, v. Soc. 10 mai 2006, *RDC* 2006, p. 1260, note P. Deumier ; *JCP* 2006. II. 10121, note S. Bollée ; *JCP S* 2006, n° 1522, note C. Willmann ; *D.* 2006. 1400, obs. P. Guiomard ; *Rev. crit. DIP* 2006. 856 note P. Hammje et E. Pataut ; *JDI* 2007. 531, note J.-M. Jacquet ; *D.* 2007, pan. p. 1752, obs. P. Courbe.
3. V. par exemple, l'accord entre la France et l'Algérie du 13 février 1993 sur « l'encouragement et la protection réciproques des investissements ».
4. D. Cohen, « Droit du commerce international et modernité », in *Études à la mémoire de B. Oppetit*, Litec, 2009, p.109, spéc. p. 122.
5. La France est partie à plus de 170 Conventions portant sur la double imposition. V. la liste sur http://www.doc.diplomatie.gouv.fr.

la loi applicable aux ventes à caractère international d'objets mobiliers corporels [1]. Dans le cadre européen, on peut citer la Convention de Rome du 19 juin 1980 sur la loi applicable aux obligations contractuelles à laquelle a succédé le règlement dit « Rome I » du 17 juin 2008 [2].

Les autres conventions unifient le droit substantiel. L'objectif est alors d'adopter des règles proprement internationales. Les États ont ainsi conclu plusieurs conventions internationales portant droit matériel dans de nombreux domaines du commerce international. La plus célèbre est sans doute la Convention de Vienne du 11 avril 1980 sur la vente internationale de marchandises [3]. Le droit du transport connaît également de nombreuses conventions unifiant le droit matériel, par exemple, dans le transport maritime de marchandises, la Convention de Bruxelles du 25 août 1924 pour « l'unification de certaines règles en matière de connaissement » (les Règles de La Haye), les Règles de Hambourg du 31 mars 1978, et plus récemment les Règles de Rotterdam [4]. D'autres domaines du commerce international sont couverts. On doit citer par exemple les deux Conventions d'Ottawa du 28 mai 1988, l'une sur le crédit-bail international [5] et l'autre sur l'affacturage international [6].

29 Un sort particulier doit être réservé à ces conventions internationales unifiant le droit matériel. Ce sont ainsi des secteurs clés du commerce international qui ont débouché sur une unification substantielle (principalement la vente et le transport). Les vertus du droit matériel en la matière ne sont plus à démontrer. Celui-ci permet d'adopter des règles régissant spécifiquement les opérations internationales. Comme dans le cadre des règles matérielles de droit international privé d'origine nationale [7], on prend en compte la nature propre des relations commerciales internationales. Il faut ajouter que par l'effet du traité, la source de ces

1. V. *infra*, n° 305.
2. V. *infra*, n° 257 s.
3. V. *infra*, n° 306 s.
4. V. *infra*, n° 385 s.
5. V. *infra*, n° 536 s.
6. V. *infra*, n° 574 s.
7. V. *supra*, n° 18 s.

règles est internationale. Les avantages des conventions internationales portant unification du droit matériel sont donc doubles : elles établissent un régime adapté à la nature de l'opération régie et elles manifestent un consensus international sur le contenu des règles adoptées. Les avantages pratiques de telles conventions sont grands. Dans certains domaines, il est même possible de choisir directement une convention comme droit applicable à un contrat. Il en va ainsi en matière de transport maritime de marchandises où les parties peuvent décider, par exemple, de l'application de la Convention de Bruxelles du 25 août 1924 par une clause dite « *Paramount* » [1].

30 Il convient toutefois de ne pas idéaliser les conventions portant unification du droit matériel. Leur élaboration est généralement très longue. Elles sont la plupart du temps le résultat de compromis entre droits anglo-saxons et droits continentaux. Et la logique de compromis n'est pas toujours un gage de qualité des textes, aboutissant parfois à certaines incohérences [2]. Le taux de ratification est quelquefois assez faible [3]. Tous les rapports juridiques ne sont pas couverts par des conventions unifiant le droit matériel comme le secteur de la distribution commerciale qui ne connaît aucune convention de ce type [4]. Certaines conventions sont lacunaires et unifient le droit sur certains aspects seulement. Il en va ainsi de la Convention de Vienne qui ne régit pas l'intégralité des questions posées par la vente internationale [5]. Pour ces raisons, les lois étatiques ont encore un domaine d'application important dans le champ du commerce international [6].

31 Il y a par conséquent un rapport de complémentarité entre les conventions internationales portant unification du droit matériel et les droits étatiques. Malgré cela, il nous semble qu'en matière de commerce international, la méthode des règles matérielles

---

1. V. *infra*, n° 386.
2. V., par exemple, la difficile conciliation entre l'article 14 et l'article 55 de la Convention de Vienne sur la vente internationale de marchandises (v. *infra*, n° 319).
3. Il convient de faire état de l'échec des Conventions de La Haye du 1er juillet 1964 sur la vente internationale (la LUFVI et la LUVI) qui n'ont été ratifiées que par quelques États (v. *infra*, n° 306).
4. V. *infra*, n° 395 s.
5. V. *infra*, n° 306.
6. V. Espinassous, *L'uniformisation du droit substantiel et le conflit de lois*, LGDJ, 2010.

internationales doit exercer en bonne logique une primauté sur le recours aux lois étatiques. Ainsi sommes-nous d'accord avec Ph. Fouchard qui recommandait, en matière de vente, de « réduire le rôle de la règle de conflit, en recourant de moins en moins aux lois étatiques, et de plus en plus à ces règles internationales matérielles » que sont les Incoterms et la Convention de Vienne [1]. Cette idée est transposable en dehors de la vente à tous les aspects du commerce international. Ainsi, la règle de conflit, conduisant à l'application d'une loi nationale, doit-elle avoir logiquement une vocation subsidiaire par rapport aux règles matérielles. Elle ne doit, selon nous, jouer qu'en cas de lacune, de silence ou d'inapplicabilité des règles matérielles. Dans le commerce international, il y a certes complémentarité, mais aussi subsidiarité de la règle de conflit par rapport aux règles matérielles.

1. «Rapport de synthèse», in *La Convention de Vienne sur la vente internationale et les incoterms*, actes du colloque des 1er et 2 déc. 1989, LGDJ, coll. Droit des affaires, 1990, p. 168.

CHAPITRE 2

Le droit mondial : l'Organisation mondiale du commerce

32 L'OMC apparaît comme la figure emblématique et principale de la mondialisation des échanges marchands [1]. Elle intervient directement et activement dans la régulation du commerce international. On peut même la qualifier d'autorité de régulation à vocation mondiale. Ce sont les États qui sont les sujets du droit de l'OMC et le commerce international, dans ses dimensions principales (marchandises, services, agriculture, propriété intellectuelle...) en est l'objet. Les 153 membres de l'OMC, au 1er juillet 2011, représentent plus de 98 % du commerce mondial. C'est dire l'importance pour les acteurs économiques de la régulation multilatérale que l'OMC opère. Les entreprises n'ont pas normalement leur place dans le cadre de l'organisation. Seuls les États sont membres (ils sont les sujets formels du droit de l'OMC). Mais les agents économiques sont particulièrement intéressés par les choix et décisions

1. Sur ce sujet v. notamment, D. Luff, *Le droit de l'OMC. Analyse critique*, Bruylant, Bruxelles, 2004 ; B. Kieffer, *L'organisation mondiale du commerce et l'évolution du droit international public*, Larcier, Coll. Droit international, Bruxelles, 2008.

effectués dans l'enceinte de l'OMC [1] (ce sont en quelque sorte les sujets « substantiels » du droit de l'OMC). Souvent même, les États parlent et agissent en vue de défendre leurs entreprises nationales [2]. Surtout, les droits nationaux et régionaux (dans les domaines commerciaux, mais aussi environnementaux ou sociaux notamment) se trouvent aujourd'hui fortement influencés et conditionnés par les décisions prises au sein de l'OMC. C'est dire l'importance de la question.

33 L'OMC s'inscrit dans la continuité du GATT (*General Agreement on Tariffs and Trade)* créé en 1947 qu'elle a absorbé dans sa Charte constitutive. L'organisation a été instituée le 15 avril 1994 par la signature des accords de Marrakech dans le cadre de l'acte final du cycle d'Uruguay de négociations multilatérales (*Uruguay round).* L'OMC est assurément un progrès par rapport au GATT et aux modifications consécutives aux cycles de négociations multilatérales en son sein [3]. La différence avec le GATT consiste en un réel et efficace instrument d'encadrement et d'accompagnement de la mondialisation des échanges marchands. Il s'agit de faire appliquer les accords multilatéraux, de procéder à l'examen des politiques commerciales et de régler les différends. Avec l'OMC, on assiste à une juridicisation accrue de l'ensemble du dispositif, voire « à la naissance d'un véritable ordre juridique du commerce international » [4]. L'OMC se présente en substance comme un vecteur d'ouverture des marchés internationaux (et nationaux) et, parallèlement, apparaît récemment comme un frein contre un libéralisme trop brutal, source d'inégalités entre nations. On la compare même parfois à une sorte d'ONU en matière économique.

1. C.-E. Côté, *La participation des personnes privées au règlement des différends internationaux économiques : l'élargissement du droit de porter plainte à l'OMC*, Bruylant, Bruxelles, 2008 ; J.-B. Racine, « Les entreprises et l'Organisation mondiale du commerce », *in* T. Garcia et V. Tomkiewicz (dir.), *L'OMC et les sujets de droit*, Bruylant, 2011, p. 231. V. aussi, Y. Renouf, «Les entreprises et le règlement des différends dans le cadre de l'OMC», *D. affaires*, 1996, p. 571.

2. De même, les Organisations non gouvernementales, des experts, ou plus généralement tout acteur privé, peuvent être impliqués directement dans le contentieux, comme le montre le mécanisme des *amici curiae* (sur lequel V.B. Stern, «L'intervention des tiers dans le contentieux de l'OMC», *RGDIP* 2003.257 ; M. Zambelli, «L'amicus curiae dans le règlement des différends de l'OMC : état des lieux et perspectives», *Rev. int. dr. éco.* 2005.197).

3. M. Rainelli, *L'organisation mondiale du commerce*, Repères, 8e éd., La Découverte, 2007.

4. L. Boy, «Le déficit démocratique de la mondialisation du droit économique et le rôle de la société civile», *Rev. int. dr. éco*, 2003.471.

Elle aboutit aussi à produire un droit mondial [1]. Cependant, l'échec des négociations de Genève en 2006 puis en 2008 [2] et la difficile reprise actuelle de celles-ci pour faire aboutir finalement le cycle lancé à Doha [3] montrent les limites d'un système de négociations multilatérales tout autant qu'ils traduisent la victoire de la stratégie des accords bilatéraux et régionaux en marge de l'OMC [4]. D'où certaines interrogations sur l'avenir de l'institution qui est par ailleurs critiquée en raison des valeurs libérales qu'elle incarne [5]... Un rapport interne formule ainsi un certain nombre de recommandations en vue de réformer le droit et le système de l'OMC [6]. Il met notamment l'accent sur le thème des rapports entre l'OMC et la société civile [7], sources d'incompréhensions réciproques.

34 Juridiquement, l'adhésion à l'OMC est gouvernée par le principe dit de l'« accord unique », c'est-à-dire d'une adhésion en bloc aux éléments constitutifs afin d'éviter un accord à géométrie variable selon les stratégies et intérêts des États. Il s'agit là d'un gage de sécurité juridique qui se combine avec l'application de principes directeurs pour faire produire un plein effet aux buts poursuivis par l'OMC. Ces éléments constitutifs se présentent sous la forme d'une Charte contenant des dispositions institutionnelles, assortie d'annexes au nombre de trois (annexe I sur les accords commerciaux multilatéraux, annexe II sur le règlement des différends et annexe III sur le mécanisme d'examen des politiques commerciales). Une annexe IV, qui concerne les accords plurilatéraux

---

1. H. Ruiz-Fabri, «La contribution de l'organisation mondiale du commerce à la gestion de l'espace juridique mondial», *in* E. Loquin et C. Kessedjian (dir.), *La mondialisation du droit*, , Litec, 2000, p. 347.

2. Sur les causes de ces échecs, V. D. Carreau et P. Juillard, *Droit international économique*, Dalloz, 4° éd., 2010, p. 150 s.

3. J. Jehl, « OMC : le cycle de Doha ou la résistible ascension du multilatéralisme », *JCP* 2011. 535.

4. V. J-M. Siroën, *L'OMC face à la crise des négociations multilatérales,* Centre d'études et de recherches internationales, Paris, 2009 ; B. Remiche, H. Ruiz-Fabri (dir.), *Le commerce international entre bi- et multilatéralisme,* Larcier, Coll. Droit/Economie/International, 2010.

5. R. Charvin, «L'ordre concurrentiel et l'OMC», in *L'ordre concurrentiel, Mélanges en l'honneur d'A. Pirovano*, éd. Frison-Roche, 2003, p. 181.

6. *L'avenir de l'OMC. Relever les défis institutionnels du nouveau millénaire. Rapport du Conseil consultatif remis à M. Supachai Panitchpakdi,* Directeur général, OMC 2004, disponible sur le site internet de l'OMC : http//www.wto.org. V. également, sur les réformes possibles : T. Cottier, «Les tâches de l'OMC : évolutions et défis», *Rev. int. dr. éco.* 2004, p. 273.

7. Rapport «L'avenir de l'OMC», *op. cit.*, p. 49.V. L. Boy, «Le déficit démocratique de la mondialisation du droit économique et le rôle de la société civile», *op. cit.*, p. 473.

auxquels il n'est pas obligatoire de souscrire pour devenir membre, et des listes de concessions et d'engagements pris le cas échéant par chaque État ou entité membre, complètent le tout.

35 Véritable organisation internationale, dotée de la personnalité juridique internationale et pouvant établir des relations avec d'autres organisations internationales, l'OMC, par ses aspects institutionnels (SECTION 1) tout autant que par les règles substantielles qu'elle pose (SECTION 2), révèle sa profonde singularité d'instance multilatérale de régulation du commerce international.

SECTION 1
LES ASPECTS INSTITUTIONNELS

36 Les aspects institutionnels traduisent la dimension structurante de l'OMC, authentique organisation internationale de plein exercice chargée de gérer les accords et engagements et d'organiser leur mise en œuvre dans le cadre de négociations multilatérales continues. Il convient de distinguer les organes de gouvernance et de gestion (**§ 1**) du mécanisme de règlement des différends (**§ 2**).

§ 1. Les organes de gouvernance et de gestion

37 La gouvernance de l'institution repose sur un organe principal, la Conférence ministérielle, complété par des Conseils et Comités (**A**). La gestion repose sur un secrétariat et des organes de gestion (**B**).

A. La conférence ministérielle, les Conseils et Comités

38 À l'étude de la conférence ministérielle (**1**), succédera celle des Conseils et Comités (**2**).

1. La conférence ministérielle

39 La Conférence ministérielle est l'instance suprême de l'OMC qui détient le pouvoir de décision. Elle a le pouvoir exclusif (avec le Conseil général) d'adopter des interprétations authentiques du

droit de l'OMC, c'est-à-dire de la charte et des accords commerciaux multilatéraux. Elle peut réviser les accords. Elle a le pouvoir de décider de l'entrée d'un nouveau membre et d'accorder une dérogation à un État membre. Elle décide enfin de la nomination du directeur général.

40 Chaque État membre y est représenté et détient une voix (l'Union européenne détenant un nombre de voix égal au nombre de ses États membres qui sont membres de l'OMC). Les décisions sont prises en pratique sur la base du consensus [1] bien que des règles de vote soient prévues. Il faut ainsi la majorité des trois quarts des membres pour accepter une interprétation des accords ou encore pour relever temporairement un membre d'une obligation imposée par un accord ou bien une majorité des deux tiers des membres pour prononcer l'accession d'un nouveau membre ou pour réviser un accord. La Conférence ministérielle se réunit normalement au moins une fois tous les deux ans [2] (Singapour 1996, Genève 1998, Seattle 1999, Doha 2001, Cancun 2003, Hong Kong 2005, Genève 2009). Son rôle est fondamental dans l'impulsion et l'orientation données à l'institution et aux négociations multilatérales. Certaines Conférences ministérielles refermées sur des constats d'échec (Seattle et surtout Cancun) ont marqué des tournants essentiels dans la vie de l'OMC. Ainsi, la Conférence de Cancun a-t-elle mis en évidence certains désaccords profonds entre les pays en développement (formation du groupe des 21) et les nations développées [3] sur le volet agricole, l'investissement international, la concurrence, la transparence des marchés publics et la facilitation des échanges. Ces échecs traduisent autant un rejet par certains du système multilatéral, qu'une nécessité de réforme de l'institution et la victoire des stratégies bilatérales [4].

1. Ce qui peut générer des blocages. Le rapport «L'avenir de l'OMC» (préc., p. 71) préconise qu'un État membre ne puisse envisager faire obstacle au consensus que s'il déclare par écrit, en exposant ses motifs, que la question revêt pour lui un intérêt vital national.
2. Le rapport «L'avenir de l'OMC» (préc., p. 81) préconise qu'elle se réunisse tous les ans et qu'un sommet des dirigeants mondiaux dans le cadre de l'OMC se tienne tous les 5 ans.
3. V. «L'OMC après Cancun», *Rev. int. dr. éco.* Cahier à thème, 2004.
4. En ce sens, M. Rainelli, *op. cit.*, p. 101 s.

2. Les Conseils et Comités

41 Des représentants de l'ensemble des membres de l'OMC participent également aux différents Conseils.

En premier lieu, le Conseil général qui se réunit lorsque nécessaire et prend le relais de la Conférence ministérielle dans l'intervalle de ses sessions. Il est en outre doté d'une mission générale de contrôle. Au titre de ses pouvoirs propres, il s'occupe des relations (parfois complexes [1]) avec les autres organisations internationales, comme par exemple le FMI ou l'OIT, et il détient le pouvoir budgétaire. Enfin, il peut aux termes de la Charte être autorisé (ce qui est en pratique le cas) à exercer les fonctions d'organe de règlement des différends et d'organe d'examen des politiques commerciales. Ces deux derniers organes sont prévus par les annexes II et III de la Charte de l'OMC.

En second lieu, il existe trois conseils dits « sectoriels » : le Conseil du commerce des marchandises, le Conseil du commerce des services et le Conseil des ADPIC. Ils présentent tous trois des rapports au Conseil général et sont consultés obligatoirement avant toute décision en relation avec l'accord dont ils sont chargés d'assurer le fonctionnement. Les négociations multilatérales permanentes se déroulent ainsi en leur sein.

42 L'accord instituant l'OMC prévoit également trois comités : le Comité du commerce et du développement, le Comité des restrictions appliquées à des fins de balance des paiements et le Comité du budget, des finances et de l'administration. D'autres Comités spécialisés, ou groupes de travail ou d'experts, établis par la Conférence ministérielle et le Conseil général sont compétents pour traiter des questions techniques (comme par exemple le Comité du commerce et de l'environnement ou celui des pratiques antidumping ou bien le groupe de travail sur la négociation sur le transport maritime).

1. V. en ce sens, Rapport « L'avenir de l'OMC » (préc., p. 41) qui revient notamment sur l'octroi du statut d'observateur à des organisations intergouvernementales et souhaite éviter toute ingérence extérieure.

B. Le secrétariat, le directeur général et les autres organes de gestion

43 Un secrétariat, dirigé par le directeur général de l'OMC, assure la gestion administrative de l'institution (qui compte environ 630 personnes). Le secrétariat fournit un appui technique et des analyses du commerce mondial. Il diffuse de l'information et procure de l'assistance aux pays en voie de développement qui sont souvent dénués de représentation permanente ou de compétences sur le droit et la pratique de l'OMC. Le directeur général, malgré des attributions purement administratives, peut exercer en pratique une certaine influence sur les orientations de l'institution. Les membres l'ont bien compris et sa désignation par la Conférence ministérielle a donné lieu à plusieurs reprises à de fortes tensions entre pays industrialisés et pays en voie de développement [1]. Enfin, des organes de gestion administrative des mesures prises par les États ont été créés dans le cadre de la plupart des accords de la Charte.

§ 2. Le mécanisme de règlement des différends

44 Comment se déroule le règlement des différends [2] Il est utile de faire une présentation générale du mécanisme (**A**), pour ensuite voir son fonctionnement (**B**) et enfin porter une appréciation globale (**C**).

A. Présentation générale

45 Il s'agit d'un progrès considérable par rapport au système de règlement des différends dans le cadre du GATT (art. XXII et

---

1. V. les préconisations du rapport « L'avenir de l'OMC », préc. p. 87.

2. E. Canal-Forgues, *Le règlement des différends à l'OMC*, 3e éd., Bruylant, Bruxelles, 2008 ; H. Lesaffre, *Le règlement des différends au sein de l'OMC et le droit de la responsabilité internationale*, Préface A. Pellet, Bibl. de droit international et communautaire, t. 121, LGDJ, 2007 ; H. Ruiz-Fabri, « Le règlement des différends dans le cadre de l'Organisation mondiale du commerce », *JDI* 1997.709 ; du même auteur, « La juridictionnalisation du règlement des litiges économiques entre États », *Rev. arb.* 2003.881.

XXIII) dont il retire les expériences et avancées. Le mécanisme repose sur un Organe de règlement des différends (ORD). Celui-ci constitue l'un des piliers du droit de l'OMC. C'est la garantie de son efficacité. Ce rôle majeur est attesté par le nombre important de cas qui lui ont été soumis depuis 1995. Au 3 août 2011, 425 différends avaient été portés devant l'ORD [1]. Il s'édifie ainsi progressivement une véritable jurisprudence du droit de l'OMC, notamment par la « clarification » que ce mécanisme de règlement des différends apporte aux « dispositions existantes des accords » (art. 3.2 du Mémorandum d'accord). L'édification d'un corpus de solutions prétoriennes [2] devrait suppléer à l'absence, en pratique, d'interprétation officielle par la Conférence ministérielle, comme le lui permettraient pourtant ses attributions. C'est également sur la méthode d'interprétation des accords que l'ORD peut apporter sa contribution. Bien qu'il soit tenu de clarifier les textes « conformément aux règles coutumières d'interprétation du droit international public » (art. 3.2), sa « pratique » constituera sans doute à terme un corpus de règles coutumières de l'OMC. Devant les divergences des États quant à l'appréciation du rôle joué par l'ORD, un réexamen du mécanisme de règlement des différends est depuis longtemps envisagé. Un auteur est allé jusqu'à écrire que l'ORD donne à l'OMC « sans conteste un rôle majeur dans la construction d'un véritable droit économique international et la promotion d'un nouvel ordre public international » [3].

Le mécanisme de règlement s'applique à l'ensemble des différends nés des accords instituant l'OMC (sous réserve des exclusions de l'art. 1) en application d'un instrument unique, le Mémorandum de l'Annexe II. Celui-ci prévoit cependant des procédures particulières pour certains litiges spécifiques ne remettant

1. V. notamment les chroniques annuelles portant sur le règlement des différends à l'OMC au *JDI* par H. Ruiz Fabri et P. Monnier et à la *Revue internationale de droit économique (Rev. int. dr. éco .)* par G. Busseuil, J.-M. Garinot, C. Jourdain-Fortier et I. Moine-Dupuis. Sur l'état du règlement des différends, consulter le site de l'OMC, www.wto.org.

2. V. par exemple E.U Mesures de sauvegarde définitives à l'importation de certains produits en acier, WT/DS248/R, WT/DS248/AB/R, rapport adopté le 10 décembre 2003, qui fait référence à 54 affaires de l'ORD et contient 5800 notes de bas de page.

3. L. Boy, « Le déficit démocratique de la mondialisation du droit économique et le rôle de la société civile », *op. cit.*, p. 473.

pas en cause l'économie générale des accords. Seule la procédure de règlement de droit commun sera ici évoquée.

B. Le fonctionnement

46 À l'issue d'une procédure (1), il y a lieu de procéder à l'exécution d'une décision (2).

1. La procédure

47 Le mécanisme de règlement des différends est conçu comme subsidiaire, la voie de l'accord amiable étant préférée (art. 3.7 Mémorandum). Celle-ci est ainsi favorisée et rendue possible à tout stade de la procédure. Ainsi, en pratique, les règlements amiables concernent-ils plus de la moitié des plaintes introduites auprès de l'ORD. En revanche, en l'absence d'accord amiable, le recours au mécanisme de règlement des différends prévu par le Mémorandum est exclusif et obligatoire. Cependant, la procédure, qui vise avant tout à l'efficacité (sans délaisser certaines garanties juridictionnelles fondamentales), est gouvernée en amont par un principe de libre choix par les parties du mode de règlement de leur différend. Ainsi sont combinées rigidité et flexibilité. Les parties en litige peuvent à tout moment opter pour la médiation, la conciliation ou les bons offices (art. 5 Mémorandum). Elles pourront aussi décider de recourir à l'arbitrage spécial (art. 25 Mémorandum) « autre moyen de règlement des différends »[1].

48 La procédure s'ouvre par une phase dite des consultations (art. 4 Mémorandum). Le différend au sens propre n'est pas encore né, mais un membre a pris une mesure qui affecte un autre membre. Il s'agit d'une phase diplomatique dans laquelle l'État « victime » demande à l'État « auteur » de corriger ses mesures. La demande de consultation est notifiée à l'ORD et aux Conseils et Comités compétents. Tout État estimant avoir un intérêt peut participer aux consultations. La plupart des différends commerciaux font l'objet d'un règlement amiable à ce stade.

Si le différend persiste, un groupe spécial *-panel-* (deuxième phase) est constitué *ad hoc* à la demande du plaignant. Il est géné-

1. L. Boisson de Chazournes, « L'arbitrage à l'OMC », *Rev. arb.* 2003.949.

ralement composé de trois experts qui ne sont pas nécessairement juristes (art. 6 à 16 Mémorandum) [1]. Celui-ci évalue en quelque sorte la pertinence des griefs en regard du droit de l'OMC et rend un rapport dans lequel il émet des constatations, suggestions et recommandations (art. 19 Mémorandum). Tout État ayant un intérêt substantiel dans une affaire peut intervenir auprès du groupe spécial (art. 10.2 Mémorandum). Il est possible également de procéder à la jonction de plaintes ayant un objet identique.

49 Les parties peuvent faire « appel » des conclusions du rapport devant l'Organe d'appel (art. 17 Mémorandum), mais seulement pour les questions de droit. Il s'agit cette fois d'un organe permanent composé de sept membres nécessairement juristes. L'Organe d'appel présente un Rapport qui contient ses constatations, suggestions ou recommandations et qui est destiné à l'ORD.

L'ORD va adopter le rapport, soit du groupe spécial, soit de l'Organe d'appel en cas d'« appel », pour lui conférer valeur obligatoire. L'adoption du rapport se fait selon la technique du consensus négatif. Le rapport est rejeté si un consensus se dégage contre la position qu'il soutient ; sinon, il est réputé adopté de manière automatique.

50 Ainsi, la nature de ce système de règlement des différends peut être qualifiée de *sui generis*. Il est à la fois diplomatique (ou politique), en raison du déroulement de la procédure (phase initiale) et du fait que les représentants des États siègent à l'ORD [2], et juridictionnel et juridique. Le caractère juridictionnel de la procédure, même s'il est encore contesté par certains, est réel. Certes, la procédure est originale : l'ORD, organe politique par sa composition, ne fait qu'adopter ou rejeter un rapport. Mais les aspects juridictionnels découlent des caractéristiques de la procédure : les règles de compétence, d'indépendance et d'impartialité qui gouvernent les organes intervenant dans le règlement des différends, le caractère contradictoire de la procédure et le respect du principe d'égalité des parties. Enfin, il faut rappeler le caractère obligatoire

1. V. P. Lièvre et P. Mavroidis, « Le recours à des experts et ses mésaventures en droit de l'OMC », *in* M.-A. Frison-Roche et A. Abello (dir.), *Droit et économie de la propriété intellectuelle*, LGDJ, 2005, p. 201.
2. Qui, rappelons-le, est assuré par le Conseil général.

de la décision finale qui tranche le litige. Quant au caractère juridique du règlement des différends, il se manifeste par l'encadrement strict de la procédure et par le fondement juridique de la solution apportée dans le cadre d'une interprétation du droit de l'OMC.

2. L'exécution

51 La question de l'exécution est également au cœur de l'efficacité du système de règlement des différends [1]. L'adoption du rapport par l'ORD lui donne en effet la forme d'une décision obligatoire. L'ORD va donc intervenir aussi au stade de l'exécution, dans le cadre de la « mise en conformité » par l'État de la mesure nationale incompatible avec le droit de l'OMC (art. 22.1 Mémorandum). L'État « condamné » doit rendre compte à l'ORD de la manière et des délais dans lesquels il compte s'exécuter. Ce contrôle des mesures d'exécution peut faire l'objet de recours, soit devant le groupe spécial initial (art. 21.5 Mémorandum), soit devant un arbitre. Ainsi l'ORD surveille-t-il attentivement la mise en œuvre des recommandations (art. 21.6 Mémorandum), et ce, jusqu'à la résolution définitive de la question.

Cependant, une telle « mise en conformité » n'est, en réalité, pas une méthode obligatoire, même si le retrait de la mesure condamnée reste l'objectif poursuivi, c'est-à-dire la sanction « normale ». En cas d'inexécution partielle ou totale, l'État « victime » peut négocier des compensations commerciales mutuellement acceptables avec l'État « auteur » de la mesure (art. 22.2 Mémorandum) : on parle de « rachat » d'obligations. Si une compensation n'est finalement pas offerte dans un certain délai, l'État « victime » peut être autorisé par l'ORD dans le cadre des règles et procédures du Mémorandum à prendre des mesures de représailles unilatérales (« rétorsions ») gouvernées par un principe d'équivalence. Ainsi, l'État victime pourra-t-il le cas échéant suspendre ou retirer des concessions commerciales équivalentes (art. 22.3

1. H. Ruiz Fabri, « Le contentieux de l'exécution dans le règlement des différends de l'OMC », *JDI* 2000, p. 605 ; O. Blin, « Les sanctions dans l'Organisation mondiale du commerce », *JDI* 2008. 441.

Mémorandum), éventuellement dans un autre secteur [1], voire un autre accord [2], que celui dans lequel s'inscrit le litige. Par exemple, une infraction aux règles gouvernant la propriété intellectuelle par un État pourra justifier une rétorsion par l'État « victime » dans le secteur des bananes... Le recours aux mesures de rétorsion, qui devrait normalement revêtir un caractère exceptionnel, s'est avéré d'un intérêt pratique certain comme moyen de pression en vue d'aboutir à un accord entre États parties au différend. L'équivalence est contrôlée par l'ORD qui impose de ne pas dépasser un strict niveau de compensation : la suspension ou le retrait ne doit pas surpasser le niveau de la réduction d'avantage de l'État « victime ». On est clairement dans une logique de réparation du préjudice. Cela pose le délicat problème de l'évaluation du préjudice commercial [3]. En toute hypothèse, les compensations et mesures de rétorsion, par essence provisoires – le but ultime étant le retrait de l'acte incriminé – sont les « sanctions » les moins conformes à l'esprit de l'OMC. Le contrôle du niveau de sanctions peut faire l'objet d'un recours devant un groupe spécial ou d'un arbitrage, comme celui des mesures d'exécution (art. 22.6 et 22. 7 Mémorandum).

52 Ces mécanismes de sanctions montrent bien que le droit substantiel de l'OMC n'est pas une fin en soi. Il ne s'agit pas de la défense d'une légalité abstraite. Il s'agit plutôt d'assurer une régulation juridique des échanges commerciaux internationaux dans les limites posées et les possibilités offertes par le cadre procédural et matériel de l'OMC. Le système des rétorsions croisées risque d'être de peu d'effet quand il est mis en œuvre par un petit État à l'encontre d'un superpuissant (concrètement quelles mesures de rétorsions commerciales peut prendre un État comme le Mali à l'encontre des États-Unis ?). Ce particularisme par rapport aux

1. En principe, les mesures de suspension doivent porter sur le même secteur que celui où est constatée l'atteinte. Mais ce principe ne peut s'appliquer utilement qu'à l'égard de partenaires économiques de puissance équivalente.

2. Si la suspension de concession n'est pas matériellement possible ou efficace et si les circonstances sont suffisamment graves.

3. L. Boy, « Évaluation du préjudice commercial au regard des mesures de rétorsion dans le cadre du règlement des différends par l'ORD », *in* Y. Chaput (dir.), *Le droit au défi de l'économie*, Publications de la Sorbonne, 2002, p. 81.

mécanismes de sanction traditionnels se retrouve également si les parties ont choisi de recourir à l'arbitrage spécial (art. 25 Mémorandum). Dans ce cas, les « décisions arbitrales » seront sanctionnées par les procédures de compensation et de suspension des concessions sous la surveillance de l'ORD (art. 21 Mémorandum).

C. Appréciation globale

53 L'examen des données sur le règlement des différends communiquées par l'ORD montre que le contentieux n'est pas l'apanage des puissants. Les pays en voie de développement n'hésitent pas à recourir à l'ORD [1], notamment contre les pays industrialisés. Les « condamnations » touchent également et souvent les plus puissants (comme les États-Unis [2] ou l'Union européenne [3]) pour des enjeux économiques extrêmement importants. Le domaine d'élection du contentieux réside dans les barrières non tarifaires. Mais les contentieux relatifs aux services et à la propriété intellectuelle [4] commencent à se développer, ce qui n'est pas étonnant compte tenu de leur place dans l'économie actuelle.

Malgré l'efficacité globale du système, il reste que certains problèmes ne sont pas encore parfaitement résolus. C'est notamment le cas de la concurrence entre des règles matérielles prévues par les accords de Marrakech et d'autres conventions bilatérales ou multilatérales conclues dans les domaines de la propriété intellectuelle ou de l'environnement (par exemple les rapports entre l'ADPIC et les conventions de l'OMPI ou le protocole de Kyoto)... Le litige relève-t-il du mécanisme de règlement des différends de l'OMC ou d'un autre corpus de règles ? La concurrence des textes

1. Ce qu'a contribué à renforcer le fait d'accepter les avocats et les organisations non gouvernementales comme conseils. Les services étatiques des PVD manquent en effet souvent d'agents formés au droit de l'OMC.

2. Plus de 90 % des différends qui passent devant l'ORD concernant des actions intentées contre les États-Unis conduisent à une conclusion défavorable à ces derniers, V. C. Charlier et M. Rainelli, « Politique commerciale et recours au mécanisme de règlement des différends de l'OMC. Le cas des États-Unis », *Rev. int. dr. éco.* 2009. 253.

3. *Communautés européennes et leurs États membres – Traitement tarifaire de certains produits des technologies de l'information*, Rapport du groupe spécial, 16 août 2010, WT/DS/375, WT/DS/376 et WT/DS/377.

4. Le site de l'ORD répertorie, au 3 août 2011, 29 différends relativement à l'accord ADPIC et 22 concernant les services (AGCS).

pourrait inciter à un *forum shopping*, et leur contradiction à des divergences d'interprétation, ce qui est contraire à la cohérence du système et donc à la sécurité juridique.

54 La pratique de l'ORD montre également que le règlement des différends commerciaux entre États nécessite la prise en compte de valeurs « non marchandes » (comme la santé [1], l'environnement [2], le développement) à côté des aspects purement marchands. À cet égard, le droit de l'OMC révèle les enjeux « sociétaux », et plus seulement économiques, de la mondialisation des échanges [3]. La remarque déborde largement le cadre de l'ORD et pousse à s'interroger notamment quant au rôle global de l'OMC et à la fragmentation entre organisations internationales différentes des règles relatives au social [4], à l'environnement ou encore à la culture. Une unification au sein de l'OMC est-elle possible (et souhaitable) ? Il reste que l'on peut s'interroger sur la possibilité pour l'ORD de se référer à d'autres textes de droit international que ceux de l'OMC ou que les « accords visés » par le droit de l'OMC.

L'ORD contribue assurément à l'édification d'un *corpus juris* de l'OMC, question controversée et amenée assurément à évoluer.

55 Enfin, des propositions ont été faites afin de « réformer » ponctuellement le fonctionnement de l'ORD : constitution de groupes d'experts spéciaux aux fins de produire des rapports sur des questions particulières ayant fait l'objet d'un règlement par l'ORD et communication de ces rapports au sein de l'ORD [5] ; réforme de la désignation des membres des groupes spéciaux ; adoption de « critères et procédures généraux » concernant les mémoires d'*amici curiae* [6], et surtout réflexion sur l'opportunité d'une compensation monétaire provisoire aux plaignants les plus démunis

1. C. Jourdain-Fortier, *Santé et commerce international. Contribution à l'étude de la protection des valeurs non marchandes par le droit du commerce international*, Coll. CREDIMI, Vol. 26, Dijon, Litec, 2006.
2. V. notamment, « Crevettes-Tortues ; E-U – Prohibition à l'importation de certaines crevettes et de certains produits à base de crevettes, Rapport de l'Organe d'appel, WT/DS58/AR/R, adopté le 6 novembre 1998.
3. En ce sens, T. Cottier, « Les tâches de l'OMC : évolution et défis », *op. cit.*
4. V. notamment M.-A. Moreau, « Mondialisation et droit social. Quelques observations sur les évolutions juridiques », *in* Mondialisation et droit économique, *Rev. int. dr. éco.*, n° spécial, 2002. 383.
5. Cela faciliterait l'émergence d'une jurisprudence de l'ORD.
6. V. S. Menétrey, *L'amicus curiae, vers un principe commun de droit procédural ?*, Préface de K. Kessedjian, avant-propos de S. Guillemard, Dalloz, Nouvelle bibliothèque des thèses, Vol. 97, 2010.

– à la place des mesures de rétorsion souvent inefficaces ou illusoires [1].

SECTION 2
LES RÈGLES SUBSTANTIELLES

56 L'annexe I à la Charte de l'OMC comporte les accords commerciaux multilatéraux, c'est-à-dire l'essentiel des règles substantielles des accords de Marrakech. Elle est divisée en trois parties relatives au commerce des marchandises, au commerce des services (AGCS) et aux aspects de droits de propriété intellectuelle relatifs au commerce (ADPIC). Si quantitativement, et notamment en termes de différends commerciaux, l'annexe I A apparaît comme la plus importante, il ne faut pas négliger, d'un point de vue qualitatif, l'impact des deux autres parties de l'annexe I. Notamment, l'inclusion de la propriété intellectuelle dans le cadre du commerce international multilatéral renferme des enjeux économiques considérables. Ces trois volets seront examinés successivement dans leurs aspects principaux. Après avoir vu les règles relatives au commerce de marchandises (**§ 1**), il conviendra d'étudier celles relatives au commerce des services (**§ 2**) et celles portant sur les droits de propriété intellectuelle (**§ 3**).

§ 1. Les règles relatives au commerce des marchandises

57 L'objectif poursuivi par l'annexe I A s'inscrit dans la continuité du GATT dont elle reprend d'ailleurs le texte constitutif et ses différentes évolutions jusqu'en 1994 (« GATT de 1994 »). Cet objectif est la liberté du commerce justifiant la lutte contre tous les obstacles tarifaires ou non tarifaires aux échanges commerciaux ainsi que l'encadrement des mesures de défense. En toute

1. V. Rapport « L'avenir de l'OMC », préc., p. 59.

hypothèse, la seule « protection » admise est la protection tarifaire qui doit néanmoins être réduite. Les avancées par rapport au GATT de 1994 sont certaines. Des domaines comme l'agriculture [1], le textile-habillement [2], les mesures sanitaires et phytosanitaires (SPS) [3] ou encore les mesures concernant les investissements liés au commerce (MIC) [4] ont fait l'objet d'accords et incorporent le champ réglementé par l'annexe I A. Il convient d'évoquer les principes sur lesquels repose l'ensemble du dispositif (**A**), puis de présenter les principales mesures qu'il met en œuvre (**B**).

A. Les principes directeurs

58 Il y a un principe général de non-discrimination (**1**) contenant des dérivés (**2**).

1. Le principe général de non-discrimination

59 L'ensemble du dispositif s'articule autour du principe fondamental de non-discrimination sur lequel repose le GATT : non-discrimination entre produits similaires en provenance d'États étrangers (pays d'origine du produit) membres de l'OMC et non-discrimination entre les produits nationaux et les produits étrangers. Ces deux aspects de la non-discrimination recoupent ainsi respectivement le traitement de la nation la plus favorisée et le

1. Sujet difficile et sensible s'il en est, parce qu'il est marqué par le soutien aux prix et à la production des agriculteurs et le cloisonnement des marchés, l'agriculture avait été en pratique sortie par les États-Unis des disciplines du GATT. L'Accord sur l'agriculture vise à intégrer à terme ce secteur dans les disciplines communes et à le libéraliser. Désormais les mesures non tarifaires de soutien à l'agriculture (sauf dans le cadre de l'accord SPS) sont interdites et remplacées par un droit de douane particulier consolidé et destiné à la baisse. Quant aux subventions, les États peuvent décider d'une mesure globale de soutien aux agriculteurs (soutien aux prix notamment), avec un engagement à la baisse dans le temps. Seules les subventions internes liées à la production sont ainsi encadrées. En revanche, les mesures de soutien à l'exportation, désormais interdites, devraient disparaître à terme ce qui n'est pas sans susciter des difficultés dans les négociations multilatérales.

2. Secteur tombé depuis 2004 dans les disciplines communes après la fin de la mise en œuvre de l'Accord sur les textiles et vêtements.

3. Il s'agit d'éviter un protectionnisme déguisé à travers le recours à des réglementations concernant l'innocuité des produits alimentaires, la santé des animaux et la préservation des végétaux.

4. Qui vise certaines mesures qui ont pour objectif de limiter les effets négatifs pour l'économie locale de l'implantation d'entreprises étrangères. Cela peut en effet constituer potentiellement une source de distorsion des échanges. L'accord ne porte que sur les mesures obligatoires pour les entreprises étrangères et celles auxquelles il leur est obligatoire de se conformer pour obtenir un avantage et non sur la réglementation des investissements internationaux en général. Les États membres ne peuvent appliquer des MIC incompatibles avec les articles III et XI du GATT (traitement national et interdiction des restrictions quantitatives), sous réserve des exceptions prévues au GATT. Des dérogations sont accordées pour les pays en voie de développement.

principe du traitement national, véritables piliers des règles substantielles relatives au commerce des marchandises. Il faut toutefois noter que la prolifération actuelle d'accords préférentiels bilatéraux ou régionaux est perçue comme une érosion du principe de non-discrimination qui est dangereuse pour l'avenir de l'OMC [1]. Cette dernière devra réagir.

2. Les dérivés du principe général de non-discrimination

60 Le droit de l'OMC repose sur le principe du traitement de la nation la plus favorisée (**a**) et sur celui du traitement national (**b**).

a. Traitement de la nation la plus favorisée

61 En vertu de l'article I du GATT qui pose le principe du traitement de la nation la plus favorisée (TNPF), « Tous avantages, faveurs, privilèges ou immunités accordés par un membre à un produit originaire ou à destination de tout autre pays seront, immédiatement et sans condition, étendus à tout produit similaire originaire ou à destination du territoire de tous les autres Membres ». Chaque État membre fixe par produit un niveau de droit de douane et d'imposition qui va s'appliquer à tous les membres, sans possibilité de dépassement. Le TNPF s'appliquant multilatéralement et inconditionnellement dans le cadre de l'OMC, le système des concessions réciproques est censé aboutir à un équilibre des concessions en laissant l'État membre libre du choix des secteurs sur lesquels porteront ses efforts. L'objectif à terme est une baisse généralisée des droits de douane et autres impositions. D'autant plus que les listes d'engagements prises par chaque État membre (qui sont annexées au GATT) lors de son accession ou dans le cadre des négociations subséquentes ont la même valeur conventionnelle que le GATT. En effet, ces engagements portant sur des concessions tarifaires gèlent les droits de douane afférents pendant une période déterminée reconductible. La prolifération des accords préférentiels conduit cependant à rendre le TNPF quasiment exceptionnel.

1. V. en ce sens, Rapport « L'avenir de l'OMC », préc., p. 21.

b. Traitement national

62 Le principe du traitement national (art. III GATT), qui fait l'objet d'un contentieux important, veut que les produits nationaux ne soient pas favorisés par rapport aux produits étrangers sous l'angle des taxes et impositions intérieures ainsi que des règles commerciales qui leur sont applicables.

B. Mesures mises en œuvre

63 Les barrières tarifaires (droits de douane) sont les seules admises par le droit de l'OMC avec pour objectif cependant de les réduire par le jeu combiné des négociations multilatérales, de l'application du traitement de la nation la plus favorisée et des engagements conventionnels. En revanche, un dispositif d'élimination des barrières non tarifaires existe (**1**). Il est assorti de limites et assouplissements (**2**). Enfin, le droit de l'OMC encadre les mesures de défense contre les mesures commerciales déloyales (**3**).

1. L'élimination des barrières non tarifaires

64 Le GATT a toujours posé le principe de l'élimination des obstacles non tarifaires. Ces derniers sont insidieux dans la mesure où ils constituent des barrières déguisées à l'importation ou à la commercialisation des produits étrangers [1]. Le dispositif mis en œuvre est assez étoffé et complété par des accords dans le cadre de l'OMC de manière à prendre en compte l'ensemble des obstacles imaginés par les États membres. On peut distinguer, en les regroupant, plusieurs types d'obstacles non tarifaires : les restrictions quantitatives et les licences d'importation (**a**), les obstacles techniques au commerce et les règles d'origine (**b**), les valeurs en douane et les formalités douanières (**c**) et les entreprises commerciales d'États (**d**).

a. Les restrictions quantitatives et les licences d'importation

65 Il s'agit de mesures prises par les États qui fixent la valeur ou la quantité des produits pouvant être importés ou exportés. Elles

1. Sur la problématique des «éco-labels» comme éventuelles mesures non tarifaires, v. S. Lavallée et K. Bartenstein, «La régulation et l'harmonisation internationale des programmes d'écolabels sur les produits et services», *Rev. int. dr. éco.* 2004.47.

sont globalement prohibées sous certaines limites rendues nécessaires par une situation particulière. Ainsi, une situation de pénurie rend légitime des restrictions quantitatives à l'exportation. Des restrictions aux importations peuvent résulter des politiques agricoles internes (V. l'Accord sur l'agriculture) ou d'autres cas visés par le GATT (notamment art. XVIII. C : création d'une branche de production nationale ; art. XII et XVIII B : déséquilibre de la balance des paiements). Leur prohibition trouve également une limite dans le cadre du régime des exceptions et des mesures de sauvegarde [1].

66 Il convient de rapprocher les restrictions quantitatives des licences d'importation (c'est-à-dire des autorisations administratives d'importer) qui en sont une forme. L'Accord sur les procédures de licence d'importation les encadre, les considérant du même coup légitimes dans certaines situations ou pour réaliser des fins étrangères à la seule restriction quantitative (des considérations de sécurité par exemple). Une transparence et l'octroi de certaines garanties sont ainsi imposés aux États membres qui opposeraient à d'autres de telles licences.

b. Les obstacles techniques au commerce et les règles d'origine

67 L'obligation posée par un État de respecter certaines normes (déterminant notamment les qualités et spécifications d'un produit), règlements techniques, et autres procédures d'essai et de certification peut aboutir à favoriser la production nationale. Ces obstacles potentiels sont régis par l'Accord sur les obstacles techniques au commerce. Le principe est que les normes internationales établies par les organisations habilitées sont présumées conformes au droit de l'OMC. L'État qui a recours à d'autres normes a cependant la possibilité de prouver que les premières ne sont pas adaptées ou sont inefficaces à l'objectif de normalisation qu'il met en oeuvre. La normalisation technique est plus qu'un enjeu technique et économique ; elle se révèle être une source du droit à part entière [2] qui est utilisée par les États dans la mise en œuvre de stratégies juridiques. À cet égard, dans le cadre de

1. V. *infra*, n°74.
2. V. L. Boy, «Normes», *Rev. int. dr. éco.*1998. 115.

l'accord SPS, qui concerne des normes visant à la protection de la santé des animaux, à la préservation des végétaux et à l'innocuité des produits alimentaires, il est prévu notamment que chaque mesure prise par un État doit être justifiée par une évaluation des risques fondée sur des preuves scientifiques suffisantes (art. 5-7 SPS). C'est dire si l'invocation du principe de précaution [1] a pu poser des problèmes d'interprétation. Dans la célèbre affaire de la viande aux hormones, l'Union européenne était opposée notamment aux États-Unis sur la question des risques sanitaires engendrés par la viande traitée aux activateurs de croissance. Le groupe spécial comme l'organe d'appel ont estimé que l'Union européenne, en vertu du principe de précaution, avait pris des mesures d'interdiction de ces viandes qui dépassaient ce qui est prévu à l'article 5 de l'accord SPS qui lie l'établissement d'une mesure sanitaire à une évaluation des risques (et non pas sur l'absence de certitudes scientifiques comme le prétendait l'Union européenne) [2]. Cette dernière a ainsi été sanctionnée : les sanctions (surtaxation de produits) ont principalement porté sur des produits français – et donc des entreprises – étrangers au différend (comme le fromage Roquefort).

68 Une situation voisine, mais non similaire, est la question des règles d'origine. Ces règles visent à garantir que seuls les produits venant des pays de l'OMC peuvent bénéficier des avantages concédés par les États membres. Il s'agit d'éviter cependant que la règle d'origine ne devienne un outil de protectionnisme. Pour l'heure, et dans l'attente de la mise en œuvre du programme d'harmonisation prévu par l'Accord sur les règles d'origine, les États conservent pour l'essentiel la maîtrise de la détermination de leurs règles d'origine, sous la réserve de quelques « garde-fous » (transparence, impartialité et définition positive de l'origine).

1. V. P. Reis, « De l'impact de l'application ou de la non application du principe de précaution quant aux préjudices dans le cadre du commerce international », *in* Y. Chaput (dir.), *Le droit au défi de l'économie*, Publications de la Sorbonne, 2002, p. 61.
2. V. l'affaire de la viande aux hormones, Communautés européennes, mesures concernant les viandes et les produits carnés (hormones), WT/DS26 et WT/DS48, commentée par H. Ruiz Fabri *in* chronique de règlement des différends au sein de l'OMC, *JDI* 1999. 481.

c. Valeurs en douane et formalités douanières

69 Concernant la valeur en douane, il s'agit d'adopter des critères précis et objectifs pour déterminer à quelle valeur s'appliquera un droit de douane (pour les droits *ad valorem*). Ainsi, l'Accord sur l'évaluation en douane pose-t-il les méthodes de calcul que les autorités douanières peuvent appliquer en cas de doute sur la valeur des produits importés, sachant que la valeur en douane correspond à la valeur réelle de la marchandise importée (art. VII GATT). Quant aux formalités douanières, elles peuvent, par leur coût, leur lourdeur et leur complexité, constituer un frein aux échanges. Le GATT (art. VIII) vise à éviter les abus dans les coûts et à simplifier les formalités. Un Accord sur l'inspection avant expédition vient compléter ce dispositif en encadrant l'activité des sociétés privées chargées de vérifier avant expédition les marchandises.

d. Entreprises commerciales d'États

70 L'article XVII du GATT et un Mémorandum encadrent l'activité de ces entreprises dont les droits ou privilèges exclusifs ou spéciaux peuvent conférer une influence sur les importations et exportations.

2. Limites et assouplissements à la levée des obstacles au commerce

71 Le système, dans sa lutte contre les barrières tarifaires et non tarifaires, nécessite quelques limites et assouplissements qui permettent aux États membres d'échapper plus ou moins (y compris dans le temps) à leurs obligations. Les limites concernent les pays en voie de développement et les accords commerciaux régionaux, le système de l'OMC ne pouvant faire autrement que de prendre en compte leur existence et leur spécificité (**a**). Les assouplissements visent quant à eux plusieurs types de mesures : dérogations, exceptions, sauvegardes (**b**).

a. Les limites : pays en voie de développement et accords commerciaux régionaux

72 À l'instar d'autres instruments internationaux, et dans la continuité du GATT, le droit de l'OMC réserve une place particulière aux pays en voie de développement en leur octroyant un « traite-

ment spécial et différencié », accentué pour les pays les moins avancés. Le but est de préserver leur économie naissante tout en favorisant leur croissance. En bref, il s'agit de les protéger contre une ouverture trop brutale au libéralisme. Le « traitement variable et différencié » confère généralement à ces pays un allègement de leurs obligations, l'octroi de délais plus longs de mise en œuvre de celles-ci, des moratoires, une reconnaissance de leurs intérêts particuliers et une assistance technique. Ce traitement spécial et différencié fait parfois l'objet de critiques qui tiennent notamment à son manque d'efficacité [1]. De manière générale, l'évolution des Conférences ministérielles et des litiges à l'ORD montre que les pays en voie de développement n'hésitent plus à s'opposer individuellement ou collectivement aux grandes puissances industrialisées, marquant assurément un tournant dans la logique de l'OMC (même si les résultats concrets dans les négociations multilatérales ne sont pas à la hauteur des espérances). Ces pays sont par ailleurs très divers, certains comme la Chine, l'Inde ou le Brésil pesant véritablement dans les négociations et ralliant les « petits pays », voire parfois l'Union européenne, à leur cause.

73 Quant aux accords commerciaux régionaux, ils se multiplient (UE, ALENA, MERCOSUL...) et le droit de l'OMC a dû admettre sa coexistence avec eux, alors même qu'ils confèrent des dispositions préférentielles à leurs membres (art. XXIV GATT et mémorandum d'accord sur l'interprétation de cet article). Cette ambivalence du multilatéralisme et du régionalisme sera assurément l'une des questions clés au sein de l'OMC dans les années à venir. Un Comité des accords régionaux a ainsi été créé auquel ces accords sont notifiés. Du fait du mauvais fonctionnement de ce Comité, l'examen de leur compatibilité avec l'OMC se reporte sur l'ORD dans le cadre de litiges. En toute hypothèse, si les zones de libre-échange ou les unions douanières sont admises, c'est à la double condition de la suppression totale des barrières douanières internes et de l'absence d'augmentation des barrières douanières aux frontières externes.

1. C. Vadcar, « Le traitement spécial et différencié. Plaidoyer contre les systèmes de préférences généralisées », *JDI* 2005.315 ; C. Kana, *Le traitement spécial et différencié des pays en développement au sein du GATT et de l'Organisation Mondiale du Commerce*, Genève, 2009.

b. Les assouplissements : dérogations, exceptions et mesures de sauvegarde

74 Il s'agit de « respirations » du système.

En premier lieu, en cas de « circonstances exceptionnelles » (art. XXV.4 GATT), le Conseil général peut dispenser un État de certaines de ses obligations au titre du GATT. Il s'agit d'une mesure purement transitoire dont l'octroi est soumis à une justification et une délimitation précises (matérielle et temporelle) par l'État qui l'invoque. Le contrôle de la mesure est rigoureux.

En deuxième lieu, les exceptions permettent à un État, à des conditions et dans un cadre stricts précisés par des articles du GATT, d'adopter des mesures qui contreviennent à ses obligations en matière de non-discrimination. Il s'agit ici de préserver des valeurs qui paraissent essentielles à un État comme la diversité culturelle (art. IV GATT sur les contingents de films cinématographiques d'origine nationale [1]), la moralité publique, la conservation des trésors nationaux et des ressources naturelles épuisables, les dispositions sur les produits fabriqués dans les prisons... (art. XX GATT). Un autre but est de protéger les intérêts de l'État : exportation de l'or et de l'argent, situation de pénurie. Plus généralement, il s'agit aussi de protéger la santé des personnes, des animaux ou des végétaux (art XX GATT). Certaines exceptions sont « générales » à condition de poursuivre un but légitime (dont les motifs sont énumérés par l'art. XX GATT) et d'être appliquées de façon non discriminatoire. D'autres sont spécifiques : « films cinématographiques » et « sécurité » (art. XXI GATT). On conçoit la boite de Pandore que peut ouvrir une telle respiration du système et l'on comprend que le mécanisme de règlement des différends l'admette difficilement [2]. Mais toutes les exceptions mises en œuvre par les États membres ne donnent pas lieu à contentieux...

En troisième lieu, pour parer à une situation d'urgence, un État peut prendre des mesures de protection ou de sauvegarde contre

1. V. C. Germain, « Diversité culturelle à l'OMC et l'UNESCO à l'exemple du cinéma », *Rev. int. dr. éco.* 2004.325.
2. Communautés européennes – Mesures affectant l'amiante et les produits en contenant (WT/DS135/AB/R), Chr. du règlement des différends de l'OMC par H. Ruiz Fabri, *JDI* 2001.948.

des importations qui causent ou risquent de causer un préjudice grave à ses producteurs nationaux de produits similaires ou concurrents (art. XIX GATT et Accord sur les sauvegardes). L'État doit justifier d'une situation particulière (accroissement brutal des importations d'un État membre à la suite de l'évolution imprévue des circonstances) lui causant ou risquant de lui causer un préjudice. Si le lien de causalité est avéré, l'État peut par exemple instituer, dans le respect du principe de non-discrimination, des restrictions quantitatives ou modifier des concessions tarifaires. Ces sauvegardes sont fortement et strictement encadrées, contrôlées dans des conditions dégagées par un contentieux important [1].

3. Encadrement des mesures de défense

75 Il s'agit de pratiques de défense commerciale considérées comme déloyales, à savoir le dumping (**a**) et les subventions (**b**). Leur encadrement se justifie par l'entrave aux échanges à laquelle elles conduisent.

a. Le dumping

76 C'est une pratique de prix des exportateurs consistant à introduire sur le marché d'un autre État des marchandises à un prix inférieur à leur valeur normale. Le paradoxe vient de ce que ces pratiques sont mises en œuvre par des entreprises. Le droit de l'OMC s'adressant aux États, il s'est contenté d'un contrôle et d'un encadrement serrés des mesures antidumping, c'est-à-dire des représailles douanières, mises en place par un État membre. Le droit antidumping fait d'ailleurs l'objet d'un contentieux très important marqué par l'interprétation stricte des obligations des États [2]. L'instauration de mesures antidumping nécessite au préalable une enquête objective et limitée dans le temps (car des mesures antidumping provisoires peuvent être prises) par les autorités nationales sur l'initiative d'un producteur national qui s'estime lésé par les pratiques de prix des exportateurs étrangers. Dès lors, le contenu de l'enquête doit être soigneusement précisé. À cet effet, le GATT (art. VI) et l'Accord antidumping définissent le dumping, les hypothèses de dumping et leur mode de calcul, la nécessité de rapporter

1. 38 affaires répertoriées sur le site internet de l'ORD au 3 août 2011.
2. 87 affaires répertoriées sur le site internet de l'ORD au 3 août 2011.

son caractère préjudiciable pour une branche nationale de production de produits similaires et d'établir un lien de causalité entre le dumping et le préjudice. En cas de dumping avéré, les mesures antidumping sont également strictement encadrées (notamment quant à leur durée). On peut regretter que l'appréciation du dumping se fasse seulement à l'aune du préjudice pour une branche de production et non pas de l'impact sur la concurrence ou sur l'économie nationale. Se profilent en effet des risques de protectionnisme sectoriel. D'où la rigueur de la jurisprudence.

b. Les subventions

77 Il s'agit de pratiques de soutien des États aux entreprises nationales portant, soit sur l'exportation, soit sur la production. Les pratiques de subventions sont régies par l'Accord sur les subventions et les mesures compensatoires (SMC). Ce dernier les définit comme étant une contribution financière accordée par les pouvoirs publics locaux (ou tout organisme public local) et qui confère un avantage sur le marché à une entreprise ou à un groupe d'entreprises ou une branche (ou groupe de branches) de production. Les subventions contrairement aux droits de douane et à la plupart des mesures protectionnistes agissent directement sur les coûts de production des firmes locales. Elles modifient les coûts relatifs des entreprises. D'où leur impact sur le commerce international. La matière est complexe et génère un fort contentieux marqué par une conception large des subventions préjudiciables. En substance, les subventions se divisent en subventions interdites (liste ou « boîte » rouge) et subventions tolérées (liste ou « boîte » orange). Les premières concernent les subventions à l'exportation et à l'utilisation de produits nationaux (sauf pour les pays en voie de développement). Les secondes, comme les subventions à la production, peuvent causer un préjudice à un État membre qui lui ouvre un droit d'agir, soit dans le cadre du mécanisme de règlement des différends de l'OMC afin d'obtenir le retrait, soit dans le cadre d'une procédure nationale à des fins compensatoires cette fois qui nécessitera de prouver un préjudice et un lien de causalité avec la mesure de subvention. Dans ce cas, des droits compensateurs peuvent être infligés provisoirement s'il

est avéré notamment que l'État plaignant a subi une grave atteinte à ses intérêts commerciaux ou qu'il est porté préjudice à une branche nationale de production ou encore parce que les avantages que l'État tire de ses concessions tarifaires sont remis en cause par la subvention. En matière agricole, certaines subventions sont autorisées dans le cadre d'un régime particulier [1].

§ 2. Les règles relatives au commerce des services (AGCS)

78 Dans une économie de plus en plus axée sur l'incorporel et les services, l'Accord général sur le commerce des services (AGCS) s'imposait. Mais la libéralisation souhaitée du commerce des services ne se fait pas juridiquement sur le modèle de celle des marchandises. Au demeurant, elle doit s'opérer dans le respect des objectifs de politique nationale et du niveau de développement des membres (art. XIX AGCS). Le système est fort complexe.

L'architecture juridique de l'AGCS montre bien que la libéralisation du commerce international des services dépendra des négociations multilatérales [2]. En effet, la libéralisation apparaît volontariste (autrement dit prudente, voire frileuse) dans la mesure où un État ne va ouvrir un secteur de service à la concurrence que dans la mesure où il l'inclura dans sa liste d'engagements spécifiques (**B**). Cependant, des obligations générales pèsent sur les États au titre des deux premiers volets de l'accord-cadre qui sont censés renfermer des dispositions communes à tous les membres (**A**), soit inconditionnelles, soit conditionnelles si elles se rapportent à des secteurs faisant l'objet d'engagements.

A. Les dispositions communes à tous les membres

79 Il faut examiner les principes directeurs (**1**), le champ de l'AGCS (**2**) et les limites (**3**).

1. V. *supra*, n° 57.
2. C'est pourquoi les États-Unis et l'UE souhaitent changer le mode de fonctionnement des négociations au sein de l'AGCS pour favoriser encore plus la libéralisation.

1. Les principes directeurs

80 L'AGCS dans ses parties I et II (règles applicables au commerce des services et huit annexes sur certains secteurs de services et le mouvement des personnes physiques) se présente comme un accord-cadre qui repose sur les grands principes appliqués dans le commerce des marchandises (**a**) et sur certaines obligations plus spécifiques (**b**).

a. Les principes directeurs non spécifiques

• Traitement de la nation la plus favorisée

81 Il s'agit d'une obligation dite inconditionnelle : l'ouverture d'un secteur à la concurrence par un État, même en l'absence d'engagement particulier, implique d'accorder des possibilités égales aux fournisseurs étrangers du secteur qui sont membres de l'OMC. Ce principe tolère tout de même des exemptions temporaires (art. V et annexe I de l'accord) qui permettent aux États – sauf en présence d'un engagement spécifique – de maintenir des restrictions de leur choix qui sont dès lors très largement utilisées [1]. Ce principe admet aussi sous certaines conditions les règles préférentielles contenues dans les accords d'intégration économique (art. V).

• Traitement national

82 Le traitement national (art. XVII-1) s'applique en réalité aux engagements spécifiques des États [2]. Il s'agit de consolider les législations existantes en n'offrant pas aux services ou fournisseurs étrangers un traitement « non moins favorable » que celui offert aux services ou fournisseurs nationaux similaires. Toutefois, des discriminations inscrites dans les listes d'engagements spécifiques restent possibles. Ainsi un État peut-il moduler à la carte, selon les services et leurs conditions, le principe du traitement national, donc l'ouverture à la concurrence étrangère.

• Transparence des législations

83 Il s'agit d'une autre obligation inconditionnelle : l'art. III prévoit impérativement une information à destination des États et four-

1. La liste d'exemptions posée par l'UE concerne notamment le secteur audiovisuel.
2. V. *infra*, n° 87.

nisseurs étrangers sur les réglementations et mesures susceptibles d'affecter le commerce des services.

b. Les obligations propres à l'AGCS

84 L'article VI oblige les États à offrir aux fournisseurs étrangers des procédures de recours et de manière générale à appliquer la législation sur le commerce des services de manière raisonnable, objective et impartiale. L'article VII met en œuvre un principe de reconnaissance puisque tout État doit reconnaître « l'éducation ou l'expérience acquise, les prescriptions remplies, ou les licences ou certificats accordés dans un pays déterminé ». Les prescriptions en matière de normes techniques, qualifications et licences devront faire l'objet de disciplines communes à négocier. Les détenteurs d'un monopole sur un service ne doivent pas en abuser. L'accord envisage également les pratiques commerciales limitant la concurrence, les subventions (art. XV) ou les restrictions à la circulation des paiements internationaux liés à des services (art. XI).

2. Champ de l'AGCS

85 L'accord a vocation à s'appliquer à tous les services (mais la notion de service n'est pas définie par l'accord ?!) y compris les activités de service public dès lors qu'elles seraient en concurrence avec le secteur privé. Toute mesure, indépendamment de sa forme (art. XXVIII. a), d'un État membre ou de ses démembrements, voire d'organismes non gouvernementaux délégataires, qui affecte le commerce des services est visée par l'accord (art. I. 1). Ce dernier appréhende très largement « la production, la distribution, la commercialisation, la vente et la livraison d'un service », regroupées dans le texte en quatre modes de fourniture de services.

3. Les limites

86 Il s'agit des exceptions et sauvegardes. Par un mécanisme similaire à celui de l'art. XX du GATT relatif aux marchandises, les exceptions sont permises par l'article XIV pour la protection de la moralité publique, de la santé et de la vie des personnes ou des animaux, de la vie privée dans l'utilisation des données personnelles, ou pour les mesures nécessaires à la mise en œuvre d'une imposition équitable et effective. La sécurité nationale est aussi

une cause d'exception (XIV *bis*). Les exceptions ne doivent pas constituer un moyen de discrimination arbitraire ou injustifiable ou une restriction déguisée au commerce. Quant aux sauvegardes, elles permettent aux États de limiter ou suspendre leurs engagements. Ainsi en va-t-il en cas de déséquilibre de la balance des paiements, ou de manière générale, si la mesure de retrait d'un engagement est nécessaire (art. XII). Des négociations futures doivent encadrer les mesures de sauvegarde d'urgence (art. XV).

B. Les engagements spécifiques

87 Des listes d'engagements positifs sont fixées, le cas échéant, par chaque État souhaitant ouvrir l'accès à son marché pour un secteur de service donné. Les engagements qu'elles contiennent sont garantis par des obligations dites « conditionnelles ». Le principe est que chaque État est libre d'aménager ses engagements. Autrement dit, pour chaque engagement de libéralisation, l'État précise expressément quelles restrictions, parmi six types, il maintient. L'État précise ainsi par chaque engagement quel accès il entend donner à son marché (ce qui doit être combiné avec les obligations inconditionnelles).

Les listes d'engagements énumèrent les services effectivement ouverts à la concurrence, et la mesure de cette ouverture. Pour ce faire, une classification sectorielle des services est utilisée, qui range ceux-ci en secteurs et sous-secteurs. Chaque membre doit identifier dans le modèle-type de liste d'engagements les secteurs et sous-secteurs auxquels il applique les obligations conditionnelles de l'AGCS, de même que les exceptions qu'il maintient. Les engagements sont spécifiés pour chacune des trois disciplines conditionnelles au titre de l'AGCS : l'accès au marché, le traitement national et les restrictions qui ne relèvent ni de l'accès au marché ni du traitement national, appelées « engagements additionnels ». De plus, certaines limitations (engagements horizontaux) s'appliquent à tous les secteurs figurant dans la liste, alors que d'autres limitations (engagements sectoriels), avec lesquelles elles se combinent, sont purement sectorielles.

§ 3. Les règles relatives aux droits de propriété intellectuelle (ADPIC)

88 L'extension de la régulation du commerce international aux droits de propriété intellectuelle (DPI)[1] est une révolution, tant du point de vue du droit international de la propriété intellectuelle - qui relève habituellement pour l'essentiel de l'Organisation mondiale de la propriété intellectuelle (OMPI) - que de celui du commerce international - qui l'ignorait[2]. L'objectif de l'Accord sur les aspects de droits de propriété intellectuelle touchant au commerce[3] est de défendre les pays exportateurs de biens protégés par des DPI en généralisant dans tous les États membres une protection assez étendue (et sévère bien que présentée comme minimale) de la propriété intellectuelle. Le droit de l'OMC, à sa manière, contribue ainsi à l'émergence d'un droit mondial de la propriété intellectuelle[4], mais aussi crée « un véritable droit de l'intégration mondial »[5]. Les pays les moins avancés ont certes bénéficié de moratoires pour se mettre en conformité (c'est-à-dire dans la plupart des cas adopter une législation en la matière !). Mais il reste que les grands perdants de l'ADPIC sont les pays importateurs de biens couverts par des DPI. Par exemple, ces derniers se trouvent aujourd'hui sous l'entière dépendance des brevets qui sont pour l'essentiel détenus par les grands États industrialisés[6]. Cependant, l'accès « facilité » à des médicaments couverts par des brevets afin de lutter contre certaines pandémies, après avoir fait l'objet d'âpres négociations, a consacré la victoire d'une coalition de pays en développement contre les lobbies de

1. V. T.L. Tran Wasescha, « L'accord sur les ADPIC : un nouveau regard sur la propriété intellectuelle », *in* M.-A. Frison-Roche et A. Abello (dir.), *Droit et économie de la propriété intellectuelle*, LGDJ, 2005, p. 135.
2. V. de manière générale, M. Vivant (dir.), *Propriété intellectuelle et mondialisation*, Dalloz, 2004.
3. V. D. Gervais (avec la collaboration de I. Schmitz), *L'accord sur les ADPIC*, Préface de L. Anell, Larcier, Coll. CIC, Bruxelles, 2010 ; P.T. Stoll (éd.), *WTO trade-related aspects of intellectual property rights*, Max Planck Institute for Comparative Public Law and International Law, M. Nijhoff, 2009.
4. V. *L'accord ADPIC 10 ans après. Regards croisés Europe-Amérique Latine*, De Boeck/Larcier, collection Droit/Economie/International, 2007.
5. T. Cottier, « Les tâches de l'OMC : évolution et défis », *op. cit.*, p. 282.
6. V. M. Dias Varella, « L'organisation mondiale du commerce, les brevets, les médicaments et le rapport Nord-Sud : un point de vue du Sud », *Rev. int. dr. éco.* 2004.79.

l'industrie pharmaceutique représentés essentiellement par les États-Unis (Doha 2001 et Cancun 2003). La décision du 30 août 2003 [1] a pris la forme de licences obligatoires de fabrication et d'exportation de médicaments au profit des membres ayant des capacités de fabrication insuffisantes ou n'en disposant pas dans le secteur pharmaceutique. Cette victoire est cependant fragile et relative, tant les contraintes pesant aux termes de l'accord sur les exportateurs et importateurs de médicaments sont importantes [2]. Les questions des indications géographiques et surtout de la protection des ressources génétiques et des savoirs traditionnels [3] pourraient contribuer à rééquilibrer les rapports Nord/Sud dans le cadre de la dépendance à la propriété intellectuelle.

89 Le champ couvert par l'accord ADPIC est étendu à l'ensemble de la propriété intellectuelle : droit d'auteur et droits connexes (droits voisins), marques de fabrique ou de commerce, indications géographiques, dessins et modèles industriels, brevets, schémas de configuration de circuits intégrés, et, en marge de la propriété intellectuelle, à la protection des renseignements non divulgués. Les règles matérielles fixent l'objet de la protection, ses modalités, sa durée, son étendue, les droits conférés et leurs exceptions. On notera qu'aucune disposition de l'accord ADPIC ne vise le droit moral, qui a même été volontairement exclu du champ de l'accord (exclusion de l'article 6 bis de la Convention de Berne). Il s'agit de règles minimales qui peuvent être généralement modifiées dans le sens d'un renforcement de la protection (allongement de la durée, extension des droits conférés...) dans le respect des disposi-

1. V. P. Ravillard, «La décision du 30 août 2003 sur l'accès aux médicaments : une étape historique dans le processus des négociations de l'OMC», *PI* janv. 2004, n° 10, p. 524 ; S. V. Ramani, M. Ravi et P. Pradhan, «The biotech segment of the indian phamaceutical industry in the brave new post-trips world», *in* M.-A. Frison-Roche et A. Abello (dir.), *Droit et économie de la propriété intellectuelle, op. cit.*, p. 185.

2. V. B. Boidin et L. Lesaffre, « L'accès des pays pauvres aux médicaments et la propriété intellectuelle : quel apport des partenariats multiacteurs ? », *Rev. int. dr. éco.* 2010. 325 ; A. Guesmi, *Le médicament à l'OMC : droit des brevets et enjeux de santé,* Préface de G. Farjat, Postface de B. Remiche, Larcier, Coll. Droit/Economie/International, 2011.

3. V. S. Von Levinski, «Le folklore, les savoirs traditionnels et les ressources génétiques : sujet débattu dans le contexte de la propriété intellectuelle», *PI* janv. 2005. 22 ; S. Von Levinski (dir.), *Indigenous Heritage and Intellectual Property : Genetic Resources, Traditional Knowledge and Folklore,* La Haye, Kluwer Law International, 2004, XVII. V. également l'avancée (laborieuse) des travaux sur ces questions à l'OMPI sur le site internet de l'OMPI : www.wipo.int.

tions des conventions internationales sur la propriété intellectuelle reprises par l'accord ADPIC [1] (et des dispositions de ce dernier). L'accord se préoccupe également de la mise en œuvre des droits (actions judiciaires et procédures douanières, sanctions) ou encore des pratiques anticoncurrentielles dans l'exercice des droits de propriété intellectuelle. Ce dernier point est particulièrement novateur alors que le droit de la propriété intellectuelle (en tout cas dans la législation française) n'avait jamais intégré explicitement les questions de concurrence [2].

L'accord obéit enfin aux principes directeurs que sont le traitement de la nation la plus favorisée et le traitement national (répandu dans les principales conventions internationales sur la propriété intellectuelle).

On notera surtout les articles 7 et 8 de l'accord. Ils inscrivent la propriété intellectuelle dans la promotion de « l'innovation technologique », du transfert et de la diffusion de la technologie, conformément au bien-être social et économique, à l'avantage mutuel de tous et dans le cadre d'un équilibre de droits et d'obligations [3]. Les membres doivent ainsi prendre les mesures nécessaires à la protection de la santé publique et de la nutrition, de la promotion de « l'intérêt public dans des secteurs d'une importance vitale pour leur développement socio-économique et technologique » [4]. Le tout dans le respect des dispositions de l'accord...

1. C'est-à-dire pour l'essentiel la Convention de l'Union de Paris pour la propriété industrielle, la Convention de Berne pour le droit d'auteur et la Convention de Rome sur la protection des artistes-interprètes ou exécutants, des producteurs de phonogrammes et des organismes de radiodiffusion.

2. V. cpdt aujourd'hui l'article L 613-16 du CPI.

3. V. B. Rémiche (dir.), *Brevet, innovation et intérêt général. Le brevet pourquoi et pour quoi faire ?*, Larcier, collection Droit/Economie/International, 2007. B. Remiche et V. Cassiers, « Lutte anti-contrefaçon et transferts de technologies Nord-Sud : un véritable enjeu », *Rev. int. dr. éco.* 2009. 277.

4. V. B. Rémiche, «L'ordre concurrentiel et l'accord ADPIC», in *L'ordre concurrentiel, Mélanges en l'honneur d'A. Pirovano*, éd. Frison-Roche, 2003, p. 311 ; C. Henry, «Développement durable et propriété intellectuelle. Comment l'Europe peut contribuer à la mise en œuvre des ADPIC ?», *in* M.-A. Frison-Roche et A. Abello (dir.), *Droit et économie de la propriété intellectuelle, op. cit.*, p. 223.

TITRE 2

LA *LEX MERCATORIA*

90 L'expression « *lex mercatoria* » désigne le droit propre à la société des marchands internationaux. Il existe en effet dans le monde du commerce international un droit spontané sécrété en partie par le milieu professionnel lui-même. Ce droit a été, et est encore, contesté. Il faut, pour l'admettre, adopter la thèse du pluralisme juridique qui dissocie le droit et l'État. Cette dissociation est remarquable en matière de commerce international, terrain d'élection de la juridicité privée. La *lex mercatoria* existe (CHAPITRE 1) et dispose d'un contenu (CHAPITRE 2).

CHAPITRE 1

L'existence de la *lex mercatoria*

91 L'expression de *lex mercatoria* - au sens propre droit marchand - est une forme de résurgence d'un droit connu à l'époque médiévale et renvoyant aux règles forgées par les commerçants eux-mêmes pour les besoins de leur commerce [1]. Aujourd'hui, c'est la sphère du commerce international qui recourt à ce droit spontané [2], à ce droit adapté aux besoins de la pratique. La notion de *lex mercatoria* n'est pourtant pas évidente. Elle a même été vigoureusement contestée. Quels sont les termes du débat ? (SECTION 1). Quelle peut en être la synthèse ? (SECTION 2).

1. V. J. Bart, «La *lex mercatoria* au moyen âge: mythe ou réalité ?», in *Souveraineté étatique et marchés internationaux à la fin du XXe siècle, Mélanges en l'honneur de P. Kahn*, Litec, 2000, p.9.
2. P. Deumier, *Le droit spontané*, Économica, 2002.

SECTION 1
LES TERMES DU DÉBAT SUR LA *LEX MERCATORIA*

92 Une discussion aux multiples enjeux a émaillé la doctrine au sujet de l'existence et des contours de la *lex mercatoria* (**§ 1**). Celle-ci a trouvé une issue jurisprudentielle (**§ 2**).

§ 1. Le débat doctrinal

93 En France, c'est Berthold Goldman qui a défendu la notion dès les années 1960 [1]. Pour l'auteur, « la lex mercatoria remplit bien la fonction d'un ensemble de règles de droit » [2]. Les disciples de Goldman, Ph. Fouchard en matière d'arbitrage [3] et Ph. Kahn en matière de vente [4], ont approfondi sa pensée. Il ressort de cette approche que la *lex mercatoria* est l'ensemble des règles issues de la pratique du commerce international. Il s'agit de règles transnationales ou anationales créées spontanément par le milieu des marchands, règles adaptées aux besoins du commerce international formant un ensemble cohérent. Même si aujourd'hui d'autres expressions sont employées en lieu et place de celle de « lex mercatoria », comme celle de droit transnational, nous restons, pour notre part, fidèles à la formulation originelle, dans le sillage des conceptions de Goldman.

94 Une telle école de pensée a fait l'objet de nombreuses critiques. La plus connue d'entre elles a été avancée par P. Lagarde [5]. L'auteur n'a pas tant contesté la *lex mercatoria* elle-même que sa

1. V. ses principales études, « Frontières du droit et *lex mercatoria* », *Archives Phil. Dr.* 1964. 177 ; « La *lex mercatoria* dans les contrats et l'arbitrage internationaux : réalité et perspectives », *JDI* 1979. 475 ; « Nouvelles réflexions sur la *Lex Mercatoria* », *Études de droit international en l'honneur de P. Lalive*, Helbing & Lichtenhan, 1993, p. 241.
2. « La *lex mercatoria* dans les contrats et l'arbitrage internationaux: réalité et perspectives », *op. cit.*, p. 499.
3. *L'arbitrage commercial international*, préface B. Goldman, Dalloz, 1965.
4. *La vente commerciale internationale*, Dalloz, 1964.
5. « Approche critique de la *lex mercatoria* », in *Le droit des relations économiques internationales, Mélanges offerts à B. Goldman*, 1982, p. 125.

prétention à s'ériger en ordre juridique autonome distinct en cela des ordres juridiques étatiques. Pour cet auteur, la *lex mercatoria* ne présenterait pas un degré d'organisation suffisant pour constituer un véritable ordre juridique. Il n'existerait aucune cohérence entre toutes les règles la composant. De plus, la société des marchands internationaux ne serait pas suffisamment organisée pour sécréter des normes. Il n'y aurait que des « îlots d'organisation » [1]. En conclusion, la *lex mercatoria* serait inapte à évincer les ordres juridiques étatiques. Dans le même ordre d'idées, un auteur anglais, Lord Mustill, considère que la *lex mercatoria* serait vague et lacunaire ne contenant que quelques principes épars [2]. Cet auteur, à cet effet, répertorie vingt principes de la *lex mercatoria* qui, selon lui, ne fourniraient qu'un « modeste butin » pour 25 ans d'arbitrage international [3].

95 Un tel débat, au-delà de sa dimension théorique, a des enjeux concrets. En effet, si l'on considère que la *lex mercatoria* ne forme pas un ordre juridique à part entière, il serait impossible pour les parties de la désigner comme droit applicable au contrat dans une clause d'*electio juris* (ou bien il faudrait que la loi étatique compétente autorise cette désignation). Le choix de la *lex mercatoria*, de manière directe et autonome, serait à l'inverse possible s'il existait un véritable ordre juridique.

96 Afin de répondre aux objections formulées, il est possible d'avancer avec Goldman [4] que si la *lex mercatoria* n'est pas un système juridique parfait, elle présente néanmoins les caractéristiques d'un ordre juridique incomplet ou d'un ordre juridique en voie de formation. Dès lors, son incomplétude peut être surmontée par le recours éventuel aux droits étatiques (ex. : pour établir la durée d'un délai de prescription). Il y a alors collaboration (« cohabita-

1. *Op. cit.*, p. 139. V., aussi, P. Mayer et V. Heuzé, *Droit international privé*, Montchrestien, 10e éd., 2010, n° 24, p. 16.
2. « The New *Lex Mercatoria* : The First Twenty-five Years », in *Liber Amicorum for Lord Wilberforce*, OUP, 1987 ; *Arb. Int'l.* 1988.86.
3. V. aussi l'opinion d'auteurs suisses, J.-F. Poudret et S. Besson, *Droit comparé de l'arbitrage international*, Bruylant, LGDJ, Schultess, 2002, p. 635 : « Nonobstant la créativité et les connaissances étendues de ses principaux défenseurs, les résultats de cette approche [la *lex mercatoria*] se sont finalement révélés décevants ». *Adde*, C. Pamboukis, « La *lex mercatoria* reconsidérée », in *Le droit international privé : esprit et méthodes, Mélanges en l'honneur de P. Lagarde*, Dalloz, 2005, p. 635.
4. « Nouvelles réflexions sur la *Lex Mercatoria* », *op. cit.*, p. 247-248.

tion » disait Goldman) entre les ordres juridiques étatiques et l'ordre juridique de la *lex mercatoria*. On considérera donc que la *lex mercatoria* est bien un ordre juridique, mais un ordre juridique « ouvert » réclamant au besoin le recours supplétif aux droits étatiques [1]. En cela, l'ordre juridique de la *lex mercatoria* ressemble fortement à l'ordre juridique du droit international public [2].

§ 2. L'issue jurisprudentielle

97 La jurisprudence française a eu l'occasion de se prononcer sur la question. De manière claire et nette, la Cour de cassation a affirmé la juridicité de la *lex mercatoria*. Elle a ainsi permis aux parties de soumettre leur contrat à la *lex mercatoria* comme elle a habilité les arbitres à l'appliquer directement dans leur sentence.

98 C'est l'arrêt *Valenciana* rendu par la Cour de cassation le 22 octobre 1991 qui a consacré de manière explicite de telles solutions [3]. Dans cette affaire, un contrat avait été conclu entre une société américaine et une société espagnole sans que les parties se fussent accordées sur le droit applicable. C'est l'arbitre unique, siégeant à Paris, qui le détermina en décidant que le litige serait réglé selon les seuls usages du commerce international autrement dénommés « *lex mercatoria* ». La sentence était attaquée au motif que, ce faisant, l'arbitre avait violé sa mission qui était de statuer en droit. La question était de savoir si un arbitre devant statuer en droit était obligé de désigner une loi étatique. La Cour de cassation a répondu par la négative en décidant que « en se référant à "l'ensemble des règles du commerce international dégagées par la pratique et ayant reçu la sanction des jurisprudences nationales", l'arbitre a statué en droit ainsi qu'il en avait l'obligation conformément à l'acte de mission ». Il ressort de cet arrêt, expression du

1. Sur le débat, notamment, v. P. Deumier, « La *lex mercatoria* entre ordre et désordre », in *Le monde du droit, Mélanges J. Foyer*, Économica, 2008, p. 305.
2. A. Pellet, « La *lex mercatoria*, "tiers ordre juridique" ? Remarques ingénues d'un internationaliste de droit public », in *Souveraineté étatique et marchés internationaux à la fin du XXe siècle, Mélanges en l'honneur de P. Kahn*, Litec, 2000, p. 53.
3. Civ. 1re 22 oct. 1991, *Valenciana*, *Rev. arb.* 1992.457, note P. Lagarde ; *Rev. crit. DIP* 1992.113, note B Oppetit ; *JDI* 1992.117, note B. Goldman.

droit positif, que la *lex mercatoria* présente un caractère juridique. Il ne s'agit pas d'équité et dans ce cas, l'arbitre ne se comporte pas comme amiable compositeur [1]. Étant « anationale », la *lex mercatoria* n'est pas pour autant « ajuridique ». L'arrêt *Valenciana* a affirmé sans ambiguïté la juridicité de la *lex mercatoria.* En vertu de la jurisprudence de la Cour de cassation, un arbitre peut donc valablement fonder sa sentence sur la *lex mercatoria* sans encourir sur ce chef aucun grief. Il est également possible aux parties de soumettre expressément leur contrat au droit marchand, celui-ci faisant office d'équivalent à une loi étatique [2].

99 Cette dernière solution peut également être déduite des termes mêmes de l'article 1511 al. 1 CPC (ex-1496 al. 1 CPC) qui dispose que « Le tribunal arbitral tranche le litige conformément aux règles de droit que les parties ont choisies ou, à défaut, conformément à celles qu'il estime appropriées » [3]. L'expression de « règles de droit » et non de « loi » indique que les facultés de choix sont plus larges. Il est possible de se référer en matière d'arbitrage international non seulement à une « loi » au sens étroit du terme, mais aussi à un autre droit : la *lex mercatoria* qui forme bel et bien un ensemble de « règles de droit ». Ainsi, dans l'arbitrage international, le contrat « sans loi », au sens de contrat non soumis à une loi étatique, est-il autorisé. Mais il ne s'agit pas d'un contrat « sans droit » dans la mesure où la *lex mercatoria* fournit un ensemble de règles juridiques.

Il n'est en revanche pas théoriquement possible devant un juge étatique en vertu de la Convention de Rome de 1980 sur la loi applicable aux obligations contractuelles, texte qui prévoit à son article 3 qu'un contrat est régi par une « loi » [4]. Cette limitation à la seule loi étatique, bien que classique [5], est critiquable [6]. Certains

1. Sur l'amiable composition, v. *infra,* n°708 s.
2. O. Lando, « Choice of *lex mercatoria* », in *Mélanges H. Gaudemet-Tallon*, Dalloz, 2008, p. 747.
3. Sur la détermination du droit applicable au fond du litige en matière d'arbitrage international, v. *infra,* n° 702 s.
4. V. *infra,* n°255.
5. La jurisprudence française avait décidé dans le fameux arrêt des « *Messageries maritimes* » que « Tout contrat international est nécessairement rattaché à la loi d'un État ». V. Com. 21 juin 1950, *D.* 1951, p. 749, note J. Hamel ; *JCP* 1950. II. 5812, note J.-P. Lévy ; *Rev. crit. DIP* 1950. 609, note H. Batiffol ; *Les grands arrêts du droit international privé,* par B. Ancel et Y. Lequette, Dalloz, 2006, 5e éd., p. 194.
6. V. J.-P. Beraudo, « Faut-il avoir peur du contrat sans loi ? », in *Le droit international privé : esprit et méthodes, Mélanges en l'honneur de P. Lagarde*, Dalloz, 2005, p. 93.

juges étatiques ont cependant eu l'audace de statuer en vertu de la *lex mercatoria* [1]. La proposition de règlement Rome I datant de 2005 réalisait une petite avancée en ce domaine. Cette proposition offrait de permettre le choix des « principes et règles de droit matériel des contrats, reconnus au niveau international ou communautaire ». C'était aussi le point de la réforme le plus discuté. Les États membres de l'Union, du moins certains d'entre eux, avaient en effet la crainte de perdre leur « souveraineté législative » [2]. Le projet de règlement ne visait cependant pas le choix de la *lex mercatoria* en tant que telle. Il a été considéré que cette dernière, c'est l'opinion qui est souvent véhiculée, ne présentait pas un niveau de précision suffisant. Étaient en réalité visés par la proposition des instruments tels que les Principes UNIDROIT [3] ou les Principes du droit européen du contrat. Sur ce chef, l'avancée proposée n'a pas eu de suite. Très classiquement, le règlement Rome I dispose finalement que le contrat international est « régi par une loi » (art. 3) reprenant ainsi la formule de la Convention de Rome [4]. Toutefois, le considérant n° 13, figurant au préambule, indique que « Le présent règlement n'interdit pas aux parties d'intégrer par référence dans leur contrat un droit non étatique ou une convention internationale ». Il y a donc une ambiguïté majeure dans la mesure où le texte même du règlement amène à considérer que seule une loi étatique peut s'appliquer à un contrat, tandis que le texte du préambule, par une formule négative (« n'interdit pas »), laisse croire qu'il serait possible de soumettre le contrat à un droit non étatique. En réalité, le considérant n° 13 tend à consacrer la possibilité pour les parties de contractualiser le droit non étatique, c'est-à-dire de l'incorporer dans leur accord en lui donnant ainsi une force obligatoire (c'est le sens d'une intégration « par référence ») [5]. Il n'est donc pas question, devant un

1. T. com., Nantes, 11 juill. 1991, *JDI* 1993. 330, note P. Leboulanger.
2. Cl. Hahn, « La liberté de choix dans les instruments communautaires récents Rome I et Rome II : l'autonomie de la volonté entre intérêt privé et intérêt général », *Trav. Com. Fr. DIP*, années 2006-2008, Pedone, 2009. 187.
3. De manière générale, v. I. Rueda, *Incidence des règles d'UNIDROIT sur le droit des contrats dans le contexte communautaire*, Thèse, Toulouse I, 2008.
4. V. *infra*, n° 261 s.
5. P. Deumier et J.-B. Racine, « Règlement Rome I : le mariage entre la logique communautaire et la logique conflictuelle », *RDC* 2008. 1309, spéc., p. 1329.

juge étatique, de soumettre, au sens strict, un contrat à un droit non étatique, ce dernier ne pouvant ainsi être choisi en tant que système juridique complet et autonome [1]. La technique de la contractualisation (ou de l'incorporation [2]) ne dispense en effet pas de désigner le droit applicable au contrat pour tout ce qui n'est pas couvert par l'objet de la contractualisation (ex. les Principes UNIDROIT) ou pour ce qui relève d'un statut d'ordre public applicable en matière internationale. Néanmoins, une plus grande certitude quant à la question, si délicate, aurait été bien venue. Il nous semble qu'il reviendra à la Cour de justice de l'Union européenne d'éclaircir, dans la mesure du possible, le débat. Une reconnaissance claire de la possibilité au regard du règlement Rome I de se référer à la *lex mercatoria* serait bien entendu souhaitable, sans pour autant être certaine.

100 Il y a cependant un trait marquant de la pratique qu'il faut souligner. Les clauses d'élection de droit portant directement sur la *lex mercatoria* sont relativement rares. Les rédacteurs de contrats internationaux hésitent souvent à choisir directement cette dernière comme système de droit applicable. C'est ici une crainte d'insécurité juridique (réelle ou supposée) qui dicte les conduites [3]. La référence à la *lex mercatoria*, comme système autonome de solution des litiges, ouvre une certaine marge d'incertitude. Son contenu est mouvant (mais on perd en sécurité ce que l'on gagne en souplesse [4]). Les praticiens préfèrent dans l'ensemble, à tort ou à raison, conseiller le choix d'une loi nationale. Même dans cette hypothèse, cela ne veut pas dire que la *lex mercatoria* soit totalement exclue. Elle sera néanmoins présente par exemple à travers les usages dont un arbitre international peut toujours tenir compte (art. 1511 al. 2 CPC). La *lex mercatoria* irrigue le droit du commerce international tout entier. L'observateur du commerce inter-

---

1. Dans une vue prospective, v. L. Gannagé, « Le contrat sans loi devant les tribunaux étatiques. Retour sur un mal-aimé », in *Le monde du droit, Mélanges J. Foyer*, Économica, 2008, p. 417.

2. J.-.M. Jacquet, « L'incorporation de la loi dans le contrat », *Trav. Com. Fr. DIP*, Pedone, 1996. 23.

3. Pour une critique de la prétendue insécurité juridique qu'engendrerait le choix de la *lex mercatoria* (notamment), v. E. Loquin, « Sécurité juridique et relations commerciales internationales », *in* L. Boy, J.-B. Racine et F. Siiriainen (dir.), *Sécurité juridique et droit économique*, Larcier, Coll. Droit/Économie/International, 2008, p. 467.

4. Il faut aussi relever que son contenu se précise de plus en plus, v. *infra*, n° 103 s.

national est donc, selon nous, nécessairement conduit à admettre son existence [1].

SECTION 2
LA SYNTHÈSE DU DÉBAT SUR LA *LEX MERCATORIA*

101 Afin de synthétiser le débat sur la *lex mercatoria*, deux notions complémentaires peuvent être sollicitées : celle de droit *anational* et celle de droit *transnational*.

La *lex mercatoria* est d'abord composée d'un droit anational [2], c'est-à-dire au sens propre d'un droit qui ne vient d'aucune nation, d'aucun État. C'est dans cette optique que l'expression de « source privée » du droit est adaptée. L'anationalité signifie que le droit ne tire pas son origine des seuls États, mais se nourrit aussi de sources privées que sont les usages, les contrats-types, les sentences arbitrales, etc.

Cette normativité privée n'exclut cependant pas les sources publiques. C'est dans ce sens que la *lex mercatoria* est aussi composée d'un droit transnational [3]. La résolution de l'*International Law Association* du 26 avril 1992 [4] utilise à ce propos les termes de règles transnationales [5]. La notion de droit transnational est en effet assez utile. La transnationalité signifie que le droit ne vient

1. V. l'enquête menée sur la pratique du droit transnational par l'équipe de K.-P. Berger (*The Practice of Transnational Law*, Kluwer, 2001).

2. E. Loquin, « L'application de règles anationales dans l'arbitrage commercial international », in *L'apport de la jurisprudence arbitrale*, Publ. CCI n° 440/1, 1986.67 ; F. Osman, *Les principes généraux de la* lex mercatoria, *Contribution à l'étude d'un ordre juridique anational*, préface E. Loquin, LGDJ, 1992.

3. E. Gaillard, « Trente ans de *Lex Mercatoria*. Pour une application sélective de la méthode des principes généraux du droit », *JDI* 1995.5, spéc., p. 8.

4. Résolution sur les règles transnationales adoptée au Caire lors de la 65ᵉ conférence de l'*International Law Association*, *Rev. arb.* 1994.211.

5. La résolution recommande en effet que : « *Le fait qu'un arbitre international ait fondé une sentence sur des règles transnationales (principes généraux du droit, principes communs à plusieurs droits, droit international, usages du commerce, etc.) plutôt que sur le droit d'un État déterminé ne devrait pas, à lui seul, affecter la validité ou le caractère exécutoire de la sentence : 1) lorsque les parties se sont accordées pour que l'arbitre applique des règles transnationales ; ou 2) lorsque les parties sont demeurées silencieuses sur le droit applicable* ».

pas d'un seul État. Le droit, par sa source et son contenu, transcende les particularismes nationaux afin de s'adapter aux besoins et spécificités du commerce international. La référence aux principes généraux permet précisément de faire le lien avec les droits étatiques. Ces principes sont puisés dans les ordres juridiques étatiques et font l'objet d'une découverte par les arbitres internationaux qui les dégagent au fur et à mesure de leur jurisprudence par le biais d'une analyse comparative.

La *lex mercatoria* est à la fois composée d'un droit anational et d'un droit transnational. C'est une forme de droit mixte mi-privé, mi-public. Selon nous, la *lex mercatoria* ne se limite pas au droit spontanément créé par la pratique marchande, mais s'étend, pour partie, à certaines règles d'origine étatique. Comme le dit E. Loquin, « La *lex mercatoria* est à la fois dans et hors les ordres juridiques étatiques » [1]. Il y a ainsi complémentarité entre les sources privées et les sources publiques. L'alliage se réalise sous le couvert des besoins du commerce international qui réclament des normes spécifiques et adaptées.

102 Il y a par ailleurs une montée en puissance de la *lex mercatoria* sous l'effet de la mondialisation de l'économie. En effet, le recul de l'État, consécutif à la mondialisation, est un facteur favorable à l'essor des normativités privées. La *lex mercatoria* se développe dans le champ laissé libre par les États. Selon M. Salah « toutes les activités économiques sont concernées par les pratiques normatives privées » [2]. Dans une économie mondialisée, la *lex mercatoria* offre les moyens d'une régulation alternative à l'intervention des États [3]. On est en droit de s'en émouvoir. Le risque existe en effet d'une autorégulation aveugle aux impératifs d'intérêt public. Mais l'ordre juridique de la *lex mercatoria* et les ordres juridiques étatiques ne s'opposent pas de manière tranchée. Il y a complémentarité et coopération entre eux. Aujourd'hui, le commerce international est en réalité sujet à une forme de corégulation : par

1. E. Loquin, « Où en est la *lex mercatoria* ? », in *Mélanges P. Kahn*, *op. cit.*, p. 23, spéc., p. 28.
2. *Les contradictions du droit mondialisé*, PUF, 2002, p. 43.
3. A. Stone Sweet, « The new Lex Mercatoria and transnational governance », *J. Eur. Pub. Pol.* 2006. 627.

le biais des normes et des organes de la *lex mercatoria* d'une part et par le biais des États, qui n'ont pas abandonné toutes prérogatives, d'autre part.

CHAPITRE 2

Le contenu de la *lex mercatoria*

103 Son contenu est riche, bien que l'idée inverse soit assez répandue. En tout cas, de manière récente, on a assisté à un enrichissement sensible du contenu de la *lex mercatoria*. Celui-ci résulte à la fois des usages (SECTION 1) et des principes généraux du droit du commerce international (SECTION 2).

SECTION 1

LES USAGES DU COMMERCE INTERNATIONAL

104 On donnera une définition (**§ 1**) et une typologie (**§ 2**) des usages du commerce international.

§ 1. Définition

105 Les usages sont des pratiques habituellement suivies par les commerçants [1]. Ce sont de véritables sources de droit, bien connues du droit commercial interne. Dans les affaires internationales, les usages ont une place plus importante encore que dans la matière interne. On peut même dire que les usages sont l'une des sources premières du droit du commerce international en général et de la *lex mercatoria* en particulier.

106 La terminologie habituelle utilise l'expression d'« usage du commerce international ». Les mots employés renvoient à une notion originale de l'usage dans le commerce international. Il existe à cet égard plusieurs conceptions de la matière.

Une première approche repose sur une conception large de l'usage du commerce international. La *lex mercatoria* se confondrait avec les usages du commerce international, ces derniers englobant les principes généraux du droit [2]. Toutes les normes de la *lex mercatoria* seraient ainsi qualifiées, dans une vision extensive, d'usages du commerce international.

La seconde approche est plus restrictive. Elle consiste à distinguer les usages et les principes généraux. Un usage du commerce international serait une pratique habituellement suivie dans une branche d'activité déterminée tandis que les principes généraux du droit seraient des normes transnationales dégagées de l'analyse comparée des systèmes juridiques existants [3].

Il est difficile de trouver une issue à ce débat. La pratique arbitrale, par sa souplesse et son pragmatisme, ne permet pas de dégager de ligne claire. Il semble cependant nécessaire de distinguer les usages du commerce international et les principes généraux du droit. En effet, selon le droit français de l'arbitrage international, l'arbitre tient compte « dans tous les cas » des usages

1. M. Salah M. Mahmoud, *Rép. com.* Dalloz. V° « Usages commerciaux », 2007 ; P. Mousseron (dir.), *Les usages en droit de l'entreprise*, LexisNexis, 2010.
2. V. E. Loquin, « La réalité des usages du commerce international », *Rev. int. dr. éco.* 1989.163.
3. V. E. Gaillard, « La distinction des principes généraux du droit et des usages du commerce international », in *Études offertes à P. Bellet*, Litec, 1991, p. 203.

du commerce (art. 1511 al. 2 CPC, ex-1496 al. 2) même lorsque les parties ont choisi le droit applicable. Retenir une définition extensive de l'usage accorderait trop de liberté aux arbitres lorsque les parties ont choisi une loi étatique pour régir leur relation. Dans ce cas, il faut permettre aux arbitres d'appliquer les usages au sens strict, c'est-à-dire les pratiques habituellement suivies dans le milieu des commerçants.

On peut donc retenir que les usages se distinguent des principes généraux par leur source : ils sont issus du milieu professionnel lui-même tandis que les principes généraux du droit sont dégagés par les arbitres. Ils se reconnaissent également par leur nature : les usages ont un degré de généralité moindre que les principes généraux du droit.

§ 2. Typologie

107 Il existe schématiquement deux types d'usages du commerce international, certains présentant un degré de généralité supérieur à d'autres.

Il y a d'abord les usages propres à une communauté déterminée de commerçants (ex. : les usages des professionnels du commerce de blé, de riz, de pommes de terre [1], les usages du commerce maritime, etc.). C'est la définition la plus classique de l'usage qui est ici transposée à la matière internationale [2]. Ils ont une grande importance dans le commerce international. La Convention de Vienne de 1980 sur la vente internationale de marchandises leur consacre d'ailleurs une disposition spéciale [3].

1. V., à ce titre, les Règles et usages du commerce intereuropéen des pommes de terre (RUCIP 2006). Pour un exemple d'usage, v. l'article 20.1 des RUCIP : « Quel que soit le mode de vente convenu, à l'exception de la vente « rendu », les risques de détérioration en cours de transport sont à la charge de l'acheteur, sauf en cas de faute du vendeur avant, ou lors du chargement ».

2. Il est également possible de classer dans la catégorie des usages les pratiques suivies par des parties en relations d'affaires habituelles.

3. Art. 9. 2 : « Sauf convention contraire des parties celles-ci sont réputées s'être tacitement référées dans le contrat et pour sa formation à tout usage dont elles avaient connaissance ou auraient dû avoir connaissance et qui, dans le commerce international, est largement connu et régulièrement observé par les parties à des contrats du même type dans la branche commerciale considérée ».

Il y a ensuite les usages communs à l'ensemble de la communauté des commerçants internationaux. C'est ici une spécificité des usages du commerce international par rapport aux usages du commerce interne. Le commerce international recèle des spécificités qui lui imposent de sécréter des normes originales (c'est l'un des postulats de la doctrine de la *lex mercatoria*). L'exemple type de tels usages est illustré par les usages codifiés par la Chambre de commerce internationale comme les Incoterms [1]. Ces usages ont pour base une communauté d'intérêts entre tous les professionnels, quelle que soit leur branche d'activité, qui se livrent au commerce international. De cette communauté d'intérêts sont déduits des usages qui n'émanent pas d'une branche professionnelle déterminée, mais de la communauté des commerçants internationaux (la *societas mercatorum*). On pourrait même soutenir que certaines normes issues de l'Organisation internationale de normalisation (ISO) pourraient accéder au rang d'usages du commerce international, à l'image des normes relatives à la responsabilité sociétale des entreprises [2].

108 On peut ajouter que les contrats-types, les clauses-types et les conditions générales (c'est-à-dire les pratiques contractuelles) ainsi que les codes de conduite privés [3] sont à ranger, *lato sensu*, dans la catégorie des usages. Ils sont en effet susceptibles de donner naissance à de véritables usages. C'est notamment en cela que ces phénomènes sont producteurs de droit.

---

1. V. *infra*, n° 343 s.

2. I. Cadet, «La norme ISO 26000 relative à la responsabilité sociétale : une nouvelle source d'usages internationaux», *Rev. int. dr. éco.* 2010. 401.

3. G. Farjat, «Nouvelles réflexions sur les codes de conduite privée», *in* G.J. Martin (dir.), *Les transformations de la régulation juridique*, LGDJ, 1998, p. 151. V. aussi, P. Deumier, «Les sources de l'éthique des affaires. Codes de conduite, chartes et autres règles éthiques», in *Libre droit, Mélanges P. Le Tourneau*, Dalloz, 2008, p. 337.

SECTION 2

LES PRINCIPES GÉNÉRAUX DU DROIT DU COMMERCE INTERNATIONAL

109 Les principes généraux du droit sont connus du droit interne. Ils présentent cependant une spécificité marquée en droit du commerce international. La *lex mercatoria* n'ayant pas atteint le degré de complétude des ordres juridiques étatiques, celle-ci a besoin de principes généraux qui jouent un rôle de « structuration » [1]. Les principes généraux sont un élément primordial du droit du commerce international. Mais ils ne sont pas un ensemble figé. De tels principes sont tout autant une méthode qu'un contenu [2]. Il y a donc une dynamique des principes généraux qui permet aux arbitres de faire évoluer leur contenu, de l'adapter à la complexité et aux spécificités du litige qui leur est soumis. Il est par conséquent utile d'examiner leurs sources (**§ 1**) et d'en donner une typologie (**§ 2**).

§ 1. Sources

110 Les principes généraux du droit (ou principes transnationaux) se distinguent des règles de droit par leur généralité plus grande. Comme l'a écrit un auteur, « les principes généraux du droit sont des propositions non écrites dont la généralité permet de soutenir une large série de solutions positives » [3].

111 Ils peuvent émaner tout d'abord du système juridique international. Ce sont les principes généraux du droit international public [4].

1. P. Kahn, «Les principes généraux du droit devant les arbitres du commerce international», *JDI* 1989, p. 305.

2. Sur la méthode des principes généraux, v. P. Fouchard, E. Gaillard, B. Goldman, *Traité de l'arbitrage commercial international,* Litec, 1996, n° 1456 s., p. 826 s. ; E. Gaillard, «Transnational Law : a legal system or a method of decision-making ?», in *The practice of Transnational Law,* K.P. Berger (éd), Kluwer, 2001, p. 53.

3. D. Bureau, *Les sources informelles du droit dans les relations privées internationales,* Thèse dactyl., Paris II, 1992, n° 71, p. 61.

4. V. l'art. 38 des statuts de la Cour Internationale de Justice.

Ils sont susceptibles de s'appliquer directement dans les contrats conclus entre un État et une personne privée [1]. À cet égard, la Convention CIRDI de 1965, à son article 42, fait expressément référence aux « principes de droit international ».

112 Les principes généraux du droit concernent ensuite les rapports entre entreprises privées. Ils composent de manière privilégiée la *lex mercatoria*. Ces principes ne sont pas propres à un système juridique en particulier. Ils sont communs à plusieurs. C'est en cela que l'on peut parler de principes « transnationaux », car ils transcendent le particularisme d'un système juridique déterminé. Le contenu des principes est dégagé au moyen d'une analyse comparative, essentiellement par les arbitres du commerce international.

Il existe plusieurs méthodes de « découverte » des principes généraux du droit qui reposent toujours sur la recherche de convergences.

La première méthode consiste à comparer les droits respectifs des parties et plus généralement les systèmes de droit intéressés par le litige (méthode dite du « tronc commun » [2]).

La seconde méthode repose sur une recherche d'universalité. Il s'agira de découvrir un principe « généralement accepté » par une majorité de systèmes juridiques. En aucun cas, une unanimité n'est requise. Il n'y a pas de principe réellement universel. Il n'y a que des principes ayant une prétention à l'universalité par leur caractère largement accepté. Un arbitre suivant cette méthode se demandera s'il existe pour résoudre le litige un principe généralement admis par les différents systèmes juridiques (les systèmes juridiques étatiques, voire le système juridique international).

Une combinaison de la première méthode et de la seconde méthode est même envisageable comme en atteste le contrat de construction du tunnel sous la Manche faisant référence aux « principes communs à la fois au droit anglais et au droit français et, en l'absence de tels principes communs, [aux] principes géné-

1. Sur lesquels, v. *infra*, n° 220 s.

2. M. Rubino-Sammartano, « Le 'tronc commun' des lois nationales en présence (réflexions sur le droit applicable par l'arbitre international) », *Rev. arb.* 1987. 133.

raux du droit du commerce international tels qu'appliqués par les tribunaux nationaux et internationaux ».

113 Les principes généraux du droit ne découlent pas exclusivement de la méthode comparative. Ils résultent également des conventions internationales, celles-ci reflétant dans leur champ d'application un consensus entre États (plus ou moins important selon le nombre d'États parties). Dans cette perspective, il n'y a aucun obstacle à intégrer les conventions internationales dans les sources de la *lex mercatoria* au sens large pourvu qu'elles répondent aux besoins du commerce international (on pense de manière privilégiée à la Convention de Vienne sur la vente internationale de marchandises). Toutefois, un arbitre a la possibilité d'appliquer directement une convention internationale sans avoir besoin d'y découvrir un principe général : l'arbitre est un juge à part entière chargé d'appliquer le droit dans toutes ses dimensions.

Mais l'arbitre est un juge jouissant d'une grande liberté. Une convention internationale non entrée en vigueur ou invoquée en dehors de son champ d'application peut contribuer à fournir une solution au litige. Un arbitre sera porté en effet à y découvrir un principe général qui s'applique par le seul effet de la raison (la *ratio legis*) indépendamment de l'absence de positivité du texte. En droit du commerce international, ce qui est parfois déroutant pour des juristes habitués à réfléchir à partir du dogme de l'assimilation du droit à l'État, la solution donnée à un problème juridique vient généralement plus d'un acte de raison que d'un acte d'autorité.

114 Il faut ajouter parmi les sources des principes généraux du droit ce que l'on peut appeler le « droit savant », à savoir les récentes codifications : les principes UNIDROIT relatifs aux contrats du commerce international [1] et les Principes du droit européen du contrat issus de la Commission présidée par O. Lando [2]. Ces principes ont pour point commun de n'émaner d'aucun État, d'être l'œuvre d'initiatives privées et de ne présenter aucun caractère

1. *Principes d'UNIDROIT relatifs aux contrats du commerce international 2010*, UNIDROIT, 2011.
2. *Principes du droit européen du contrat*, Société de législation comparée, 2003.

obligatoire [1]. Les principes sont une forme de « *soft law* » du contrat [2]. Réunis au sein de groupes de travail, des juristes ont ainsi pensé aux « meilleures » normes applicables au contrat. Il en est résulté un certain nombre de principes généraux. Il faut noter avec force que le préambule des principes précités énonce qu'ils « peuvent s'appliquer lorsque les parties acceptent que leur contrat soit régi par les "principes généraux du droit", la "lex mercatoria" ou autre formule similaire ». Une même solution est prévue dans l'article 1 : 101 (3) (a) des Principes du droit européen du contrat [3]. Ces différents principes contribuent ainsi à bâtir un droit commun du contrat permettant d'alimenter la *lex mercatoria* [4]. L'expression de « nouvelle » *lex mercatoria* est employée à leur sujet. On pouvait faire le reproche autrefois à la *lex mercatoria* d'être imprécise. Avec les principes UNIDROIT et les Principes du droit européen du contrat, elle gagne au contraire en précision et en substance [5]. La pratique fait ainsi référence aux codifications doctrinales [6], essentiellement les principes UNIDROIT [7], notamment dans leurs dispositions relatives au *hardship* [8].

115 Enfin, la jurisprudence arbitrale est le lieu de découverte (certains diront de création) et de mise en forme des principes généraux du droit du commerce international. D'aucuns ont pu contester l'existence d'une jurisprudence arbitrale : les sentences ne sont pas toutes publiées, il n'existe pas de cour régulatrice, chaque tribunal arbitral est éphémère, etc. Toutefois, la réalité oblige à

1. B. Fauvarque-Cosson, «Droit européen et international des contrats: l'apport des codifications doctrinales», *D.* 2007.96.
2. V. D. Mazeaud, «À propos du droit virtuel des contrats: réflexions sur les principes d'UNIDROIT et de la Commission Lando», in *Mélanges M. Cabrillac*, Dalloz, Litec, 1999, p.205.
3. V. B. Fauvarque-Cosson, «L'arbitre et le droit européen du contrat», *Rev. aff. eur.*, 2005/2.271.
4. P. Mayer, «Principes UNIDROIT et *lex mercatoria*», in *L'actualité de la pensée de B. Goldman*, éd. Panthéon-Assas, 2004, p.31.
5. V. E. Loquin, « Sécurité juridique et relations commerciales internationales », *in* L. Boy, J.-B. Racine et F. Siiriainen (dir), *Sécurité juridique et droit économique*, Larcier, 2008, p. 467.
6. P. Deumier, « L'utilisation par la pratique des codifications d'origine doctrinale », *D.* 2008. 494.
7. Même s'il faut concéder que leur usage n'est pas massif, bien qu'il ait plutôt tendance à se développer. C. Seraglini, «Du bon usage des principes UNIDROIT dans l'arbitrage international», *Rev. arb.* 2003.1101 ; P.Deumier, «Les principes Unidroit ont 10 ans: bilan en demi teinte», *RDC* 2004.774 ; B. Fauvarque-Cosson, « Les principes UNIDROIT relatifs aux contrats du commerce international : nouvelles perspectives, nouveaux enjeux », in *Le Code de commerce 1807-2007 : Livre du bicentenaire*, Dalloz, 2007, p. 737 ; F. Bortolotti, « The UNIDROIT Principles and their Application in the Context of International Arbitration », in *Liber Amicorum S. Lazareff*, Pedone, 2011, p. 81.
8. Sur lequel, v. *infra*, n° 249.

parler d'une véritable jurisprudence arbitrale [1]. Des auteurs ont défendu cette thèse en montrant que les sentences sont autonomes (la révision au fond est prohibée), cohérentes et divulguées [2]. Il est même fréquent qu'un tribunal arbitral cite dans sa sentence d'autres sentences rendues précédemment dans des affaires similaires [3]. Il y a donc des manifestations de « précédents » arbitraux [4].

§ 2. Typologie

116 Si l'on présente, à l'instar d'E. Gaillard, les principes généraux avant tout comme une méthode et non comme un contenu [5], la liste de ces principes est nécessairement mouvante. Chaque arbitre découvrira un principe général pour résoudre le litige qui lui est soumis, principe qui pourra varier d'un litige à un autre. Il n'en demeure pas moins que certains principes reviennent de manière récurrente dans la jurisprudence arbitrale et les codifications privées. Donnons, non pas une liste exhaustive, mais quelques manifestations de ceux-ci [6].

117 Deux principes présentent une importance capitale : le principe de la force obligatoire du contrat (*pacta sunt servanda*) et le principe de bonne foi (*bona fides*). Ils forment « l'épine dorsale » des principes généraux du droit du commerce international. Le principe de la force obligatoire est le référent naturel des arbitres.

1. E. Loquin, « À la recherche de la jurisprudence arbitrale », in *La Cour de cassation, l'université et le droit, Mélanges en l'honneur d'A. Ponsard*, Litec, 2003, p. 213 ; E. Gaillard et Y. Banifatemi (dir.), *The Precedent in International Arbitration*, IAI, 2008 ; G. Guillaume, « Le précédent dans la justice et l'arbitrage international », *JDI* 2010. 685.

2. P. Fouchard, E. Gaillard, B. Goldman, *Traité de l'arbitrage commercial international, op. cit.*, n° 371 s., p. 199 s.

3. Pour une distinction selon trois domaines : l'arbitrage commercial, l'arbitrage en droit du sport et l'arbitrage en matière d'investissement, v. G. Kaufmann-Kohler, « Arbitral Precedent : Dream, Necessity or Excuse ? », *Arb. Int'l.*, 2007. 357.

4. Par exemple, dans le domaine de la réparation du dommage (J. Ortscheidt, *La réparation du dommage dans l'arbitrage commercial international*, Dalloz, 2001, spéc. n° 13, p. 12) ou quant au sort des contrats liés (F.-X. Train, *Les contrats liés devant l'arbitre du commerce international*, LGDJ, 2003).

5. E. Gaillard, « Transnational Law : a legal system or a method of decision-making ? », *op. cit.*

6. À ce propos, la liste des 20 principes de la *lex mercatoria* donnée par Lord Mustill (préc., reproduite par P. Kahn, « Les principes généraux du droit devant les arbitres du commerce international », *op. cit.*, p. 325-326) est précieuse (v. *supra*, n° 94). Initialement destinée à démontrer la pauvreté de son contenu, elle fournit au contraire et paradoxalement une armature à la *lex mercatoria*. 20 principes, c'est déjà beaucoup !

Une partie à un contrat international doit respecter ce contrat en l'exécutant. C'est pourquoi, dans le contentieux arbitral, la partie qui rompt unilatéralement un contrat est souvent condamnée (sauf si le motif de la rupture est considéré comme légitime) [1]. Le principe de bonne foi vient assouplir la force obligatoire. Le contrat est certes obligatoire, mais les parties doivent toujours respecter un devoir de bonne foi de la formation à la fin du contrat [2]. Ce principe de bonne foi est l'un des traits caractéristiques des Principes UNIDROIT relatifs aux contrats du commerce international [3] et des Principes du droit européen du contrat [4].

118 Il existe d'autres principes qui ont un degré de généralité moindre. Des classifications ont été tentées.

Ainsi, E. Loquin a-t-il proposé de regrouper les principes en quatre catégories [5].

– Les principes qui contribuent à la sécurité des transactions (par exemple le principe de présomption de compétence des opérateurs du commerce international rendant particulièrement difficile pour un tel professionnel de se prévaloir de sa propre erreur en tant que vice du consentement).

– Les principes qui portent sur la mutabilité du contrat (par exemple l'obligation de renégocier en cas de survenance d'un événement bouleversant l'économie initiale du contrat).

– Les principes qui concernent la coopération des parties (par exemple l'obligation de minimiser le dommage subi ou l'obligation de « tout révéler »).

– Les principes qui assurent la loyauté des affaires (avec comme principe cardinal l'interdiction des pratiques de corruption).

---

1. Sur la question de la rupture du contrat, spécifiquement dans l'optique de l'existence d'un ordre juridique transnational, v. S. Hotte, *La rupture du contrat international. Contribution à l'étude du droit transnational des contrats*, préface J.-M. Jacquet, Defrénois, 2007. V. aussi, M. Taok, *La résolution des contrats dans l'arbitrage commercial international*, Delta, Bruylant, LGDJ, 2009.

2. P. Mayer, «Le principe de bonne foi devant les arbitres du commerce international», in *Études P. Lalive, op. cit.*, p. 543 ; G. Robin, « Le principe de la bonne foi dans les contrats internationaux », *RD aff. Int.* 2005. 695.

3. V. art. 1.7 1) : «Les parties sont tenues de se conformer aux exigences de la bonne foi dans le commerce international».

4. V. art. 1 : 201 (1) : «Chaque partie est tenue d'agir conformément aux exigences de la bonne foi».

5. «La réalité des usages du commerce international», *op. cit.*

Une autre classification proposée [1], qui recoupe par son contenu la précédente, distingue selon les principes relatifs à la validité des conventions (ex. : l'inopposabilité du défaut de pouvoir du négociateur d'un contrat), les principes relatifs à l'interprétation des conventions (ex. : principe de l'effet utile ou principe selon lequel une clause s'interprète au détriment de celui qui l'a rédigée) et les principes relatifs à l'exécution des conventions (ex. : possibilité d'invoquer l'exception d'inexécution ou principe de la réparation intégrale du préjudice subi).

119 On doit mentionner deux principes qui sont particulièrement emblématiques de la *lex mercatoria* : la minimisation du préjudice subi et l'interdiction de se contredire au détriment d'autrui.

120 La minimisation du préjudice subi [2] est consacrée dans plusieurs textes comme l'article 77 de la Convention de Vienne de 1980 sur la vente internationale de marchandises, l'article 7.4.8. des Principes UNIDROIT relatifs aux contrats du commerce international et l'article 9 : 505 des Principes du droit européen du contrat. Il s'agit assurément d'un des principes les mieux établis de la *lex mercatoria* [3]. Le créancier d'une obligation inexécutée ou mal exécutée doit prendre des mesures raisonnables pour réduire son préjudice. Ce devoir de minimiser son préjudice, en adoptant un comportement actif, est sanctionné par une réduction des dommages et intérêts auxquels a normalement droit le créancier. Ce principe se justifie par une conception exigeante de la bonne foi et aussi par la nécessité de donner au contrat sa plus grande utilité économique [4].

121 L'interdiction de se contredire au détriment d'autrui est aussi fermement établie comme principe de la *lex mercatoria*. Issu de la

---

1. P. Fouchard, E. Gaillard, B. Goldman, *Traité de l'arbitrage commercial international, op. cit.*, n° 1459 s., p. 830 s.

2. B. Hanotiau, « Régime juridique et portée de l'obligation de modérer le dommage dans les ordres juridiques nationaux et le droit du commerce international », *RD aff. Int* 1987.393 ; J. Ortscheidt, *La réparation du dommage dans l'arbitrage du commerce international*, Dalloz, 2001 ; S. Reifegerste, *Pour une obligation de minimiser le dommage*, PUAM, 2002.

3. V. en ce sens, B. Hanotiau, « La détermination et l'évaluation du dommage réparable : principes généraux et principes en émergence », in *Transnational Rules in International Commercial Arbitration*, ICC, 1993, p. 209, spéc., p. 216-217 ; F. Osman, *Les principes généraux de la* lex mercatoria, *Contribution à l'étude d'un ordre juridique anational, op. cit.*, p. 183 s.

4. V. M. Béhar-Touchais, « L'ordre concurrentiel et le droit des contrats », in *L'ordre concurrentiel, Mélanges en l'honneur d'Antoine Pirovano*, éd. Frison-Roche, 2003, p. 235, spéc., p. 245 s.

règle de l'*estoppel*, ce principe repose sur la confiance légitime. Il postule que « nul n'est admis à se prévaloir de ses propres contradictions au détriment d'autrui » [1]. Le principe a été employé à plusieurs reprises dans la jurisprudence arbitrale internationale [2]. L'*estoppel* a été visé en tant que tel par la Cour de cassation dans un arrêt du 6 juillet 2005 [3] et a connu depuis lors un destin remarquable en droit français de l'arbitrage [4]. Le principe de l'interdiction de se contredire au détriment d'autrui rejoint d'autres notions juridiques fondamentales comme la bonne foi, l'apparence ou l'abus de droit. Il s'exprime parfois par le biais de l'adage latin « *Non concedit venire contra factum proprium* ». Le principe est consacré à l'article 1.8 des Principes UNIDROIT [5].

122 Les principes généraux étudiés sont-ils propres aux relations économiques internationales, autrement dit à l'ordre juridique de la *lex mercatoria* ? Y a-t-il une originalité dans leur contenu ? Certains principes ne se retrouvent-ils que dans le cadre de la *lex mercatoria* ? À vrai dire, il n'y a aucun principe général véritablement propre à la *lex mercatoria* [6]. Que l'on songe au principe de la force obligatoire du contrat : ce principe est connu de quasiment tous les ordres juridiques. En réalité, il y a toujours un emprunt fait à un ordre juridique préexistant. Cela ne remet pas en cause la réalité de la *lex mercatoria*. Celle-ci n'est pas un ordre juridique fermé. Elle s'alimente auprès des autres ordres juridiques. Il y a un phénomène de collaboration qu'il ne faut pas perdre de vue. Le particularisme des normes employées se révèle alors dans l'application qui en est faite dans le commerce interna-

1. E. Gaillard, « L'interdiction de se contredire au détriment d'autrui comme principe général du droit du commerce international », *Rev. arb.* 1985.241, spéc., p. 244. V. aussi, P. Bowden, « L'interdiction de se contredire au détriment d'autrui (estoppel) as a substantive transnational rule in international commercial arbitration », in *Transnational Rules in International Commercial Arbitration*, préc., p. 125 ; M. Béhar-Touchais (dir.), *L'interdiction de se contredire au détriment d'autrui*, Économica, 2001.

2. V. par exemple, Sentence CIRDI, 25 sept. 1983, *Amco Asia /Indonésie*, *Rev. arb.* 1985.259.

3. Civ. 1re, 6 juill. 2005, *Golshani/Iran*, *Rev. arb.* 2005.993, note P. Pinsolle ; *D.* 2005.3059, obs., T. Clay ; *JDI* 2006.608, note M. Béhar-Touchais ; *RTD com.* 2006.309, obs. E. Loquin.

4. V. *infra*, n° 732.

5. « Une partie ne peut agir en contradiction avec une attente qu'elle a suscitée chez l'autre partie lorsque cette dernière a cru raisonnablement à cette attente et a agi en conséquence à son désavantage ».

6. P. Mousseron, « L'originalité des règles applicables au contrat international », *Journ. sociétés*, juin 2009. 24.

tional. Comme le pense Ph. Kahn, « même s'ils trouvent leur origine ou leur équivalent dans un droit national, leur expression par les arbitres entraînent toujours une transformation, une simplification, un détachement de l'origine qui permettent la transnationalisation de la règle » [1]. Le trait caractéristique des principes généraux du droit du commerce international est de répondre aux besoins du commerce international. Ces principes prennent en compte les spécificités des opérations et la qualité des opérateurs. Les arbitres découvrent et créent ces principes en vue de construire un droit adapté.

123 La logique est poussée jusqu'au bout grâce à la découverte de principes d'ordre public transnational [2]. L'existence d'un ordre public transnational (ou bien réellement international) est controversée. Certains ne peuvent imaginer un ordre public qui n'émanerait pas d'un État en particulier, voire d'une communauté d'États. Pourtant, la jurisprudence arbitrale nous montre qu'il existe des manifestations d'un ordre public transnational construit précisément grâce à la méthode des principes généraux. Il en va ainsi de la prohibition de la corruption. La fameuse sentence Lagergren rendue en 1963 avait déjà décidé que « la corruption est un mal international, elle est contraire aux bonnes mœurs et à un ordre public international commun à la communauté des nations » [3]. De la même manière, une sentence CCI n° 6248 de 1990 [4] s'est appuyée sur « *a principle of truly international or transnational public policy* » pour condamner une pratique de corruption. Dans le même ordre d'idées, dans la fameuse affaire *World Duty Free Company Ltd. C/ République du Kenya*, le Tribunal arbitral a déclaré que « *In light of domestic laws and interna-*

1. « Les principes généraux du droit devant les arbitres du commerce international », *op. cit.*, p. 327.
2. P. Lalive, « Ordre public transnational (ou "réellement international") et arbitrage international », *Rev. arb.* 1986. 323 ; C. Kessedjian, « Transnational Public Policy », *ICCA Congress series, n° 13, International Arbitration 2006 : Back to the Basics ?* A. Van den Berg (éd.), Kluwer, 2007, p. 857 ; P. Lalive, « L'ordre public transnational et l'arbitre international », in *Liber F. Pocar*, Giuffré éd., Milan, 2009, p. 599 ; M. Forteau, « L'ordre public 'transnational' ou 'réellement international'. L'ordre public international face à l'enchevêtrement croissant du droit international privé et du droit international public », *JDI* 2011. 3.
3. J.-G. Wetter, « Issues of Corruption before International Tribunals : The Authentic Text and True Meaning of Judge Gunnar Lagergren's 1963 Award in ICC Case n° 1110 », *Arb. Int'l.* 1994. 277.
4. *Yearbook Commercial Arbitration*, 1994, p. 124.

tional conventions relating to corruption, and in light of the decisions taken in this matter by courts and arbitral tribunals, the Tribunal is convinced that bribery is contrary to the international public policy of most, if not all, States, or, to use another formula, to transnational public policy» [1]. L'ordre public n'est donc pas exclusivement national. Il peut être transnational par sa source. La jurisprudence arbitrale est cependant encore relativement pauvre sur la question. Beaucoup d'arbitres en la matière sont très prudents (d'aucuns diront frileux). Selon Ph. Kahn, les arbitres « sont peu audacieux dans la recherche ou l'application d'un ordre public transnational » [2]. Cette catégorie d'ordre public a toutefois une grande importance. L'ordre public transnational permet d'incarner des valeurs à prétention universelle. À l'heure où la mondialisation de l'économie réclame la construction d'un ordre public apte à protéger une forme d'intérêt général mondial, il est important de croire en l'existence et aux vertus d'un ordre public transnational [3].

1. Sentence CIRDI, n° ARB/00/7 du 4 oct. 2006, n° 157. Sur cette affaire, dans une optique critique, v. A. Blois, « Contrat et corruption : le pot-de-vin et les plaideurs », *RD aff. Int.* 2008. 459.
2. « À propos de l'ordre public transnational : quelques observations », in *Mélanges F. Sturm*, Vol. 2, éd. Université de Liège, 1999, p. 1539, spéc., p. 1545.
3. J.-B. Racine, « La contribution de l'ordre public européen à l'élaboration d'un ordre public transnational en droit de l'arbitrage », *Rev. aff. eur.* 2005/2. 227.

DEUXIÈME PARTIE

LES OPÉRATEURS DU COMMERCE INTERNATIONAL

124 Le commerce international est animé par une multitude d'opérateurs. Le rôle des opérateurs privés est clair. Mus par une recherche de profit, ils se livrent à titre habituel à des opérations du commerce international (TITRE 1). La fonction des opérateurs publics, au premier chef les États, est un peu plus ambiguë. *A priori* agissant au nom de l'intérêt général, les personnes publiques ne se comportent pas moins dans certaines situations comme des opérateurs privés. C'est leur place dans le commerce international qu'il conviendra d'étudier (TITRE 2).

TITRE 1

LES OPÉRATEURS PRIVÉS

125 Les opérateurs privés du commerce international sont généralement des groupements de personnes et de biens, c'est-à-dire des entreprises, dotés le plus souvent de la personnalité morale : les « sociétés » (CHAPITRE 1). Celles-ci peuvent se regrouper, coopérer plus ou moins formellement et structurellement pour former notamment des groupes multinationaux ou des *joint-ventures* (CHAPITRE 2). Ces sociétés et ces groupes ne sont pas à l'abri de mauvaises affaires qui peuvent les conduire à une « faillite » internationale (CHAPITRE 3). Le tout s'effectuant sur des marchés appréhendés par le droit de la concurrence (CHAPITRE 4).

CHAPITRE 1

Les sociétés

126 Nous n'envisagerons pas le commerçant individuel, personne physique exerçant le commerce international en nom propre, question très marginale. En effet, la société, au sens le plus large de groupement à but lucratif ou coopératif de personnes et de biens, incarne le « visage », l'identité type, de l'opérateur privé du commerce international [1]. Sauf à préciser que des associations (plus généralement des groupements à but non lucratif) participent également, mais dans une moindre mesure, aux échanges commerciaux internationaux, tout comme des groupements généralement non qualifiés de « société » comme les groupements d'intérêt économique, les groupements européens d'intérêt économique, ou encore les fondations. Étant la plupart du temps une personne morale [2], la société suscite plusieurs questions dans le cadre du commerce international portant sur sa nationalité (SECTION 1), la condition des sociétés étrangères en France (SECTION 2), les conflits de lois en matière de sociétés (SECTION 3) et enfin la mobilité internationale des sociétés (SECTION 4).

1. M. Menjucq, *Droit international et européen des sociétés*, Monchrestien, 2° éd., 2008.

2. Mais pas nécessairement. Des groupements non dotés de la personnalité morale sont connus du droit français (la société en participation) comme de droits étrangers (*property in common, partnership*, par exemple).

Section 1
La nationalité des sociétés

127 Qu'est-ce que la « nationalité » d'une société, quels sont ses enjeux (**§ 1**) et quels sont les critères retenus pour établir celle-ci (**§ 2**) ? Existe-t-il des sociétés véritablement supranationales, sans nationalité (**§ 3**) ?

§ 1. La notion de nationalité des sociétés

128 La nationalité des sociétés est une question essentielle : elle permet en effet leur rattachement, leur allégeance, à un ordre juridique. Compte tenu du caractère de prétendue fiction de la personnalité morale, on a pu par le passé se demander si les sociétés avaient une « nationalité » [1].

La notion même de « nationalité des sociétés » ne doit plus faire débat en doctrine, car la jurisprudence [2] et le législateur [3] s'y rallient pleinement aujourd'hui. Il n'est plus contesté que le concept de nationalité concerne aussi bien les personnes physiques que les personnes morales, sujets de droit. Les traités internationaux distinguant français et étrangers visent également les personnes morales. À la limite, il n'est possible de concevoir d'obstacle théorique à l'admission de la nationalité des sociétés que pour celles qui sont dépourvues de la personnalité morale. C'est pourquoi il vaut mieux parler en général de nationalité des personnes morales. Il n'en reste pas moins que le rapport d'allégeance d'un sujet à un État que traduit la notion de nationalité peut apparaître, à certains égards, problématique concernant une personne morale. En effet, même si la personne morale doit être distinguée de la personne de ses associés (qui disposent également d'une nationalité), l'observation montre que bien souvent, surtout dans le cadre

1. J.-P. Niboyet, « Existe-t-il vraiment une nationalité des sociétés ? », *Rev. DIP* 1927.420 ; L. Mazeaud, « De la nationalité des sociétés », *JDI* 1928.30.
2. Com. 21 déc. 1987, *Rev. Soc.* 1988.398, note H. Synvet.
3. Par exemple, art. L. 225-97 Code de commerce ; art. 10 de la loi de privatisation du 6 août 1986.

du commerce international, les sociétés implantées dans un État sont contrôlées par l'étranger, ou, ce qui revient au même, intégrées dans un groupe multinational [1]. D'où la difficulté de concevoir dans ces conditions une nationalité des sociétés sur le modèle de celle des personnes physiques.

D'autant plus que la nationalité d'une société peut être à géométrie variable, par exemple française et dans le même temps non française [2]. Ainsi, une société peut-elle être française au regard d'une loi et étrangère au regard d'une autre loi. Par exemple, la filiale française du groupe Shell a été considérée comme française au regard du statut des baux commerciaux alors qu'elle était étrangère au regard de la législation sur les hydrocarbures [3].

En définitive, ce sont les enjeux juridiques de la nationalité des sociétés qui justifient l'admission de la notion : protection diplomatique, bénéfice des traités internationaux, jouissance des droits, reconnaissance de la société, mobilité des sociétés avec ses enjeux juridiques et fiscaux, voire détermination de la loi applicable à la société *(lex societatis)* dans les conflits de lois [4]. Paradoxalement, parce que la détermination de la nationalité d'une société est toujours accessoire à la résolution d'une autre question, elle apparaît finalement comme fondamentale.

§ 2. Les critères de la nationalité des sociétés

129 Parmi les critères possibles (**A**), seulement certains sont retenus en France par le droit positif (**B**). Le droit de l'Union européenne pourrait faire évoluer la question (**C**).

1. V. *infra*, n°171 s.
2. Principe posé par la CIJ dans l'affaire *Mayol-Arbona* du 23 nov. 1959, *D.* 1960.224, note R. Savatier.
3. Civ. 3e, 8 févr. 1972, *Epelbaum/Shell*, *Bull. civ.* III, n° 83 ; *JDI* 1972.218, note B. Oppetit.
4. Au prix d'une confusion induite fâcheusement par l'article 1837 du Code civil, v. *infra*, n° 146.

A. Les critères rejetés

130 La jurisprudence et le législateur français ont clairement rejeté le critère de l'incorporation. En vertu de ce dernier, la société a la nationalité du lieu où elle a accompli ses formalités de constitution et d'immatriculation (illustration en quelque sorte de la loi d'autonomie : la nationalité est choisie par les parties au contrat de société). L'incorporation est le critère retenu par les pays de *common law*. La Cour internationale de justice [1] ou encore le droit de l'Union européenne [2] n'y sont pas insensibles. C'est aussi le critère préféré des dirigeants de sociétés *off-shore* [3]... On lui reproche principalement d'inciter à la délocalisation en choisissant pour immatriculer la société le lieu le plus « accueillant » juridiquement et fiscalement alors même que la société n'aurait par suite aucune activité effective dans le pays d'incorporation. Toute son activité commerciale et sa vie sociale seraient localisées dans un autre pays. La manœuvre consisterait ainsi à évincer le droit du pays d'activité effective pour régir la société, au bénéfice d'un autre droit (celui du pays d'incorporation) moins exigeant. Les tiers courent alors un risque : celui de voir appliqué à la société un droit étranger moins protecteur de leurs intérêts.

Le droit français n'a pas non plus adopté le critère du centre d'exploitation. La société aurait la nationalité du lieu où elle exerce son exploitation. Ce critère est lié à des considérations économiques. Partant, il est source d'incertitude et d'insécurité juridique en cas d'activités multiples et mobiles dans plusieurs États.

Enfin, le critère du centre de décision (la société a la nationalité du lieu où sont prises les décisions la concernant) n'a pas non plus été retenu à titre principal par le droit français. Outre l'absence de définition précise de la notion de « centre de décision », il est parfois difficile de déterminer où sont prises les décisions stratégiques, voire les décisions tout court ! Cependant, à travers la notion de « siège réel », le droit français n'est pas totalement indifférent à ce critère.

1. V. CIJ *Barcelona Traction*, 5 févr. 1970, *Lebon* 1970, p. 50.
2. V. *infra*, n° 136 s.
3. K. Luciano, *Le droit à l'épreuve des mécanismes off-shore*, Thèse Paris I, 2010.

B. Les critères retenus

131 Il y a un critère principal : le siège social (1) et un critère subsidiaire : le contrôle (2)

1. Le critère principal : le siège social

132 Le droit positif a opté à titre principal pour le critère du siège social, notion connue du droit des sociétés français. Il est retenu par des traités internationaux signés entre la France et divers États, mais surtout par la jurisprudence [1]. C'est également et surtout le parti pris implicite du législateur (art. L. 210-3 et L. 225-97 du Code de commerce et art. 1837 du Code civil). Il s'agit du lieu où la société est établie.

133 Cette notion de siège social mérite cependant d'être affinée. Il faut en effet distinguer le siège social statutaire (le lieu indiqué officiellement dans les statuts) du siège *réel*, comme y invitent les articles 1837 al. 2 du Code civil et L. 210-3 al. 2 du Code de commerce. Le siège réel est, selon la jurisprudence, le lieu où la société a sa « direction effective » [2], autrement dit son principal centre de décision [3]. Celui-ci correspond souvent au principal établissement, mais pas forcément, pas plus d'ailleurs qu'au siège statutaire... De plus, selon quelques décisions et une partie de la doctrine, le siège réel doit être *sérieux*, ce qui correspond à un souci de lutter contre les fraudes à la loi [4]. Le siège sera sérieux par exemple s'il correspond au lieu où la société traite ses affaires, ou bien s'il existe des éléments permettant de justifier objectivement le choix du lieu du siège (comme la nationalité des dirigeants ou encore le centre d'exploitation). En toute hypothèse, il s'agit d'une question de pur fait : le siège réel devant correspondre à la réalité de la vie sociale. D'où les difficultés pratiques afin de déterminer la nationalité de la société, surtout dans le cadre des groupes multinationaux de sociétés où les centres de décision

1. Civ. 1re, 30 mars 1971, *JCP* 1972. II. 17101, note B. Oppetit : « en principe la nationalité d'une société se détermine par la situation de son siège social ».
2. Cass. A.P., 21 déc. 1990, *Rev. crit. DIP* 1992.70 note G. Duranton.
3. Civ. 7 juill. 1947, *JCP* 1947. II. 3871 note J.L. : « Le lieu du siège social est en règle générale celui où l'entreprise a principalement sa direction juridique, financière, administrative et technique... ».
4. Com. 25 avr. 1950, *G.P.* 1950. 2. 8.

concernant telle ou telle société membre du groupe sont diffus [1]. Les difficultés sont grandes également lorsque les différents organes sociaux d'une même société ne se réunissent pas au même lieu. Selon certains, la détermination de la nationalité devrait alors prendre en compte une dimension économique. C'est l'idée de « nationalité économique » [2]. Mais cette dernière notion reste tout aussi difficile à cerner avec précision et prévisibilité !

134 Doit-on conclure à une suprématie du siège réel (critère substantiel) sur le siège statutaire (critère purement formel) ? La jurisprudence française, dans son pragmatisme, montre qu'en réalité ce sont plusieurs critères qui peuvent être pris en compte et combinés (siège statutaire, vie sociale, exploitation...). Quel critère s'avère en définitive être le meilleur ? En raison d'une incertitude fréquente sur la localisation du centre de décision, du cœur administratif et financier de la société, la théorie du siège réel n'apporte pas toujours une sécurité juridique suffisante. Le critère du siège statutaire, qui rapproche de la théorie de l'incorporation, semble ainsi plus opérant, sous réserve de l'absence de fraude et de la prise en compte de la protection des tiers. C'est en tout cas l'opinion d'une partie de la doctrine, à laquelle nous nous rangeons, et la voie encouragée par la jurisprudence européenne dans le cadre de la liberté d'établissement [3].

2. Le critère subsidiaire : le contrôle

135 La détermination du siège social peut laisser la place au critère du contrôle. Ce dernier est exceptionnellement pris en compte par le droit français [4], à titre correcteur, malgré son caractère incertain et partant l'insécurité juridique qu'il implique. La nationalité de la société est alors déterminée en fonction de la nationalité des associés ou des dirigeants qui la contrôlent, de la provenance des capitaux. Les limites d'une telle analyse sont évidentes : elles tiennent dans le caractère diffus du contrôle. Conséquence de la

1. V. *infra*, n° 171 s.
2. V. J. Béguin, « La nationalité juridique des sociétés commerciales devrait correspondre à leur nationalité économique », *Mélanges P. Catala*, Litec, 2001, p. 859.
3. V. *infra*, n° 136.
4. Mais aussi par la CIJ : 5 févr. 1970, *Barcelona Traction, Rec. CIJ* 1970, p. 3 ; 20 juill. 1989, *Elettronica Sicula, Rec. CIJ*, p. 15.

dispersion des titres, les changements de contrôle d'une société ne sont pas rares. De plus, il est difficile de déterminer qui contrôle réellement une société même si certains textes du Code de commerce évoquent cette notion en posant des critères, notamment dans le cadre des groupes de sociétés [1]. Pour toutes ces raisons, le critère du contrôle n'est qu'exceptionnellement appliqué en France. Il a été utilisé pendant les temps de guerre pour séquestrer les biens de sociétés contrôlées par l'ennemi [2]. Il a également été pris en compte dans le cadre des lois de nationalisation ou de privatisation afin d'exclure certaines sociétés « étrangères » de leur champ d'application. Il permet dans certains domaines (presse, investissements étrangers notamment) de considérer comme « étrangères » des sociétés afin de limiter leurs droits et d'imposer des obligations.

C. La nationalité des sociétés et le droit de l'Union européenne

136 Au sein de l'Union européenne, il existe une grande disparité de solutions retenues par les États membres concernant la nationalité des sociétés, certains adoptant le critère (variable selon les États) du siège social, d'autre celui de l'incorporation. C'est cette disparité des conceptions des États membres concernant la nationalité des sociétés qui explique la formulation retenue à l'article 54 TFUE (ex-art. 48 CE) pour poser la liberté d'établissement des sociétés. Aux termes de cette disposition, une société constituée en conformité de la législation d'un État membre et ayant son siège statutaire ou son administration centrale ou son principal établissement dans un État membre bénéficie de la liberté d'établissement. Cette disposition a notamment des répercussions sur certaines règles de droit international privé des États membres, particulièrement celles concernant la nationalité des sociétés et ses effets. Autrement dit, si les États membres demeurent libres de choisir les critères de rattachement de leurs règles de conflit en

1. V. *infra*, n° 174.
2. Civ. 21 nov. 1956, *RTD com.* 1957.220.

matière de nationalité des sociétés, les effets pratiques de ces critères sont interprétés par la CJUE à l'aune de la liberté d'établissement. L'étude de ces effets, qui portent sur la reconnaissance des sociétés [1] et la mobilité de siège social dans l'Union européenne [2], sera menée ci-après.

137 Il convient aussi de signaler les personnes morales de droit de l'Union européenne, qui sont « transfrontalières », mais plus « régionales » que véritablement « internationales » : Groupement européen d'intérêt économique (GEIE) [3], société coopérative européenne [4] et société européenne (SE) [5] – qui est en réalité une société anonyme européenne (art. 1 al.1 du règlement). Cette dernière est issue du règlement n° 2157/2001 du 8 oct. 2001 relatif au statut de la société européenne [6] qui est complété par une directive n° 2001/86/CE de la même date sur l'implication des travailleurs dans la SE. Il s'agit de permettre aux entreprises qui optent pour cette forme sociale d'évoluer plus librement et facilement dans l'espace européen [7]. Nous n'envisagerons pas ici les règles de fonctionnement de cette société, mais seulement les aspects touchant à son caractère transfrontalier (rattachement à un ordre juridique [8]). Sur le terrain des conflits de lois, ce type de société n'est pas en principe régi par une « loi nationale » : sa *lex societatis* (loi applicable à la société) est avant tout le règlement. La SE n'est cependant pas détachée de tout lien avec les droits nationaux. En effet, pour les matières non réglées par le règlement, l'article 9 renvoie aux dispositions du droit national (du lieu du siège statutaire, articles 9 et10) en matière de SE ou de SA [9]. La loi nationale de l'État du siège statutaire se voit donc

1. V. *infra*, n°142.
2. V. *infra*, n° 168 s.
3. Règl. n°2137/85 du Conseil des Communautés européennes du 25 juill. 1985.
4. Règl. n°1435/2003 du Conseil des Communautés européennes du 22 juill. 2003.
5. M. Favero et J.-L. Colombani, *Societas europea, La société européenne*, Joly, 2002 ; K. Hopt, M. Menjucq et E. Wymeersch, *La société européenne, intérêts et perspectives*, Dalloz, 2003 ; M. Menjucq et S. Gilcart, *La société européenne*, Thèmexpress, Ed. Francis Lefebvre, 2006.
6. Règl. n°2157/2001/CE, 8 oct. 2001 : *JOCE* n°L 294, 10 nov. 2001, p. 1.
7. M. Menjucq, F. Fages et L. Vuidard, «La société européenne : un nouvel instrument au service des groupes de sociétés», *D.* 2007. 30.
8. Sur la mobilité des SE, V. *infra*, n° 168.
9. Il faut encore ajouter que lorsque le règlement l'autorise, la SE est également régie par ses dispositions statutaires (article 9).

accorder une compétence non négligeable [1]. Le régime juridique d'une SE ayant son siège statutaire en France risque ainsi d'être, sur certains points, différent de celui d'une autre SE ayant son siège statutaire par exemple en Espagne. Il n'est pour cette raison pas possible d'y voir une personne morale de droit de l'Union européenne au sens plein [2]. Afin d'éviter la survenance de délicates questions de détermination de la loi applicable, par souci de sécurité juridique, le règlement est directif sur la question du siège : il interdit toute dissociation entre le siège statutaire et le siège réel. Le siège statutaire d'une SE est situé sur le territoire de l'Union dans le même État membre que le lieu de son administration centrale [3]. (art. 7). Enfin, l'on retiendra que la constitution d'une SE (par fusion, création d'une holding, constitution d'une filiale commune, transformation) doit généralement présenter un caractère européen (rattachement nécessaire à l'espace de l'Union européenne de sociétés à l'origine de la création de la SE : art. 2). Cependant, l'alinéa 5 de l'article 2 permet à une société ayant son administration centrale hors d'un État membre de participer à la constitution d'une SE à la condition qu'elle soit constituée selon le droit d'un État membre, ait son siège statutaire dans cet État, et ait un lien effectif et continu avec l'économie d'un État membre.

On doit également noter qu'une nouvelle personne morale européenne pourrait prochainement voir le jour : la « société privée européenne » [4], structure destinée à favoriser l'établissement et le fonctionnement des PME au sein du marché unique [5].

1. J.-P. Brouillaud, « La SAE : la société approximativement européenne », *JCP E*, 2007, n° 3, p. 39.
2. V. également l'article 3 du règlement.
3. V. art. L. 229-9 du Code de commerce qui met en place un mécanisme de surveillance de cette concordance.
4. Le projet de « société privée européenne » a fait l'objet d'une proposition de règlement en date du 25 juin 2008, COM (2008) 396 final. Cette proposition a été approuvée, bien qu'amendée, par le Parlement européen dans une Résolution législative du 10 mars 2009, A6-0044/2009.
5. Sur laquelle, V. M. Menjucq, « La proposition de règlement relatif à la société privée européenne : une nouvelle étape en droit communautaire des sociétés ? », *D.* 2008. 2954.

§ 3. Les sociétés supranationales

138 Reste à évoquer le cas des sociétés véritablement internationales, ou transnationales, ou supranationales, c'est-à-dire qui ne sont pas rattachées pour leur régime juridique à un État ou à une organisation régionale quelconque. Les sociétés dites improprement « multinationales », comme Microsoft, Nestlé, Vivendi-Universal, désignent en général un groupe international de sociétés qui sont toutes et chacune très classiquement rattachées à un droit national [1]. En revanche, il existe quelques rares sociétés véritablement internationales, non rattachées à une loi nationale déterminée. Elles sont établies par un traité entre deux ou plusieurs États et soumises à leurs seuls statuts qui sont leur *lex societatis* (*Scandinavian Air System*, la BIRD). Une consécration internationale de la thèse de la réalité des personnes morales pourrait permettre d'imaginer des sociétés « sans loi » dotées de la pleine capacité de jouissance et d'exercice dans le cadre de leurs statuts, voire une sorte de « *lex mercatoria societatis* »...

Section 2
La condition des sociétés étrangères en France

139 Deux questions doivent être distinguées : celle de la reconnaissance des sociétés étrangères (**§ 1**) et celle de l'exercice par celles-ci d'une activité en France (**§ 2**).

1. V. *infra*, n° 172 s.

§ 1. La reconnaissance des sociétés étrangères

140 La reconnaissance des sociétés étrangères est l'admission par le droit national de la personnalité morale conférée par la loi étrangère. À condition de jouir de la personnalité morale dans l'État de sa constitution, ou à tout le moins d'une capacité juridique reconnue par cet État [1], toute société y compris les sociétés anonymes depuis l'abrogation de la loi du 30 mai 1857 [2], jouit par principe, en France, de la reconnaissance de son existence. La jurisprudence est constante. Ces sociétés étrangères peuvent donc ester en justice en France pour faire valoir leurs droits et passer des actes juridiques sans être inscrites au registre du commerce et des sociétés. Le droit d'ester en justice en France d'une société étrangère peut également se recommander de la Convention européenne de sauvegarde des droits de l'homme et des articles 1 et 5 de son protocole additionnel aux termes desquels toute personne a droit au respect de ses biens et à ce que sa cause soit entendue par un tribunal indépendant et impartial [3].

141 En sus de cette jurisprudence française très libérale, un certain nombre de conventions bilatérales passées entre la France et d'autres États ont pour objet la reconnaissance mutuelle des sociétés [4]. Les tentatives de conventions multilatérales se sont en revanche conclues pour l'heure par un échec. On regrettera cette absence de règles matérielles unifiées sur cette question, y compris dans le cadre de l'Union européenne. C'est en réalité la coexistence des systèmes de l'incorporation et du siège social qui a empêché les Conventions de La Haye du 20 juin 1956 [5] et de

1. Versailles, 14 janv. 1999, *Bull. Joly*, § 97, p. 466, note M. Menjucq.
2. Loi n° 2007-1787 du 20 décembre 2007, art. 27-II, 4° (sur laquelle v. D. Bureau, *Rev. crit. DIP* 2008. 161 ; L. d'Avout, *D.* 2008. 2564).
3. Com. 8 juill. 2003, *Bull. Joly* 2003. 1179, note M. Menjucq ; *D.* 2004. 692, note G. Khairallah.
4. Par ex. la convention entre la France et les États-Unis d'Amérique du 25 novembre 1959.
5. Concernant la reconnaissance de la personnalité juridique des sociétés, associations, et fondations étrangères.

Bruxelles du 29 février 1968 [1] d'obtenir le nombre de ratifications nécessaires.

142 Au sein de l'UE, il appartient normalement à chaque État membre, selon ses propres règles de droit international privé [2], de décider s'il reconnaît l'existence d'une société étrangère sur son territoire. La question de la reconnaissance n'est en effet pas réglée par le Traité. Cependant, la CJUE reconnaît un effet direct aux articles 49 et 54 TFUE (ex-art. 43 et 48 CE). Au nom de la liberté d'établissement, un État membre dans lequel une société, constituée selon le droit d'un autre État membre, a son siège réel effectif doit reconnaître la capacité juridique (la personnalité morale) de ladite société, qui s'apprécie selon le droit de l'État de constitution (siège statutaire), sous réserve de l'exception de fraude [3]. La reconnaissance de l'existence d'une société d'un autre État membre ne dépend donc plus des règles de droit international privé de l'État membre d'accueil, mais des critères posés par l'article 54 TFUE et de la jurisprudence de la CJUE en matière de liberté d'établissement [4].

§ 2. L'exercice de l'activité des sociétés étrangères en France

143 L'enjeu de la reconnaissance est l'exercice par la société étrangère d'une activité en France. Une société étrangère dont l'existence est reconnue en France est assimilée à une société française, sous réserve des droits qui lui seraient refusés par un texte particulier [5] et dans le cadre des engagements internationaux de la France [6]

1. Sur la reconnaissance mutuelle des sociétés dans la Communauté européenne.

2. T. Mastrullo, *Le droit international des sociétés dans l'espace régional européen*, Préface M. Menjucq, PUAM, 2009.

3. CJCE 5 nov. 2002, aff. C-208/00, *Uberseering*, *Rev. crit. DIP* 2003, p.508, note P.Lagarde ; *JCP E* 2003. 448, note M. Menjucq ; *Bull. Joly sociétés*, 2003.452, note M. Luby ; *Rev. sociétés* 2003.315, note J.-P. Dom ; *Europe* 2003, comm. 19, note L. Idot.

4. Sur laquelle, V. *infra*, n° 168.

5. Comme par exemple les articles L. 145-13 et L. 145-23 du Code de commerce sur le bénéfice du droit au renouvellement du bail commercial, réservé aux ressortissants français ou de l'Union européenne.

6. V. notamment la jurisprudence rendue sur le fondement de l'article 11 du Code civil et la condition de réciprocité.

(principe d'assimilation). Cependant, la personnalité morale est gouvernée par le principe de spécialité. Ainsi, la capacité juridique des sociétés est-elle plus ou moins limitée par les droits nationaux. Il en découle qu'une société étrangère ne peut avoir en France une capacité juridique de jouissance comme d'exercice plus étendue que celle que lui reconnaît son droit national. Et la société étrangère pourrait, le cas échéant, se voir dénier un droit que lui reconnaît son droit national parce que le droit du pays d'accueil ne reconnaît pas ledit droit à ses propres sociétés nationales.

144 Dans le cadre de l'Union européenne, toute société remplissant les conditions de l'article 54 TFUE (ex-art. 48 CE) peut exercer son activité dans les autres États membres dans les mêmes conditions que les ressortissants de ces États.

Section 3
Les conflits de lois en matière de sociétés

145 Les conflits de lois en matière de sociétés sont fréquents compte tenu des nombreux éléments d'extranéité pouvant interférer dans le cadre du fonctionnement des sociétés, et plus généralement dans la vie sociale : restructurations entre sociétés relevant d'États différents, constitution de société par ou avec des étrangers, cession de participation par ou à des étrangers, régime des titres émis localement par une société étrangère, effets locaux d'une dissolution de société étrangère, fonctionnement des organes d'une société étrangère, pactes internationaux d'actionnaires, etc. Il est à déplorer qu'il n'existe à ce jour, excepté sur certains aspects précis du droit de l'Union européenne concernant les fusions [1] ou les OPA [2], aucune unification internationale des règles matérielles en la matière ni même une unification des règles de conflit de

1. V. *infra*, n° 154 s.
2. V. *infra*, n° 163.

lois[1]. Cela peut avoir pour effet regrettable d'appliquer des législations différentes à des opérations au sein d'une seule et même société. De plus, la sécurité juridique des tiers contractants de la société peut en pâtir. À la question de la détermination de la loi applicable à la société, appelée *lex societatis*, (**§ 1**), suivra celle de son domaine (**§ 2**).

§ 1. La détermination de la loi applicable

146 La question de la loi applicable à une société est parfois confondue faussement avec celle de la nationalité. Cette confusion est entretenue en France par la rédaction de l'article 1837 du Code civil : « Toute société dont le siège est situé sur le territoire français est soumise aux dispositions de la loi française ». De fait, ces deux aspects sont très souvent liés. Mais les questions sont en réalité bien distinctes. Si le critère pris en compte pour déterminer la nationalité et celui désignant la *lex societatis* (la loi personnelle à la société) sont identiques en ce qu'ils se rapportent au siège social, les enjeux de la détermination de la nationalité[2] vont bien au-delà de la question des conflits de lois. Dès lors, les deux questions doivent être distinguées.

147 De manière générale, la *lex societatis* est la loi du pays dans lequel est situé le siège social (en vertu du système de l'incorporation ou suivant le critère du siège social statutaire ou réel), sans préjudice toutefois de l'application le cas échéant du système du renvoi ou de la prise en considération de la loi étrangère[3]. Le principe est formulé dans notre droit interne aux articles 1837 du Code civil et L. 210-3 du Code de commerce. La loi française régit toutes les sociétés dont le siège social est situé en France, les tiers bénéficiant d'une option entre le siège social réel et le siège social statutaire. Doctrine et jurisprudence interprètent ce texte largement

1. V. le projet de convention sur les conflits de lois en matière de société élaboré par l'*International Law Association*, *Rev. crit. DIP* 1961.40.
2. V. *supra*, n° 128.
3. Pour un exemple de renvoi, v. la seconde affaire *Banque Ottomane*, Paris, 3 oct. 1984, *Rev. crit. DIP* 1985.526, note H. Synvet.

comme un rattachement de la société à la loi de l'État où est situé le siège social, celui-ci étant déterminé par la *lex fori.*

§ 2. Le domaine de la loi applicable

148 Les problèmes peuvent être complexes et les situations sont variées. Seules les grandes lignes seront présentées. Les conflits de lois en matière de sociétés posent des problèmes de qualification. C'est pourquoi, en cas de doute sur le domaine de la loi applicable, il convient de s'interroger systématiquement sur le contenu substantiel de la règle en cause : s'agit-il d'une règle ayant pour finalité la vie des sociétés, ou bien une règle servant prioritairement d'autres intérêts qui dépassent le strict cadre social (comme la protection des marchés ou le régime des investissements étrangers...). Il faut également se demander quelle est au regard du droit des sociétés la nature de la situation juridique appréhendée : par exemple, tel mécanisme revêt-il un caractère institutionnel ou bien contractuel (cas notamment de certaines rémunérations des dirigeants comme les compléments de retraite ou encore cessions de parts sociales) [1]. La loi applicable à tel ou tel élément de la situation juridique en dépend. En règle générale, la *lex societatis* a vocation à régir la quasi-totalité de la vie sociale (**A**), à l'exception de quelques situations intéressant la société, mais régies par une autre loi (**B**).

A. La vocation générale de la *lex societatis*

149 La *lex societatis* a normalement vocation à régir l'ensemble de la vie sociale : les conditions de constitution, les règles de fonctionnement, le régime des titres, la dissolution et la liquidation de la société. C'est ainsi en quelque sorte une conception institutionnelle de la société qui prime souvent en droit international privé sur sa conception contractuelle alors même que cette dernière

1. Pour un exposé très complet, v. Y. Loussouarn et M. Trochu, « Conflits de lois en matière de sociétés », *Juris-classeur* Droit international, Fasc. 564-30, 1997 ; Y. Synvet, « Société », *Rép. Internat,* Dalloz, 2004.

connaît un renouveau en droit des sociétés. La *lex societatis* concerne la constitution de la société (**1**), son fonctionnement (**2**) et les fusions (**3**).

1. La constitution de la société

150 Concernant les conditions de constitution, la *lex societatis* a vocation à régir la formation du capital [1], les publicités de constitution, ou encore les conditions de validité de la société [2] – dans le respect cependant du droit de l'Union européenne qui n'admet pas par exemple l'illicéité de la cause comme cas de nullité pour une SA ou une SARL.

Les conditions d'émission des actions [3] et les souscriptions sont également soumises à la *lex societatis*.

2. Le fonctionnement interne et externe de la société

151 Le fonctionnement de la société est dominé largement par la vocation de la *lex societatis*. Il semble en effet cohérent de soumettre l'ensemble des événements affectant la vie de la société à la loi régissant celle-ci.

Le fonctionnement de la société regarde d'abord les droits et obligations des associés qui sont soumis à la *lex societatis*. La solution se justifie pleinement autant par le caractère institutionnel de la société que par l'adhésion volontaire des associés au groupement, et donc aux droits et obligations qu'il confère. L'acquisition et la perte de la qualité d'associé – par l'effet de la loi, ou d'une clause statutaire [4] -, relèvent de la *lex societatis* [5].

Le fonctionnement de la société concerne ensuite l'engagement contractuel de la société : la capacité de la société [6], les pouvoirs des dirigeants [7] (théorie des « pouvoirs légaux » des organes sociaux) [8] et l'opposabilité aux tiers des limitations

1. Civ. 6 juin 1885, *DP* 1886, 1. 153 ; Com. 13 févr. 1967, *Rev. crit. DIP* 1968, p. 52, note Y. Loussouarn.
2. Cass. 18 juin 1909, *S.* 1912. I. 425.
3. Com. 13 févr. 1967, *Rev. crit. DIP* 1968. 52, obs. Y. Loussouarn. V. cependant *infra*, n° 163.
4. Effets d'une clause d'agrément : Com. 27 juin 1989, *Lustucru/Cartier Million/Barilla, D.* 1990. 314, note J. Bonnard.
5. Civ. 1re, 17 oct. 1972, *JDI* 1973. 716, note B. Oppetit.
6. Civ. 4 juill. 1923, *S.* 1925. I. 81.
7. Com. 21 déc. 1987, *Rev. crit. DIP* 1989. 345, note M.-N. Jobard-Bachellier.
8. Paris, 26 mars 1966, *Société française d'alimentation saine c/ BP de Casablanca, Rev. crit. DIP* 1968. 58, note Y. Loussouarn ; Civ. 1re, 8 déc. 1998, *Bull. Joly* 1999, § 95, p. 458, note M. Menjucq.

légales ou statutaires du pouvoir des dirigeants [1] relèvent ainsi de la *lex societatis* [2]. Le fonctionnement de la société renvoie encore aux relations entre les associés et les organes, et à celles entre les organes, dans le cadre d'une conception institutionnelle de la société. Il en est ainsi des règles de nomination des organes sociaux, de répartition des bénéfices, des conventions réglementées [3], des délibérations des assemblées [4], ou encore des mesures de crise [5].

Les pactes d'actionnaires peuvent relever, soit de la *lex societatis* (s'ils affectent directement la vie sociale), soit de la *lex contractus* (s'ils n'affectent pas directement la vie sociale ou en raison de l'attraction du contrat). Devant une telle insécurité juridique concernant une pratique courante, une clarification jurisprudentielle au plus haut niveau serait la bienvenue [6].

La *lex societatis* régit enfin, dans le cadre du fonctionnement de la société, certaines modalités ou effets des opérations sur titres comme le transfert de propriété des titres nominatifs [7], ou l'acquisition de la qualité d'associé par le cessionnaire et l'opposabilité à la société de cette qualité, ou encore la validité d'une clause d'agrément comme ses effets. Il en va de même du régime des participations à travers la réglementation de l'autocontrôle.

152 Les dirigeants voient leur responsabilité civile engagée sur le fondement de la *lex societatis* à l'égard de la société et des associés, et de la *lex loci delicti* à l'égard des tiers en cas de faute séparable. Quant aux modalités de l'action en responsabilité contre les dirigeants (par exemple sur la question de savoir si l'action *ut singuli* est ouverte), elles devraient relever de la *lex societatis*, à tout le

---

1. Com. 19 mai 1992, *Bull. Joly* 1992. 758, note L. Faugerolas.
2. V. D. Vidal, «L'engagement contractuel des sociétés en droit international privé français», in *Mélanges Sortais*, Lausanne, 2002, p. 597.
3. Paris, 26 mars 1966, *JDI* 1966. 841, note B. Goldman.
4. Civ. 1re, 25 janv. 1966, *Royal Dutch*, *D.* 1966, p. 390, note Y. Loussouarn ; Civ. 1re, 17 oct. 1972, *Rev. crit. DIP* 1973. 520, note H. Batiffol.
5. Pour une expertise de gestion : Versailles, 27 févr. 1997, *Bull. Joly* 1997. 543, note P. Le Cannu et M. Menjucq.
6. La jurisprudence n'est pas fixée. V. Com. 19 mai 1992, *Bull. Joly* 1993, § 250, p. 779, note P. Le Cannu.
7. Sur les cessions de contrôle, V. *infra*, n° 161. Sur les compétences respectives de la *lex societatis* et de la loi du contrat dans le cadre des cessions de titres, v. X. Boucobza, *L'acquisition internationale de société*, LGDJ, 1988, n° 431 s.

moins lorsque l'action en responsabilité est spécifique au droit des sociétés.

153 Enfin, concernant la dissolution de la société, c'est la *lex societatis* qui s'impose logiquement, comme suite et fin de l'existence de l'être social. C'est elle qui doit ainsi commander les opérations de liquidation.

3. Les fusions

154 La fusion internationale, comme son nom l'indique, est la transformation par transmission universelle du patrimoine de deux sociétés de nationalités différentes, pour n'en faire qu'une. On distingue généralement les fusions créations (une société naît de la fusion des deux originaires) et les fusions absorptions (une société absorbe l'autre qui disparaît). Les fusions relèvent également en théorie de la *lex societatis*. Mais en raison de la pluralité des sociétés en cause, la complexité règne. Il existe une grande disparité des législations nationales en ce domaine. La plupart n'envisagent pas les fusions internationales. Les dispositions applicables se trouvent ainsi souvent dans le droit interne des fusions [1], ou dans les règles régissant le transfert de siège social, le changement de nationalité... Cette situation est fâcheuse à l'heure de la mondialisation et alors que la fusion est l'une des principales techniques de concentration d'entreprises. Il n'existe aucune convention multilatérale sur les fusions internationales. Pour autant, des fusions transfrontalières sont réalisées, qui concernent notamment de grands groupes bancaires [2].

155 Pour qu'une fusion internationale soit possible, il faut au préalable que chacun des ordres juridiques dont relèvent les sociétés participantes puisse reconnaître la société étrangère participant à la fusion. Il faut également que chacune des lois des sociétés fusionnant connaisse de manière similaire le procédé de la fusion (au moins interne) et admette la validité de fusions transfrontalières (même si les lois nationales ne régissent pas spécifiquement

1. V. dans l'Union européenne, la directive 78/885/CEE du 9 oct. 1978 concernant les fusions de sociétés anonymes.
2. G. Damy, *Les aspects juridiques des fusions et acquisitions bancaires nationales et européennes*, Litec, 2005.

la fusion internationale). Concrètement, sur le terrain du droit international privé, il va s'opérer une distribution cumulative ou alternative entre les lois nationales de chacune des sociétés participant à la fusion.

Concernant les conditions de décision de l'opération de fusion, qui sont fondamentales compte tenu du fait que deux sociétés vont se transformer et l'une au moins va disparaître, on appliquera cumulativement les droits de chacune des deux sociétés. Le traité de fusion quant à la forme du contrat, son contenu, ses nullités, etc., relève donc de l'application cumulative des deux *lege societatis* des parties avec toutes les difficultés que cela comporte. On mesure ici toute l'importance (et le cruel défaut) d'une unification internationale des règles matérielles sur la fusion…

L'application des lois nationales est parfois alternative. C'est le cas pour tout ce qui regarde les aspects internes de la fusion dans chacune des sociétés. Par exemple, en cas de fusion absorption, l'augmentation de capital sera décidée et régie conformément à la loi de l'absorbante alors que la dissolution de l'absorbée le sera par sa propre loi. Une application distributive se produit également concernant les effets de la fusion, toujours dans le souci de protéger créanciers et actionnaires de chacune des sociétés (mais il faut éviter aussi la fraude à la loi). Concernant la transmission universelle du patrimoine qui est l'effet principal de la fusion, elle n'est pas reconnue par toutes les législations. Dès lors, la fusion internationale nécessitera que chacune des législations l'admette ; et si les sociétés fusionnant détiennent des biens dans plusieurs pays, il faudra que la *lex rei sitae* reconnaisse également la transmission universelle du patrimoine. Tout cela n'est donc pas sans mettre de sérieux obstacles aux fusions transfrontalières.

156 En droit de l'Union européenne, les fusions se libéralisent. La CJCE est venue préciser que la fusion transfrontalière entre dans le champ d'application du principe de la liberté d'établissement posé par les articles 49 et 54 TFUE (ex-art. 43 et 48 du Traité). Ainsi, seules des raisons impérieuses d'intérêt général qui ne vont pas au-delà de ce qui est nécessaire pour atteindre ces objectifs peuvent empêcher l'inscription de la société issue de la fusion

dans un État membre [1]. Il convient surtout de souligner la directive sur les fusions transfrontalières de sociétés de capitaux [2] (qui suit la directive « fusion » du 23 juillet 1990, organisant la neutralité fiscale des fusions internationales) [3]. Deux sociétés de capitaux au moins qui vérifient les conditions de l'article 54 TFUE (ex-art. 48 CE) et qui relèvent d'États membres différents peuvent ainsi fusionner (fusion absorption ou fusion création). Il s'opère une application distributive des lois de chacune des sociétés à la fusion [4], sauf pour les aspects qui impliquent une application cumulative des lois en présence. Pour ces derniers – c'est-à-dire le traité de fusion – sont prévues des règles matérielles – notamment mentions contenues dans le projet, intervention d'experts... (art. 5 et 8). À noter que le règlement sur la société européenne [5] prévoit la fusion transfrontalière au titre des modalités de constitution d'une SE [6], faisant de cette dernière un outil de réalisation des fusions transfrontalières.

B. La compétence d'une autre loi que la *lex societatis*

157 La vocation générale de la *lex societatis* s'efface parfois en faveur d'une autre loi en raison notamment d'une situation contractuelle, du lieu de situation de certains biens, de la protection ou de la volonté des parties, ou encore de l'existence de lois de police. Voici quelques illustrations dans lesquelles la *lex fori* (**1**) et la *lex rei sitae* (**2**) sont compétentes. Il faut aussi avoir égard aux problèmes spécifiques posés par le droit des marchés financiers (**3**) et par les groupements dénués de la personnalité morale (**4**).

---

1. CJCE, gr. C. 13 déc. 2005, Aff. C-411/03, *Sevic*, *D.* 2006, p. 451, note M. Luby ; *JCP* 2006. II. 10077, note R. Dammann.

2. Dir. n° 2005/56.CE, 26 oct. 2005 (*JOUE* n° L310, 25 nov. 2005, p. 1), transposée en France par la loi n° 2008-649 du 3 juillet 2008 portant diverses dispositions d'adaptation du droit des sociétés au droit de l'Union européenne : articles L236-25 à L236-32 du code de commerce et L2371-1 à L2375-1 du code du travail.

3. Cons. UE, Directive n° 90-434, 23 juill. 1990, *JOCE* 225/1 du 20 août 1990, modif. Cons. UE, Directive n° 2005/19/CE, 17 févr. 2005, *JOUE* n° L 058, 4 mars 2005, p. 19.

4. Les dispositions et formalités dans chaque État membre résultent d'ailleurs de la directive n° 78/855 du 9 octobre 1978 sur les fusions internes, *JOCE* n° L 295, 20 oct. 1978, p. 36.

5. V. *supra*, n° 137.

6. Règlement sur la SE, art. 17 à 31.

1. La *lex fori*

158 À la manière d'une question préalable, la loi du for (et non la *lex societatis*) commande la qualification de société ou d'association d'un groupement étranger, d'où découleront notamment son intérêt et sa qualité à agir [1].

2. La *lex rei sitae*

159 Parfois, une autre loi que la *lex societatis* vient en concurrence avec celle-ci. Ainsi, la *lex rei sitae* va régir les modalités et les effets d'un apport partiel d'actif effectué en France par une société étrangère sur des biens situés en France [2]. Concernant l'apport en nature d'un immeuble, voire d'un fonds de commerce, la *lex societatis* commande le transfert de propriété alors que les modalités et les effets du transfert relèvent de la *lex rei sitae*.

3. Les opérations sur titres et le droit des marchés financiers

160 Les opérations sur les titres des sociétés, et notamment dans le cadre des marchés financiers, fournissent de nombreux cas d'application d'une autre loi que la *lex societatis*. Tout d'abord, en ce qui concerne les titres au porteur, le lien avec la société et donc avec la *lex societatis* est plus lâche en raison du fait que les titres sont tenus par un intermédiaire lorsque la société est cotée en bourse [3]. C'est donc la loi applicable au teneur du compte (en quelque sorte *lex rei sitae*, cette expression étant cependant impropre en raison de la dématérialisation des valeurs mobilières) qui devrait selon nous être privilégiée pour régir les opérations sur titres intermédiés [4]. Concernant ensuite les titres des sociétés faisant appel public à l'épargne, il convient pour toute société étrangère désirant faire appel public à l'épargne en France de respecter les formalités posées par la *lex fori*. Pour être coté en France sur un marché réglementé, ce type de société doit se soumettre

1. Com. 12 mars 2002, *Dr. Sociétés*, sept. 2002, n° 148, note F.-X. Lucas.
2. Versailles, 3 oct. 1996, *Bull. Joly* 1997. 116, note Tilquin.
3. V. en dernier lieu la Convention d'UNIDROIT sur les règles matérielles relatives aux titres intermédiés, Genève, 9 oct. 2009 consultable sur le site internet d'UNIDROIT. Sur cette convention,V. L. d'Avout, *D.* 2010, Panorama, p. 2327.
4. V. cependant la solution, très critiquée en Europe et particulièrement en France, retenue par la Convention de La Haye du 5 juillet 2006 sur la loi applicable à certains droits sur des titres détenus auprès d'un intermédiaire, consultable sur le site : www.hcch.net. Cette Convention n'est pas encore entrée en vigueur, n'ayant été ratifiée que par 2 États : la Suisse et l'Ile Maurice. V. L. d'Avout, *D.* 2010, Panorama, p. 2327.

aux règles de l'Autorité des marchés financiers (AMF). De manière générale, toute société même étrangère dont les titres sont cotés sur le marché français doit respecter l'ensemble des règles régissant le marché financier : franchissements de seuils [1], déclarations d'intention obligatoires, voire, dans certains cas, publicité des pactes d'actionnaires [2]. S'agissant de « règles de marché », la *lex societatis* n'a pas vocation à s'appliquer. En effet, la loi qui régit le marché revêt le caractère d'une loi de police.

161 Les prises de contrôle internationales de sociétés consistent dans l'achat par une société de titres d'une autre société au point de lui en conférer le contrôle [3]. La prise de contrôle sera considérée comme internationale tant en raison de critères juridiques que de critères économiques (nationalité des parties, mise en jeu des intérêts du commerce international, lieu de conclusion de l'opération, flux et reflux par-delà une frontière...). Si les titres de la société dite « cible » ne sont pas cotés sur un marché réglementé, la prise de contrôle relève de la loi applicable aux opérations contractuelles [4] (car toute cession de titres a la nature d'un contrat) dans le cadre de la Convention de Rome du 19 juin 1980 ou du règlement Rome I pour les cessions de titres conclues à compter du 17 décembre 2009. À défaut de désignation par les parties d'une loi applicable, la recherche du débiteur de la prestation caractéristique pourrait faire désigner la loi du lieu où est établi le cédant ou celle du siège de la société cible [5]. Si les titres sont cotés sur un marché réglementé, le règlement Rome I prend désormais en compte expressément cette situation en désignant la loi du pays de la place de marché où sont cotés les titres [6].

---

1. En ce sens, Paris 13 janv. 1998, *Société Teknecomp Holding international B.V., D. aff.* 1998.704, obs. M. Boizard. ; *Bull. Joly Bourse* 1998, § 65, p. 256, note N. Rontchevsky ; *LPA* 18 janv. 1999, p. 10, note A. Tenenbaum ; *RD bancaire et bourse* 1998.64, obs. M. Germain et M.-A. Frison-Roche ; *Rev. soc.* 1998.572, note P. Le Cannu.
2. Art. L. 233-11 du Code de commerce.
3. X. Boucobza, *L'acquisition internationale de société*, LGDJ, 1998.
4. Pour une illustration des difficultés de la recherche de la loi applicable, Civ. 1re, 12 janv. 1994, *Rev. crit. DIP* 1994. 92, note H. Muir Watt.
5. Civ. 1re, 12 janv. 1994, *Rev. crit. DIP* 1994.92, note H. Muir Watt.
6. Article 4-1 h) du règlement Rome I, qui, à défaut de choix par les parties de la loi applicable à la cession d'instruments financiers au sein d'un système multilatéral, désigne la loi du pays où est situé le système multilatéral de vente et d'achat sur lequel sont cédés les instruments financiers objets du contrat (place de marché). On notera que la règle de l'article 4-1 h) coïncide avec l'application éventuelle de la loi de police.

162 Au sujet des offres publiques d'acquisition [1], il convient de distinguer le droit commun et les règles issues du droit de l'Union européenne.

Concernant le droit commun, tout initiateur étranger d'une offre publique en France est tenu de se soumettre aux dispositions françaises d'ordre public qui régissent un marché réglementé [2]. Toute offre publique faite sur un marché réglementé français – y compris celle visant les titres d'une société étrangère – est soumise à la réglementation française des offres publiques [3]. Il en va de même des déclarations obligatoires de l'article L. 621-18-2 du Code monétaire et financier concernant les sociétés françaises ou étrangères dont les titres sont négociés sur un marché réglementé français. Il s'opère cependant une répartition entre les règles de droit boursier et la *lex societatis* [4] ou *la lex contractus.* Si les conditions d'émission et de souscription de valeurs mobilières relèvent de la *lex societatis,* leurs conditions d'exécution sont régies par la *lex contractus,* c'est-à-dire la loi du contrat de souscription.

163 Concernant le droit de l'Union européenne, la directive OPA du 21 avril 2004 [5], transposée en France par la loi n° 2006-387 du 31 mars 2006 relative aux offres publiques d'acquisition [6], contient, en plus de dispositions matérielles, de nombreuses règles de conflit. Le droit de l'Union européenne s'applique en l'espèce aux OPA de titres d'une société relevant du droit d'un État

---

1. V. X. Boucobza, «La loi applicable à l'offre publique d'acquisition», *Bull. Joly Bourse*, janv.-févr. 1993.3.
2. Paris, 13 janv. 1998, préc. : «les dispositions d'ordre public économique de la loi du 2 juillet 1996 et le règlement général du Conseil des marchés financiers s'imposent à tout opérateur qui intervient sur un marché réglementé français». V. également, Paris, 13 juill. 1988, *D.* 1989, jur. p. 160, note P. Le Cannu ; *Bull. Joly* 1988.715, note Y. Sexer.
3. Article 231-1 du règlement AMF, à l'exception toutefois des règles régissant la garantie des cours, l'offre publique obligatoire et le retrait obligatoire. La situation peut évoluer avec la loi n° 2006-387 du 31 mars 2006, v. *infra*, n° 163.
4. V. Y. Synvet, *L'organisation juridique du groupe international de sociétés,* Thèse dactyl. Rennes, 1979, p. 377, n° 461, qui propose, comme critère de répartition entre droit boursier et *lex societatis,* la prise en compte de la sanction de la règle violée. Si la sanction intéresse le fonctionnement de la société, la *lex societatis* devrait avoir vocation à s'appliquer.
5. Directive 2004/25/CE du 21 avr. 2004, *JOUE* 30 avr. 2004.
6. *JO* 1er avr. 2006, p. 4882. V. G. Notté, «Loi n° 2006-387 du 31 mars 2006 relative aux offres publiques d'acquisition», Aperçu rapide, *JCP E* 2006. 187 ; T. Bonneau, «La réforme 2006 des offres publiques d'acquisition», *JCP* 2006. I. 134. V. également l'arrêté du 18 sept. 2006, *JO* 28 sept. 2006, modifiant le titre 3 du livre 2 du règlement général de l'AMF.

membre, lorsque tout ou partie de ces titres sont cotés sur le marché d'un ou plusieurs États membres (1-1).

Plusieurs situations doivent être distinguées. Dorénavant, aux termes de ces textes, lorsque les titres sont négociés sur un marché de l'État du siège de la société cible, c'est l'Autorité de contrôle de cet État (en France l'AMF) qui est compétente pour le contrôle de l'offre (4-2 a) [1]. À l'égard des sociétés ayant leur siège social dans un autre État de l'Union européenne ou de l'Espace économique européen et dont les titres sont admis aux négociations sur un seul marché réglementé d'un État membre de l'Union européenne ou de l'Espace économique européen (EEE), l'Autorité compétente est celle de l'État membre sur le marché réglementé duquel les titres ont été admis à être négociés (4-2 b et c) [2]. Il s'opère cependant une répartition entre la loi de l'État de l'Autorité compétente pour les aspects de droit de marché et celle de la société cible pour les aspects de droit des sociétés (4-2 e). Enfin, concernant les sociétés implantées dans un autre État de l'Union européenne ou de l'EEE et visées par une offre publique, si les titres sont négociés sur plusieurs marchés, l'Autorité compétente sera celle du marché sur lequel les titres ont été négociés en premier, ou bien, s'il y a concomitance des admissions, celle désignée par la société cible (4-2 b al. 2 et c) [3]. Il y a là aussi répartition des compétences entre loi du marché et *lex societatis* : en cas de multicotations, la loi de l'autorité de marché s'applique aux questions relatives à la contrepartie offerte et à la procédure d'offre (informations, contenu et divulgation de l'offre...). La *lex societatis* s'applique à l'information à fournir aux salariés de la société cible et plus généralement aux questions de droit des sociétés comme les défenses anti-OPA, les dérogations à l'obligation de lancer une offre ou le pourcentage des droits de vote qui

1. V. art. L. 433-1, I et II du CMF.

2. En ce qui concerne les offres publiques visant des instruments financiers émis par des sociétés dont le siège statutaire est établi hors d'un État menbre de l'Union européenne ou d'un autre État partie à l'accord sur l'EEE et qui sont admis aux négociations sur un marché réglementé français, l'article L. 433-1, III CMF renvoie au règlement de l'AMF.

3. Concernant les sociétés qui s'introduisent sur un marché après le 20 mai 2006, la demande d'admission doit mentionner le choix de l'autorité compétente pour les offres publiques d'acquisition qui peuvent toucher la société.

donne le contrôle (4-2 e). Enfin, l'article 4-4 instaure fort utilement une coopération des autorités de marché et une communication entre elles.

4. Les groupements dénués de personnalité morale

164 Quant aux sociétés ou groupements dépourvus de la personnalité morale, ils relèvent, soit de la loi applicable aux obligations contractuelles (car ils procèdent souvent d'un contrat constitutif), soit de la *lex societatis* si celle-ci leur prévoit un régime propre (comme la société en participation en droit français), sans préjudice de l'application le cas échéant de la *lex rei sitae* par exemple pour un immeuble mis à disposition d'un tel groupement.

SECTION 4
LA MOBILITÉ INTERNATIONALE DES SOCIÉTÉS

165 La mobilité internationale des sociétés est assez limitée pour plusieurs raisons : les disparités législatives en matière de droit des sociétés ou de fiscalité pesant fortement sur les choix de localisation, les coûts notamment fiscaux de l'opération de transfert, et la rareté des personnes morales au statut réellement international ou transfrontalier (comme le GEIE ou la société européenne [1]). C'est pourquoi, bien souvent, la mobilité internationale des sociétés s'effectuera sous la forme d'un établissement secondaire dans un autre État, comme la création d'une filiale ou l'ouverture d'une agence ou succursale. Il ne s'agit pas, dans ces cas, de « mobilité » internationale des sociétés à proprement parler, mais plutôt d'extension structurelle à l'étranger. La mobilité doit s'entendre du transfert de siège social à l'étranger qui opère, dans la plupart des cas, un changement de nationalité. Ce dernier peut être volontaire par transfert de siège social (**§ 1**) ou involontaire par mutation de souveraineté (**§ 2**).

1. V. *supra*, n° 137.

§ 1. Le transfert de siège social

166 Le transfert du siège social à l'étranger implique le changement de nationalité en ce qui concerne les États qui, comme la France, retiennent le critère du siège social pour la nationalité [1]. Selon le droit international privé, il s'agit d'un conflit mobile. La question de savoir si la personnalité morale survit n'est pas tranchée de manière uniforme. Dans la plupart des cas, cela signifie que la société va perdre sa personnalité juridique au profit de l'acquisition d'une nouvelle personnalité morale dans l'État du transfert. En pratique, l'opération conduit alors à une dissolution-liquidation de la société, souvent utile pour la protection des créanciers sociaux, avec tous les coûts notamment fiscaux qui s'en suivent. Cependant, depuis la loi de finances pour 2005, aux termes de l'article 221.2 du CGI, le transfert de siège social dans un autre État membre de l'Union européenne n'est plus fiscalement assimilé à une cessation d'activité ou à une dissolution, rendant neutre fiscalement l'opération de transfert. La question de la loi habilitée à régir ce transfert n'est pas plus réglée. Il convient en pratique de procéder à une application distributive de la loi du siège originaire (décision de transfert et conditions de celui-ci) et de celle du nouveau siège (adaptation des statuts aux règles impératives de la législation d'accueil, immatriculation...).

167 Quant à ses modalités, il faut distinguer selon la forme sociale de la société. Si l'unanimité des associés s'impose généralement pour décider du transfert, elle n'est pas requise pour les sociétés anonymes en présence d'une convention entre la France et l'État d'accueil [2]. Dans ce dernier cas, la société conservera d'ailleurs sa personnalité morale. Dans les autres cas, tout dépendra du droit du pays d'accueil. En règle générale, il n'y a pas de conservation de principe de la personnalité morale.

Si une société étrangère transfère son siège social en France, et compte tenu de la reconnaissance en France de sa personnalité

1. C. Kleiner, « Le transfert de siège social en droit international privé », *JDI* 2010. 311.
2. Art. L. 225-97 du Code de commerce.

morale initiale [1], elle ne devrait pas avoir à procéder à de nouvelles formalités de constitution –lesquelles ont pour objet de lui conférer la personnalité juridique–. Elle devra cependant se mettre en conformité par une adaptation de ses statuts avec la législation française et s'immatriculer au RCS, ce qui en pratique revient quasiment à une (re)constitution. En outre, par ce transfert de siège social, la société étrangère perdra sa nationalité étrangère pour devenir une société française [2].

168 Il convient de faire une place à part au transfert de siège social dans l'Union européenne compte tenu de l'incidence des règles du Traité sur la liberté d'établissement. C'est ainsi que la CJUE a construit le cadre juridique de la mobilité des sociétés dans l'Union européenne [3]. La mobilité peut consister dans l'implantation dans un État membre d'une succursale qui opérera le cas échéant comme un siège réel alors que la société est et reste juridiquement rattachée à un autre État membre (où elle est incorporée, où elle a son siège statutaire). La mobilité peut aussi consister dans la volonté de changer la nationalité de la société.

L'État membre de départ ou l'État membre d'arrivée peuvent-ils s'opposer à la mobilité ?

Du point de vue de l'État membre de départ, la CJUE a fait évoluer entre 1988 [4] et 2008, la question du contrôle de celui-ci sur les sociétés souhaitant le quitter pour transférer leur siège social dans un autre État membre. Depuis son arrêt *Cartesio* [5], elle

1. V. *supra*, n° 140 s.
2. Pour une illustration, Com. 27 oct. 2009, n°08-16115, bien que la Cour de cassation ne se soit pas prononcée sur la question de la conservation de la personnalité morale.
3. R. Kovar, « La mobilité des sociétés dans l'espace européen », *D.* 2009. 465.
4. CJCE 27 sept. 1988, aff. 81/87, *Daily Mail*, *JDI* 1989.429, note M.-C. Boutard-Labarde : le transfert de siège social effectif vers un autre État membre peut entraîner la perte de la nationalité dans l'État membre de départ selon la législation de ce dernier.
5. CJCE, Gde ch., 16 déc. 2008, *Cartesio*, aff. C-210/06, *D.* 2009. 465, note R. Kovar ; *D.* 2009, Panorama, p. 2387, obs. L. d'Avout ; *RTD com.* 2009. 227, obs. G. Jazottes ; *Rev. sociétés* 2009. 147, note G. Parléani ; *AJDA* 2009. 245, Chron. E. Broussy, F. Donnat et C. Lambert ; *JCP* 2009. II. 10027, note M. Menjucq ; *JCP* 2009. II. 1208, note F. Mélin ; *JDI* 2009. 685, obs. S. Francq, et 889 note T. Vignal ; *Rev. crit. DIP* 2009. 548, note J. Heymann ; *Gaz. Pal.* 22-24 mars 2009, 12, note T. Mastrullo ; *Bull. Joly sociétés*, juin 2009, & 121, note R. Dammann. V. aussi, A. Autemnne ; « Cartesio – Les contours incertains de la mobilité transfrontalière des sociétés revisités », *Cahiers de droit européen*, 2009, p. 92 ; R. Dammann, L. Wynaendts et R. Nader, « La renaissance inattendue de la théorie du siège réel », *D.* 2009, Point de vue, p. 574 ; G. Santoro, « L'évolution du principe de liberté d'établissement en droit communautaire : un mouvement de libéralisation depuis l'arrêt *Cartesio* », *Rev. int. dr. éco.* 2010. 351.

distingue nettement deux situations : le transfert de siège social sans perte de la nationalité dans l'État membre de départ, d'une part, et le transfert de siège social avec acquisition de la nationalité de l'État membre d'accueil, d'autre part. Dans le premier cas, assimilable à un simple « déménagement » de siège [1], un État membre peut empêcher le transfert du siège d'une société, constituée selon son droit, dans un autre État membre si la société en question prétend conserver la nationalité de l'État membre où elle a été constituée. Dans le second cas, que la Cour dénomme « transformation » internationale de la société, l'État membre de départ ne peut imposer la dissolution et la liquidation – ou tout autre obstacle [2] – de la société qui en retire son siège social dès lors que le droit de l'État membre d'accueil permet à cette société de se transformer afin de prendre sa nationalité. L'État membre de départ perd ainsi quasiment tout contrôle sur l'opération de transfert avec changement de nationalité.

Du point de vue de l'État membre d'arrivée cette fois, la liberté d'établissement interdit qu'un État membre empêche ou restreigne le droit pour une société venant d'un autre État membre de s'y établir en dissociant siège réel (État membre d'accueil) et siège statutaire (État membre originaire) [3], sauf fraude. La CJCE a également décidé que le principe de la liberté d'établissement posée par les articles 49 et 54 TFUE (ex-art. 43 et 48 CE) s'applique aux fusions transfrontalières intra-Union européenne : un État membre ne peut refuser l'inscription de la société issue de la fusion à son registre national du commerce [4].

Il convient enfin de rappeler que la directive 2005/56/CE relative aux fusions transfrontalières de sociétés de capitaux [5], un

---

1. En ce sens, L. d'Avout, *D.* 2009, préc., p. 2387.
2. Sauf restrictions imposées pour une raison impérieuse d'intérêt général, retenue comme telle par le droit de l'Union européenne et appliquée sans discrimination, de nature à satisfaire la préservation de l'intérêt en cause et sans excéder ce qu'elle nécessite.
3. Arrêt *Centros*, CJCE 9 mars 1999, aff. C-212/97, concl. La Pergola, *JDI* 2000.484, obs. M. Luby ; *D.* 1999, cah. Dr. aff., juris. p. 550, note M. Menjucq ; *JCP E* 1999.1285, obs. Y. Reinhard ; *Bull. Joly* 1999, p. 705, note J.-P. Dom. CJCE 30 sept. 2003, Aff. C-167/01, *Inspire Art*, *D.* 2004.491, note E. Pataut ; *JDI* 2004.916, note M. Menjucq ; *Rev. critDIP* 2004.151, note H. Muir Watt ; *JCP* 2004. II. 100002, note M. Luby ; *JCP E* 2004. 252, note V. Magnier ; *Rev sociétés* 2004.135, note J.-P. Dom.
4. CJCE, gr. Ch., 13 déc. 2005, aff. C-411/03, *Sevic*, *D.* 2006.451, note M. Luby ; *JCP E* 2006, n° 2116, p. 1272, note R. Dammann.
5. V. *supra*, n° 156.

projet de 14e directive relative au transfert de siège d'un État membre – dont l'adoption est toujours attendue [1] – et le règlement 2157/2001 du 8 octobre 2001 sur la société européenne [2] visent la mise en œuvre facilitée de la mobilité internationale des sociétés au sein de l'Union européenne. Ainsi, en ce qui concerne le transfert du siège social au sein de l'Union européenne, l'un des principaux intérêts de la SE, celui-ci est encadré par l'article 8 du règlement [3], qui prévoit que le siège statutaire de la SE peut être transféré dans un autre État membre sans que cela ne donne lieu à dissolution ou création d'une personne morale nouvelle. Ce transfert est cependant limité par la nécessaire coïncidence du siège réel avec le lieu du siège statutaire, afin d'éviter un *forum shopping* ou un *tax shopping*, voire certaines fraudes.

§ 2. Le changement involontaire de nationalité : la mutation de souveraineté

169 En bonne logique, si la nationalité dépend du siège social, la mutation de souveraineté territoriale devrait entraîner le changement de nationalité. Ce n'est cependant pas toujours le cas. En effet, il est tout d'abord possible qu'un Traité international vienne prévoir les conséquences de la mutation sur la nationalité des sociétés (qui conservent alors leur nationalité d'origine [4] ou prennent la nationalité correspondant à la nouvelle souveraineté). Dans le silence de Traités, la question prend un tour plus politique et chaotique... Ainsi, selon la jurisprudence des juridictions du fond, si parfois la société change de nationalité, parfois elle garde sa nationalité originaire ! La Cour de cassation a ouvert la possibi-

1. Voir en dernier lieu la résolution du parlement européen du 10 mars 2009 contenant des recommandations à la Commission concernant le transfert transfrontalier du siège social d'une société, 2008/2196 (INI) et son Annexe.
2. V. *supra*, n° 137.
3. V. art. L. 229-2 et L. 229-4 du Code de commerce.
4. Ce qui fut le cas dans différents Traités conclus dans le cadre de l'accession à l'indépendance d'États francophones : les sociétés contrôlées par les Français restèrent françaises.

lité, en cas de mutation de souveraineté, aux organes sociaux investis de ce pouvoir aux termes du pacte social, de décider le transfert du siège social de la société « afin qu'elle conserve sa nationalité et continue d'être soumise à la loi qui la régissait jusqu'alors »[1]. Il est ainsi fait échec à l'automaticité de l'acquisition de la nationalité par le lieu du siège social.

1. Civ. 1re, 30 mars 1971, *Caisse centrale de réassurance des mutuelles agricoles*, *Rev. crit. DIP* 1971, p. 451, note P. Lagarde ; *JDI* 1972, p. 834, note Y. Loussouarn ; *JCP* 1972 II. 17101, note B. Oppetit ; *Les grands arrêts du droit international privé* par B. Ancel et Y. Lequette, Dalloz, 2006, 5e éd., p. 453.

CHAPITRE 2

Les groupements de sociétés

170 Dans le cadre d'un commerce mondialisé, les sociétés doivent souvent s'implanter à l'étranger, par la constitution d'une succursale, d'un bureau, ou d'un établissement jouissant de manière autonome de la personnalité juridique, c'est-à-dire une filiale. Elles doivent tout aussi souvent s'unir, se regrouper, coopérer, tisser des liens entre elles plus ou moins structurants, permanents ou temporaires... Deux formes principales de groupements de sociétés coexistent dans le cadre du commerce international, suscitant des problématiques différentes : d'un côté les groupes internationaux de sociétés (SECTION 1), d'un autre côté, les *joint-ventures* (SECTION 2).

SECTION 1
LES GROUPES INTERNATIONAUX DE SOCIÉTÉS

171 Si le groupe international de sociétés est une réalité économique encore convient-il d'essayer de cerner ce que revêt cette notion (**§ 1**). Dans le cadre du commerce international, les problématiques juridiques posées par le groupe de sociétés tournent toutes autour de la question de savoir s'il convient d'appliquer à celui-ci une loi unique (par exemple la loi de la société mère), ou bien distributivement plusieurs lois (loi de chacune des sociétés du groupe). En substance, le groupe doit-il être traité comme un phénomène particulier ou bien doit-on lui appliquer les solutions connues pour les sociétés prises isolément ? La conception unitaire du groupe reposant sur un traitement particulier des sociétés du groupe par la loi de la société dominante est rejetée dans la méthode conflictuelle, malgré des propositions doctrinales en ce sens (**§ 2**). Et les tentatives d'un droit matériel unifié n'ont pas encore abouti (**§ 3**). Le droit international des groupes de sociétés reste ainsi éclaté au plus grand bénéfice des groupes, il n'y a pas à en douter, qui déterminent souvent leur stratégie d'implantation dans tel État plutôt que tel autre, et selon telle ou telle modalité, en fonction de considérations juridiques et fiscales.

§ 1. La notion de groupe international de sociétés

172 Le groupe international de sociétés est un phénomène déjà ancien. Qu'on parle de sociétés multinationales, de groupe international, transnational, multinational ou encore supranational, la réalité est identique. Il s'agit de sociétés juridiquement distinctes, mais liées entre elles par des rapports de domination et/ou de coopération au point de former une entité relativement identifiable. Les sociétés du groupe sont liées par des rapports de dépendance et

de domination ou d'interdépendance et de coopération. L'entité est normalement caractérisée par une stratégie globale imposée à l'ensemble des composantes.

Le phénomène des groupes de sociétés est considérable à l'heure de la mondialisation : les sociétés préfèrent souvent s'implanter durablement dans un État à travers une personne morale (par création ou prise de participation) plutôt que d'y ouvrir une simple succursale ou un bureau. Les groupes de sociétés pèsent d'un poids économique immense dans le commerce international en tant que remarquable technique de concentration commerciale, industrielle, technologique et financière. Cependant, il n'existe pas pour l'heure dans l'ordre international de statut juridique unifié ou harmonisé du groupe international de sociétés [1]. Le groupe repose généralement sur une « société mère » à laquelle sont liées des « filiales » ou des sociétés dans lesquelles la première dispose de participations et qui elles-mêmes peuvent constituer des filiales ou prendre des participations. Les filiales peuvent avoir ou non des liens en capital entre elles, voire détenir des participations dans la société mère, ce dans les limites de la réglementation nationale de l'autocontrôle et des participations croisées et circulaires. Dans tous les cas, la notion de contrôle (par une détention du capital ou du pouvoir de vote ou de décision, voire par des phénomènes de dépendance contractuelle) d'une société par une autre société est sous-jacente à l'idée de groupe.

173 Le phénomène des groupes de sociétés internationaux est donc multiforme, voire disparate : des structures verticales ou de type pyramidal coexistent avec des structures horizontales. Le groupe évolue encore dans ses formes, ses modalités : le pouvoir, le contrôle, ne sont plus l'apanage de la seule société mère ; les centres de décision, les centres administratifs, les principaux établissements se multiplient au sein du groupe. Les sièges sociaux, statutaire et réel, se dissocient. Les liens entre sociétés du groupe ne sont plus seulement des liens de capital. L'existence de contrats durables de recherche et développement, de licences de droits de

1. H. Synvet, *L'organisation juridique du groupe international de sociétés*, thèse, Rennes, 1979.

propriété intellectuelle, de contrats de distribution peut traduire un phénomène de domination/dépendance ou de contrôle, mais aussi de coopération, qui caractérise substantiellement les groupes de sociétés. Les contours juridiques et financiers des composantes du groupe sont diffus, ce qu'accroît le recours aux sociétés *off-shore*. Les groupes n'hésitent pas à jouer sur les disparités législatives pour s'implanter là ou ailleurs pour des raisons d'opportunité. C'est dire que la présentation traditionnelle qui caractérise le groupe par une certaine unité économique, qui transcende l'autonomie juridique de chacune des personnes morales implantées dans des États différents le composant, est en voie d'être dépassée. Elle est, en tout cas, insuffisante à rendre compte d'une réalité fort complexe.

174 En raison de ces difficultés, le groupe de sociétés ne se voit pas reconnaître par le droit positif de personnalité juridique. Il n'est qu'un regroupement et une organisation, qu'une structure ou une architecture, mais pas un être juridique. Pourtant, certains droits comme le droit allemand notamment reconnaissent et consacrent formellement le phénomène des groupes de sociétés. Il y a alors imposition du groupe comme une entité, reconnaissance d'un « contrat d'affiliation » qui, en contrepartie d'une solidarité des sociétés le composant et de contreparties financières, peut justifier des sacrifices d'une des composantes dans l'intérêt du groupe, etc.

La loi française se contente de la prise en compte de certaines caractéristiques du groupe en matière comptable [1], sociale [2], fiscale [3], de droit à l'information [4], de participations croisées [5], de contrôle [6]...). En matière environnementale, une société mère, en cas de pollution causée par une de ses filiales, peut volontairement prendre en charge tout ou partie des obligations de prévention et de réparation incombant à sa filiale [7]. Toujours depuis la loi dite « Grenelle II » du 12 juillet 2010, la société mère qui a

1. C. com. art. L. 233-16 à L. 233-28.
2. C. trav. art. L 2331-1 s., L. 3324-2.
3. CGI art. 145, 146, 216, 233 A, 209 *quinquies*.
4. C. com. art. L. 233-6 à L. 233 -15.
5. C. com. art. L 233-29 à L 233-31.
6. C. com. art. L. 233-3.
7. C. com. art. L-233-5-1.

commis une faute caractérisée qui a contribué à l'insuffisance d'actif de la filiale peut même être condamnée à supporter tout ou partie des coûts de remise en état du site pollué en cas de liquidation judiciaire de la filiale pollueuse [1]. Le droit de la concurrence appréhende également le phénomène du groupe [2]. Mais les juges français ne vont pas jusqu'à admettre principalement et systématiquement une entité distincte de ses membres. La jurisprudence emboîte seulement le pas du législateur dans sa reconnaissance partielle du groupe comme entité [3], dotée parfois d'un intérêt qui lui est propre et qui transcende celui de ses membres [4]. L'arbitrage international a pu également appréhender ponctuellement le phénomène, par exemple pour étendre une clause compromissoire à d'autres sociétés du groupe de la société signataire [5]. Enfin, selon une jurisprudence rendue en matière de faillites transfrontalières au sein de l'Union européenne, une filiale peut avoir le cas échéant le centre principal de ses intérêts au lieu du siège de la maison mère [6].

§ 2. Le rejet de la conception unitaire dans la mise en œuvre de la méthode conflictuelle

175 L'idée d'appliquer une loi unitaire au groupe nécessite de rattacher celui-ci à un ordre juridique déterminé. Ce dernier serait celui dont relève la société dominante. Cependant, les critères de rattachement proposés par la doctrine sont discutables [7]. Les deux principaux sont le contrôle (dont la définition peut cependant

1. C. env. art. L. 512-17.
2. B. Brun, «La prise en compte toujours accrue des groupes de sociétés en droit de la concurrence», *Dr. sociétés*, juin 2006.8.
3. Par ex. Soc. 27 nov. 2001, *Bull. Joly* 2002.610, note G. Auzero : la mission d'un expert-comptable du comité d'entreprise porte également sur les informations concernant l'ensemble du groupe international dont relève la société.
4. Crim. 4 févr. 1985, *Rozenblum*, *Rev. sociétés* 1985.648, note B. Bouloc.
5. V. *infra*, n°669 s.
6. V. *infra*, n°201.
7. V. J.-P. Laborde, «Droit international privé et groupes internationaux de sociétés : une mise à l'épreuve réciproque», *Mélanges J. Derruppé*, 1991, p. 49.

varier d'un État à l'autre et dont les modalités peuvent être informelles ; le contrôle est souvent diffus) et le centre de décision (qui n'est pas toujours identifiable). On a pu ajouter un critère « correcteur » appelé contrôle-participation qui consiste à appliquer la loi nationale d'une filiale seulement si elle contribue au développement du pays d'implantation [1]. Ces trois critères apparaissent trop imprécis alors qu'ils s'appliquent à un objet très évolutif.

D'ailleurs, est-il opportun d'appliquer une loi unitaire au groupe multinational de sociétés ? En effet, si l'on décidait par exemple de rattacher le groupe à la *lex societatis* de la société mère, cela aurait pour conséquence de faire régir chaque société filiale par la même loi, au détriment éventuellement des minoritaires, des créanciers ou des salariés de telle ou telle filiale. Il pourrait en découler un manque de prévisibilité des règles applicables compte tenu des changements de contrôle pouvant intervenir au niveau des filiales. Une telle solution renforcerait également la concurrence législative entre les États pour attirer les sociétés mères, et, partant, les groupes de sociétés. Sans parler d'un changement de nationalité de la société mère par transfert de siège – pour des raisons de *law* ou *tax shopping* – qui risquerait de faire changer automatiquement le droit applicable à toutes les sociétés du groupe compte tenu des liens existant entre nationalité et *lex societatis* !

176 C'est pourquoi le traitement des groupes de sociétés en droit international repose sur une application distributive des lois nationales de chaque filiale. Ces droits nationaux prennent d'ailleurs parfois en compte la notion de groupe. Pour autant, appliquer la loi nationale de chaque filiale ne met pas les minoritaires [2] et les contrôlés, les créanciers et les salariés de celle-ci à l'abri de décisions prises au niveau du groupe et pouvant apparaître contraires à l'intérêt social [3]... Il a été ainsi préconisé dans ces hypothèses d'appliquer par exception les dispositions plus favorables du droit régissant

1. D. Pohé, *La nationalité des sociétés dans les pays en voie de développement*, thèse Bordeaux, 1989.
2. V. Affaire *Fruehauf*, Paris 22 mai 1965, *D.* 1968. 147, note Contin.
3. Com. 21 janv. 1970, *Cassegrain*, *JCP* 1970. II. 16450, note B. Oppetit.

la société mère [1]. On peut en effet regretter et craindre qu'une analyse trop formelle du groupe n'aboutisse dans certains cas à une consécration de situations de domination préjudiciables aux composantes de la filiale et de ses contractants. Ici, comme d'ailleurs pour toutes les questions touchant au droit international des sociétés, un pragmatisme des solutions sur le terrain de la méthode conflictuelle s'impose devant l'absence regrettable de règles matérielles unifiées. Pour toutes ces raisons, il conviendrait, soit d'adopter des règles de conflit qui désignent la loi applicable en fonction du résultat recherché, soit un droit uniforme sur certains aspects des groupes de sociétés [2].

§ 3. Les tentatives d'élaboration d'un droit uniforme

177 Les textes relatifs aux groupes internationaux de sociétés relèvent généralement d'un droit non contraignant. On peut citer les trois recommandations du Conseil des ministres de l'OCDE en date du 20 juin 1976 sur les principes directeurs applicables à ces groupes, le projet de code de conduite élaboré par la Commission de l'ONU sur les firmes transnationales, la Résolution sur les obligations des sociétés transnationales et leurs sociétés membres de l'Institut de droit international [3], ou encore la réglementation de principe de l'Organisation internationale du travail (OIT) sur les firmes multinationales du 16 novembre 1969. Sur le plan du droit de l'Union européenne [4], après l'échec d'un projet de 9e directive sur les groupes intracommunautaires, la Commission a émis des recommandations le 21 mai 2003 [5]. Une directive pourrait poser prochainement des règles-cadres dans ce domaine.

1. J.-P. Laborde, *op. cit.*, p. 55.
2. Y. Loussouarn, « Règles de conflit et règles matérielles dans le droit international des sociétés », *Mélanges B. Goldman*, Litec, 1982, p. 167.
3. *Rev. crit. DIP* 1996.383.
4. V. les travaux du *Forum europeanum* sur le droit des groupes de sociétés, *Rev. sociétés*, 1999.44.
5. Communication de la Commission au Conseil et au Parlement européen, Modernisation du droit des sociétés et renforcement du gouvernement d'entreprise dans l'Union européenne. Un plan pour avancer, Com (2003), 284.

Il conviendrait selon nous d'unifier ce qui est caractéristique de l'état de groupe de sociétés en termes de droits et d'obligations, afin de protéger actionnaires, tiers, salariés ou encore la souveraineté nationale. Cependant, la méthode actuelle passe plus par l'édiction de principes tels que le respect de la souveraineté des États d'implantation, le respect de l'environnement, la promotion de l'innovation, la responsabilité dans certains cas de la société dominante pour des actes de ses filiales, etc. Il s'en suit une possible harmonisation au niveau des législations nationales des règles applicables aux sociétés appartenant à un groupe tout en respectant les spécificités nationales du droit des sociétés, du droit du travail ou encore du droit des investissements étrangers [1]. De manière générale, il est important aujourd'hui de réfléchir sérieusement à une responsabilité sociale des entreprises dites multinationales. Et la question de l'opposabilité des droits de l'homme aux grands groupes internationaux est posée [2]. Le pouvoir économique, comme le pouvoir politique, doit être encadré.

Section 2

Les *joint-ventures*

178 Les *joint-ventures*, ou « entreprises communes » ou encore « opération conjointe », sont des regroupements contractuels de sociétés (ou d'entreprises et d'États) instituant entre elles une coopération en vue de la réalisation d'une opération déterminée souvent très importante matériellement, technologiquement et financièrement comme des grands travaux, une réponse à un appel d'offres, la commercialisation de produits... [3]. Les « JV », comme les appellent parfois les praticiens, sont selon la volonté des parties, soit de nature sociétaire (*equity joint-venture*), soit de nature purement

1. Sur lequel, v. *infra*, n° 465 s.
2. V., par exemple, E. Decaux, « La responsabilité des sociétés transnationales en matière de droits de l'homme », *RSC* 2005.789, I. Daugareilh (dir.), *Responsabilité sociale de l'entreprise transnationale et globalisation de l'économie*, Bruylant, 2010.
3. V. Pironon, *Les joint-ventures, contribution à l'étude juridique d'un instrument de coopération internationale*, Dalloz, 2004.

contractuelle (*non equity joint-venture*). L'*equity joint-venture* prend alors la forme d'une filiale commune. La *non equity joint-venture* encourt, si le droit français lui est applicable, le risque de requalification en société créée de fait dès lors que les trois éléments du contrat de société (apports, vocation aux bénéfices et contribution aux pertes, *affectio societatis*), voire leur simple apparence à l'égard des tiers, sont présents [1].

179 La *joint-venture* prend généralement la forme d'un contrat-cadre qui renvoie à des contrats d'application pour sa mise en œuvre. Ces contrats d'application peuvent être par exemple des statuts de société, des accords de fourniture, des contrats d'entreprise, des contrats de transfert de technologies... La *joint-venture* est un contrat innomé, qui laisse toute place à la liberté contractuelle. Cependant, il existe des modèles de *joint-venture*, forgés par la pratique, en fonction de l'opération à réaliser ou du domaine concerné (prospection pétrolière, usine clés en main, industries chimiques et pharmaceutiques...) [2]. Un soin particulier est apporté dans le contrat de *joint-venture* aux clauses organisant notamment la coopération des parties et les négociations entre elles en cours de contrat. Les modalités de prise des décisions au sein de la *joint-venture* sont ainsi une question cruciale : un chef de file *(swing man)* est souvent désigné qui joue en quelque sorte un rôle de gérant (au sens du droit des sociétés) de la *joint-venture*.

Pour le reste, le contrat de *joint-venture* devra prévoir l'ensemble des conditions et modalités de l'opération : apports et contributions des parties (en numéraire, en nature ou en industrie), la répartition des rôles dans les diverses opérations, les financements de ces dernières, la répartition des bénéfices et des pertes, les responsabilités, les garanties, et les conditions de séparation (termes et conditions du contrat, causes de rupture, modalités de sortie des partenaires...). Certaines obligations ne sont pas propres au contrat de *joint-venture*, bien qu'y figurant la plupart du temps, comme la confidentialité et la non-concurrence. Les

1. Y. Guyon, «Les contrats d'association de sociétés sur le plan international (joint-ventures)», *RID comp.* n° spéc. 1991.321.
2. N. David, «Les entreprises conjointes. Quelques problèmes pratiques», *JDI* 1988.37.

contrats de *joint-venture* associant des personnes de droit public posent des problèmes spécifiques et délicats de rédaction en raison des éventuelles prérogatives exorbitantes du droit commun de la personne publique.

180 Le contrat de *joint-venture* est soumis à la *lex contractus* concernant son existence, sa validité et son exécution. Les contrats d'application peuvent également être soumis à la même loi que le contrat principal en raison du groupe de contrats que forme l'opération juridique de *joint-venture*. Cependant, il n'est pas exclu que certains contrats d'application soient soumis à une autre loi que celle qui régit le contrat principal, en raison de leur objet ou des obligations qu'ils renferment (par exemple, *lex rei sitae* pour un contrat portant sur un immeuble ou *lex societatis* si un contrat d'application crée une société). De même, les règles matérielles posées par des conventions internationales (vente internationale de marchandises par exemple) sont susceptibles de régir les contrats d'application.

CHAPITRE 3

Les faillites internationales

181 Le terme de « faillite » retenu généralement par la doctrine en droit international [1] correspond à la situation d'une société en état d'insolvabilité, de cessation des paiements ou d'ébranlement du crédit du débiteur et qui implique une intervention d'une autorité judiciaire aboutissant à une liquidation forcée ou collective des biens ou un contrôle de cette autorité (ce qui renvoie notamment aux procédures de redressement et liquidation judiciaires des entreprises ou à la procédure de sauvegarde du droit français). L'élément d'extranéité nécessaire au caractère international de la faillite peut avoir plusieurs causes. Le caractère transnational de l'activité de certaines sociétés fait que leur patrimoine est réparti entre plusieurs pays, ce à travers des établissements ou succursales. Ce caractère transnational est encore plus accentué avec le phénomène des groupes internationaux de sociétés [2]. Si une société ayant une dimension transnationale se retrouve en état d'insolvabilité, il faudra déterminer le tribunal compétent pour déclarer et organiser la « faillite ». Il faudra aussi savoir si celle-ci

1. S. Vaïsse, « Les effets internationaux de la faillite en droit français », *RD aff. int.* 1989.349 ; J.-P. Rémery, « La jurisprudence française en matière de faillite internationale », *Trav. Com. fr. DIP* 1992-1993.227 ; A. Martin-Serf, « La faillite internationale : une réalité économique pressante, un enchevêtrement juridique croissant », *JDI* 1995, p. 31 ; H. Synvet, « Faillite », *Rép. Dalloz, droit international*, 1998.

2. V. *supra*, n° 171 s.

étend ou non ses effets aux pays d'implantation secondaire de la société et à ses fournisseurs et créanciers étrangers. La matière a longtemps résisté à l'internationalisation [1]. De plus, elle est rendue complexe par le fait qu'elle se situe au confluent du droit des procédures collectives, des sociétés, des biens, des sûretés, de la procédure civile et des voies d'exécution. Elle touche également aux règles du statut personnel.

182 Devant les difficultés suscitées par la méthode conflictuelle qui constitue le droit commun des faillites internationales (SECTION 1), la recherche de règles matérielles, d'un droit uniforme des faillites internationales, est une nouvelle fois souhaitable [2]. Cela n'est pour l'heure qu'un espoir. Il existe au mieux, au niveau régional, et particulièrement en droit de l'Union européenne, un droit harmonisé des faillites internationales fondé sur l'articulation entre des règles de conflit unifiées et des règles matérielles (SECTION 2).

SECTION 1
LE DROIT COMMUN DES FAILLITES INTERNATIONALES

183 La matière est caractérisée par une imbrication des conflits de juridictions (compétence internationale, effet des décisions étrangères) et des conflits de lois. Il convient pourtant de distinguer la question de la compétence juridictionnelle et celle de la loi applicable. Mais, en réalité, les deux questions sont ici liées, car la solution du conflit de juridictions commande largement en cette matière la résolution du conflit de lois. En effet, la loi applicable à la faillite, la *lex fori concursus*, est celle de l'État dans lequel se situe le tribunal ayant ouvert la procédure collective. Il faut déterminer dans quelle mesure les tribunaux locaux sont compé-

1. J. Béguin, «Un îlot de résistance à l'internationalisation: le droit international des procédures collectives», in *Mélanges Y. Loussouarn*, Dalloz, 1994, p.31.
2. G.-C. Giorgini, *Méthodes conflictuelles et règles matérielles dans l'application des «nouveaux instruments» de règlement de la faillite internationale*, Préface D. Vidal, Dalloz, Nouvelle Bibliothèque des thèses, 2006.

tents internationalement pour ouvrir une procédure (**§ 1**) et quelle est l'autorité à l'étranger du jugement d'ouverture (**§ 2**). Ensuite la question de la loi applicable à la faillite sera abordée (**§ 3**).

§ 1. La compétence juridictionnelle

184 La détermination de la compétence juridictionnelle dépend de l'application de l'une ou l'autre des théories en présence : théorie de l'unité et de l'universalité de la faillite ; théorie de la pluralité et de la territorialité de la faillite.

185 Selon la théorie de l'unité et de l'universalité de la faillite, seul le tribunal du siège social de la société, autrement dit du domicile du débiteur failli, a compétence pour déclarer la faillite et connaître de ses effets en application de la loi nationale dudit siège. La faillite ainsi ouverte étend ses effets à tous les biens du débiteur même sis à l'étranger. Il y a donc une unicité de compétence juridictionnelle et législative qui étend ses effets à tous les pays et créanciers concernés par la faillite (créanciers d'une succursale à l'étranger, fournisseurs étrangers par exemple), qui doivent l'accepter. Cette théorie repose sur le principe de l'unité du patrimoine. Elle est souvent présentée comme cohérente et respectant l'égalité de tous les créanciers devant la procédure collective. Elle serait plus rationnelle économiquement en évitant de scinder l'entreprise en une pluralité d'éléments d'exploitation, ce qui peut favoriser son redressement. Au demeurant, elle dispense des frais engendrés par l'ouverture de plusieurs procédures. Cependant, elle se heurte aux questions de sa légitimité (dans un domaine touchant notamment au droit de propriété et aux voies d'exécution) et plus généralement des effets extraterritoriaux des jugements. Son application suppose l'*exequatur* à l'étranger des décisions du tribunal de la faillite.

186 Au contraire, la théorie de la pluralité et de la territorialité de la faillite postule que la faillite d'une société peut être ouverte concurremment dans tous les pays où le débiteur possède une implantation, voire seulement quelques actifs. Cette faillite ainsi ouverte a un effet strictement territorial : elle est soumise à la loi locale du juge saisi et limite ses effets aux biens du failli situés sur le territoire dans lequel la faillite a été déclarée. La procédure n'a aucun effet extraterritorial et rien n'empêche (sauf conventions internationales ou règles matérielles contraires) d'ouvrir parallèlement pour le même débiteur une autre faillite, indépendante, dans un autre État. Cette théorie met l'accent sur l'*imperium* du juge dans une matière fortement teintée de mesures d'exécution : la contrainte exercée localement sur l'ordre d'une autorité étrangère est difficilement admissible. Il s'agit aussi et surtout de protéger le crédit des créanciers à travers la prévisibilité qu'ils peuvent avoir du traitement de la situation de leur débiteur. Il paraît injuste que les créanciers locaux d'une succursale se voient appliquer la discipline commandée par une loi étrangère d'une procédure collective ouverte à l'étranger... Les problèmes d'*exequatur* sont en outre ici évacués. Toutefois, la juxtaposition des procédures induit une concurrence de celles-ci, voire une contrariété des décisions des différents tribunaux saisis. L'insécurité juridique ainsi créée est à la mesure de l'atteinte à la conception de l'unité du patrimoine.

187 Le droit comparé montre des choix variables par les législations nationales sans que l'une ou l'autre des théories soit réellement prépondérante dans l'ordre international. La coordination des différentes solutions y apparaît souvent comme un souci majeur.

188 Qu'en est-il en France ? L'ouverture en France d'une faillite signifie d'abord qu'un tribunal français est compétent. Il le sera en vertu de l'article R 600-1 C. com. lorsque le débiteur est établi en France (siège social) ou, à défaut, si le débiteur a des intérêts en France. Quant aux effets internationaux de l'ouverture d'une telle procédure en France, la jurisprudence française n'a pas tranché entre les deux théories. Par une extension internationale des règles de compétence territoriale posée par le droit français des procédures collectives [1], la faillite ouverte en France pourra être universelle [2] dans la mesure de son acceptation par l'ordre juri-

1. Arrêt *Pelassa*, Civ. 19 oct. 1959, *D.* 1960.37, 1re esp., note G. Holleaux.

2. Très nettement en ce sens, Com. 21 mars 2006, *D.* 2006, p. 1466, note L.C. Henry ; *Rev. crit. DIP* 2007, p. 105, note G. Khairallah: «le redressement ou la liquidation judiciaire prononcés en France produisent leurs effets partout où le débiteur a des biens, sous réserve des traités internationaux ou d'actes communautaires, et dans la mesure de l'acceptation par les ordres juridiques étrangers».

dique étranger [1]. Elle concernera donc également les actifs du débiteur situés à l'étranger. Il a en effet été décidé que « le redressement judiciaire prononcé en France produit ses effets partout où le débiteur a des biens » [2], ce qui conduit la Haute juridiction à interdire aux créanciers de saisir, grâce à des poursuites personnelles, les biens du débiteur situés en territoire étranger. Réciproquement, mais toujours dans le cadre de l'universalité, certaines décisions reconnaissent quelques effets extraterritoriaux en France à une décision d'ouverture étrangère soumettant une faillite à la loi étrangère (siège du débiteur à l'étranger) [3] : le caractère constitutif du jugement étranger de faillite lui fait produire certains effets en France [4]. Par conséquent, si le jugement étranger avant *exequatur* n'a pas l'autorité de chose jugée et n'est pas doté de la force exécutoire, il produit un effet de titre. Ce dernier permet de reconnaître la nomination du syndic étranger et confère à celui-ci le droit de procéder à des actes conservatoires ou d'administration [5]. En revanche, les mesures d'exécution imposent l'*exequatur* [6] et surtout les créanciers ne perdent pas en France leur droit de poursuivre individuellement le débiteur sur les biens situés en France [7] ou d'y demander l'ouverture d'une procédure locale [8]. La thèse de l'universalité semble recueillir les faveurs de la jurisprudence française [9].

189 Mais la jurisprudence française a également appliqué la théorie de la pluralité. Il est possible d'ouvrir une procédure en France alors même qu'une telle procédure a été ouverte contre le même débiteur à l'étranger où il a son siège social et n'a pas encore reçu l'*exequatur* en France [10]. Sera compétent le tribunal du lieu où le

1. Com. 21 mars 2006, *préc.* ; CA Versailles, 20 mars 2008, *D.* 2008. 1660, note J.-L. Vallens ; *Rev. crit. DIP* 2008. 649, note L. d'Avout.
2. Civ. 1re, 19 nov. 2002, *Banque Worms*, *JCP* 2002. II. 10201, concl. J. Sainte-Rose, note S. Chaillé de Néré.
3. V. par exemple, Com. 18 janv. 2000, *JCP E* 2000. 611, note Y. Chaput ; *LPA* 12 avr. 2000, n° 7, p. 12, note J.-L. Vallens ; Civ. 1re, 29 sept. 2004, *D.* 2004. 2717.
4. V. cependant *infra*, n° 192.
5. TGI Paris, 15 juin 1988, *JDI* 1990. 423, note J.-P. Mattout.
6. V. *infra*, n° 192 s.
7. Civ. 1°, 24 mars 1998, *Bull. civ.* I, n° 122, *JCP* 1998. II. 10155, note E. Kerkhove.
8. V. *infra*, n° 189.
9. V. R. Dammann et M. Ollivry, « Réflexions sur l'aménagement du principe d'universalité de la faillite », *JCP E* 2006. 2628.
10. Com. 19 janv. 1988, *Rev. crit. DIP* 1990. 527 ; Com 11 avr. 1995, préc.

débiteur a le « centre principal de ses intérêts en France » [1]. Il suffit ainsi d'un établissement secondaire (bureau, succursale, agence) en France pour permettre aux tribunaux français de déclencher la procédure. Mieux même : la simple présence en France d'une activité du débiteur (comme la conclusion par le débiteur d'un contrat de crédit-bail portant sur des locaux situés en France [2]) a pu justifier la compétence des juridictions françaises. Il n'est pas nécessaire qu'une procédure ait été ouverte à l'étranger où le débiteur à son siège social pour qu'une procédure puisse être ouverte en France.

190 Enfin, les articles 14 et 15 du Code civil, prévoyant des privilèges de juridiction au profit des parties de nationalité française, ont pu être appliqués à la faillite internationale. Ainsi l'article 14 du Code civil permet-il au créancier de nationalité française de demander la mise en redressement ou liquidation judiciaires de son débiteur étranger. Il a été jugé que « la société étrangère qui n'a pas d'établissement en France peut, à défaut de dispositions contraires, être assignée, hors le cas de fraude, devant tout tribunal français au choix du demandeur » [3]. Mais les privilèges des articles 14 et 15 du Code civil sont aujourd'hui fortement remis en cause.

191 Dans le cadre de la théorie de la pluralité, la procédure locale verra ses effets limités au territoire français. Si une faillite locale a été prononcée en France, la faillite ouverte à l'étranger ne peut produire d'effets sur les biens situés en France en raison de l'autorité de la chose jugée attachée au jugement d'ouverture français. La décision étrangère ne pourra d'ailleurs, pour cette même raison, obtenir l'*exequatur* en France.

1. Com. 11 avr. 1995, *Rev. crit. DIP* 1995, p. 742, note B. Oppetit ; Com. 21 mars 2006, préc.
2. Com. 26 oct. 1999, *Bull. Joly*, 2000, p. 385, note M. Menjucq.
3. Civ. 2e, 12 juill. 1962, *Bull. civ.* II, n° 584 ; *JDI* 1963. 1056, obs. B. G ; *RTD com.* 1963. 377, obs. R. Houin.

§ 2. L'autorité du jugement étranger d'ouverture de la faillite

192 En dehors du champ d'application du règlement européen relatif aux procédures d'insolvabilité [1], l'*exequatur* est une condition nécessaire pour que le jugement d'ouverture étranger bénéficie de l'autorité de la chose jugée et de la force exécutoire. Cela peut étonner, car, ayant un caractère constitutif, le jugement étranger d'ouverture d'une faillite devrait *de plano* avoir en France autorité de chose jugée, à l'exception des mesures d'exécution qui requièrent l'*exequatur*. La Cour de cassation a pourtant décidé qu'en l'absence d'*exequatur* de la décision de faillite prononcée à l'étranger, cette décision ne pouvait produire en France aucun effet de dessaisissement du débiteur, ni de suspension de poursuites individuelles [2]. Le débiteur étranger est localement considéré *in bonis*.

193 Dépourvu d'autorité de la chose jugée, le jugement étranger prononçant la faillite n'est pas non plus doté de la force exécutoire, jusqu'à son *exequatur* en France [3]. Il produit un simple effet de titre : par exemple, le syndic étranger nommé dans le cadre de la procédure étrangère peut agir en justice pour solliciter l'*exequatur* en France du jugement étranger.

194 L'*exequatur* est conditionné à l'absence de jugement d'ouverture prononcé en France. Il suppose le contrôle de la compétence de la juridiction étrangère [4] et de sa non-contrariété à l'ordre public international [5]. Une fois revêtu de l'*exequatur*, le jugement étranger produit localement les effets de la loi étrangère de la faillite. En outre, il rend impossible l'ouverture d'une faillite locale. Le débiteur est dessaisi en France et les créanciers y perdent leur droit de poursuite individuelle. Le syndic étranger doit recourir

1. V. *infra*, n° 199.
2. Civ. 1re, 25 févr. 1986, *Rev. crit. DIP* 1987.589, note H. Synvet.
3. Civ. 1re, 25 févr. 1986, préc.
4. Com. 18 janv. 2000, *JCP E* 2000.611, note Y. Chaput.
5. Com. 18 janv. 2000, préc. ; com. 5 févr. 2002, *Rev. juris. com.* 2002. 1594, note M. Menjucq.

aux mesures d'exécution de droit commun locales [1]. Le jugement d'*exequatur* ne devrait avoir aucun effet rétroactif [2]. Cependant, la Cour de cassation a pu, en application de la *lex concursus* (loi étrangère de la faillite), et sous réserve de la conception française de l'ordre public international, faire produire certains effets rétroactifs à l'*exequatur* du jugement d'ouverture étranger [3] comme la prise en compte d'une période suspecte étrangère.

§ 3. La loi applicable à la faillite

195 En raison de l'attrait de la compétence juridictionnelle en cette matière, la loi compétente est normalement la *lex fori* (d'où l'appellation *lex fori concursus*). L'ouverture en France d'une faillite par un tribunal français signifie que la loi applicable est la loi française sur la faillite. Mais la compétence de la loi de la faillite, pour très étendue qu'elle soit, ne sera pas forcément exclusive. Elle est concurrencée le cas échéant par la *lex rei sitae*, la *lex contractus* ou encore la *lex societatis*.

Les cas d'ouverture du redressement ou de la liquidation, la saisine du tribunal, le déroulement de la procédure, sa clôture, mais aussi ses effets principaux (arrêt des poursuites individuelles [4], dessaisissement du débiteur, interdiction des inscriptions de sûretés, prohibition des paiements...) sur le débiteur et ses créanciers sont soumis à la *lex fori concursus*. Il s'agit en effet d'éléments inhérents à l'institution de la procédure collective. Le principe suivant lequel tout créancier doit déclarer sa créance à la procédure collective a pu être considéré comme d'ordre public interne et international [5].

En revanche, pour d'autres aspects, la *lex fori concursus* vient en concurrence avec d'autres lois, ce qui commande une applica-

1. Civ. 1re, 30 oct. 2006, *Bull. civ.* I. 449.
2. Civ. 1re, 17 nov. 1999, *Rev. crit. DIP* 2000.433, note J-P. Rémery.
3. Civ. 1re, 25 févr. 1986, préc. V. également, Com. 5 févr. 2002, *Rev. juris. com.* 2002. 1594, note M. Menjucq.
4. Les règles françaises sont d'ordre public international : Civ. 1re, 19 déc. 1995, *Bull.* civ. I. 470. Sur les liens avec l'arbitrage, v. *infra*, n° 658.
5. Civ. 1re, 29 sept. 2004, *D.* 2004.2717.

tion distributive. Par exemple, en ce qui concerne les sûretés réelles, la *lex fori concursus* va venir limiter les droits du titulaire de la sûreté quant à leur opposabilité et à leur rang dans la procédure, la *lex rei sitae* gouvernant pour sa part le principe et le régime du droit réel [1]. Ou bien encore, la *lex fori concursus* va déterminer quelles sont les conditions de la revendication du bénéficiaire d'une clause de réserve de propriété [2] (en concurrence avec la *lex rei sitae* et la *lex contractus* pour les autres difficultés nées de la clause). Une telle application distributive (*lex contractus/lex fori concursus*) va se retrouver concernant le crédit-bail, ou la continuation des contrats en cours. La rupture du contrat de travail est régie par la loi applicable à ce dernier.

Section 2
Les règles de conflit uniformes et les règles matérielles issues du règlement européen du 29 mai 2000

196 L'avènement d'un droit matériel uniforme des faillites internationales, s'il est à souhaiter, est encore en devenir, y compris dans un cadre régional [3]. Le règlement n° 1346/2000 du 29 mai 2000 [4] relatif aux procédures d'insolvabilité et les directives n° 2001/17 du 19 mars 2001 [5] sur l'assainissement et la liquidation des entre-

1. Civ. 1re, 17 nov. 1999, *Rev. crit. DIP* 2000.433, note J.-P. Rémery.
2. Com. 8 mars 1988, *Rev. proc. coll.* 1988.305, obs. B. Soinne.
3. V. l'Acte uniforme portant organisation des procédures collectives d'apurement du passif dans le cadre de l'OHADA de 1993.
4. *JOCE* n° L 160 du 30 juin 2000, p. 1. Circulaire d'application du 17 mars 2003, *BO ministère de la justice*, n° 89. M. Raimon, *Le règlement communautaire 1346/2000 du 29 mai 2000 relatif aux procédures d'insolvabilité*, LGDJ, 2007.
5. *JOCE* n° L 110 du 20 avr. 2001. Texte transposé par l'ordonnance n° 2004-504 du 7 juin 2004, *JO* 10 juin 2004, p. 10233.

prises d'assurances et n° 2001/24 du 4 avril 2001 [1] sur l'assainissement et la liquidation des entreprises de crédit contiennent certes quelques règles matérielles [2]. Mais la méthode reste avant tout celle d'une unification des conflits de juridictions et des conflits de lois dans un souci de coordination des différents systèmes nationaux, malgré certaines règles matérielles.

197 On signalera pourtant l'existence de la loi-type de la CNUDCI sur l'insolvabilité internationale de 1997 qui cherche à unifier les règles applicables [3], du *Model International Insolvency Cooperation Act* (« concordat ») de l'IBA de 1995, ou encore d'un guide législatif sur le droit de l'insolvabilité de 2004 [4]. Ces progrès [5], à travers la prise de conscience de la nécessité de règles matérielles uniformes en ce domaine, prennent le relais de l'échec de la Convention d'Istanbul du 5 juin 1990 relative à certains aspects de la faillite internationale [6]. Il faut espérer que ces initiatives aboutissent à terme à un dépassement de l'enfermement dans les théories en présence (universalité *versus* territorialité), préalable nécessaire à un droit international uniforme des faillites transfrontalières. Quant aux conventions bilatérales, la France est liée en matière de faillites internationales par plusieurs traités passés avec la Belgique [7], l'Italie [8], l'Autriche [9], la Suisse [10] et la Principauté de Monaco [11]. Du fait de l'entrée en vigueur du règlement européen du 29 mai 2000, ces conventions, à l'exception des deux dernières citées, voient leur intérêt considérablement réduit au sein de l'Union européenne par rapport aux matières entrant dans le champ d'application du règlement (article 44).

1. *JOCE* n° L 125 du 5 mai 2001. Texte transposé par l'ordonnance 2004-1127 du 21 oct. 2004, *JO* du 22 oct. 2004, p. 17865.
2. V. également la directive n° 80/987 du 20 octobre 1980, modifiée par la directive n° 2002/74 du 23 septembre 2002, qui oblige les États membres à instituer des organismes de garantie des salaires et pose des règles de compétence internationale de ces organismes.
3. J.-L. Vallens, « La loi-type CNUDCI sur l'insolvabilité internationale », *D.* 1998, chr. p. 157.
4. J.-L. Vallens, « Le guide législatif sur le droit de l'insolvabilité : vers l'harmonisation du droit de la faillite », *D.* 2004. 2420.
5. J.-L. Vallens et R. Sorieul, « Codifier le droit international privé en matière de procédures collectives », *D.* 2007. 1225.
6. *Rev. sociétés* 1990. 669.
7. Du 8 juill. 1899.
8. Du 3 juin 1930, décret du 22 nov. 1933, *JO* 26 nov. 1933.
9. Du 27 févr. 1979, publiée par décret du 24 juin 1980, *JO* du 26 juin 1980.
10. Convention franco-suisse du 15 juin 1869.
11. Du 13 sept. 1950, publiée par le décret du 1er juin 1953, *JO* 10 juin 1953.

198 Nous traiterons essentiellement, et dans ses grandes lignes, du droit européen des faillites transfrontalières, c'est-à-dire du règlement du 29 mai 2000 à travers son champ d'application (**§ 1**), la compétence juridictionnelle (**§ 2**), et la compétence législative (**§ 3**).

§ 1. Le champ d'application du règlement européen du 29 mai 2000

199 Le champ d'application du règlement n° 1346/2000 repose sur trois critères : le type de procédure, le type d'entreprise, et la localisation de celle-ci.

En premier lieu, le règlement ne s'applique qu'« aux procédures collectives fondées sur l'insolvabilité du débiteur qui entraînent le dessaisissement partiel ou total de ce débiteur ainsi que la désignation d'un syndic ». Le critère de l'insolvabilité ressert singulièrement le champ d'application du règlement par rapport à l'éventail des procédures existantes, contrairement aux directives n° 2001/17 et n° 2001/24. Cependant, en France sont concernés par le règlement : le redressement judiciaire, la liquidation judiciaire et la procédure de sauvegarde [1].

En deuxième lieu, le règlement n° 1346/2000 s'applique à l'ensemble des entreprises individuelles ou sociétaires, à l'exception de celles régies par un autre texte, comme les entreprises d'investissement et les organismes de placement collectif, ou les entreprises d'assurances et les établissements de crédit.

Enfin, et surtout, pour que la procédure soit régie par le règlement [2], il faut que le centre des intérêts principaux du débiteur

---

1. Annexe A du règlement. Pour une illustration : T. com. Paris, 2 août 2006, *D.* 2006.2329, note R. Dammann et G. Podeur.

2. Les juridictions de l'État membre sur le territoire duquel la procédure d'insolvabilité a été ouverte sont également compétentes pour statuer sur une action révocatoire – visant à reconstituer l'actif de l'entreprise en faillite – qui est « fondée sur l'insolvabilité » et qui est dirigée contre un défendeur ayant son siège statutaire dans un autre État membre : CJCE 12 févr. 2009, Aff. C-339/07, *JCP E* 2009. 1482, note F. Méllin ; *D.* 2009. 1311, note J.-L. Vallens.

soit situé dans un État membre [1]. En dehors du champ du règlement, c'est le droit commun des faillites internationales qui s'applique, notamment lorsque le débiteur a son siège dans un État tiers.

§ 2. La compétence juridictionnelle dans le règlement européen du 29 mai 2000

200 Le règlement procède à un habile compromis. Il postule en effet l'universalité de la faillite principale ouverte dans un État membre, la reconnaissance de plein droit de celle-ci dans tous les États membres, et la possibilité d'ouvrir dans ces derniers des faillites secondaires et concurrentes, de portée territoriale, et hiérarchisées à la faillite principale. L'idée est que ces différentes procédures concernant un même débiteur doivent être réalisées d'une manière cohérente [2].

201 La procédure principale est ouverte par le tribunal du lieu où le débiteur possède le centre de ses intérêts principaux (art. 3), c'est-à-dire le lieu où le débiteur a le centre effectif de la direction de ses affaires et qui est vérifiable par les tiers [3] – présumé réfragablement être le siège statutaire pour une société ou une personne morale [4].

Dans le cadre des groupes de sociétés [5], pourtant écartés implicitement du champ d'application du règlement, la jurisprudence

1. V. *infra*, n° 201.
2. V. la question préjudicielle posée à la CJUE, n°C 6191/10, par la Cour de cassation, ch. Com. 13 avr. 2010, *D.* 2010. 1450. note Henry et p. 1110 s., obs. Orsini : l'action en extension pour confusion de patrimoine doit-elle s'analyser comme l'ouverture d'une procédure d'insolvabilité et, dans l'affirmative, la démonstration de la confusion des patrimoines permet-elle d'établir à elle seule que la société, objet de l'extension, a le centre de ses intérêts principaux dans l'État membre ayant ouvert la procédure principale initiale ? V. aussi Aix-en-Provence, 12 fév. 2009, *Rev. crit. DIP* 2009. 766, note Bureau.
3. En vertu du droit au juge consacré par l'article 6.1 de la CEDH, les créanciers établis dans un autre État membre que celui de la juridiction qui a ouvert la procédure principale peuvent contester la compétence de cette dernière : Com. 30 juin 2009, *D.* 2009. 1886, obs. Lienhard ; *JCP* 2009. 1974, obs. B. Rolland.
4. Au sujet d'un débiteur personne physique, v. Com. 15 févr. 2011, *D.* 2011. 589, obs. A. Lienhard.
5. M. Matousekova, « Les réponses du droit international privé à la faillite des groupes internationaux de sociétés : analyse comparative des jurisprudences française et anglaise », *RD aff. int.* 2008. 141.

française [1], mais aussi du droit de l'Union européenne [2] et étrangère [3], considère en appliquant le règlement que la maison mère d'un groupe peut être – mais pas obligatoirement – le centre des intérêts principaux de ses filiales étrangères (*Head office functions*). Cependant, selon la CJCE, le seul contrôle par une société mère est en lui-même insuffisant pour écarter la présomption [4]. Il faut en quelque sorte un faisceau d'indices [5].

Cette procédure principale concerne tous les biens du débiteur sur les différents États membres, du fait de son caractère universel [6].

202 Le règlement pose le principe de la reconnaissance de plein droit c'est-à-dire sans *exequatur* [7] de la décision d'ouverture de la procédure principale [8], comme d'ailleurs d'une procédure secondaire, par une autorité compétente, et ce, dans tous les États membres. Il en va de même des décisions relatives au déroulement comme aux suites et à la clôture de la procédure [9]. Un recours à l'*exequatur* (certes simplifié) reste nécessaire pour les mesures d'exécution, en application de l'article 25 du règlement.

---

1. Versailles, 15 déc. 2005, *Rover, D.* 2006.379, note R. Dammann ; Versailles, 4 sept. 2003, *Daisyteck, D.* 2003.2352, note J.-L. Vallens ; sur pourvoi : com. 27 juin 2006, *Bull. civ.* IV, n° 149 ; *D.* 2006. 1816 et 2257 ; *JCP* 2006. II. 10147 ; T.com. Nanterre, 3ᵉ ch., 15 févr. 2006, *D.* 2006.793, note J.-L. Vallens ; T. com. Paris, 2 août 2006, préc. ; T. com. Beaune 16 juill. 2008, *D.* 2009. 2142.
2. CJCE, gr. ch., 2 mai 2006, aff. C-341-04, *Eurofood IFSC Ltd, JCP* 2006. II. 10089, note M. Menjucq ; *D.* 2006. 1286, obs. A. Lienhard.
3. HC Leeds, 16 mai 2003 (2003) BCC 562.
4. V. CJCE, 2 mai 2006, *Eurofood*, préc. : la présomption ne peut être écartée que si des éléments objectifs et vérifiables par les tiers permettent d'établir l'existence d'une situation réelle différente de celle que la localisation du siège statutaire est censée refléter. Le fait que la société soit contrôlée par une société mère établie dans un autre État membre n'écarte pas la présomption du siège statutaire. V. J.-L. Vallens, « Le règlement européen sur les procédures d'insolvabilité à l'épreuve des groupes de sociétés : l'arbitrage de la CJCE », *JCP E*, 2006, n° 2071, p. 1220.
5. CJCE, 2 mai 2006, préc. : tel pourrait être notamment le cas d'une société qui n'exercerait aucune activité sur le territoire de l'État membre où est situé son siège social. V. F. X. Grignon-Derenne, « Le fabuleux destin du centre des intérêts principaux dans les groupes de sociétés en difficulté », in *Liber amicorum C. Larroumet*, Économica, 2010, p. 211.
6. CJCE, 2 mai 2006, préc.
7. Donc sans contrôle de la compétence du juge étranger et sauf contrariété à l'ordre public international, très rarement reconnue en la matière. V. les articles 25 § 3 et 26 du règlement qui refusent la reconnaissance ou l'exécution par un État membre des décisions qui auraient pour effet de limiter la liberté individuelle, le secret postal ou dont la reconnaissance ou l'exécution produirait des effets manifestement contraires à son ordre public, en particulier à ses principes fondamentaux ou aux droits et libertés individuels garantis par sa constitution. Pour une illustration de non-contrariété à l'ordre public, v. Com. 27 juin 2006, *D.* 2006.2257, note J.-L. Vallens. V. aussi, CJCE, 2 mai 2006, préc.
8. Art. 16.
9. Art. 25.

203 Une procédure secondaire peut être ouverte, même parallèlement à une faillite principale, par le tribunal du lieu où le débiteur possède un établissement, c'est-à-dire « tout lieu d'opération où le débiteur exerce de façon non transitoire une activité économique avec des moyens humains et des biens » (art. 2 h) notamment par le biais de bureaux, agences, succursales. La procédure secondaire a obligatoirement un caractère liquidatif.

La procédure secondaire est soumise hiérarchiquement à la procédure principale, ce qui assure l'articulation des procédures. Les effets de la procédure secondaire sont limités aux biens figurant sur le territoire dans lequel elle est ouverte [1]. Le règlement détermine l'action des syndics. Le syndic de la procédure principale est chargé de coordonner l'ensemble des procédures. Il peut demander l'ouverture ou la suspension d'une procédure secondaire si cela est dans l'intérêt des créanciers de la procédure principale [2]. Il peut aussi dans le même dessein intervenir dans la procédure secondaire [3]. Enfin, la coordination est assurée par des obligations réciproques d'information et de coopération des syndics [4].

204 La reconnaissance de plein droit de la procédure ouverte principalement dans un État membre [5] provoque immédiatement, si la loi de la faillite principale le prévoit, le dessaisissement du débiteur dans tous les États membres, ainsi que l'arrêt dans ces derniers des poursuites individuelles. Le syndic de la procédure principale peut agir sur les biens du débiteur, dans chaque État membre, dans le cadre de sa loi nationale et des pouvoirs qui lui sont confiés [6]. Toujours dans ce cadre, il est seul habilité à recevoir

1. Ainsi, les brevets et marques communautaires relèvent de la procédure principale, art. 12.
2. Sur les conditions d'ouverture d'une procédure secondaire, v. Versailles, 15 déc. 2005, *D.* 2006. 379, note R. Dammann.
3. Art. 34 et 36.
4. Art. 31.
5. V. CJCE 21 janv. 2010, aff. C-244/07, *MG Probud Gdynia, D.* 2011, p. 498, note R. Dammann et D. Carole-Brisson : « Postérieurement à l'ouverture d'une procédure principale d'insolvabilité dans un État membre, les autorités compétentes d'un autre État membre, dans lequel aucune procédure secondaire d'insolvabilité n'a été ouverte, sont tenues, sous réserve des motifs de refus tirés des articles 25. 3 et 26 de ce Règlement, de reconnaître et d'exécuter toutes les décisions relatives à cette procédure principale ... ».
6. Art. 4 et 18.

paiement [1], les créanciers ne pouvant obtenir paiement de leur créance à l'étranger [2]. Toutefois, les pouvoirs du syndic de la procédure principale sont limités localement par l'ouverture d'une procédure secondaire, et globalement par les dispositions des articles 5 à 7 du règlement au nom du respect des droits acquis par certains créanciers [3].

§ 3. La compétence législative dans le règlement européen du 29 mai 2000

205 Afin de respecter le principe d'égalité des créanciers (créanciers d'une même procédure, mais aussi créanciers d'un même débiteur), le règlement adopte la compétence de principe de la *lex concursus*. La loi du tribunal du lieu d'ouverture de la faillite est celle qui la régit dans son ensemble tant en ce qui concerne son ouverture [4], son déroulement [5] et sa clôture. Les recours ouverts contre la décision d'ouverture relèvent de la *lex fori concursus* [6]. Des règles matérielles relatives à l'information collective [7] et individuelle [8] des créanciers, à la production individuelle par les créanciers [9] ou collective par les syndics [10] ou encore des règles relatives au paiement des créances [11] viennent renforcer cette égalité.

1. Art. 24.
2. Art. 20 § 1.
3. V. *infra*, n° 205.
4. V. la question préjudicielle posée à la CJUE, n°C 6191/10, préc. : le règlement du 29 mai 2000 s'oppose-t-il à ce que la loi de la procédure principale donne compétence au tribunal ayant ouvert celle-ci pour étendre la procédure à une société dont le siège statutaire est fixé dans un autre État membre, sur le seul fondement de la constatation d'une confusion des patrimoines entre le débiteur et cette société ?
5. Pour une illustration concernant la déclaration de créance, v. Com. 15 déc. 2009, *Rev. sociétés*, 2010. 187, note R. Dammann et E. Sauteraud. V.également Colmar, 1° ch. Civ. B, 31 mars 2010, *D.* 2010, note J-L. Vallens.
6. Art. 4.
7. Art. 21 et 22.
8. Art. 40 et 42.
9. Art. 32, 41, 42.
10. Art. 32.
11. Art. 20 § 2, 34 et 35.

Cependant, les effets de la procédure principale peuvent être limités par les droits acquis par certains créanciers. La *lex rei sitae* va ainsi, comme en droit commun, définir le principe et le régime d'une sûreté réelle grevant un bien du débiteur situé à l'étranger : l'ouverture de la procédure d'insolvabilité n'affecte pas le droit réel d'un créancier sur un bien appartenant au débiteur et qui est situé dans un autre État membre au moment de l'ouverture de la procédure [1] (sous réserve de l'article 5.4 qui veut que la *lex concursus* régisse les actions en nullité, annulation ou inopposabilité des actes préjudiciables à l'ensemble des créanciers). L'ouverture de la procédure n'affecte pas non plus le droit d'un créancier d'invoquer la compensation qui relève de la loi applicable à la créance [2]. Enfin, l'ouverture de la procédure n'affecte pas les droits du vendeur fondés sur une réserve de propriété puisque dans ce cas il se voit appliquer la loi de la garantie lorsque le bien se trouve au moment de l'ouverture de la procédure dans un autre État membre [3]. Enfin, le règlement prévoit expressément l'application de la loi du contrat de travail pour déterminer l'incidence de la procédure sur la situation des salariés [4], ou encore exclut la *lex concursus* au profit d'une autre loi dans certaines matières [5]. Par exemple, la *lex rei sitae* régit la situation des contrats portant jouissance ou acquisition d'un droit immobilier. Le règlement du 29 mai 2000 devrait prochainement (à l'horizon 2012) faire l'objet d'une refonte concernant notamment son champ d'application et son applicabilité aux groupes de sociétés.

1. Art. 5.
2. Art. 6. 1 sous réserve de l'article 6.2.
3. Art. 7. 1 sous réserve de l'article 7.3.
4. Art. 10.
5. Art. 8, 9, 11 14 et 15.

CHAPITRE 4

Le droit international de la concurrence

206 La mondialisation de l'économie a abouti à la création de marchés mondiaux et d'entreprises géantes (les « pouvoirs privés économiques » [1]). Il existe des pratiques anticoncurrentielles au niveau international, principalement des ententes anticoncurrentielles et des abus de position dominante. Il faut envisager les opérations de concentration qui, elles aussi, ont désormais une dimension planétaire. Des restrictions à la concurrence affectent donc le commerce international. C'est pourquoi la discipline du droit de la concurrence est naturellement sollicitée afin d'assurer un bon fonctionnement de la concurrence au niveau mondial. Comment le droit de la concurrence peut-il appréhender des comportements et des opérations de telles dimensions ? [2] La difficulté est grande, car, pour l'instant, il n'existe pas à proprement parler de droit international de la concurrence. Certes, le droit de la concurrence

1. G. Farjat, « Les pouvoirs privés économiques », in *Souveraineté étatique et marchés internationaux à la fin du XXe siècle, Mélanges en l'honneur de P. Kahn*, Litec, 2000, p. 613.
2. W. Abdelgawad (dir), *Mondialisation et droit de la concurrence. Les réactions normatives des États face à la mondialisation des pratiques anticoncurrentielles et des opérations de concentration*, Litec, 2008.

s'internationalise, mais le chemin est encore long vers un véritable droit international de la concurrence [1].

207 Ce sont les droits nationaux qui s'appliquent ou bien le droit de l'Union européenne. Afin d'appréhender un comportement ou une opération de dimension internationale, le critère utilisé est celui de l'effet. Dans la mesure où le droit de la concurrence protège un marché, il s'applique internationalement aux pratiques qui développent des effets anticoncurrentiels sur celui-ci (sur la base, notamment, de la technique des lois de police [2]). Le critère de l'effet est utilisé en droit européen de la concurrence. Ce droit s'applique à des entreprises situées hors du territoire de l'Union ou ayant agi hors de ce territoire lorsque, à certaines conditions, la pratique en cause a affecté la concurrence sur le marché protégé [3]. Le règlement Rome II sur la loi applicable aux obligations non-contractuelles prolonge cette compétence quant à la loi applicable aux conséquences civiles délictuelles d'actes restreignant la libre concurrence. L'article 6 de ce règlement attribue en effet une compétence de principe à la loi du marché [4]. La doctrine de l'effet est conçue de manière encore plus extensive aux États-Unis. Le droit *antitrust* est applicable lorsque la pratique prend effet ou a des effets sur le territoire américain [5]. Un tel critère a un inconvénient majeur : il conduit à une application dite extraterritoriale du droit de la concurrence. Ainsi des entreprises américaines vont-elles être contraintes par le droit européen et inversement des entreprises européennes par le droit *antitrust*. Des

1. C. Plaidy, « Internationalisation du droit de la concurrence », *Jurisclasseur, Concurrence-Consommation*, Fasc. 52, 2003.
2. L. Idot, « Les conflits de lois en droit de la concurrence », *JDI* 1995. 321.
3. V. pour une entente anticoncurrentielle, CJCE, 27 sept. 1988, *Pâte de bois*, *Rec. CJCE*, 1988, p. 5193 où la Cour a tenu compte du lieu où l'entente a été « mise en œuvre ». V. pour une opération de concentration, TPICE, 25 mars 1999, *Gencor*, *Rec. TPICE*, 1999. II.753 où le Tribunal rend applicable le droit communautaire de la concentration lorsque l'opération a des effets prévisibles, immédiats et substantiels sur le marché communautaire.
4. Art. 6. 3 a) du règlement du 11 juillet 2007 sur la loi applicable aux obligations non contractuelles : « La loi applicable à une obligation non contractuelle résultant d'un acte restreignant la concurrence est celle du pays dans lequel le marché est affecté ou susceptible de l'être ». V. aussi le b) du même article qui envisage le cas d'une pratique affectant le marché dans plus d'un pays. V. G. Légier, « Le règlement Rome II sur la loi applicable aux obligations non contractuelles », *JCP* 2007. I. 207, n° 57 s. Pour une critique, v. V. Pironon, « L'entrée du droit de la concurrence dans le règlement Rome II : une bonne mauvaise idée ? », *Europe*, févr. 2008, étude 2.
5. V. l'arrêt fondateur, *Alcoa*, 148 F.2d at 444 (1945).

problèmes diplomatiques se sont alors posés. C'est notamment pourquoi l'élaboration d'un droit international de la concurrence a été imaginée.

208 Des projets existent. Un groupe d'universitaires avait proposé un Code de règles de concurrence internationales [1]. Le point d'orgue de ce projet était la création d'une autorité de concurrence internationale. De même, dans le cadre de l'Organisation mondiale du commerce, l'adoption de règles internationales de concurrence a pu être discutée. La déclaration de Doha prévoyait que des négociations sur un accord multilatéral sur le commerce et la concurrence devaient débuter. Mais la négociation a échoué (elle est, pour le moins, suspendue...). À ce jour, aucun accord général sur la concurrence n'a donc été conclu au sein de l'OMC [2]. Il existe seulement, dans certains accords, des règles disparates et largement inadaptées [3].

Il y a en effet plusieurs difficultés à surmonter. La première porte sur les souverainetés étatiques. Les États n'ont pour l'instant pas l'intention d'abandonner ce qu'ils considèrent comme un attribut de leur souveraineté économique à savoir le contrôle des pratiques anticoncurrentielles. Cette tendance s'explique d'autant plus que le droit de la concurrence est un instrument de politique économique servant à avantager les entreprises nationales dans la concurrence mondiale. La seconde difficulté porte sur la faisabilité d'un droit international de la concurrence. Il est souvent prétendu que les différences de conceptions sont encore trop grandes pour avoir, à l'échelle mondiale, un accord sur le contenu d'un droit commun de la concurrence. Les divergences ne doivent certes pas être occultées notamment entre le droit *antitrust* américain et le droit de l'Union européenne. Il subsiste néanmoins un plus petit dénominateur commun susceptible de servir de base,

---

1. W. Finkentscher et U. Immenga, *Draft International Antitrust Code*, éd. Nomos Verlagsgesellschaft, 1995.

2. P. Arhel, « La tentative d'élaboration d'un accord multilatéral ou plurilatéral : les leçons tirées des travaux du groupe de travail de l'OMC en matière de concurrence », *in* W. Abdelgawad (dir), *Mondialisation et droit de la concurrence*, *op. cit.*, p. 269.

3. W. Abdelgawad, « Les règles de concurrence dans les accords de l'OMC : le déséquilibre d'un système de libre-échange sans police des marchés », *in* W. Abdelgawad (dir), *Mondialisation et droit de la concurrence*, *op. cit.*, p. 237.

progressivement, à l'élaboration d'un droit véritablement international. Notamment, la notion d'entente « injustifiable » (*hardcore cartel*), concernant les cas les plus graves d'ententes anticoncurrentielles comme celles portant sur la fixation des prix ou la répartition géographique du marché, révèle un accord très général entre États [1]. Il faut donc insister pour dire qu'un droit international de la concurrence est juridiquement faisable [2]. Ce droit pourrait même faire partie d'un ordre public transnational [3]. Mais, pour l'heure, la volonté politique de construire ce droit fait défaut.

209 Aujourd'hui, le droit de la concurrence s'internationalise par le biais de la coopération entre autorités de la concurrence. Il existe en effet des accords par lesquels ces autorités s'engagent à échanger des informations. Le but est d'observer un principe de courtoisie internationale afin d'atténuer les conséquences néfastes d'une application extraterritoriale des droits de la concurrence. L'Union européenne et les États-Unis ont ainsi conclu des arrangements administratifs permettant à la Commission européenne et aux autorités de la concurrence américaines de collaborer. Ces accords autorisent les autorités de la concurrence américaines à participer en tant qu'observateurs aux auditions organisées par la Commission européenne. Réciproquement, la Commission est autorisée à participer à certaines réunions des autorités de la concurrence américaines.

Les États ont également conclu des accords de « courtoisie » au sujet de l'application des règles de concurrence. Par exemple, les Communautés européennes, à l'époque, et les États-Unis ont passé deux accords en la matière, le premier en 1991 [4] et le second en 1998 [5]. Ces accords permettent une collaboration entre États. Le principe de courtoisie implique selon les termes de l'accord de

1. V. Sélinsky, « Mondialisation et ententes injustifiables », *in* W. Abdelgawad (dir), *Mondialisation et droit de la concurrence, op. cit.*, p. 357.
2. U. Immenga, « Le droit de la concurrence dans l'économie globale », in *Philosophie du droit et droit économique, Quel dialogue ?, Mélanges G. Farjat*, éd. Frison-Roche, 1999, p. 405 ; W. Abdelgawad, « Jalons de l'internationalisation du droit de la concurrence : vers l'éclosion d'un ordre juridique mondial de la *lex economica* », *Rev. int. dr. éco.* 2001. 161.
3. J.-H. Moitry, « Arbitrage international et droit de la concurrence : vers un ordre public de la *lex mercatoria* ? », *Rev. arb.* 1989. 3.
4. *JOCE* n°L 95, 27 avr. 1995. 47.
5. *JOCE* n°L 173, 18 juin 1998. 28.

1991 que chacune des parties prenne en considération les intérêts importants de l'autre. Il y a même consécration de la courtoisie « active ». Selon l'article 5 de l'accord de 1991 en effet, « Si l'une des parties estime que des actes anticoncurrentiels commis sur le territoire de l'autre partie affectent ses intérêts importants, elle peut adresser une notification à l'autre partie et demander que les autorités en matière de concurrence de celle-ci prennent les mesures d'application appropriées ». L'accord de 1998 renforce ce principe de courtoisie active. Même si le bilan peut apparaître mitigé aux yeux de certains [1], ces accords ont plutôt donné de bons résultats, essentiellement dans le contrôle des concentrations. Mais ils ne font pas disparaître les nombreuses divergences – politiques, économiques et juridiques – qui émaillent la matière.

Il existe aussi de la *soft law* [2]. Certaines initiatives permettent ainsi de construire une forme de droit de la concurrence non contraignant, par le biais d'une harmonisation « douce ». On doit ici mettre en exergue le rôle important désormais joué par l'*International Competition Network* (ICN) créé en 2001 [3]. Comme son nom l'indique, il s'agit d'un réseau regroupant de très nombreuses autorités nationales de concurrence [4]. Le travail repose essentiellement sur un échange d'informations et des partages d'expériences. Mais ce travail commun, notamment par le recours à des groupes de travail thématiques, permet d'harmoniser les pratiques. Des documents en résultent, comme le « Manuel d'application anti-entente ». Ce réseau participe à la construction d'un droit international de la concurrence certes non contraignant, mais qui contribue de manière effective à l'élaboration de standards internationaux.

Au final, même si la perspective d'un droit commun mondial de la concurrence est encore lointaine, c'est à notre avis la seule

1. F. Romano, « Les accords bilatéraux de coopération en matière d'application des règles de concurrence », *in* W. Abdelgawad (dir), *Mondialisation et droit de la concurrence*, *op. cit.*, p. 87.
2. L. Idot, « A propos de l'internationalisation du droit. Réflexions sur la *soft law* en droit de la concurrence », in *Mélanges H. Gaudemet-Tallon*, Dalloz, 2008, p. 85.
3. http://www.internationalcompetitionnetwork.org.
4. M. Cardon, « Le réseau international de la concurrence (RIC/ICN) : une question de foi », *in* W. Abdelgawad (dir), *Mondialisation et droit de la concurrence*, *op. cit.*, p. 187.

voie d'évolution souhaitable[1]. L'édification d'un tel droit nécessitera encore du temps. Les initiatives spontanées et le rapprochement progressif des droits sont des facteurs très favorables à une telle œuvre.

1. V. A. Heinemann, «La nécessité d'un droit mondial de la concurrence», *Rev. int. dr. éco.* 2004.293. *Adde*, L. Donnedieu de Vabres-Tranié et T. Picot, « Vers un droit mondial de la concurrence ? », *Études F.-C. Jeantet*, LexisNexis, 2010, p. 141.

TITRE 2

LES ÉTATS

210 L'État ne se contente pas de jouer un rôle normatif. Il est également un opérateur du commerce international [1]. L'État connaît depuis longtemps le rôle d'agent économique. Certes, ce rôle, à la faveur du large mouvement de désengagement de l'État de l'économie, tend à se réduire. Il n'en demeure pas moins que l'État reste l'un des acteurs du commerce international. C'est alors un rôle ambigu qu'il joue. Il pose tout à la fois des normes encadrant le commerce international et participe aux opérations du commerce international. Il est tour à tour souverain et contractant. Sa position est donc par définition complexe. La tendance générale en droit du commerce international est de faire de l'État qui se livre à une activité économique un contractant à part entière, un « commerçant » comme un autre. Dans cette perspective, ses prérogatives souveraines s'émoussent. Cette tendance se constate à propos des immunités dont bénéficient les États (CHAPITRE 1) et des contrats d'État (CHAPITRE 2). Il faudra enfin mettre en exergue l'expansion contemporaine d'un droit des investissements internationaux qui tend à bouleverser la matière du droit du commerce international (CHAPITRE 3).

1. J.-M. Jacquet, «L'État, opérateur du commerce international», *JDI* 1989.621.

Chapitre 1

Les immunités des États

211 Les États bénéficient d'immunités [1]. Celles-ci sont en recul dans la mesure où les États se comportent souvent comme des commerçants et où ils utilisent l'arbitrage. Elles ne disparaissent néanmoins pas totalement et sont encore susceptibles d'apporter des perturbations dans le jeu du commerce international. À des observations générales (section 1), succèdera un examen des conditions des immunités (section 2).

Section 1

Observations générales

212 Pourquoi les États bénéficient-ils d'immunités ? La règle est ancienne et découle d'impératifs de courtoisie internationale. Un État ne saurait être obligé de se faire juger par les tribunaux d'un autre État. La règle de l'indépendance des États s'y oppose. C'est ce que l'on appelle l'immunité de juridiction [2]. De même, un État

1. C. Kessedjian, «Immunités», *Rép. Dalloz, Droit international*, 1998. *Adde*, I. Pingel (dir.), *Droit des immunités et exigences du procès équitable*, Pedone, 2004 ; J. Verhoeven (dir.), *Le droit international des immunités : contestation ou consolidation ?*, LGDJ, Larcier, 2004.

2. V, R. de Gouttes, «L'actualité de l'immunité de juridiction des États étrangers», *D.* 2006.606. Spécifiquement en droit du travail, v. K. Gachi, « L'immunité de juridiction », *RDT* avr. 2010. 218.

ne saurait subir sur les biens lui appartenant des voies d'exécution à l'étranger. Sa souveraineté l'en préserve. C'est l'immunité d'exécution. Les immunités s'expliquent donc par les principes de souveraineté et d'indépendance de l'État qui justifient qu'on déroge aux règles normales en matière de compétence juridictionnelle et de mesures d'exécution. Quelle est la source (**§ 1**) et quel est le régime procédural (**§ 2**) de ces immunités ?

§ 1. La source des immunités

213 Les immunités trouvent leurs sources tout à la fois en droit international public et en droit international privé. En France, il n'existe pas de loi régissant la matière. C'est par conséquent la jurisprudence qui en a progressivement bâti le régime. Il y a, à cet égard, une particularité à noter. La Cour de cassation dans ses différents arrêts vise « les principes régissant les immunités des États étrangers » [1]. C'est une application particulièrement éclairante de la notion de principes généraux par la jurisprudence. En cela, la France se distingue de certains pays de *common law* qui ont adopté des lois spéciales (les États-Unis avec le *Foreign Sovereign Immunities Act* de 1976 et la Grande-Bretagne avec le *State Immunity Act* de 1978).

Il existe aussi des conventions internationales.

La première ne lie pas la France qui a décidé de ne pas y adhérer. Il s'agit de la Convention du Conseil de l'Europe sur l'immunité des États du 16 mai 1972 entrée en vigueur le 11 juin 1976. L'Allemagne, l'Autriche, la Belgique, Chypre, le Luxembourg, les Pays-Bas, le Royaume-Uni et la Suisse y sont parties.

La seconde est la Convention du 17 janvier 2005 sur les immunités juridictionnelles des États et de leurs biens [2]. Cette Convention n'est pas encore entrée en vigueur et ne le sera qu'après 30

1. V., notamment, Civ. 1re, 2 mai 1990, *Rev. crit. DIP* 1991.140, 1re esp., note P. Bourel.
2. V. I. Pingel, « Observations sur la convention du 17 janvier 2005 sur les immunités juridictionnelles des États et de leurs biens », *JDI* 2005.1045 ; P. Leboulanger, « Présentation de la Convention des Nations Unies du 17 janvier 2005 sur les immunités juridictionnelles des États et de leurs biens », *Rev. arb.* 2005.803.

ratifications. Le texte pose le principe que l'État bénéficie de l'immunité, sauf exceptions (qui concernent les cas dans lesquels l'État ne peut invoquer son immunité ou est censé y avoir renoncé). La Convention, dont la réalisation a été laborieuse (elle a été adoptée sur la base d'un projet remontant à 1991), réalise une forme de compromis entre les différents États au sujet d'une matière particulièrement sensible. On a pu souligner « l'extrême classicisme, voire le conservatisme » de ses dispositions [1]. En France, une loi du 28 juin 2011 a autorisé la ratification de cette Convention. L'entrée en vigueur du texte n'entrainera pas de bouleversements profonds du droit positif.

§ 2. Le régime procédural des immunités

214 L'immunité de juridiction ne met pas en jeu la compétence des tribunaux, mais leur retire le pouvoir de juger. Fondamentalement, les immunités sont un privilège accordé aux États étrangers qui se concrétise par un défaut de pouvoir de juger. L'immunité de juridiction n'est donc pas sanctionnée sur la base d'une exception d'incompétence, mais d'une fin de non-recevoir [2]. À ce titre, elle peut être soulevée à toute hauteur du procès, pour la première fois en cause d'appel ou devant la Cour de cassation. L'immunité doit-elle être soulevée d'office par le juge ou bien l'État en bénéficiant doit-il l'invoquer ? Il a été décidé par la Cour de cassation que le juge, en l'absence de traité international, n'a pas à rechercher d'office si l'État bénéficie des immunités de juridiction et d'exécution qui, n'étant pas absolues, doivent être invoquées par l'État étranger [3].

1. I. Pingel, *op. cit.*, p. 1054.
2. Civ. 1re, 15 avr. 1986, *Rev. crit. DIP* 1986.723 note G. Couchez ; *JDI* 1987.632, 1re esp., note P. Kahn.
3. Civ. 1re, 12 oct. 1999, *JDI* 2000.1036, note M. Cosnard.

SECTION 2

LES CONDITIONS DES IMMUNITÉS

215 Il faut ici présenter les deux types d'immunités : l'immunité de juridiction (**§ 1**) et l'immunité d'exécution (**§ 2**).

§ 1. L'immunité de juridiction

216 Cette immunité bénéficie principalement à l'État. Mais l'immunité a été élargie à d'autres personnes que l'État *stricto sensu*. La jurisprudence a accepté d'accorder l'immunité de juridiction à des organismes publics dotés de la personnalité morale et juridiquement indépendants de l'État lui-même. Dans un arrêt célèbre, la Cour de cassation a décidé que « l'immunité est fondée sur la nature de l'activité et non sur la qualité de celui qui l'exerce » [1]. La jurisprudence ne s'attache toutefois pas uniquement au critère de la nature de l'acte. Il faut qu'un critère subjectif soit rempli : pour bénéficier de l'immunité, l'organisme qui s'en prévaut doit avoir agi en représentation de l'État.

217 C'est du côté du critère objectif que les principales évolutions ont eu lieu en jurisprudence. Initialement, l'immunité de juridiction était conçue comme absolue. Tous les actes de l'État étaient couverts. Or, tout au long du XXe siècle, l'action de l'État a évolué, spécialement dans le commerce international. Schématiquement, l'État est devenu un commerçant à part entière, n'hésitant pas à prendre en charge directement des activités économiques. C'est pourquoi l'immunité est devenue relative et a été cantonnée à certains actes seulement. Ainsi la Cour de cassation a-t-elle décidé que « les États étrangers et les organismes agissant par leur ordre ou pour leur compte ne bénéficient de l'immunité de juridiction qu'autant que l'acte qui donne lieu au litige constitue un acte de puissance publique ou a été accompli dans l'intérêt d'un service

1. Civ. 1re, 25 févr. 1969, *Levant Express*, *Rev. crit. DIP* 1970.102, note P. Bourel ; *Les grands arrêts du droit international privé* par B. Ancel et Y. Lequette, Dalloz, 2006, 5e éd., p. 422.

public »[1]. Ce sont les critères de compétence de la juridiction administrative (acte de puissance publique ou but de service public) qui ont été transposés à la matière des immunités de juridiction. Mais il s'agit plutôt d'une inspiration tirée de la matière interne plutôt que d'une application véritable. La jurisprudence la plus récente formule la règle de la manière suivante : « les États étrangers et les organismes qui en constituent l'émanation ne bénéficient de l'immunité de juridiction qu'autant que l'acte qui donne lieu au litige participe, par sa nature ou sa finalité, à l'exercice de la souveraineté de ces États et n'est donc pas un acte de gestion »[2].

Substantiellement, pour bénéficier de l'immunité, l'État doit avoir agi en tant qu'État souverain. À l'inverse, toutes les fois où l'État n'agit pas en tant que souverain, c'est-à-dire lorsqu'il se livre à des activités de pure gestion privée, le bénéfice de l'immunité lui est refusé. Dans le même ordre d'idées, la Convention du 17 janvier 2005 sur les immunités juridictionnelles des États et de leurs biens n'accorde pas l'immunité lorsque l'État effectue une « transaction commerciale » (art. 10).

Enfin, selon la jurisprudence française, l'État est considéré comme renonçant automatiquement à son immunité de juridiction lorsqu'il conclut une convention d'arbitrage[3]. L'acceptation de l'arbitrage, justice privée et mode normal de résolution des litiges du commerce international, implique que l'État ne puisse plus, sur le terrain procédural, se prévaloir de ses prérogatives de souverain.

1. Civ. 1re, 25 févr., 1969, préc.
2. Cass., ch. Mixte, 20 juin 2003, *Rev. crit. DIP* 2003. 647, note H. Muir Watt ; *JDI* 2003. 1116, note I. Pingel ; *JCP* 2004. II. 10010, note G. Mahinga. Pour une même formulation dans le domaine immobilier, Civ. 1re, 19 nov. 2008, *JCP* 2009. II. 10002, note L. d'Avout et L. Perreau-Saussine ; *Procédures*, févr. 2009, comm. 53, obs. J. Junillon.
3. TGI Paris, réf., 8 juill. 1970, *SEEE/Yougoslavie*, *JDI* 1971. 131, note P. Kahn ; *Rev. arb.* 1975. 328, note J.-L. Delvolvé ; Civ. 1re, 18 nov. 1986, *SEEE/Yougoslavie*, *Rev. crit. DIP* 1987. 786, note P. Mayer ; *JDI* 1987. 120, note B. Oppetit ; *Rev. arb.* 1987. 149, note J.-L. Delvolvé ; Civ. 1re, 11 juin 1991, *SOABI/Sénégal*, *JDI* 1991. 1005, note E. Gaillard ; *Rev. arb.* 1991. 637, note A. Broches ; *Rev. crit. DIP* 1992. 331, note P. Lagarde. V. aussi *infra*, n° 639.

§ 2. L'immunité d'exécution

218 Cette catégorie d'immunité empêche que les biens d'un État fassent l'objet d'une mesure d'exécution dans un autre État [1]. Par mesure d'exécution, il faut entendre non seulement les mesures d'exécution *stricto sensu* (ex. : une saisie-vente ou une saisie-attribution), mais aussi les mesures conservatoires. Cette immunité n'est pas considérée comme absolue. Elle cède dans certains cas. Néanmoins, l'immunité d'exécution se distingue rationnellement de l'immunité de juridiction et ne répond pas exactement aux mêmes critères. La condition d'application de l'immunité d'exécution n'est pas tirée directement de la nature de l'acte ayant donné naissance à la créance. Le critère prédominant résulte de l'affectation des biens objets de la mesure d'exécution. Schématiquement, les biens appartenant à un État étranger sont insusceptibles de faire l'objet de mesures d'exécution lorsqu'ils sont affectés à une activité de souveraineté ou de service public. À l'inverse, la mesure d'exécution est admise lorsque les biens sont affectés à une activité commerciale.

Il est cependant souvent difficile de connaître l'exacte affectation du bien, particulièrement lorsqu'il s'agit de fonds ou de créances. C'est pourquoi la Cour de cassation par l'arrêt *Eurodif* a établi une présomption. La Cour a en effet décidé que « l'immunité d'exécution dont jouit l'État étranger est de principe ; que toutefois, elle peut être exceptionnellement écartée ; qu'il en est ainsi lorsque le bien saisi a été affecté à l'activité économique ou commerciale relevant du droit privé qui donne lieu à la demande en justice » [2]. En principe, les biens appartenant à un État étranger sont présumés tomber dans le champ de l'immunité, sauf à apporter la preuve de l'affectation de ceux-ci à une activité économique.

Quid des organismes publics étrangers ? La Cour de cassation dans son arrêt *Sonatrach* a établi une présomption inverse de la

1. F. Knoepfler, « L'immunité d'exécution contre les États », *Rev. arb.* 2003. 1017.
2. Civ. 1re, 14 mars 1984, *Rev. crit. DIP* 1984. 644, note Bischoff ; *JDI* 1984. 598, note B. Oppetit ; *D.* 1984, jur., p. 629, note J. Robert ; *JCP* 1984. II. 20205, note H. Synvet ; *Rev. arb.* 1985. 69, note Cou-

précédente. La Cour a en effet décidé que « à la différence des biens de l'État étranger [...], les biens des organismes publics, personnalisés ou non, distincts de l'État étranger, lorsqu'ils font partie d'un patrimoine que celui-ci a affecté à une activité principale relevant du droit privé, peuvent être saisis par tous les créanciers, quels qu'ils soient, de cet organisme » [1]. Là encore, la présomption posée peut être renversée.

219 L'immunité d'exécution fait l'objet de règles particulières en matière d'arbitrage. La Cour de cassation a décidé que la conclusion d'une convention d'arbitrage, dans le cadre du règlement d'arbitrage CCI version 1988, entraînait une renonciation pour l'État à son immunité d'exécution [2]. La Cour d'appel de Paris a suivi par la suite cette solution en visant le principe de bonne foi [3]. Une telle jurisprudence ne signifie pas que tous les biens de l'État sont alors susceptibles de faire l'objet de mesures d'exécution forcée. Il demeure des biens insaisissables, par exemple ceux couverts par une immunité diplomatique [4].

chez ; *Les grands arrêts du droit international privé,* par B. Ancel et Y. Lequette, Dalloz, 2006, 5e éd., p. 594.

1. Civ. 1re, 1er oct. 1985, *Rev. crit. DIP* 1986.527, note B. Audit ; *JDI* 1986.170 note B. Oppetit ; *JCP* 1986. II. 20566, note H. Synvet ; *Les grands arrêts du droit international privé, ibid., loc. cit.*

2. Civ. 1re, 6 juill. 2000, *Creighton, Rev. arb.* 2001.114, 1re esp., note P. Leboulanger ; *JDI* 2000.1054, note I. Pingel-Lenuzza. V. aussi *infra,* n° 664.

3. Paris, 12 déc. 2001, *Creighton, Rev. arb.* 2003.417, note P. Leboulanger.

4. Paris, 10 août 2000, *Noga, Rev. arb.* 2001.114, 2e esp., note P. Leboulanger.

CHAPITRE 2

Les contrats d'État

220 Le contrat d'État est généralement défini comme étant la convention conclue entre un État et une personne privée étrangère [1]. Le plus souvent, le contrat est le soutien d'une opération d'investissement. L'exemple type est le contrat conclu entre un État en développement et une entreprise étrangère portant sur l'exploitation de ressources naturelles pétrolières, minières ou forestières. Une telle convention donne naissance à des problèmes particuliers. Le partenaire privé a besoin de sécurité juridique. L'opération qu'il réalise est coûteuse. Il importe pour lui qu'il bénéficie de certaines garanties. L'État, quant à lui, conclut le contrat dans un but d'intérêt général (qui est généralement lié au développement économique du pays). De plus, l'État contractant est en même temps souverain. Il peut ainsi être tenté d'utiliser son pouvoir normatif, plus généralement ses prérogatives régaliennes, pour modifier ou résilier le contrat qu'il a conclu avec l'entreprise privée. Il y a donc de fortes tensions qui s'expriment dans les contrats d'État. Certains ont donné lieu à des contentieux célèbres notamment dans le secteur pétrolier lorsqu'il s'est agi de l'avènement d'un

1. J.-M. Jacquet, « Contrat d'État », *Jurisclasseur Droit international*, Fasc., 565-60, 1998, p. 2. V. aussi, D. Berlin, « Contrats d'État », *Rep. Dalloz Dr. Int*, 1998 ; S. Lemaire, *Les contrats internationaux de l'administration*, LGDJ, 2005 ; M. Laazouzi, *Les contrats administratifs à caractère international*, Économica, 2008.

nouvel ordre économique international [1]. Sans que les problèmes aient totalement disparu, il apparaît aujourd'hui que le climat des contrats d'État s'est considérablement pacifié. De nombreuses règles font désormais l'objet d'un accord très général.

221 La question est de savoir tout d'abord si le contrat d'État s'enracine dans un ordre juridique de référence (SECTION 1). Devant le caractère relativement théorique du problème, il faudra ensuite s'intéresser aux clauses habituellement pratiquées dans ce domaine (SECTION 2).

SECTION 1
L'ORDRE JURIDIQUE DE RÉFÉRENCE

222 Il est généralement admis que le contrat d'État est une convention d'un type particulier qui ne doit pas être assimilée à un contrat administratif. La particularité du contrat d'État tient dans sa soustraction – totale ou partielle – à l'ordre juridique de l'État contractant. Son régime tient compte de l'impérieuse nécessité de neutraliser le pouvoir normatif de l'État selon l'heureuse expression de Pierre Mayer [2]. L'État étant tout à la fois souverain et contractant, le but est d'éviter qu'il utilise ses prérogatives de souverain pour avantager sa position de contractant.

223 Dès lors, dans quel ordre juridique s'enracine le contrat d'État ? L'une des caractéristiques principales du contrat d'État est d'être « internationalisé ». Cela veut dire qu'il échappe en tout ou en partie à l'ordre juridique interne de l'État contractant. Toute difficulté n'est pas pour autant évacuée. On admet aujourd'hui facilement que les contrats d'État ne sont pas assimilables à des traités. Ce sont bien des contrats. Mais la détermination de l'ordre juridique

1. V., par exemple, la célèbre sentence *Texaco* rendue par R.-J. Dupuy. V. J.-F. Lalive, «Un grand arbitrage pétrolier entre un Gouvernement et deux sociétés privées étrangères (Arbitrage *Texaco/Calasiatic c/ Gouvernement libyen*)», *JDI* 1977.319.

2. P. Mayer, «La neutralisation du pouvoir normatif de l'État en matière de contrat d'État», *JDI* 1986. 5.

de référence est difficile à établir. Trois thèses sont en présence. Selon la première, le contrat d'État ne serait soumis à aucun ordre juridique. Ce serait un contrat sans loi [1], autosuffisant. Selon la deuxième, le contrat ferait partie du droit transnational et graviterait dans la sphère de la *lex mercatoria* [2]. Selon la troisième, semble-t-il majoritaire dans la doctrine, l'ordre juridique de référence serait le droit international (au sens de droit international public) [3].

224 En revanche, la théorie de l'ordre juridique de base (ou *Grundlegung*) défendue par Prosper Weil [4] et appliquée dans la sentence *Texaco* [5] a fait l'objet de vives critiques et ne semble pas devoir être retenue. Selon cette théorie, un contrat d'État appartiendrait de manière objective à un ordre juridique de base qui serait l'ordre juridique international ou éventuellement l'ordre juridique de l'État contractant. La fonction de l'ordre juridique de base serait de conférer au contrat sa force obligatoire et de fournir la règle de conflit permettant de déterminer le droit qui lui est applicable. Les reproches le plus souvent avancés à l'encontre d'une telle construction résident dans sa trop grande complexité, voire dans son inutilité [6].

Section 2

Les clauses généralement stipulées

225 Tout réside en réalité dans le droit choisi par les parties au contrat. Il est admis que le principe d'autonomie selon lequel les parties choisissent librement le droit applicable à un contrat international

1. V. P. Mayer, *op. cit.*
2. M. Kamto, «La notion de contrat d'État : une contribution au débat», *Rev. arb.* 2003.719.
3. P. Weil, «Droit international et contrats d'État», in *Mélanges Reuter*, Pedone, 1981, p. 549 ; C. Leben, «L'évolution de la notion de contrat d'État», *Rev. arb.* 2003.629.
4. Art. préc.
5. Préc.
6. V. P. Mayer, «Le mythe de l'ordre juridique de base (ou *Grundlegung*)», in *Études offertes à B. Goldman*, Litec, 1982, p. 199.

joue en matière de contrats d'État [1]. Dans cette perspective, un tel contrat n'est pas obligatoirement régi par la loi de l'État contractant. Il est possible de choisir différents systèmes. C'est peut-être dans le domaine des contrats d'État que les clauses d'élection de droit sont les plus complexes. L'objectif est toujours le même : empêcher que le contrat ne soit soumis à la seule loi de l'État contractant. Quelques exemples peuvent être donnés. Le contrat conclu entre la société nationale iranienne NIOC et Elf Aquitaine stipulait que le tribunal arbitral « aura le pouvoir de fonder sa sentence sur des considérations d'équité et sur les principes de droit généralement reconnus, en particulier le droit international ». Une combinaison entre la loi de l'État contractant et le droit international est aussi souvent prévue. Ainsi, dans l'affaire *Texaco*, le contrat prévoyait-il que « La présente concession sera régie par et devra être interprétée conformément aux principes de la loi libyenne en ce que les principes peuvent avoir de commun avec les principes de droit international ; en l'absence de points communs entre les principes de la loi libyenne et ceux du droit international, elle sera régie et interprétée conformément aux principes généraux du droit, en ce compris ceux de ces principes généraux dont il a été fait application par des juridictions internationales ».

226 Généralement, c'est le recours à des clauses dites d'intangibilité et de stabilisation qui permet de résoudre les difficultés. Le contrat est alors soumis à la loi de l'État contractant, mais son pouvoir normatif, par le biais de ces clauses, est neutralisé. Par une clause d'intangibilité, l'État s'engage à ne pas remettre en cause le contrat, notamment par l'utilisation d'actes de puissance publique. La clause de stabilisation, quant à elle, a pour principal effet de geler la loi de l'État contractant au moment de la conclusion du contrat [2]. Toute modification de la loi postérieure au

1. V., en ce sens, la résolution de l'Institut de droit international de 1979 relative à la loi du contrat dans les accords entre un État et une personne privée (*Rev. crit. DIP* 1980. 427).

2. V. J.-M. Loncle et D. Philibert-Pollez, « Les clauses de stabilisation dans les contrats d'investissement », *RD aff. int.* 2009. 267. Spécifiquement dans le domaine pétrolier, v. B. Montembault, « La stabilisation des contrats d'État à travers l'exemple des contrats pétroliers. Le retour des dieux sur l'Olympe ? », *RD aff. int.* 2003. 593.

contrat est par conséquent inopposable au partenaire privé. Cette clause peut concerner toute la législation ou bien être cantonnée à certains domaines (il en va ainsi des clauses de stabilisation fiscale).

227 Le contrat d'État contient le plus souvent une clause d'arbitrage [1]. Le contrat est ainsi délocalisé par ce biais. Il s'agit généralement, soit d'une clause d'arbitrage CIRDI, soit d'une clause d'arbitrage *ad hoc*. Le but est de faire échapper les litiges qui pourraient s'élever à l'occasion du contrat conclu avec l'État aux juridictions de cet État. L'arbitrage permet ainsi de constituer une justice neutre, susceptible de mettre en oeuvre les règles internationales applicables aux contrats d'État. A ce titre, l'arbitrabilité des litiges impliquant un État est parfaitement reconnue [2].

1. Sur l'arbitrage, v. *infra*, n° 617 s.
2. V. *infra*, n° 651 s.

CHAPITRE 3

Le droit substantiel de l'investissement international

228 Afin de donner les grandes lignes du droit des investissements internationaux qui se construit à présent, il est utile de rappeler quelques généralités concernant la matière (SECTION 1) et ensuite d'aborder certains éléments relatifs à son contenu (SECTION 2).

SECTION 1

GÉNÉRALITÉS SUR LE DROIT DES INVESTISSEMENTS INTERNATIONAUX

229 Se met en place progressivement un droit substantiel des investissements internationaux [1]. Il ne s'agit plus uniquement d'un droit fondé sur une relation contractuelle entre un État (ou une entité

1. M. Audit, Droit des investissements internationaux. Présentation et sources, *JurisClasseur Droit international*, Fasc. 572-50, 2009.

étatique) et un partenaire privé. Le droit des investissements internationaux s'applique à des relations non contractuelles toutes les fois où un ressortissant étranger, personne morale ou personne physique, réalise un investissement dans un pays déterminé. Il y a certes encore des contrats d'État [1]. Mais le droit des investissements internationaux, hors contrat, présente désormais une importance considérable.

230 Cette importance a une cause déterminante : le recours à l'arbitrage [2]. Aujourd'hui, l'arbitrage est également possible sur la base des engagements pris par l'État dans une loi relative aux investissements ou bien dans un traité bilatéral ou multilatéral [3]. C'est ce qu'un auteur a appelé « *arbitration without privity* » [4]. Les États sont considérés comme ayant donné un consentement général portant sur le principe de l'arbitrage dès lors que ce mode de règlement est prévu dans une loi ou un traité relatif aux investissements (où il est généralement fait référence à l'arbitrage CIRDI). Le consentement des investisseurs privés, quant à lui, se matérialise lorsqu'ils prennent l'initiative de saisir un tribunal arbitral pour résoudre le litige qui les oppose à l'État récepteur de l'investissement. Le consentement est en quelque sorte dissocié. L'arbitrage est tellement utile en la matière que l'on n'hésite pas à faire l'économie d'une convention d'arbitrage « véritable ». L'arbitrage est ainsi mis en œuvre sans qu'il y ait à la base de relation contractuelle entre un État et un investisseur privé [5]. Par l'inter-

1. Sur la place des contrats d'État dans le cadre du droit des investissements internationaux, v. J.-M. Jacquet, « Voici venu le temps des traités ! (quelques réflexions sur l'évolution du droit des contrats d'État) », in *Liber Amicorum L. Caflisch*, 2007, p. 1121.

2. S. Manciaux, *Investissements étrangers et arbitrage entre États et ressortissants d'autres États*, Litec, 2004.

3. V., notamment, E. Gaillard, « L'arbitrage sur le fondement des traités de protection des investissements », *Rev. arb.*, 2003. 853 ; C. Leben (dir.), *Le contentieux arbitral transnational relatif à l'investissement*, Anthemis, 2006. *Adde*, O. Diallo, *Le consentement des parties à l'arbitrage international*, PUF, 2010, spéc., p. 171 s.

4. J. Paulsson, « Arbitration Without Privity », *ICSID Review, Foreign Investment Law Journal*, 1995, vol. 10, p. 232.

5. Comme le dit un auteur : « Le changement de paradigme est saisissant. Auparavant, seuls les investisseurs ayant directement contracté avec l'État d'accueil ou l'une de ses émanations, et à la condition qu'une clause compromissoire eût été prévue, pouvaient voir leurs litiges tranchés par voie d'arbitrage, ce qui en pratique limitait le mécanisme aux opérations d'investissement les plus importantes. Par le truchement du consentement dissocié, ce sont désormais tous les investisseurs étrangers, aussi modestes fussent-ils, qui sont en mesure de bénéficier de ce mode de règlement des litiges. La seule exigence à cet égard est qu'ils soient destinataires d'une offre générale d'arbitrage résultant

médiaire de l'arbitrage, le droit des investissements internationaux a pris un essor sans précédent.

231 Il faut aussi mettre en exergue le nombre considérable de traités relatifs aux investissements. Le projet d'Accord multilatéral sur l'investissement (AMI) ayant échoué, c'est essentiellement par le biais de traités bilatéraux, dont le nombre est supérieur à 2500, que la promotion et la protection des investissements sont prévues. Il s'agit des TBI (traités bilatéraux sur les investissements). On doit aussi relever l'existence de certains traités multilatéraux, comme l'ALENA (qui regroupe le Mexique, les États-Unis et le Canada) ou la Charte de l'énergie (qui compte plus de 50 États parties dont la France). Il est également à noter que le droit européen vient désormais interférer avec le droit des investissements internationaux [1]. Depuis l'entrée en vigueur du Traité de Lisbonne, l'Union européenne a une compétence exclusive en matière d'investissements étrangers directs (art. 206 et 207 TFUE). Cette nouvelle compétence va conduire à une « européanisation » du droit des investissements étrangers. Enfin, la jurisprudence du CIRDI joue en matière d'investissements un rôle considérable [2]. Cette jurisprudence contribue à créer et systématiser les règles applicables aux investissements internationaux.

232 Se pose alors la délicate question de la définition de l'investissement. Il n'existe pas de définition aux contours tranchés [3]. Néanmoins, la question est cruciale : c'est à la condition qu'il y ait un

d'une loi nationale de l'État d'accueil ou d'un TBI conclu entre celui-ci et leur État d'origine » (M. Audit, *Droit des investissements internationaux. Présentation et sources*, *op. cit.*, n° 37).

1. C. Kessedjian et C. Leben (dir.), *Le droit européen et l'investissement*, éd. Panthéon-Assas Paris II, 2009.

2. E. Gaillard, *La jurisprudence du CIRDI*, Pedone, 2004 ; *La jurisprudence du CIRDI*, Volume II, Pedone, 2010.

3. La bibliographie est très fournie. V., notamment, A. Bencheneb, « Sur l'évolution de la notion d'investissement », in *Souveraineté étatique et marchés internationaux à la fin du XXe siècle, Mélanges en l'honneur de P. Kahn*, Litec, 2000, p. 177 ; I. Fadlallah, « La notion d'investissement : vers une restriction à la compétence du CIRDI ? », in *Liber Amicorum in honour of Robert Briner*, ICC, 2005. 259 ; J.-M. Loncle, « La notion d'investissement dans les décisions du CIRDI », *RD aff. int.* 2006. 319 ; E. Gaillard, « Reconnaître ou définir ? Réflexions sur l'évolution de la notion d'investissement dans la jurisprudence du CIRDI », in *Le droit international économique à l'aube du XXIe siècle, En hommage aux professeurs D. Carreau et P. Juillard*, Pedone, 2009, p. 17 ; S. Manciaux, « Actualité de la notion d'investissement international », in *La procédure arbitrale relative aux investissements internationaux : Aspects récents*, C. Leben (dir.), Anthémis éd., 2010, p. 145 ; E. Silva Romero, « Observations sur la notion d'investissement après la sentence *Phoenix* », *Cahiers de l'arbitrage*, 2010, p. 987 ; I. Fadlallah, « Retour sur investissement », in *Liber Amicorum S. Lazareff*, Pedone, 2011, p. 267.

investissement que la protection prévue est accordée et que le recours à l'arbitrage est possible. Il est généralement admis qu'une opération d'investissement repose sur un apport, celui-ci devant être durable et devant impliquer un certain risque pour l'investisseur [1]. Parfois, un critère supplémentaire est retenu : la contribution de l'opération au développement économique de l'État d'accueil [2]. Dans tous les cas, la jurisprudence arbitrale tend à être assez libérale dans la définition même de l'investissement au risque d'englober toute opération économique, voire simplement commerciale. Par exemple a été considéré comme un investissement un simple contrat de prestation de services, tel un contrat de « *pre-shipment inspection* » [3]. Il serait cependant faux de croire que les arbitres admettent systématiquement l'existence d'un investissement. Il se peut qu'ils refusent une telle qualification, ce qu'ils font régulièrement, la conséquence étant une déclaration d'incompétence de leur part [4].

SECTION 2

LE CONTENU DU DROIT DES INVESTISSEMENTS INTERNATIONAUX

233 Quel est le contenu de ce droit matériel des investissements internationaux ? Il est bien entendu fort complexe et dépend largement des dispositions des traités relatifs à l'investissement [5]. Quelques constantes ressortent cependant. S'agissant du traitement de

1. F. Horchani, « Le droit international des investissements à l'heure de la mondialisation », *JDI* 2004. 367, spéc., p. 376.
2. Sentence CIRDI Salini c/ Maroc, n° ARB/00/4, 23 juill. 2001, *JDI* 2002. 196, obs. E. Gaillard. V. F. Horchani, « Le développement au cœur de la définition de la notion d'investissement ? », in *Le droit international économique à l'aube du XXIe siècle, op. cit.*, p. 49.
3. Sentence CIRDI SGS c/ Pakistan, n° ARB/01/13, 6 août 2003, *JDI* 2004. 257, obs. E. Gaillard.
4. Pour un exemple, v. Sentence *Joy Mining Machinery Limited c/ République arabe d'Egypte*, n° ARB/03/11 du 6 août 2004, *JDI* 2005. 163, obs. E. Gaillard (au sujet de la mise en œuvre de garanties bancaires).
5. V. D. Carreau, « Investissements », *Rép. Dalloz Dr. Int.* 2008 ; D. Carreau et P. Juillard, *Droit international économique*, Dalloz, 4e éd., 2010.

l'investissement, il existe un standard international, celui du traitement juste et équitable. S'agissant de la protection de l'investissement, certaines constantes s'affirment également dans l'ordre international. La logique du droit est de protéger l'investisseur (même si les préoccupations tirées de l'intérêt public ne sont pas complètement évacuées [1]). C'est pourquoi ce sont les agissements de l'État qui donnent lieu à contentieux. Dans le passé, on a connu de très nombreuses nationalisations. Celles-ci sont aujourd'hui plus rares, car l'époque est aux privatisations ! [2] Le contentieux se focalise sur les expropriations et surtout sur les mesures équivalentes à des expropriations [3]. Il faut y ajouter les ruptures de contrats et les difficultés de recouvrement. Le standard international est celui de la « pleine et entière protection et sécurité ». De manière schématique, il est admis que l'État a le droit de mettre en œuvre ses prérogatives dans la recherche de l'intérêt public, mais à la condition que les mesures prises à l'égard de l'investisseur étranger ne soient ni discriminatoires ni confiscatoires. Une mesure publique ne doit entraîner aucune spoliation. À ce titre, l'État doit indemniser l'investisseur privé en cas de dépossession. C'est la base de calcul de cette indemnisation qui est problématique. Il est aujourd'hui admis que l'indemnité due doit être « immédiate, suffisante et réelle » (*prompt, adequate and effective*). En pratique, le contentieux se focalise souvent sur le caractère suffisant ou non de l'indemnité.

234 Il est remarquable de constater que non seulement les agissements de l'État sont contrôlés, mais au surplus que ce contrôle est le plus souvent confié à des arbitres, juges privés. Cela a fait dire à Emmanuel Gaillard que « l'on assiste aujourd'hui à la naissance d'un contrôle de la légalité des agissements des États au regard des exigences du droit international d'une importance comparable à celle qui a vu, au XIXe siècle, la transformation, dans le seul

1. W. Ben Hamida, « La prise en compte de l'intérêt général et des impératifs de développement dans le droit des investissements », *JDI* 2008. 999. V. aussi, S. El Boudouhi, « L'intérêt général et les règles substantielles de protection des investissements », *AFDI* 2005. 542.

2. V., cependant, G. Burdeau, « Nationalisations : le retour ? », in *Le droit international économique à l'aube du XXIe siècle, op. cit.*, p.257.

3. Y. Nouvel, « Les mesures équivalant à une expropriation dans la pratique récente des tribunaux arbitraux », *RGDIP* 2002. 79.

ordre juridique français, du rôle du Conseil d'État d'organe de conseil en véritable juge de la légalité des actes de l'administration » [1]. Et ce sont les arbitres qui sont devenus les juges de cette « légalité internationale ». De nouvelles tâches leur sont alors confiées. Leur intervention ne se limite plus aux litiges commerciaux entre personnes privées, mais à des opérations d'investissement qui mettent directement en jeu l'intérêt général [2]. L'importance majeure de certaines questions posées aux arbitres donne un nouveau sens à leur mission. Telle mesure protectrice de l'environnement adoptée par l'État entraîne-t-elle une expropriation larvée de l'investisseur privé [3]. La résiliation unilatérale d'un contrat par l'État dans le secteur de la distribution de l'eau peut-elle être justifiée par le droit à l'eau en tant que droit de l'homme [4]. C'est dans la matière des investissements internationaux que se posent parmi les plus belles et les plus épineuses questions du droit du commerce international [5].

1. *JDI* 2004.214.

2. La pratique de l'*amicus curiae* est, dans ce domaine, particulièrement utile. V. B. Stern, « Un petit pas de plus : l'installation de la société civile dans l'arbitrage CIRDI entre État et investisseur », *Rev. arb.* 2007.3. *Adde*, S. Menétrey, *L'amicus curiae, vers un principe commun de droit procédural ?*, Dalloz, 2010.

3. S. Robert-Cuendet, *Droits de l'investisseur étranger et protection de l'environnement. Contribution à l'analyse de l'expropriation indirecte*, Martinus Nijhoff Pub., 2010.

4. V. l'affaire *Aguas del Tunari S.A. v. Republic of Bolivia*, portée devant le CIRDI (ICSID Case No. ARB/02/3) qui a cependant été rayée du rôle à la demande des parties (Order taking note of the discontinuance pursuant to Arbitration Rule 44 issued by the Tribunal on March 28, 2006). V. aussi, sentence CIRDI *Biwater c/ Tanzanie*, n° ARB/05/22, 24 juill. 2008, *JDI* 2009. 402, obs. E. Gaillard.

5. Notamment, dans le cadre du rapprochement avec les droits de l'homme, v. P. Kahn, « Investissements internationaux et droits de l'homme », *in* F. Horchani (dir.), *Où va le droit de l'investissement ? Désordre normatif et recherche d'équilibre*, Pedone, 2006, p. 95 ; F. Horchani, « Les droits de l'homme et le droit des investissements internationaux », *in* L. Boy, J.-B. Racine et F. Siiriainen (dir.), *Droit économique et droits de l'homme*, Larcier 2009, p. 139.

TROISIÈME PARTIE

LES OPÉRATIONS DU COMMERCE INTERNATIONAL

235 Le commerce international se réalise grâce à une myriade d'opérations fort diverses et le plus souvent particulièrement complexes. On répétera que le droit du commerce international n'est pas le décalque du droit interne. Une vente internationale n'est pas assimilable à une vente interne. Il existe même des opérations qui ne se rencontrent que dans le domaine du commerce international (par exemple le crédit documentaire). Il y a derrière les opérations du commerce international une spécificité liée à la matière. Cette spécificité se rencontre à propos des contrats du commerce international (TITRE 1). L'originalité est marquée également au sujet des instruments permettant de maîtriser les risques du commerce international (TITRE 2).

TITRE 1

LES CONTRATS DU COMMERCE INTERNATIONAL

236 Dans le secteur du commerce international, le contrat a une place prépondérante. C'est grâce à lui que se réalisent l'échange et la coopération. Le contrat est ainsi le signe d'un langage universel qui permet à des opérateurs économiques d'horizons très différents de communiquer et d'établir des projets communs. Il convient d'abord d'étudier le droit général du contrat international (CHAPITRE 1) avant de voir le droit spécial (CHAPITRE 2).

Chapitre 1

Le droit général du contrat international

237 Le contrat international obéit à un certain nombre de règles de base [1]. Il est important de les connaître, car elles forment une sorte de droit commun. Certaines sont très générales. Elles se rapportent à la qualification et au contenu du contrat (SECTION 1). D'autres sont propres à la technique de la règle de conflit et sollicitent la question primordiale de la loi applicable au contrat international (SECTION 2).

Section 1

Généralités sur le contrat international

238 Quand un contrat devient-il international ? C'est la question de sa qualification (**§ 1**). Comment un contrat international est-il négocié ? C'est la question de son élaboration (**§ 2**). Enfin, quel

1. J.-M. Jacquet, *Le contrat international*, Dalloz, coll. Connaissance du droit, 1998 ; S. Chatillon, *Le contrat international*, Vuibert, 4e éd, 2011.

est le contenu d'un contrat international ? C'est la question des clauses usuellement stipulées (**§ 3**).

§ 1. La qualification de contrat international

239 L'alternative est simple : un contrat est interne ou international. Et la qualification de contrat international a des conséquences importantes. Ainsi, en présence d'un contrat international, il convient de déterminer le droit applicable. Cette opération est propre au contrat international, car un contrat interne est soumis nécessairement à la loi de l'ordre juridique dans lequel il s'insère. Dans le même ordre d'idées, la liberté des parties est plus étendue si le contrat est international puisque les parties peuvent choisir la loi applicable au contrat. Enfin, les règles matérielles internationales ou les principes de la *lex mercatoria* ne sont applicables qu'au contrat international. La qualification de contrat international déclenche donc l'application de règles matérielles propres.

240 On sait ce qu'est un contrat, mais qu'est-ce qu'un contrat *international* ? [1] La volonté des parties n'a aucun rôle à jouer dans la qualification. Les parties à un contrat ne peuvent pas internationaliser celui-ci par leur propre volonté. Ce sont donc des critères objectifs qui permettent de qualifier le contrat d'international. Il existe classiquement deux critères d'internationalité : le critère juridique et le critère économique.

Selon le critère juridique, est international un contrat qui entretient des liens avec plus d'un système juridique. Autrement dit, c'est un contrat qui présente des éléments d'extranéité. Dans ce cadre, il convient de prendre en compte un certain nombre d'éléments tels, principalement, le lieu d'exécution du contrat (ex. : le contrat s'exécute à l'étranger) et le domicile des parties (celles-ci ont leur domicile dans deux pays différents), et accessoi-

1. P. Mayer, « Réflexions sur la notion de contrat international », in *Mélanges P. Tercier*, Schultess, 2008, p. 873.

rement, leur nationalité et le lieu de conclusion du contrat. C'est au critère juridique que se rattache la Convention de Rome du 19 juin 1980 sur la loi applicable aux obligations contractuelles. Ce texte à son article 1.1 prévoit en effet que les dispositions de la présente Convention sont applicables aux « situations comportant un conflit de lois ». Le règlement « Rome I » reprend le même critère (art. 1.1).

Selon le critère économique, est international un contrat qui réalise un « mouvement de flux et de reflux au-dessus des frontières » selon la célèbre définition donnée par le procureur général Matter [1]. Dans une formule plus compréhensive, un contrat est international lorsqu'il « met en jeu les intérêts du commerce international » [2]. Ce critère, plus libéral que le critère juridique, fait référence à l'objet du contrat. Un contrat international est celui qui intéresse l'économie de plusieurs pays. C'est le cas lorsque le contrat opère un transfert transfrontière de biens ou de valeurs.

La jurisprudence française avait plutôt l'habitude de combiner le critère juridique et le critère économique en recherchant un faisceau d'indices apte à révéler le caractère international du contrat [3]. Depuis l'entrée en vigueur de la Convention de Rome de 1980 sur la loi applicable aux obligations contractuelles (à laquelle le règlement Rome I succède sans modifier l'approche), c'est au critère juridique qu'il faut se référer, celui-ci étant au demeurant conçu de manière très souple puisque tout élément d'extranéité peut être pris en compte [4]. En revanche, c'est le critère économique qui est opérationnel afin de qualifier un arbitrage d'international, et donc un contrat soumis à l'arbitrage d'international également [5].

1. Conclusions sous Civ. 17 mai 1927, *DP* 1928. 1. p.25, note Capitant.
2. Civ. 19 févr. 1930, *Mardelé, S.* 1931, 1, p.1, note J.-P.Niboyet ; Civ. 27 janv. 1931, *Dambricourt, Rev. crit., DIP* 1931.514.
3. Toulouse, 26 oct. 1982, *JDI* 1984.603, note H. Synvet : « un contrat est international quand il se rattache à des normes juridiques émanant de plusieurs États et met en jeu les intérêts du commerce international ».
4. M.-L. Niboyet, « Contrats internationaux, Introduction », *Jurisclasseur, Dr. Int.* Fasc., 552-10, 1998, n° 32, p. 12.
5. V. *infra*, n° 627-628.

§ 2. L'élaboration du contrat international

241 Un contrat international est naturellement la rencontre d'une offre et d'une acceptation [1]. Il est le plus souvent conclu à la suite d'une période de négociation appelée pourparlers [2]. Ce n'est certes pas une spécificité du contrat international. Il n'en demeure pas moins que la négociation et l'élaboration du contrat international présentent des traits particuliers [3]. La discussion portant sur le contrat est souvent longue. Les enjeux sont généralement importants et les risques sont élevés. Les contrats portent souvent sur des opérations économiques complexes et de longue durée.

242 Les pourparlers obéissent bien entendu à un principe de liberté. Ainsi l'article 2.1.15.1) des Principes UNIDROIT relatifs au contrat du commerce international prévoit-il que « Les parties sont libres de négocier et ne peuvent être tenues pour responsables si elles ne parviennent pas à un accord ». Au nom de la liberté contractuelle, les parties à la négociation sont libres de conclure ou de ne pas conclure le contrat. Chacune peut donc normalement rompre à tout moment les discussions.

Toutefois, en matière internationale, le même tempérament est utilisé qu'en matière interne : la mauvaise foi dans le déroulement et la rupture des pourparlers est sanctionnée. Le même article des principes UNIDROIT prévoit en effet aux paragraphes 2 et 3 que « Toutefois, la partie qui, dans la conduite ou la rupture des négociations, agit de mauvaise foi est responsable du préjudice qu'elle cause à l'autre partie ; Est, notamment, de mauvaise foi la partie qui entame ou poursuit des négociations sachant qu'elle n'a pas l'intention de parvenir à un accord ». Il existe par conséquent une forme de principe général du droit du commerce international selon lequel les négociations doivent se dérouler de bonne foi [4].

1. P. Blanchard, « Offre et acceptation dans la négociation du contrat international. Réflexions comparatistes », *RD aff. int.* 2008. 3.
2. V. J.-M. Loncle et J.-Y. Trochon, «La phase de pourparlers dans les contrats internationaux», *RD aff. int.* 1997.3.
3. R. Monzer, *La négociation des contrats internationaux : une harmonisation des régimes juridiques romano-germaniques et anglo-saxons*, Bruylant, LGDJ, Delta, 2009.
4. V. sentence CCI n°2540 de 1976 citée par Y. Derains, *JDI* 1977, p.943 : «C'est un principe général du droit suisse (*culpa in contrahendo*) – conforme du reste à un principal général du droit – que celui

Chaque participant aux pourparlers est tenu d'une obligation de loyauté.

Les contours d'une telle obligation sont variables. Une rupture brutale ou abusive est source de responsabilité. Il en va ainsi lorsqu'une partie à la négociation a suscité de faux espoirs de la part du partenaire. La mauvaise foi dans la conduite des négociations est également sanctionnée. C'est par exemple le cas lorsqu'une des parties ne divulgue pas une information essentielle à son partenaire ou bien rend publique une information par nature confidentielle qui lui avait été révélée [1].

243 Il est cependant rare que les pourparlers portant sur un contrat international ne soient pas contractuellement encadrés. Le rôle de la pratique dans ce domaine est primordial. Plutôt que de laisser les pourparlers se dérouler librement, la pratique utilise un certain nombre d'instruments qui permettent de sécuriser la période de négociation. Il y a de très nombreuses formules envisageables. Certaines ne sont pas juridiquement obligatoires à l'image des *gentlemen's agreements* ou des déclarations d'intention [2]. D'autres sont de véritables avant-contrats appelés aussi contrats de négociation ou accords de principe [3]. Par exemple, il est souvent conclu un *Memorendum of understanding* (M.O.U.) qui permet de fixer le cadre général de la négociation. Les différents accords de négociation font naître une obligation de négocier de bonne foi qui prend ici le relais de l'accord de volonté [4].

qui cause un dommage à l'occasion d'une négociation, en manquant à ses devoirs de diligence ou à des devoirs dictés par la bonne foi et l'équité, doit réparer le dommage». V., aussi, F. Osman, *Les principes généraux de la* lex mercatoria, *Contribution à l'étude d'un ordre juridique anational*, LGDJ, 1992, p. 47.

1. V. art. 2.1.16 des Principes UNIDROIT relatifs au contrat du commerce international: «Qu'il y ait ou non conclusion du contrat, la partie qui, au cours des négociations, reçoit une information donnée à titre confidentiel par l'autre partie, est tenue de ne pas la divulguer ni l'utiliser de façon indue à des fins personnelles. Le manquement à ce devoir est susceptible de donner lieu à une indemnité comprenant, le cas échéant, le bénéfice qu'en aura retiré l'autre partie». V. aussi l'art. 2: 302 des Principes du droit européen du contrat.

2. V. B. Oppetit, «L'engagement d'honneur», *D.* 1979, chr., p. 107 ; J. Schmidt, «Les lettres d'intention», *RD aff. int.* 2002.257. La frontière entre un engagement moral et un engagement juridique est parfois floue, v. Com., 23 janv. 2007, *D.* 2007.442, obs. X. Delpech ; *RDC* 2007. 697, obs. Y.-M. Laithier ; *RLDC* 2007/6, n° 40 obs. N. Vignal.

3. V., à titre d'illustration, E. Chamy, «L'affaire Texaco-Pennzoil et ses multiples développements au sein du système judiciaire américain», *JDI* 1988.979.

4. Sentence *Norsolor*, 26 oct. 1979, *Rev. arb.* 1983.525: «un accord de principe fait naître une obligation contractuelle de négocier, qui doit naturellement s'exécuter de bonne foi».

Il est fréquent qu'une clause ou qu'une convention de confidentialité soit passée entre les partenaires à la négociation en vue d'empêcher la divulgation des informations échangées [1]. De même, les clauses d'interdiction de mener des négociations parallèles sont assez usuelles dans la négociation des contrats internationaux. Enfin, en vue de garantir la sécurité juridique, la pratique a recours aux accords partiels (qui sont des accords sur certains points du contrat).

Il y a donc une myriade d'instruments plus ou moins obligatoires et plus ou moins précis. Il est vrai que cette diversité fait parfois hésiter sur l'exacte qualification à apporter aux documents utilisés. Dans tous les cas, la négociation d'un contrat présentant un certain degré de complexité se fait toujours par étapes, à l'aide des formules inventées par la pratique.

244 Quelles sont les sanctions en cas de rupture des pourparlers et plus généralement en cas de manquement à l'obligation de négocier de bonne foi ? Il s'agira le plus souvent de dommages et intérêts prononcés sur le terrain de la responsabilité civile. Il demeure que la nature de la responsabilité - contractuelle ou délictuelle - est parfois problématique, ce qui en matière internationale conditionne la règle de conflit et donc la loi applicable. On a tendance à considérer, en présence d'un avant-contrat, que la responsabilité est contractuelle et, en l'absence d'avant-contrat, que la responsabilité est délictuelle. Le règlement Rome II apporte désormais des réponses à ces questions [2].

---

1. V. *infra*, n° 247.

2. V., à ce titre, l'article 12 du règlement Rome II du 11 juillet 2007 sur la loi applicable aux obligations non contractuelles qui pose la règle suivante à son paragraphe premier : « La loi applicable à une obligation non contractuelle découlant de tractations menées avant la conclusion d'un contrat est, que le contrat soit effectivement conclu ou non, la loi qui s'applique au contrat ou qui aurait été applicable si le contrat avait été conclu » (v. aussi le paragraphe second qui prévoit des règles spéciales si la loi applicable ne peut être déterminée en vertu du paragraphe premier). V. S. Bollée, « À la croisée des règlements Rome I et Rome II : la rupture des négociations contractuelles », *D.* 2008. 2161.

§ 3. Les clauses usuelles du contrat international

245 Un contrat international est, comme tout contrat, le produit de la volonté des parties. Sous réserve de l'ordre public [1], les parties sont libres d'insérer les clauses qu'elles souhaitent. Le contenu du contrat varie donc au gré de la volonté des parties et de la nature de l'opération. On observe cependant une certaine forme de standardisation des contrats internationaux. Des clauses sont usuellement stipulées. La pratique, qui répète de telles clauses et qui utilise ainsi un véritable « savoir-faire », est à l'origine d'une harmonisation des contrats internationaux [2]. La pratique, par son dynamisme et sa faculté imaginative, donne ainsi naissance à une forme de « droit matériel des contrats internationaux » [3]. Plus généralement, on peut considérer la pratique contractuelle comme une véritable source du droit du commerce international, ce qui confirme l'une des hypothèses fondatrices de la *lex mercatoria* [4].

L'étude des clauses d'élection de droit [5] et des clauses d'arbitrage [6] étant entreprise ailleurs, il convient de s'intéresser à quelques-unes des autres clauses couramment insérées dans les contrats internationaux [7].

246 **Préambule.** Un contrat international contient souvent un préambule [8]. Il ne s'agit pas d'une clause à proprement parler. Le préambule figure avant les clauses du contrat et permet aux parties de donner un certain nombre d'indications concernant leur relation. Ainsi, par exemple, les parties vont-elles indiquer les raisons pour

1. Sur lequel, v. *supra*, n° 21 s.
2. V. y compris pour les contrats internes, W. Dross, *Clausier*, LexisNexis, 2e éd. 2011 ; F.-X. Testu, *Contrats d'affaires*, Dalloz, 2010 ; J.-M. Mousseron, P. Mousseron, J. Raynard, J.-B. Seube, *Technique contractuelle*, 4e éd., éd. F. Lefebvre, 2010.
3. M. Fontaine, « L'originalité des clauses négociées dans les contrats internationaux », *Journ. sociétés*, juin 2009. 28.
4. V. *supra*, n° 93.
5. V. *infra*, n° 262.
6. V. *infra*, n° 641 s.
7. V. M. Fontaine et F. De Ly, *Droit des contrats internationaux, Analyse et rédaction de clauses*, 2e éd., Bruylant, 2003 ; Commission Droit et vie des affaires, *Les grandes clauses des contrats internationaux*, Bruylant, 2005.
8. M. Fontaine, « La pratique du préambule dans les contrats internationaux », *RD aff. int.* 1986. 343.

lesquelles elles ont contracté ou bien les objectifs poursuivis. Le préambule permet de fixer l'état d'esprit des parties. Il peut également rappeler ou récapituler les différentes étapes qui ont jalonné l'élaboration du contrat définitif comme par exemple les contrats de négociation ou les accords de principe et autres avant-contrats. Le plus souvent, et normalement, aucune obligation n'est contenue dans le préambule (afin d'écarter toute ambiguïté, il convient d'éviter d'y faire figurer un élément substantiel du contrat). Il sert généralement à interpréter le contrat. Un juge ou un arbitre sera tenté de s'y référer pour éclairer le sens de la relation contractuelle.

Dans la même optique, on peut mentionner la clause « Définitions » par laquelle les parties vont définir les termes importants employés dans le contrat qu'il s'agisse de termes juridiques (« prestation », « services », « parties », etc.) ou de termes techniques (dont la nature se rapporte à l'objet du contrat). Ce genre de stipulation facilite l'interprétation du contrat [1].

247 **Clauses de confidentialité.** Les parties conviennent souvent de ce genre de clauses lors de la négociation du contrat. Il est également habituel de stipuler une clause relative à la confidentialité dans le contrat définitif lui-même. De la sorte, les parties protègent les secrets d'affaires. La clause empêche la divulgation des informations confidentielles et parfois même leur utilisation. Il faut veiller à préciser quelles sont les informations couvertes par la confidentialité (toutes les informations échangées ou bien seulement certaines d'entre elles), les personnes tenues à la confidentialité (par exemple les salariés ou les filiales des entreprises contractantes), la durée de l'obligation (déterminée par la volonté des parties courant le plus souvent à compter de la date de révélation du secret ou de conclusion du contrat et se poursuivant parfois après l'exécution du contrat) [2]. Il est rare que les clauses prévoient une sanc-

---

1. De manière générale, v. F. De Ly, «Les clauses d'interprétation dans les contrats internationaux (qualification, définition, accord complet, intitulés, langue, modification, renonciation et nullité partielle)», *RD aff. int.* 2000.719. V. aussi, P. Kahn, «L'interprétation des contrats internationaux», *JDI* 1981.5.

2. M. Bühler, «Les clauses de confidentialité dans les contrats internationaux», *RD aff. int.* 2002.359.

tion. Celle-ci relève de la responsabilité civile contractuelle. Il est également possible d'assortir l'obligation d'une clause pénale. La révélation d'une information couverte par la confidentialité peut être ordonnée par une décision de justice (il est souhaitable de prévoir ce cas lors de la rédaction de la clause en tant que cause d'exonération de responsabilité). Si le contrat contient une clause d'arbitrage, la confidentialité sera préservée en cas de litige, l'arbitrage étant lui-même une procédure confidentielle.

248 **Clauses relatives à la responsabilité.** Il s'agit des clauses limitatives ou exonératoires de responsabilité. De telles clauses permettent aux parties de répartir la charge des risques dans le cadre de l'opération envisagée. Leur utilité est considérable [1]. À quelles conditions sont-elles valables ? Il est admis que cette question relève de la loi applicable au contrat [2]. Un débat s'est instauré portant sur la nécessité d'introduire, en matière de vente, une règle matérielle de droit international privé validant les clauses de non garantie entre professionnels [3]. La Convention de Vienne de 1980 ne prévoit rien à ce sujet, renvoyant sur ce point aux droits nationaux. Selon nous, la règle du droit français de la vente prohibant les clauses restrictives ou exclusives de garantie entre professionnels de spécialités différentes est profondément contraire aux besoins du commerce international. Sur cette base, une règle matérielle de validation, propre à la matière internationale, serait la bienvenue. Il ne faut pourtant pas penser que le droit du commerce international est insensible aux dangers suscités par les clauses limitatives ou exonératoires de responsabilité, dangers qui existent même dans le domaine international. L'article 7.1.6 des Principes UNIDROIT permet ainsi d'écarter la clause lorsqu'il est pour une partie « manifestement inéquitable » de l'invoquer eu égard au but du contrat. L'article 8 : 109 des Principes du droit européen du contrat autorise, quant à lui, à priver d'effet la clause

1. J. Rajski, « Les clauses limitatives et exonératoires de responsabilité dans les contrats internationaux », *RD aff. int.* 2002.321.
2. Civ. 1re, 4 oct. 1989, *Rev. crit. DIP* 1990.316, note P. Lagarde ; *JDI* 1990.415, 1re esp., note P. Kahn.
3. Pour : B. Audit, *La vente internationale de marchandises*, LGDJ, 1990, n° 120, p. 116 ; K. Missaoui, « La validité des clauses aménageant la garantie des vices cachés dans la vente internationale de marchandises », *JCP* 1996. I. 3927. Contre : P. Lagarde, « Droit international privé », in *Les clauses limitatives ou exonératoires de responsabilité en Europe*, LGDJ, 1990, p. 17.

lorsqu'il serait « contraire aux exigences de la bonne foi d'invoquer l'exclusion ou la limitation ».

Il convient de mentionner à propos des clauses relatives à la responsabilité, les clauses de *best efforts, reasonable care* et *due diligence*[1]. Très présentes notamment dans les contrats internationaux de distribution ou de construction, de telles stipulations permettent de définir l'intensité des obligations. En leur présence, un juge ou un arbitre est conduit à analyser les engagements du débiteur comme des obligations de moyens n'engendrant sa responsabilité que s'il n'a pas produit les « meilleurs efforts » pour exécuter le contrat. Ces stipulations sont conformes aux Principes UNIDROIT qui reprennent la distinction entre obligations de moyens et obligations de résultat aux articles 5.1.4 et 5.1.5.

Les clauses pénales sont également fréquentes dans les contrats internationaux. Prévoyant à l'avance le paiement d'une somme d'argent en cas d'inexécution ou de mauvaise exécution du contrat, elles concernent la responsabilité. Leur sort est tributaire de la *lex contractus*. Il faut donc consulter cette loi pour savoir si la clause est valable (on connaît à ce propos l'hostilité de principe de la *common law* pour les *penalty clauses*) et si elle peut être révisée dès lors que le montant prévu est excessif. Les Principes UNIDROIT à leur article 7.4.13 et les Principes du droit européen du contrat à leur article 9 : 509 reconnaissent la validité de principe des clauses pénales tout en accordant au juge ou à l'arbitre le pouvoir de réviser leur montant s'il s'avère excessif « par rapport au préjudice découlant de l'inexécution et aux autres circonstances ».

249 **Clauses de *hardship*.** Les opérations du commerce international étant généralement très risquées, les parties prévoient souvent la possibilité de survenance d'événements bouleversant l'économie initiale du contrat. C'est l'objet de la clause dite de *hardship* ou de réadaptation, véritable création de la pratique répondant aux besoins propres du commerce international. C'est une stipulation « aux termes de laquelle les parties pourront demander un réamé-

1. C. Chappuis, «Les clauses de *best efforts, reasonable care, due diligence* et les règles de l'art dans les contrats internationaux», *RD aff. int.* 2002.281.

nagement du contrat qui les lie si un changement intervenu dans les données initiales au regard desquelles elles s'étaient engagées vient à modifier l'équilibre de ce contrat au point de faire subir à l'une d'elles une rigueur ("*hardship*") injuste » [1]. Si un tel événement survient, la clause oblige les parties à renégocier de bonne foi leur contrat afin de l'adapter aux changements de circonstances [2]. La clause peut aussi permettre, à défaut d'accord des parties, l'intervention du juge, plus sûrement de l'arbitre, pour qu'il fixe les nouvelles conditions du contrat. La clause de *hardship* a une importance primordiale dans le commerce international [3]. Que l'imprévision soit reconnue ou non dans le droit applicable au contrat, celle-ci assure aux parties un mécanisme d'adaptation en vue d'assurer la survie et la pérennité de la relation contractuelle. Les solutions sont moins certaines en l'absence de clause. Il a été proposé l'adoption en droit français d'une règle matérielle reconnaissant l'imprévision pour les contrats internationaux [4]. Dans cette voie, on doit avoir égard aux articles 6.2.1 à 6.2.3 des Principes UNIDROIT et à l'article 6 : 111 des Principes du droit européen du contrat qui consacrent le *hardship* en l'absence de clause particulière. Un arrêt de la Cour de cassation belge est intéressant en ce qu'il admet au nom des principes généraux qui gouvernent le droit du commerce international une obligation de renégociation en cas de changement de circonstances perturbant fondamentalement l'équilibre contractuel [5].

1. B. Oppetit, « L'adaptation des contrats internationaux aux changements de circonstances : la clause de «hardship» », *JDI* 1974. 794, spéc., p. 797. V., aussi, U. Draetta, « Les clauses de force majeure et de *hardship* dans les contrats internationaux », *RD aff. int.* 2002, p. 347 ; Y. Lequette, « De l'efficacité des clauses de *hardship* », in *Liber Amicorum C. Larroumet*, Economica, 2010, p. 267 ; F. Magar, « Ingénierie juridique : pratique des clauses de rencontre et renégociation », *D.* 2010. 1959 ; O. Cachard, « Les clauses de *hardship* dans les contrats maritimes : prévisions et imprévision ! », *DMF* 2011. 399.

2. Pour un exemple de clause : « En cas d'évolutions techniques, commerciales et/ou règlementaires rendant l'exécution du présent contrat ruineuse pour l'une des parties, celles-ci conviennent expressément de négocier de bonne foi une révision du Contrat qui prendra la forme d'un avenant ».

3. V., par exemple, la clause-type de *hardship* proposée par la Chambre de commerce internationale (doc. Mars 1985), reproduite intégralement *in* J.-M. Jacquet, P. Delebecque et S. Corneloup, *Droit du commerce international*, Dalloz, coll. Précis, 2e éd., 2010, n° 436.

4. J.-L. Delvolvé, « L'imprévision dans les contrats internationaux », *Trav. Com. Fr. DIP* 1989-1990. 147. V. de manière générale, H. Van Houtte, « Changed circumstances and pacta sunt servanda », in *Transnational Rules in International Commercial Arbitration*, ICC 1993. 105. Pour une obligation de renégociation fondée sur la bonne foi, v. P. Accaoui Lorfing, « La renégociation contractuellement imprévue », *RD aff. int.* 2010. 35.

5. 19 juin 2009, *D.* 2010. 932, obs. Cl. Witz ; *RDC* 2010. 1405, obs. B. Fauvarque-Cosson.

250 **Clauses de force majeure.** Les contrats internationaux de longue durée s'exposent au risque de connaître un événement empêchant leur exécution. De nombreux systèmes juridiques étatiques connaissent la force majeure qui aboutit à une exonération de responsabilité. Mais la pratique ressent souvent le besoin de rédiger une clause [1]. Le but pour les parties est d'adapter la notion de force majeure aux particularités du contrat en définissant d'un commun accord ses conditions et ses effets. Au-delà de l'originalité propre à chaque contrat, on constate une tendance de la pratique à construire, à travers la rédaction des clauses, des règles différentes de celles consacrées par les droits étatiques. Un « droit transnational de la force majeure » s'est progressivement édifié révélateur en ce domaine d'une véritable *lex mercatoria* [2]. Ainsi la tendance existe-t-elle à concevoir les conditions de la force majeure de manière moins stricte que dans les droits nationaux. De même, tout est généralement fait pour sauvegarder le contrat. La clause de force majeure joue ainsi comme une véritable clause d'adaptation. C'est le cas lorsqu'elle stipule qu'en cas de survenance d'un événement qualifié de force majeure, les parties devront entamer des discussions en vue de réviser le contrat. Les Principes UNIDROIT à l'article 7.1.7 et les Principes du droit européen du contrat à l'article 8 : 108 consacrent la force majeure, mais ont le défaut de ne pas envisager une réadaptation du contrat.

251 **Clauses relatives au prix.** Les parties ont la possibilité de déterminer les modalités de fixation ou de paiement du prix par des clauses appropriées. En la matière, chaque clause correspond aux particularités du contrat. Il demeure néanmoins des constantes. Les contrats de longue durée prévoient souvent des clauses d'indexation afin de faire évoluer le montant du prix sur la base d'un indice. De même, certains contrats tels ceux de fourniture ou d'approvisionnement contiennent des clauses conduisant à un

1. V. M. Fontaine, «Les clauses de force majeure dans les contrats internationaux», *DPCI* 1979.469 ; U. Draetta, «Force majeure clauses in international trade practice», *RD aff. int.* 1996.547.

2. V. P. Kahn, «Force majeure et contrats internationaux de longue durée», *JDI* 1975 .467 ; D.W. Rivkin, «*Lex mercatoria* and force majeure», in *Transnational Rules in International Commercial Arbitration*, ICC 1993.161.

ajustement du prix par rapport aux conditions du marché [1]. Il s'agit tout d'abord de la clause de l'offre concurrente (dite parfois « clause anglaise »). Aux termes d'une telle stipulation, une partie (ex. : un acheteur) est en droit d'opposer à son cocontractant l'offre plus intéressante d'un tiers. Dans ce cas, si le cocontractant accepte de s'aligner sur l'offre concurrente, le contrat continue, mais à des conditions nouvelles ; si en revanche il refuse, le contrat est suspendu ou résilié. La pratique connaît ensuite la clause du client le plus favorisé suivant laquelle une partie s'engage à faire bénéficier son cocontractant des conditions plus avantageuses qu'elle consentirait à un tiers pour un même contrat. Les clauses d'offre concurrente et du client le plus favorisé fonctionnent comme des clauses d'adaptation. Enfin, en vertu de la clause de premier refus, une partie s'engage envers son cocontractant à lui proposer dans le futur de réaliser avec lui une opération nouvelle avant de la proposer à un tiers (c'est une forme de droit de préférence). Si le cocontractant refuse, la partie est libre de conclure le contrat projeté avec un tiers. L'ensemble de ces clauses appelle une rédaction soignée afin notamment de poser les conditions de comparabilité. De plus, leur validité peut être remise en cause par le droit de la concurrence si elles entraînent, au vu des circonstances de l'espèce, des effets anticoncurrentiels.

252 **Clauses mettant fin au contrat.** Les contrats internationaux prévoient le plus souvent des stipulations particulières portant sur la fin du contrat. Loin d'abandonner cette question aux droits nationaux, les contractants préfèrent prévoir des règles propres quant aux conditions de fin du contrat et quant à ses conséquences. Les clauses sont nombreuses, telles les clauses de nullité, les clauses résolutoires, les clauses de durée, les clauses de résiliation (prévoyant généralement un préavis), etc. Certaines stipulations sont originales. Ainsi en va-t-il de la clause d'*anticipatory breach* ou d'inexécution anticipée qui permet à l'une des parties de mettre fin au contrat non pas en cas d'inexécution avérée, mais

1. M. Trochu, « Les clauses d'offre concurrente, du client le plus favorisé et de premier refus dans les contrats internationaux », *RD aff. int.* 2002.303.

en présence de craintes d'une inexécution future [1]. On doit aussi mentionner la clause de *deadlock* stipulée généralement dans des contrats de *joint-venture* [2]. La clause se déclenche lorsqu'il existe un blocage entre les partenaires au niveau des organes statutaires et prévoit des solutions de sortie consistant en la dissolution de la relation de partenariat accompagnée d'une cession des parts à l'autre partie. Enfin, relevons l'existence, de plus en plus fréquente en pratique, des clauses de changement de contrôle selon lesquelles, en cas de prise de contrôle par un tiers de l'une des parties, l'autre partie est autorisée à mettre fin au contrat. Outre que de telles clauses sont la reprise par le contrat de la notion de contrôle, elles permettent d'affirmer un *intuitu personae* [3].

253 **Clauses ayant pour objet la pérennité du contrat.** Certaines clauses visent à faire survivre la relation contractuelle. Il en va ainsi dans les contrats à durée déterminée de la clause de prorogation (qui aboutit à la continuation du contrat) et de la clause de reconduction (qui donne lieu à un nouveau contrat) [4]. D'autres clauses portent sur la circulation du contrat. Tel est le cas des clauses de cession ou de transfert (*assignment clauses*) [5]. Ces stipulations sont complexes en ce qu'elles portent sur des opérations elles-mêmes complexes : cession de créances ou transfert de contrats. La présence d'une clause de cession permet de déterminer les conditions et les effets de la cession. Celle-ci peut être autorisée sans restriction. À l'inverse, il est possible que la clause interdise toute cession faisant en sorte d'empêcher la circulation du contrat. Mais, le plus souvent, la clause autorise la cession à un tiers en la subordonnant à l'autorisation du cocontractant. La présence assez fréquente d'une telle stipulation montre, une fois encore,

1. M. Vanwijck-Alexandre, « Les clauses mettant fin au contrat et les clauses survivant au contrat », *RD aff. int.* 2002.407.
2. V. *supra*, n° 178 s.
3. M.-E. André, « L'*intuitus personae* dans les contrats entre professionnels », in *Mélanges M. Cabrillac*, Dalloz-Litec, 1999, p. 23.
4. B. Kohl, « Les clauses mettant fin au contrat et les clauses survivant au contrat II », *RD aff. int.* 2002.443.
5. R. Goode, « Assignment clauses in international contracts », *RD aff. int.* 2002.389. De manière générale, v. A.-S. Courdier-Cuisinier, « La cession conventionnelle de contrat en matière internationale », *JDI* 2009. 469 ; A.O. De Jesus, *La cession du contrat international. Contribution à l'étude du droit transnational des contrats*, Thèse Paris II, 2010, Dactyl.

que les relations commerciales internationales sont loin d'être totalement impersonnelles et laissent place au contraire à un *intuitu personae*.

254 **Clauses survivant au contrat.** Il existe de nombreuses clauses qui ne s'éteignent pas en même temps que le contrat ce qui montre que la fin du contrat n'est pas nécessairement synonyme de cessation des obligations contractuelles. On mentionnera les clauses de non-concurrence, les clauses de confidentialité ou bien encore les clauses d'arbitrage. Il faut également évoquer une stipulation qui aménage les conséquences de la fin du contrat : la clause de liquidation. Grâce à elle, les parties règlent un certain nombre de problèmes tels que le sort des stocks (dans les contrats de distribution), la restitution de documents (dans les contrats de transfert de technologie) ou l'effet de la rupture du contrat sur les travaux en cours (dans les contrats de construction).

Section 2
La loi applicable au contrat international

255 Le plus souvent, le contrat, par ses clauses, suffit à fournir la solution du litige. Il en va ainsi toutes les fois où le litige naît d'une divergence d'interprétation portant sur le contrat lui-même. Un juge, et plus encore un arbitre (qui doit dans tous les cas tenir compte des stipulations contractuelles [1]), pourra rendre une décision sur la base d'une simple interprétation du contrat. La thèse extrême du contrat sans loi est toutefois rejetée en droit positif [2]. Le contrat international n'est pas « autosuffisant ». Il n'est pas apte à lui seul à donner l'entière solution du litige. Un contrat doit être soumis à un système de référence, à un droit qui lui est applicable, dans ses dispositions impératives et supplétives. Il doit donc y

1. V., par exemple, l'article 17 § 2 du règlement d'arbitrage de la Cour internationale d'arbitrage de la Chambre de commerce internationale : « Dans tous les cas, le tribunal arbitral tient compte des dispositions du contrat et des usages du commerce pertinents ».
2. Sur la différence entre le contrat « sans loi » et le contrat « sans droit », v. *supra*, n° 99.

avoir un ordre juridique qui confère au contrat sa force obligatoire et qui pose des règles relatives à son régime. Mais cet ordre juridique ne découle pas nécessairement d'une loi étatique. Il peut s'agir de la *lex mercatoria* [1]. La possibilité d'appliquer la *lex mercatoria* est pleinement reconnue devant l'arbitre. Elle suscite cependant plus de difficultés lorsque le litige est porté devant un juge étatique [2].

256 Comment déterminer la loi applicable à un contrat international ? Il s'agit ici d'une hypothèse dans laquelle il faut appliquer une règle de conflit [3]. Par son internationalité, le contrat sollicite potentiellement plusieurs ordres juridiques. Il faut savoir dans ce cadre quel sera l'ordre juridique dans lequel le contrat puisera son régime. Par l'intermédiaire de ce raisonnement conflictualiste, si l'on exclut du raisonnement la *lex mercatoria*, ce sera un droit interne qui sera désigné compétent pour régir le contrat (ex. : le droit français).

257 Aujourd'hui, il existe deux instruments : la Convention de Rome du 19 juin 1980 sur la loi applicable aux obligations contractuelles et le règlement dit « Rome I » du 17 juin 2008 qui lui a succédé. La Convention de Rome est applicable en France aux contrats conclus entre la date de son entrée en vigueur (c'est-à-dire le 1er avril 1991) et la date d'entrée en vigueur du règlement Rome I (c'est-à-dire le 17 décembre 2009). Le règlement Rome I est, quant à lui, applicable aux contrats conclus à compter du 17 décembre 2009 [4].

Préparée sous l'égide de la Communauté européenne, la Convention de Rome a unifié les règles de conflit en matière contractuelle [5]. Elle a été une date importante du droit des conflits de lois en matière contractuelle. Concrétisant une proposition de

---

1. V. *supra*, n° 97 s.
2. V. *supra*, n° 99.
3. Sur cette méthode, v. *supra*, n° 15 s.
4. Et non plus « après le 17 décembre 2009 » (Voir le rectificatif au règlement modifiant sur ce chef l'article 28 « application dans le temps », *JOUE*, 24/11/2009, L. 309/87).
5. P. Lagarde, «Le nouveau droit international privé des contrats après l'entrée en vigueur de la convention de Rome du 19 juin 1980 sur la loi applicable aux obligations contractuelles», *Rev. crit. DIP* 1991.287 ; J. Foyer, «Entrée en vigueur de la convention de Rome du 19 avril 1980 sur la loi applicable aux obligations contractuelles», *JDI* 1991.601.

2005 [1], le règlement du 17 juin 2008 a pris la suite de la Convention. La littérature à son sujet est très abondante [2]. Même si cet instrument opère des changements notables, il n'y a pas de véritable bouleversement de la matière. Néanmoins, la transformation d'une convention internationale en un règlement européen n'est pas une opération anodine. De manière globale, le droit international privé des contrats est désormais soumis à la logique du droit de l'Union européenne. Une telle prégnance se fait par exemple sentir à la lecture de l'article 3.4 du règlement qui laisse apparaître la figure du contrat « interne » à l'Union européenne [3]. Lorsque tous les éléments du contrat sont localisés au sein de l'Union européenne, il n'est donc pas possible de déroger aux dispositions impératives du droit de l'Union par le choix de la loi d'un pays tiers. Sans pour autant qu'il s'agisse de véritables lois de police [4], on voit ici l'émergence d'une forme de règles impératives européennes applicables aux contrats « intra-européens ». Toutefois, aux conditions posées, le règlement Rome I (tout comme la Convention de Rome) a un champ d'application universel : il permet la désignation de toute loi, même celles qui émanent d'États tiers à l'Union européenne.

1. Commission, Proposition de règlement du Parlement européen et du Conseil sur la loi applicable aux obligations contractuelles (Rome I), COM (2005) 650 final, *JDI* 2006.404. V. P. Lagarde, « Remarques sur la proposition de règlement de la Commission européenne sur la loi applicable aux obligations contractuelles (Rome I) », *Rev. crit. DIP* 2006.331.

2. V. notamment, S. Corneloup, « La loi applicable aux obligations contractuelles. Transformation de la Convention de Rome en règlement communautaire 'Rome I' », *JCP* 2008. I. 205 ; P. Lagarde et A. Tenenbaum, « De la convention de Rome au règlement Rome I », *Rev. crit. DIP* 2008. 727 ; S. Bollée et S. Lemaire (dir.), « Le règlement n° 593/2008 du 17 juin 2008 sur la loi applicable aux obligations contractuelles, dit 'Rome I' », *D.* 2008. 2155 ; P. Deumier et J.-B. Racine, « Règlement Rome I : le mariage entre la logique communautaire et la logique conflictuelle », *RDC* 2008. 1309 ; H. Kenfack, « Le règlement (CE) n° 593/2008 du 17 juin 2008 sur la loi applicable aux obligations contractuelles ('Rome I'), navire stable aux outils efficaces de navigation ? », *JDI* 2009. 3 ; S. Francq, « Le règlement 'Rome I' sur la loi applicable aux obligations contractuelles. De quelques changements... », *JDI* 2009. 41 ; C. Nourissat, « Le règlement (CE) n° 593/2008 du 17 juin 2008 sur la loi applicable aux obligations contractuelles ('Rome I') », *Defrénois*, 2009. 2017 ; H. Gaudemet-Tallon, « Convention de Rome du 19 juin 1980 et règlement 'Rome I' du 17 juin 2008 », *JurisClasseur droit international*, Fasc. 552-11 et 552-15, 2009.

3. Selon cet article, « Lorsque tous les autres éléments de la situation sont localisés, au moment de ce choix, dans un ou plusieurs États membres, le choix par les parties d'une autre loi applicable que celle d'un État membre ne porte pas atteinte, le cas échéant, à l'application des dispositions du droit communautaire auxquelles il n'est pas permis de déroger par accord, et telles que mises en oeuvre par l'État membre du for ».

4. Sur cette question, v. P. Deumier et J.-B. Racine, « Règlement Rome I : le mariage entre la logique communautaire et la logique conflictuelle », *op. cit.*, p. 1317 s.

258 Tant la Convention de Rome que le règlement Rome I fournissent au juge français les outils de détermination de la loi applicable au contrat international [1]. Ces règles s'appliquent aux obligations contractuelles « relevant de la matière civile et commerciale », même si, dans ce spectre, tous les domaines du contrat international ne sont pas matériellement couverts [2].

Il convient d'étudier d'abord quelles sont les méthodes permettant de désigner la loi applicable à un contrat international (**§ 1**), pour voir ensuite quel est le domaine de la loi applicable (**§ 2**). Une place particulière doit être réservée aux lois de police (**§ 3**).

§ 1. Les méthodes de détermination de la loi applicable

259 On doit noter à titre liminaire que, selon un principe général du droit international privé des contrats, le renvoi est exclu. La désignation de la loi applicable se fait donc directement. Ce faisant, plusieurs méthodes sont à l'œuvre [3]. Il existe une règle de conflit générale qui s'applique normalement à tous les contrats internationaux (**A**) et des règles de conflit spéciales conçues pour protéger un contractant en état de faiblesse ou pour tenir compte du particularisme de certains contrats (**B**).

1. La Cour de justice de l'Union européenne a le pouvoir d'interpréter la Convention de Rome, soit par la voie d'une question préjudicielle, soit par un renvoi en interprétation (pour la première saisine de la Cour de Luxembourg dans ce cadre, v. CJCE, 6 oct. 2009, ICF, aff. C-133/08, *JCP* 2009. 550, note L. d'Avout et L. Perreau-Saussine ; *Rev. dr. transp.* nov. 2009. comm. 210, note L. Grard ; *JDI* 2010. 183, note C. Legros ; *D.* 2010. 236, note F. Jault-Seseke ; *RDC* 2010. 701, obs. P. Deumier, J.-B. Racine et E. Treppoz). Cette réforme résulte de deux protocoles du 19 décembre 1988 entrés en vigueur le 1er août 2004. V. aussi l'art. 18 de la Convention : « Aux fins de l'interprétation et de l'application des règles uniformes qui précèdent, il sera tenu compte de leur caractère international et de l'opportunité de parvenir à l'uniformité dans la façon dont elles sont interprétées et appliquées ». Quant au règlement du 17 juin 2008, il peut naturellement donner lieu à interprétation de la part de la CJUE.
2. Un certain nombre de domaines sont exclus du champ d'application de la Convention de Rome et du règlement Rome I. Aux termes de l'article 1 des deux textes sont, par exemple, exclues les obligations nées de lettres de change, chèques, billets à ordre, les conventions d'arbitrage et d'élection de for ou bien encore les questions relevant du droit des sociétés, associations et personnes morales.
3. J.-M. Jacquet, « Le contrat international : l'originalité des méthodes », *Journ. sociétés* juin 2009. 16.

A. La règle de conflit générale

260 Dans l'histoire des conflits de lois deux thèses se sont affrontées : la thèse subjectiviste et la thèse objectiviste [1]. Selon la thèse subjectiviste, la loi applicable à un contrat international est celle que les parties ont voulue (c'est ce que l'on appelle le principe d'autonomie ou loi d'autonomie [2]). Selon la thèse objectiviste, la loi applicable est celle qui, sur la base d'un lien objectif, répond à la localisation du contrat dans un ordre juridique étatique. Aujourd'hui, les textes en vigueur opèrent une conciliation entre ces deux thèses. Est posé le principe selon lequel les parties sont libres de choisir la loi applicable consacrant ainsi le principe d'autonomie (**1**). À défaut d'expression de la volonté des parties, des critères objectifs de détermination de la loi applicable sont utilisés (**2**).

1. Le choix par les parties

261 La Convention de Rome et le règlement Rome I consacrent le principe d'autonomie selon lequel les parties ont la liberté de choisir la loi applicable à un contrat international [3]. L'article 3.1 des deux textes dispose en effet de manière identique que « Le contrat est régi par la loi choisie par les parties ». Sur ce point, la Convention de Rome et le règlement européen ne sont pas éloignés de la jurisprudence française qui avait depuis longtemps consacré en droit positif un tel principe [4]. C'est un principe fondamental du droit des conflits de lois dans le cadre contractuel (on notera qu'un instrument est actuellement en préparation sous l'égide de la Conférence de La Haye de droit international privé sur le choix de la loi applicable en matière de contrats internationaux [5]). Le

1. H. Batiffol, « Objectivisme et subjectivisme dans le droit international privé des contrats », in *Mélanges Maury*, 1960, I, p. 39.
2. J.-M. Jacquet, *Principe d'autonomie et contrats internationaux*, Économica, 1983 ; J.-C. Pommier, *Principe d'autonomie et loi du contrat en droit international privé conventionnel*, Économica, 1992. V. aussi, J.-M. Jacquet, « Le principe d'autonomie entre consolidation et évolution », in *Mélanges H. Gaudemet-Tallon*, Dalloz, 2008, p. 727.
3. S'agissant du second texte, v. S. Corneloup et N. Joubert (dir.), *Le règlement communautaire Rome I et le choix de loi dans les contrats internationaux*, Litec, 2011.
4. Cass. 5 déc. 1910, *American trading company*, *S.* 1911. 1 . 129, note Lyon-Caen ; *Rev. crit. DIP* 1911. 395 ; *JDI* 1912. 1156 ; *Les grands arrêts du droit international privé*, *op. cit.*, p. 94 : « la loi applicable aux contrats, soit en ce qui concerne leur formation, soit quant à leurs effets et conditions, est celle que les parties ont adoptée ».
5. Voir le site internet de la Conférence : http://www.hcch.net.

préambule du règlement européen, à son considérant n° 11, énonce même que la liberté des parties de choisir la loi applicable constitue l'une des « pierres angulaires » des conflits de lois en matière contractuelle.

Les parties peuvent choisir la loi qu'elles veulent que celle-ci présente ou non des liens objectifs avec le contrat. Le plus souvent, les parties choisissent une loi en rapport avec le contrat (par exemple, la loi du lieu d'exécution du contrat). Mais les parties n'en ont pas l'obligation. Elles peuvent choisir une loi « neutre » qui n'entretient aucun lien avec le contrat (par exemple, le droit suisse ou la loi de l'État de New York). Les parties peuvent aussi choisir une loi parce qu'elle prévoit un régime adapté à la nature de l'opération (par exemple, le droit anglais pour le commerce maritime). Sous réserve de la conformité à l'ordre public d'éviction [1] et d'une éventuelle fraude à la loi, la liberté des parties est totale. Les parties ont même la possibilité de choisir plusieurs lois applicables selon la technique du « dépeçage » [2]. Les parties peuvent ainsi soumettre une partie du contrat à une loi et l'autre partie à une loi différente [3]. Le dépeçage doit cependant être utilisé avec une grande précaution, car cette technique est susceptible de s'avérer difficile à mettre en œuvre en pratique.

262 L'article 3.1 de la Convention de Rome dispose que « Ce choix doit être exprès ou résulter de façon certaine des dispositions du contrat ou des circonstances de la cause » [4]. Le même article 3.1 du règlement Rome I reprend à l'identique les mêmes conditions.

Le choix de la loi applicable par les parties est généralement exprès et se formalise le plus souvent par une clause d'élection de droit (clause d'*electio juris* ou clause de droit applicable [5]). C'est l'une des clauses usuelles du contrat international [6]. Généralement

---

1. Sur lequel, v. *supra*, n° 24.

2. P. Lagarde, « Le "dépeçage" dans le droit international privé des contrats », *Riv. dir. int. e. proc.*, 1975.649.

3. Selon l'article 3.1. *in fine* de la Convention de Rome et du règlement Rome I, « Par ce choix, les parties peuvent désigner la loi applicable à la totalité ou à une partie seulement de leur contrat ».

4. Pour une application de cet article, V. Civ. 1re, 25 janv. 2000, *Rev. crit. DIP* 2000.737, note J.-M. Jacquet.

5. V. J. Foyer, « Le contrat d'*electio juris* à la lumière de la convention de Rome du 19 juin 1980 », in *Mélanges Y. Loussouarn*, Dalloz, 1994, p. 169.

6. Sur lesquelles, v. *supra*, n° 245 s.

placée à la fin du contrat, parfois combinée avec une clause d'arbitrage, cette stipulation formalise l'accord des parties sur la loi régissant le contrat. Elle se rédige le plus souvent simplement en indiquant par exemple que « Le présent contrat est soumis à la loi française ». Il est très utile que les parties se mettent d'accord sur une loi applicable. La clause d'élection de droit évite l'incertitude quant au régime juridique du contrat et coupe court à toute discussion sur la détermination de la *lex contractus* qui, dans certains cas, peut s'avérer très difficile. Si les parties ne prévoient pas de loi applicable, toute négligence mise à part, c'est qu'elles n'auront pas réussi à se mettre d'accord renvoyant ainsi au juge ou à l'arbitre le soin de la déterminer.

L'accord des parties peut se formaliser autrement que par une clause d'élection de droit. Postérieurement à la conclusion du contrat, les parties peuvent en effet choisir la loi applicable, par exemple par la voie d'un avenant. Le choix est encore possible en dernière extrémité lorsqu'un juge ou un arbitre est saisi. Il est également permis aux parties de choisir une autre loi que celle qui avait été initialement choisie par elles au moment de la conclusion du contrat. Un changement de loi applicable en cours d'exécution du contrat est possible (v. l'article 3.2 de la Convention de Rome et du règlement Rome I).

À défaut d'être exprès, le choix des parties doit être certain. Cette exigence de certitude empêche les supputations sur une volonté hypothétique des parties de localiser le contrat dans tel ou tel ordre juridique. Dans le système de la Convention de Rome et du règlement Rome I, le choix des parties s'infère, soit des dispositions du contrat [1], soit des circonstances de la cause [2]. La proposition de règlement Rome I de 2005 ajoutait une nouveauté en établissant une règle selon laquelle le choix par les parties des tribunaux d'un État membre faisait présumer le choix de la loi de

1. Par exemple, l'adoption d'un contrat spécifique à un système juridique déterminé, comme par exemple le trust connu de la *common Law*, est susceptible de conduire à la soumission du contrat au droit de ce système juridique.

2. Par exemple, il relève des circonstances de la cause que les parties ont entendu soumettre le mandat de conclure un contrat déterminé à la loi de ce contrat. En ce sens, P. Mayer et V. Heuzé, *Droit international privé*, Montchrestien, 10e éd., 2010, n°721, p. 555.

cet État membre. Cette solution n'a pas été reprise dans le texte du règlement. Une règle proche figure néanmoins dans le préambule du règlement, au considérant n° 12 [1], faisant ainsi douter de sa vigueur juridique.

2. La loi applicable à défaut de choix par les parties

263 Lorsque les parties n'ont pas, de manière expresse ou certaine, exprimé leur volonté quant à la loi applicable, il reviendra au juge (ou à l'arbitre) saisi de déterminer cette loi. Dans ce cas de figure, il faudra faire utilisation de critères objectifs. Il faut à cet égard distinguer selon que la Convention de Rome (a) ou le règlement du 17 juin 2008 (b) est applicable. Même si la philosophie de ces deux textes est commune, les règles sont légèrement différentes.

a. En vertu de la Convention de Rome

264 La Convention de Rome à son article 4 choisit le critère des « liens les plus étroits ». En effet, cet article à son paragraphe 1 dispose que « Dans la mesure où la loi applicable au contrat n'a pas été choisie conformément aux dispositions de l'article 3, le contrat est régi par la loi du pays avec lequel il présente les liens les plus étroits ». On reconnaît la mise en œuvre du principe de proximité [2].

265 Afin de préciser ce qu'il faut entendre par liens les plus étroits, le paragraphe 2 de l'article 4 de la Convention de Rome établit une présomption. Selon cet article, « Sous réserve du paragraphe 5, il est présumé que le contrat présente les liens les plus étroits avec le pays où la partie qui doit fournir la prestation caractéristique a, au moment de la conclusion du contrat, sa résidence habituelle ou, s'il s'agit d'une société, association ou personne morale, son administration centrale ».

266 Pour savoir quelle est la loi applicable, il faut d'abord déterminer la prestation caractéristique du contrat. Que faut-il entendre par prestation caractéristique ? C'est la prestation qui confère au contrat son originalité, qui permet de le distinguer des autres

1. « Un accord entre les parties visant à donner compétence exclusive à une ou plusieurs juridictions d'un État membre pour connaître des différends liés au contrat devrait être l'un des facteurs à prendre en compte pour déterminer si le choix de la loi a été clairement énoncé ».

2. P. Lagarde, «Le principe de proximité en droit international privé», *Rec. Cours La Haye*, 1986, t. 196, p. 9.

contrats [1]. L'obligation de payer une somme d'argent n'est pas une prestation caractéristique, car elle est commune à tous les contrats à titre onéreux et ne permet pas de distinguer par exemple le contrat de vente et le contrat d'entreprise. *A contrario*, il est possible de dire que la prestation caractéristique est le plus souvent, pour les contrats synallagmatiques, l'obligation corrélative de l'obligation de payer une somme d'argent. Dans la vente, est donc la prestation caractéristique l'obligation du vendeur de délivrer la chose, qui est l'obligation corrélative de l'obligation de l'acheteur de payer le prix. En matière de contrat d'entreprise, la prestation caractéristique est celle de l'entrepreneur qui doit exécuter le service, obligation corrélative de l'obligation du maître de l'ouvrage de payer le prix.

L'identification de la prestation caractéristique n'est cependant pas toujours une tâche aisée. Ainsi, en matière de contrat international de distribution, la jurisprudence a-t-elle eu l'occasion de se demander quelle était cette prestation caractéristique. Dans un contrat de concession exclusive, est-ce la prestation du concédant ou bien celle du concessionnaire ? Sous l'empire de la Convention de Rome, la Cour de cassation a considéré que la prestation caractéristique était celle du concédant au motif que pour un contrat de distribution, « la fourniture du produit est la prestation caractéristique » [2]. Une solution aussi simple ne rend pas nécessairement compte de la complexité des contrats de distribution [3]. Elle a été formellement remise en cause par le règlement Rome I [4].

267 Après avoir déterminé quelle était la prestation caractéristique, il faut ensuite identifier le lieu où réside le débiteur de celle-ci. La loi applicable est en effet la loi du pays où réside habituellement le débiteur de la prestation caractéristique. Pour les personnes morales, il s'agit de la loi du lieu où est située l'administration

1. Le rapport Giuliano et Lagarde (*JOCE*, n°C 282, 31 oct. 1980.20) définit la prestation caractéristique par rapport à «la fonction que le rapport juridique en cause exerce dans la vie économique et sociale du pays».

2. Civ. 1re, 15 mai 2001, *Rev. crit. DIP* 2002.86, note P. Lagarde ; *JDI* 2001, p. 1121, note A. Huet ; *JCP* II. 10634, note J. Raynard ; Civ. 1re, 25 nov. 2003, *D.* 2004.494, note H. Kenfack.

3. V. *infra*, n°415 s.

4. V. *infra*, n°271 et *infra*, n° 418 s.

centrale [1]. Une telle règle de conflit a un avantage considérable. Elle évite les affres de la localisation du contrat qui obligeait, avant l'entrée en vigueur de la Convention de Rome, à partir à la recherche du lieu d'exécution du contrat, lieu qui n'est pas toujours aisé à découvrir. Dans le système proposé par la Convention de Rome, le lieu d'exécution du contrat n'intervient normalement pas. La désignation de la loi applicable obéit en principe à une règle mécanique.

268 Le système mis en place envisage toutefois des dérogations au principe posé à l'article 4.2. L'article 4.5 de la Convention de Rome prévoit une clause d'exception. La présomption établie à l'article 4.2 étant simple, elle peut être écartée ou renversée.

Selon l'article 4.5, la présomption ne joue d'abord pas lorsque la prestation caractéristique ne peut être déterminée. C'est l'exemple classique du contrat d'échange. C'est aussi le cas de contrats d'une complexité particulière dans lesquels les obligations des parties sont tellement enchevêtrées qu'aucune d'entre elles ne se dégage comme étant caractéristique de l'opération. La prestation caractéristique étant impossible à identifier, le juge retrouve sa liberté pour déterminer quel pays présente les liens les plus étroits avec le contrat.

La présomption est ensuite écartée « lorsqu'il résulte de l'ensemble des circonstances que le contrat présente des liens plus étroits avec un autre pays » (que celui du lieu où réside habituellement le débiteur de la prestation caractéristique). Cette exception aurait pu fragiliser le système de la Convention de Rome. Elle n'est fort heureusement utilisée qu'assez rarement. Par exemple, la Cour d'appel de Versailles a eu à se prononcer sur la loi applicable à un contrat de cautionnement. Le débiteur de la prestation caractéristique est normalement la caution, ce qui en l'espèce aurait abouti à la désignation de la loi française, la caution, résidant habituellement en France. La Cour a cependant écarté cette présomption en considérant que le contrat présentait des liens

1. L'article 4.2 *in fine* ajoute : « Toutefois, si le contrat est conclu dans l'exercice de l'activité professionnelle de cette partie, ce pays est celui où est situé son principal établissement ou si, selon le contrat, la prestation doit être fournie par un établissement autre que l'établissement principal, celui où est situé cet autre établissement ».

plus étroits avec l'Italie au motif que « la loi applicable à l'obligation principale, la langue utilisée pour la rédaction du contrat, le lieu où il a été signé et le domicile du créancier bénéficiaire du cautionnement, constituent des éléments qui rattachent étroitement le contrat à la loi italienne » [1]. Mais dans le même temps, la Cour de cassation a pu décider qu'il fallait mettre en balance, et donc les traiter sur un pied d'égalité, les lois intéressées par le litige en recherchant celle qui présente les liens les plus étroits avec le contrat. Ainsi par un arrêt du 19 décembre 2006, la Cour a-t-elle décidé que « en application de l'article 4, paragraphe 1, de la Convention de Rome du 19 juin 1980, le contrat est régi par la loi du pays avec lequel il présente les liens les plus étroits ; qu'il résulte de la combinaison des paragraphes 2 et 5 que, pour déterminer la loi la plus appropriée, le juge saisi doit procéder à une comparaison des liens existant entre le contrat et, d'une part, le pays où la partie qui doit fournir la prestation caractéristique a, au moment de la conclusion du contrat, sa résidence habituelle, et, d'autre part, l'autre pays en cause, et rechercher celui avec lequel il présente les liens les plus étroits » [2]. Cette méthode est critiquable. Une application « orthodoxe » de l'article 4 pousse au contraire à normalement appliquer la loi du pays où réside le débiteur de la prestation caractéristique, sauf (c'est une exception) si une autre loi présente des liens plus étroits avec le contrat.

La Cour de justice des Communautés européennes a eu l'occasion de se prononcer sur l'interprétation de l'article 4.5 de la Convention de Rome dans l'arrêt ICF du 6 octobre 2009 [3]. Elle n'a pas donné d'interprétation révolutionnaire à cet article. Elle en a fait une interprétation plutôt souple tout en indiquant néanmoins qu'il doit ressortir « clairement » de l'ensemble des circonstances que le contrat présente des liens plus étroits avec un autre pays que celui qui est déterminé sur la base de l'un des critères prévus

1. Versailles, 6 févr. 1991, *JDI* 1992. 125, note J. Foyer ; *Rev. crit. DIP* 1991. 745, note P. Lagarde ; *D.* 1992. 174, note D. Mondoloni. Pour une lettre d'intention, v. Paris, 12 oct. 2000, *D.* 2002. 1394, obs. B. Audit.

2. Com., 19 déc. 2006, *Bull.* IV, n° 255 ; *RDC* 2007. 467, obs. P. Deumier ; *Rev. crit. DIP* 2007. 592, note P. Lagarde ; *D.* 2007, Pan. p. 1755, obs. P. Courbe et Pan. p. 2562, obs. L. d'Avout et S. Bollée ; *D.* 2008, Pan. p. 1246, obs. H. Kenfack ; *RTD com.* 2007. 628, obs. P. Delebecque.

3. Préc.

à l'article 4, paragraphes 2 à 4. Cette précision rejoint la logique du règlement Rome I qui, lui, emploie l'adverbe « manifestement » [1].

269 L'article 4 prévoit par ailleurs des présomptions spéciales pour deux types de contrats : le contrat de transport qui sera examiné plus tard [2] et le contrat portant sur un immeuble. S'agissant de ce dernier type de contrat [3], l'article 4.3 de la Convention dispose que « Nonobstant les dispositions du paragraphe 2, dans la mesure où le contrat a pour objet un droit réel immobilier ou un droit d'utilisation d'un immeuble, il est présumé que le contrat présente les liens les plus étroits avec le pays où est situé l'immeuble ». En matière immobilière, le critère des liens les plus étroits conduit à la désignation de la loi du pays de situation de l'immeuble (ex. : les baux d'immeubles) [4]. Il est toutefois possible qu'un juge désigne une autre loi si le contrat présente des liens plus étroits avec un autre pays (art. 4.5 de la Convention).

b. En vertu du règlement Rome I

270 L'article 4 du règlement apporte des changements relativement sensibles [5]. Autant la Convention de Rome était marquée par la recherche de la proximité, autant le règlement, lui, est axé sur un objectif de prévisibilité, sans néanmoins, bien entendu, évacuer toute recherche de proximité. Les deux logiques sont somme toute différentes : la proximité implique l'application de la loi qui entretient les liens les plus étroits avec le contrat ; la prévisibilité se fonde sur l'application d'une loi désignée au regard de critères simples et fiables permettant une anticipation de la loi en question. Cette recherche de prévisibilité passe aussi par la méthode employée : autant la Convention de Rome établissait des présomptions, autant le règlement, lui, pose des règles dont l'application se veut théoriquement mécanique.

---

1. V. *infra*, n° 273.
2. V. *infra*, n° 282 s. et n° 365 s.
3. L. Perreau-Saussine, *L'immeuble et les méthodes du droit international privé*, Économica, 2006.
4. À propos du contrat international de construction, v. *infra*, n°430.
5. T. Azzi, « La loi applicable à défaut de choix selon les articles 4 et 5 du règlement « Rome I » », *D.* 2008. 2169 ; F. Ferrari, « Quelques remarques sur le droit applicable aux obligations contractuelles en l'absence de choix des parties (art. 4 du règlement Rome I) », *Rev. crit. DIP* 2009. 459.

271 L'article 4.1 du règlement pose une règle de conflit pour huit types de contrats. Ainsi le contrat de vente est-il régi, à défaut de choix des parties, par la loi du pays dans lequel le vendeur a sa résidence habituelle (a) [1] et le contrat de prestation de services par la loi du pays dans lequel le prestataire de services a sa résidence habituelle (b). De même, le contrat ayant pour objet un droit réel immobilier ou un bail d'immeuble est régi par la loi du pays dans lequel est situé l'immeuble (c) [2], avec une règle spéciale pour les « locations de vacances » (d). Des règles sont consacrées au contrat de franchise au point e (loi du pays dans lequel le franchisé a sa résidence habituelle) et au contrat de distribution au point f (loi du pays dans lequel le distributeur a sa résidence habituelle) [3]. Sur ces deux derniers points, le règlement prend le parti inverse des solutions adoptées en France par la jurisprudence [4]. Enfin, des règles sont prévues pour le contrat de vente aux enchères (article 5.1.g : loi du pays où l'enchère a lieu, si ce lieu peut être déterminé) et pour les contrats portant sur certains instruments financiers (article 5.1.h).

272 Lorsque le contrat n'entre pas dans l'une des huit catégories visées par l'article 4.1 du règlement, l'article 4.2 du texte prévoit qu'il « est régi par la loi du pays dans lequel la partie qui doit fournir la prestation caractéristique a sa résidence habituelle ». Cette solution rejoint naturellement celle contenue à l'article 4.2 de la Convention de Rome. Il ne s'agit toutefois plus d'une simple présomption, mais d'une règle. Demeure en revanche toujours la difficulté de déterminer la prestation caractéristique.

273 Le règlement prévoit une clause d'exception. Il avait cependant été envisagé de la supprimer. C'était le sens de la proposition de 2005 qui l'abandonnait complètement. L'objectif était la prévisibilité : ainsi fallait-il désigner la loi applicable sans possibilité d'appliquer une autre loi au prétexte qu'elle entretiendrait un lien

1. V. cependant l'interférence avec la Convention de La Haye du 15 juin 1955, v. *infra*, n° 305.
2. Pour une étude des implications du règlement Rome I sur la matière immobilière, v. J. Sénéchal, « La loi applicable aux contrats internationaux du secteur de la construction immobilière au sein du règlement Rome I », *RDI* 2008. 526.
3. M.-E. Ancel, « Les contrats de distribution et la nouvelle donne du règlement Rome I », *Rev. crit. DIP* 2008. 561.
4. V. *infra*, n° 416 s.

plus étroit encore avec le contrat. Pourtant, la clause d'exception, gage de souplesse, a été conservée dans le texte final, mais en restreignant ses conditions d'application. Selon l'article 4.3, « Lorsqu'il résulte de l'ensemble des circonstances de la cause que le contrat présente des liens manifestement plus étroits avec un pays autre que celui visé au paragraphe 1 ou 2, la loi de cet autre pays s'applique ». C'est l'adverbe « manifestement » qui doit être mis en exergue : dans l'esprit du règlement, la clause d'exception ne doit être employée, comme son nom l'indique, qu'exceptionnellement. C'est de cette manière que l'objectif de prévisibilité est censé être atteint.

274 Enfin, selon l'article 4.4, « Lorsque la loi applicable ne peut être déterminée sur la base du paragraphe 1 ou 2, le contrat est régi par la loi du pays avec lequel il présente les liens les plus étroits ». C'est le cas lorsque le contrat n'entre dans aucune des huit catégories visées par le paragraphe 1 et que la prestation caractéristique ne peut être déterminée en vertu du paragraphe 2. Dans ce cas, à vrai dire exceptionnel, le juge devra partir à la recherche des liens les plus étroits qu'entretient le contrat avec un pays. C'est finalement un hommage rendu au principe de proximité, relégué en tant que tel au dernier paragraphe de l'article 4.

B. Les règles de conflit spéciales

275 Ces règles de conflit entendent principalement protéger les parties en état de faiblesse [1], consommateurs (**1**) et salariés (**2**) [2]. En outre, il existe des règles de conflit spéciales en matière de contrat de transport (**3**).

1. Contrats conclus par les consommateurs

276 Le consommateur fait l'objet d'une protection lorsqu'il conclut un contrat international. Dans cette optique, la Convention de Rome prévoit une règle de conflit spéciale à son article 5 [3]. Si le contrat

---

1. M. Salah, «Loi d'autonomie et méthodes de protection de la partie faible en droit international privé», *Rec. Cours La Haye*, t. 315, 2005, p. 141.

2. Le règlement Rome I a ajouté une règle de conflit spéciale à propos des contrats d'assurance à son article 7 toujours dans un but partiel de protection (de l'assuré). V. *infra*, n° 483 s.

3. Selon le paragraphe 1 de l'article 5, «Le présent article s'applique aux contrats ayant pour objet la fourniture d'objets mobiliers corporels ou de services à une personne, le consommateur, pour un contient une clause d'élection de droit, il y a un risque que, dans un contrat d'adhésion, la loi désignée soit en réalité celle du lieu d'établissement du professionnel ou bien encore une loi tierce ne contenant aucune disposition contraignante à l'égard des professionnels. C'est pourquoi l'article 5.2 de la Convention dispose que « Nonobstant les dispositions de l'article 3, le choix par les parties de la loi applicable ne peut avoir pour résultat de priver le consommateur de la protection que lui assurent les dispositions impératives de la loi du pays dans lequel il a sa résidence habituelle ». Quelle que soit la loi choisie, le consommateur bénéficie des règles protectrices du droit du pays où il réside habituellement.

Mais cette faveur est enfermée dans les conditions posées dans le même article 5.2. La règle ne joue que dans trois cas.

Tout d'abord, si la conclusion du contrat a été précédée dans ce pays (le pays où le consommateur a sa résidence habituelle) d'une proposition spécialement faite ou d'une publicité, et si le consommateur a accompli dans ce pays les actes nécessaires à la conclusion du contrat.

Ensuite, si le cocontractant du consommateur ou son représentant a reçu la commande du consommateur dans le pays où réside ce dernier.

Enfin, si le contrat est une vente de marchandises et que le consommateur se soit rendu du pays où il réside dans un pays étranger et y ait passé la commande, à la condition que le voyage ait été organisé par le vendeur dans le but d'inciter le consommateur à conclure une vente.

Le consommateur ne bénéficie donc pas de la protection offerte dans tous les cas. Seul le consommateur « passif » est protégé ce qui correspond aux trois hypothèses visées à l'article 5 de la Convention, par exemple lorsque le consommateur est démarché par un professionnel [1]. Un consommateur « actif » ne saurait bénéficier des dispositions de l'article 5 lorsque, par exemple, il

usage pouvant être considéré comme étranger à son activité professionnelle, ainsi qu'aux contrats destinés au financement d'une telle fourniture ».

1. Civ. 1re, 12 juill. 2005, *JDI* 2006.985, note A. Sinay-Cytermann : cas d'un consommateur démarché à domicile en France pour un contrat de courtage matrimonial.

se rend de lui-même à l'étranger pour contracter avec un professionnel [1].

277 Si les parties n'ont choisi aucune loi applicable, dans les trois cas de figure précédents, la loi applicable est celle du pays dans lequel le consommateur a sa résidence habituelle. La protection du consommateur se réalise alors par l'application de la loi du pays où il réside. Cette loi n'est certes pas forcément plus protectrice que la loi qui eut été applicable à sa place, mais le consommateur peut en prendre connaissance plus facilement.

278 Le projet de règlement Rome I simplifiait radicalement les règles. Le choix du droit applicable était exclu s'agissant des contrats de consommation. La loi applicable était celle de l'État membre dans lequel le consommateur avait sa résidence habituelle. Une telle solution aurait permis d'éviter l'application simultanée de deux lois (la loi choisie et la loi du pays dans lequel le consommateur a sa résidence habituelle si elle est différente de la première). Mais elle était sans doute excessive et n'a donc pas été retenue.

279 Au final, l'article 6 du règlement Rome I ne révolutionne pas la matière [2]. Sans entrer dans le détail de la disposition, le contrat conclu par un consommateur est normalement « régi par la loi du pays où le consommateur a sa résidence habituelle, à condition que le professionnel : a) exerce son activité professionnelle dans le pays dans lequel le consommateur a sa résidence habituelle, ou b) par tout moyen, dirige cette activité vers ce pays ou vers plusieurs pays, dont celui-ci, et que le contrat rentre dans le cadre de cette activité » (art. 6.1). Le principe est donc l'application de la loi du lieu où réside habituellement le consommateur. Il faut néanmoins que l'un des deux critères alternatifs posés soit rempli : que le professionnel exerce son activité professionnelle en ce lieu ou y dirige son activité (ce dernier critère permettant d'appréhender le commerce via Internet). Malgré l'existence de tels critères, le champ d'application du règlement, s'agissant des circonstances dans lesquelles le contrat doit avoir été conclu, est plus large que celui de la Convention de Rome.

---

1. La question est alors de savoir si, dans ce cas, le consommateur peut bénéficier d'une protection au titre des lois de police. V. *infra*, n° 298.
2. V. O. Boskovic, « La protection de la partie faible dans le règlement Rome I », *D.* 2008. 2175.

L'article 6.2 du règlement n'exclut pas la possibilité d'un choix de loi applicable dans les contrats internationaux de consommation. Toutefois, ce choix ne peut avoir pour résultat de priver le consommateur de la protection que lui assurent les dispositions auxquelles il ne peut être dérogé par accord et venant de la loi du pays de sa résidence habituelle.

L'article 6.3 précise également que si les conditions établies au paragraphe 1 point a) ou b) (s'agissant des circonstances dans lesquelles le contrat doit avoir été conclu) ne sont pas remplies, la loi applicable au contrat passé par un consommateur est déterminée conformément aux articles 3 et 4 du règlement, c'est-à-dire en fonction des règles de droit commun.

Enfin, l'article 6.4 exclut du champ de la règle de conflit spéciale certains contrats (ex. : le contrat de fourniture de services lorsque les services dus au consommateur doivent être fournis exclusivement dans un pays autre que celui dans lequel il a sa résidence habituelle).

2. Les contrats individuels de travail

280 La Convention de Rome prévoit une règle protectrice du salarié à son article 6 [1]. En présence d'une clause d'élection de droit contenue dans le contrat de travail (et plus généralement en cas de choix de la loi par les parties), le salarié ne peut être privé de la protection que lui assurent les dispositions impératives de la loi du pays où le travailleur, en exécution du contrat, accomplit habituellement son travail [2], même s'il est détaché à titre temporaire dans un autre pays ou si le travailleur n'accomplit pas habituellement son travail dans un même pays, de la loi du pays où se trouve l'établissement qui a embauché le travailleur [3]. Cette disposition nécessite d'apprécier le caractère éventuellement plus favorable de la loi du pays où le salarié accomplit habituellement son

1. F. Jault-Seseke, « L'office du juge dans l'application de la règle de conflit de lois en matière de contrat de travail », *Rev. crit. DIP* 2005. 253.
2. Sur l'interprétation de la notion de pays dans lequel le salarié accomplit habituellement son travail, v. CJUE 15 mars 2011, *JCP* 2011. 664, note D. Martel.
3. Pour un exemple d'application de la loi française en tant que loi du pays où le salarié accomplissait habituellement son travail alors que la loi choisie était la loi italienne, v. Soc. 12 avr. 2008, *RDT* 2008. 326, note E. Serverin. V. aussi, Soc. 29 sept. 2010, *Rev. crit. DIP* 2011. 72, 2e esp, note F. Jault-Seseke.

travail, ce qui n'est pas toujours tâche aisée [1]. Si les parties au contrat de travail n'ont pas choisi de loi applicable, celle-ci est, comme précédemment, celle du pays où le travailleur, en exécution du contrat, accomplit habituellement son travail ou bien celle du pays où se trouve l'établissement qui a embauché le travailleur si celui-ci n'accomplit pas habituellement son travail dans un même pays à moins qu'une autre loi présente des liens plus étroits avec un autre pays.

281 Le règlement Rome I ne propose pas de modification substantielle de ces règles [2]. Bien au contraire, son article 8 reprend l'article 6 de la Convention de Rome. Une nuance est apportée : le paragraphe 2 précise que, à défaut de choix des parties, la loi applicable est celle du pays dans lequel ou « à partir duquel » le travailleur accomplit habituellement son travail. Cet ajout de la mention du « pays... à partir duquel » permet d'englober les salariés qui travaillent à bord d'avions à partir d'une base fixe.

3. Les contrats de transport

282 Dans la Convention de Rome, il n'y a pas véritablement de règle de conflit spéciale. Le contrat de transport de marchandises est laissé au droit commun de l'article 3 quant au choix de la loi applicable [3]. Quant à l'hypothèse d'un défaut de choix de la loi par les parties, l'article 4.4 de la Convention de Rome prévoit que « Dans ce contrat, si le pays dans lequel le transporteur a son établissement principal au moment de la conclusion du contrat est aussi celui dans lequel est situé le lieu de chargement ou de déchargement ou l'établissement principal de l'expéditeur, il est présumé que le contrat a les liens les plus étroits avec ce pays ». La règle est particulièrement fine. L'application mécanique de l'article 4.2 aurait conduit à la loi du pays de l'établissement du transporteur, celui-ci étant débiteur de la prestation caractéristique. La règle posée à l'article 4.4 est complétée par d'autres

1. Soc. 12 nov. 2002, *Rev. crit. DIP* 2003. 446, note F. Jault-Seseke ; *Dr. soc.* 2003. 339, note M.-A. Moreau ; *JDI* 2004. 131, note S. Dion ; *D.* 2004. 661, note J.-G. Mahinga. V., en dernier lieu, Soc. 12 juill. 2010, *JCP éd. Soc.* 2010. 1409, note Brissy.

2. F. Jault-Seseke, « L'adoption du règlement n° 593/2008 (Rome 1) sur la loi applicable aux obligations contractuelles : le choix de la continuité pour le contrat de travail », *RDT* 2008. 619.

3. Sur le droit matériel du transport international, v. *infra*, n° 367 s.

éléments : lieu de chargement, lieu de déchargement ou établissement principal de l'expéditeur. Il est toutefois possible qu'une autre loi soit applicable si le contrat présente des liens plus étroits avec un autre pays (art. 4.5 de la Convention).

283 L'article 5 du règlement Rome I consacre une règle de conflit spéciale à la fois pour le transport de marchandises et pour le transport de passagers (sous réserve de la mise en œuvre de la clause d'exception prévue au paragraphe 3 de l'article) [1].

Les règles posées en matière de transport de marchandises sont globalement les mêmes que celles connues de la Convention de Rome. Le choix de loi est admis. En l'absence de choix, des rattachements spécifiques sont posés : la loi applicable est celle du pays dans lequel le transporteur a sa résidence habituelle, pourvu que le lieu de chargement ou le lieu de livraison ou encore la résidence habituelle de l'expéditeur se situe aussi dans ce pays (art. 5.1). Par rapport à la Convention de Rome, le règlement ajoute que « Si ces conditions ne sont pas satisfaites, la loi du pays dans lequel se situe le lieu de livraison convenu par les parties s'applique » (art. 5.1 *in fine*).

L'article 5.2 pose des règles spéciales concernant le transport de passagers, ce qui est une réelle nouveauté par rapport à la Convention de Rome. L'objectif est ici de protéger le passager. Néanmoins, la règle est de structure complexe. Le choix d'une loi est encadré (seules les lois de certains pays peuvent être choisies, par exemple la loi du pays où le lieu de départ ou le lieu de destination est situé). À défaut de choix, la loi applicable est celle du pays dans lequel le passager a sa résidence habituelle pourvu que le lieu de départ ou le lieu d'arrivée se situe dans ce pays (et si ces conditions ne sont pas satisfaites, la loi du pays dans lequel le transporteur a sa résidence habituelle s'applique).

1. C. Legros, « Loi applicable au contrat de transport : commentaire du règlement du 17 juin 2008 sur la loi applicable aux obligations contractuelles dit 'Rome I' », *RD transp.* 2009, étude 3.

§ 2. Le domaine de la loi applicable

284 Il ne suffit pas de savoir quelle est la loi applicable. Encore faut-il savoir quel est son domaine d'application. On nomme la loi applicable au contrat *lex contractus*. Les questions qu'elle est destinée à régir sont relatives à la fois à la formation du contrat (**A**) et à ses effets (**B**). Sur ces différents plans, le règlement Rome I n'apporte aucun bouleversement.

A. La formation du contrat

285 La formation du contrat s'apprécie tant à l'égard des conditions de fond (**1**) que des conditions de forme (**2**).

1. Les conditions de fond

286 La Convention de Rome règle la question de la loi applicable à l'existence et à la validité du contrat. Celle-ci peut apparaître épineuse : si le contrat n'existe pas ou est nul, selon quelle loi apprécier cette inexistence ou cette nullité ? L'article 8.1 de la Convention dispose à cet effet que « L'existence et la validité du contrat ou d'une disposition de celui-ci sont soumises à la loi qui serait applicable en vertu de la présente convention si le contrat ou la disposition étaient valables ». Les conditions de fond de formation du contrat sont donc soumises à la *lex contractus*. Par exemple, relèvent de cette loi les questions de vices du consentement ou de licéité de l'objet. La validité d'une clause particulière est également appréciée selon la loi du contrat. L'article 10.1 du règlement Rome I reprend la même règle.

287 Le paragraphe 2 de l'article 8 de la Convention résout une difficulté particulière tirée de la valeur accordée au silence dans la formation du contrat. Il devrait s'agir normalement d'une question réglée par la *lex contractus* comme portant sur l'existence du consentement. L'article 8.2 prévoit néanmoins une règle spéciale permettant à une partie, pour établir qu'elle n'a pas consenti, de se référer à la loi du pays dans lequel elle a sa résidence habituelle s'il résulte des circonstances qu'il ne serait pas raisonnable de déterminer l'effet du comportement de cette partie d'après la loi prévue au paragraphe 1 (règle reprise à l'article 10.2 du règlement

Rome I). Le destinataire d'une offre résidant habituellement en France pourra ainsi invoquer la loi française (considérant en principe que le silence ne vaut pas acceptation) pour établir qu'il n'a pas consenti au contrat alors même que la loi applicable au contrat donnerait valeur au silence dans les mêmes circonstances. Il faut cependant prouver qu'il serait déraisonnable en l'espèce d'appliquer la loi du contrat.

288 Les règles en matière de capacité relèvent normalement des conditions de fond de validité d'un contrat. L'article 1.2.a de la Convention de Rome exclut pourtant de son champ d'application ces questions (dans le même sens, art. 1.2.a du règlement Rome I). En effet, selon une solution classique, celles-ci sont soumises à la loi personnelle et échappent par conséquent à la loi du contrat. Il existe toutefois une disposition spéciale dans la Convention portant sur l'incapacité. L'article 11 dispose en effet que « Dans un contrat conclu entre personnes se trouvant dans un même pays, une personne physique qui serait capable selon la loi de ce pays ne peut invoquer son incapacité résultant d'une autre loi que si, au moment de la conclusion du contrat, le cocontractant a connu cette incapacité ou ne l'a ignorée qu'en raison d'une imprudence de sa part » (disposition reprise à l'article 13 du règlement Rome I). Cet article se réfère à la loi du lieu de conclusion du contrat. Si, selon cette loi, une personne est capable, elle ne pourra pas invoquer une incapacité tirée de sa loi personnelle. La règle prend sa source dans le célèbre arrêt *Lizardi* [1] protégeant la confiance légitime et garantissant la sécurité juridique. Elle est conforme aux besoins des affaires. Les contractants internationaux sont ainsi dispensés de consulter la teneur de la loi nationale de leurs cocontractants pour vérifier leur capacité. Toutefois, dans l'article 11 de la Convention de Rome et l'article 13 du règlement, la solution est écartée si le cocontractant connaissait l'incapacité issue de la loi personnelle ou bien, par imprudence, l'a ignorée.

1. Req., 16 janv. 1861, *DP.* 1861.1. 193 ; *Les grands arrêts du droit international privé, op. cit.*, p. 39.

2. Les conditions de forme

289 L'article 9 de la Convention et l'article 11 du règlement Rome I sont consacrés aux questions de forme du contrat. Tout est fait pour valider le contrat. Les règles établies poursuivent en effet un objectif de *favor validitatis.* Schématiquement, les textes distinguent deux cas de figure selon que les parties se trouvent dans un même pays ou bien se trouvent dans des pays différents (contrats entre absents).

Lorsque les parties se trouvent dans le même pays, le contrat conclu est valable « s'il satisfait aux conditions de forme de la loi qui le régit au fond en vertu de la présente convention ou de la loi du pays dans lequel il a été conclu » (art. 9.1 repris par l'art. 11.1 du règlement). Il ne s'agit pas d'une règle de conflit au sens strict, car les textes posent ici une règle à coloration matérielle (le contrat « est valable ») [1]. La validité formelle du contrat s'apprécie alternativement au regard de deux lois : la loi du contrat ou la loi du lieu de conclusion (on voit ici l'application de la règle traditionnelle *locus regit actum*). Il suffit que le contrat réponde aux exigences formelles de l'une de ces deux lois pour qu'il soit valable.

Dans la Convention de Rome, lorsque les parties se trouvent dans des pays différents, le contrat est valable « s'il satisfait aux conditions de forme de la loi qui le régit au fond en vertu de la présente convention ou de la loi de l'un de ces pays ». L'alternative est plus étendue encore que dans l'hypothèse précédente. Le contrat est valable s'il répond aux exigences de la loi du contrat ou de la loi de chacun des pays dans lesquels se trouvent les contractants. L'article 11.2 du règlement Rome I reprend substantiellement la même règle en ajoutant un critère alternatif dans notre situation, le contrat étant également valable s'il satisfait aux conditions de forme de la loi du pays dans lequel l'une ou l'autre des parties avait sa résidence habituelle au moment de la conclusion du contrat.

Les conditions formelles ne sont pas secondaires ou accessoires. Il serait faux de penser qu'elles ne sont qu'une gêne pour

1. En ce sens, P. Mayer et V. Heuzé, *Droit international privé, op. cit.*, n°756, p. 583.

le commerce international. Elles ont souvent pour but de protéger des intérêts particulièrement légitimes, même dans l'ordre international. C'est pourquoi l'article 9 de la Convention prévoit des règles spécifiques en matière de contrats conclus avec des consommateurs [1] ou en matière immobilière [2]. L'article 11 du règlement Rome I dans ses paragraphes 4 et 5 reprend substantiellement les mêmes solutions. De même, les exigences formelles peuvent être imposées par la voie des lois de police [3].

290 Dans le prolongement de la forme, la Convention et le règlement consacrent une disposition spéciale à la preuve (bien que la matière ait été exclue globalement de leur champ d'application par l'article 1.2.h de la Convention et 1.3 du règlement). Selon l'article 14.1 de la Convention et l'article 18.1 du règlement, les présomptions légales et les règles de répartition de la charge de la preuve relèvent de la *lex contractus*. La solution est normale dans la mesure où les questions traitées portent sur le fond du droit. L'article 14.2 de la Convention concerne, quant à lui, l'administration de la preuve. Selon ce texte, « Les actes juridiques peuvent être prouvés par tout mode de preuve admis soit par la loi du for, soit par l'une des lois visées à l'article 9, selon laquelle l'acte est valable quant à la forme, pour autant que la preuve puisse être administrée selon ce mode devant le tribunal saisi ». L'article 18.2 du règlement reprend la même règle (en renvoyant à l'article 11). Dans ce sens, la compétence de la loi du for est complétée par la compétence d'autres lois comme la loi du lieu de conclusion du contrat ou la loi régissant le fond du contrat. Il s'agit encore d'une règle alternative destinée à favoriser la preuve des contrats.

1. Selon l'article 9.5, « La forme de ces contrats est régie par la loi du pays dans lequel le consommateur a sa résidence habituelle ».

2. Selon l'article 9.6, « ... tout contrat ayant pour objet un droit réel immobilier ou un droit d'utilisation d'un immeuble est soumis aux règles de forme impératives de la loi du pays où l'immeuble est situé, pour autant que selon cette loi elles s'appliquent indépendamment du lieu de conclusion du contrat et de la loi le régissant au fond ».

3. V. *infra*, n° 297.

B. Les effets du contrat

291 Les effets que produit le contrat sont soumis à la *lex contractus* comme le prévoit l'article 10 de la Convention et l'article 12 du règlement Rome I. Les effets d'un contrat, son exécution et son inexécution sont même le domaine par excellence de la loi du contrat. De manière générale, la force obligatoire et l'effet relatif[1] en relèvent. L'article 10 de la Convention et l'article 12 du règlement prévoient par ailleurs une énumération, non limitative, des domaines couverts par eux.

292 Il y a tout d'abord l'interprétation du contrat (art. 10.1.a Convention et art. 12.1.a du règlement). La règle est logique dans la mesure où l'interprétation est étroitement dépendante du fond du contrat. C'est ainsi en vertu de la *lex contractus* qu'un juge donnera par exemple effet à une clause obscure[2].

La *lex contractus* régit ensuite l'exécution du contrat (art. 10.1.b de la Convention et art. 12.1.b du règlement) L'expression recouvre « l'ensemble des conditions résultant de la loi ou du contrat, suivant lesquelles la prestation qui caractérise toute obligation doit être exécutée »[3]. C'est donc selon cette loi que l'on appréciera l'intensité des obligations (obligations de moyens ou de résultat), que l'on connaîtra les conditions d'exécution relatives au lieu ou au temps ou que l'on saura si le contrat doit faire l'objet d'une exécution instantanée ou successive. De même, les clauses composant le contrat sont soumises à la *lex contractus* (à l'exception de la clause compromissoire qui est autonome[4]). Autrement dit, toutes les questions relatives à l'exécution du contrat sont soumises à la *lex contractus* et non à la loi du lieu d'exécution

---

1. Il n'y a pas de disposition spéciale dans la Convention de Rome à propos de la loi applicable à l'action directe dans une chaîne de contrats. La Cour de cassation, en application de la Convention de 1955 sur la loi applicable aux ventes à caractère international d'objets mobiliers corporels, a considéré que la loi applicable en la matière est celle qui régit le contrat par lequel est lié le défendeur à l'action (Civ. 10 oct., 1995, *Rev. crit. DIP* 1996.332, note V. Heuzé). V., aussi, V. Heuzé, « La loi applicable aux actions directes dans les groupes de contrats : l'exemple de la sous-traitance internationale », *Rev. crit. DIP* 1996.243. Le règlement Rome I ne règle pas plus que la Convention la question.
2. Le juge (et plus encore l'arbitre) pourra également se référer aux usages. Il sera aussi possible de s'appuyer sur le contrat lui même, par le biais notamment de son préambule et de la clause consacrée aux définitions (V. *supra*, n° 242).
3. Rapport Giuliano et Lagarde, *op. cit.*, p. 32.
4. V. *infra*, n° 644.

(*lex executionis*). Il y a toutefois un léger tempérament prévu à l'article 10.2 de la Convention et à l'article 12.2 du règlement. Ces textes suggèrent de prendre en considération la loi du pays où l'exécution a lieu pour déterminer les modalités d'exécution du contrat (c'est-à-dire les mesures d'ordre matériel de mise en œuvre du contrat comme la prise en compte des jours fériés ou l'octroi de délais de grâce [1]).

293 La *lex contractus* régit aussi les conséquences de l'inexécution totale ou partielle des obligations, y compris l'évaluation du dommage (art. 10.1.c de la Convention et art. 12.1.c du règlement). C'est en application de cette loi que l'on appréciera les sanctions ou les « *remedies* » en cas d'inexécution ou de mauvaise exécution du contrat (ce qui en droit français recoupe l'exception d'inexécution, la résolution pour inexécution, l'exécution forcée et la responsabilité contractuelle).

Dans ce domaine, il faut avoir également égard à la loi du lieu d'exécution pour les « mesures à prendre par le créancier en cas de défaut dans l'exécution » (art. 10.2 de la Convention et art. 12.2 du règlement). Il y a ici une compétence résiduelle de la *lex executionis*. Un juge pourra prendre en considération cette loi pour apprécier par exemple les conditions de la mise en demeure ou du droit de rétention [2].

En matière de sanction de l'inexécution, c'est la *lex fori* qui joue un rôle. En effet, l'article 10.1.c de la Convention dispose que les conséquences de l'inexécution sont régies par la *lex contractus* « dans les limites des pouvoirs attribués au tribunal par sa loi de procédure » (dans le même sens, art. 12.1.c du règlement). Ainsi, par exemple, l'astreinte judiciaire relève-t-elle de la loi du juge [3].

294 Enfin, l'article 10 de la Convention et l'article 12 du règlement soumettent à la *lex contractus* « les divers modes d'extinction des obligations, ainsi que les prescriptions et déchéances fondées sur l'expiration d'un délai » (art. 10.1.d de la Convention et art.12.1.d du règlement) et les « conséquences de la nullité du contrat »

1. V. J. Foyer, «Entrée en vigueur de la convention de Rome du 19 avril 1980 sur la loi applicable aux obligations contractuelles», *op. cit.*, n°60, p. 621.
2. J. Foyer, *op. cit.*, *loc. cit.*
3. J. Foyer, *op. cit.*, n°63, p. 622.

(art. 10.1.e de la Convention et art. 12.1.e du règlement). Les textes complètent les solutions par des dispositions consacrées au transfert de l'obligation, c'est-à-dire la cession de créance (art. 12 de la Convention et art. 14 du règlement) et la subrogation (art. 13 de la Convention et art. 14 et 15 du règlement).

§ 3. La place des lois de police

295 La Convention de Rome consacre une disposition à la réserve de l'ordre public à son article 16. Le règlement Rome I fait de même à son article 21. Toutefois, c'est par le jeu de la technique des lois de police que la place de l'ordre public est la plus manifeste en matière de contrats internationaux [1]. La Convention de Rome contient à cet égard un article 7 dont l'importance est primordiale [2]. Cette disposition a été reprise, en étant transformée, par l'article 9 du règlement Rome I. Dans les contrats internationaux, les lois de police sont une limite à la liberté de choisir le droit applicable. Elles ne peuvent être éludées. De telles dispositions s'imposent quelle que soit la loi choisie, plus largement quelle que soit la loi normalement compétente. Une loi de police s'applique sans être désignée par une règle de conflit lorsque ses critères d'application spatiale sont réunis [3]. Contrairement à la règle de conflit qui est en principe bilatérale, la loi de police fonctionne sur un mode unilatéral. C'est la loi elle-même qui détermine ses conditions d'application dans l'espace, le plus souvent sur la base d'un critère de nature territoriale. Il y a lieu de distinguer selon que la loi de police émane du for (**A**) ou bien d'un ordre juridique étranger (**B**).

1. Sur les manifestations de l'ordre public en droit du commerce international, v. *supra*, n°21 s.
2. Sur les rapports entre la réserve de l'ordre public et les lois de police, v. P. Courbe, « Ordre public et lois de police en droit des contrats internationaux », in *Études offertes à B. Mercadal*, éd. F. Lefebvre, 2002, p. 99 ; P. de Vareilles-Sommières, « L'ordre public dans les contrats internationaux en Europe : sur quelques difficultés de mise en œuvre des articles 7 et 16 de la Convention de Rome du 19 juin 1980 », *in Mélanges en l'honneur de P. Malaurie*, Defrénois, 2005. 393.
3. P. Mayer, « Lois de police », *Rép. Dalloz, dr. internat.*, 1998.

A. Les lois de police du for

296 Le juge est tenu d'appliquer les lois de police de son for ce, quelle que soit la loi désignée par la règle de conflit. L'article 9.1 du règlement Rome I précise ainsi qu'une telle loi s'applique « à toute situation entrant dans son champ d'application, quelle que soit par ailleurs la loi applicable au contrat d'après le présent règlement ». Derrière la simplicité de ce mode d'intervention, se cachent en réalité deux difficultés.

297 Une première difficulté est relative à l'identification d'une loi de police. L'article 7.2 de la Convention de Rome est muet sur la définition et les critères d'une loi de police. Il est par ailleurs rare que le législateur lui-même qualifie une disposition comme telle. La tâche revient le plus souvent au juge qui doit réunir certains indices en vue d'aboutir à la qualification de loi de police. Francescakis avait donné une définition célèbre en indiquant que les lois de police sont des lois « dont l'observation est nécessaire pour la sauvegarde de l'organisation politique, sociale ou économique du pays » [1]. De tels critères sont vagues, mais ils ont le mérite de mettre l'accent sur l'importance du rôle joué par la loi dans l'organisation d'un pays. La CJCE s'était inspirée de cette définition pour donner une définition générale [2]. L'un des mérites du règlement Rome I est de donner une définition des lois de police. L'article 9.1 de ce règlement précise, dans le même esprit que la CJCE, qu'« Une loi de police est une disposition impérative dont le respect est jugé crucial par un pays pour la sauvegarde de ses intérêts publics, tels que son organisation politique, sociale ou économique, au point d'en exiger l'application à toute situation entrant dans son champ d'application, quelle que soit par ailleurs la loi applicable au contrat d'après le présent règlement ».

Il ne faut pas penser que les lois de police sont d'application exceptionnelle. La méthode trouve des manifestations dans des domaines très variés. Le droit de la concurrence s'applique inter-

1. V., *Rép. internat.* 1re éd., V° *Conflit de lois.*
2. 23 nov. 1999, *Rev. crit. DIP* 2000.710, note M. Fallon.

nationalement par l'intermédiaire de la technique des lois de police sur la base du critère de l'affectation du marché protégé [1]. La préservation de la libre concurrence est ainsi envisagée comme essentielle à l'organisation économique. En jurisprudence, a été considérée comme relevant de la même technique la protection du droit moral de l'auteur. Ainsi, le droit moral ne peut-il recevoir aucune atteinte en France quel que soit le lieu de première divulgation de l'œuvre [2]. Sont des lois de police les dispositions imposant de conclure un écrit en matière de vente de navires francisés [3] ou bien de rédiger le contrat de travail en langue française [4]. Ont également été qualifiées comme telles les dispositions destinées à la prévention de l'usure [5]. De manière générale, on considère aussi les règles protectrices de la partie faible (consommateur, salarié, assuré, locataire) comme relevant, au moins pour certaines d'entre elles, de la méthode des lois de police [6]. C'est dans cet esprit que récemment la Cour de cassation a admis que la protection des sous-traitants, à certaines conditions, relevait de la méthode des lois de police s'agissant de l'action directe dont ils bénéficient [7]. À l'inverse, on a refusé une telle qualification à la loi instaurant une action en paiement au profit du transporteur, en l'occurrence l'article L. 132-8 du Code de commerce [8]. Il demeure une incertitude quant à la qualification des dispositions protectrices des

1. L. Idot, « Les conflits de lois en droit de la concurrence », *JDI* 1995.321. V. aussi, J.-B. Racine, « Droit économique et lois de police », *Rev. int. dr. éco,* 2010. 61 Sur le critère de l'effet, v. *supra,* n° 207.

2. Civ. 1re, 28 mai 1991, *Asphalt jungle, Rev. crit. DIP* 1991.752, note P.-Y. Gautier ; *JDI* 1992.133, note B. Edelman ; *JCP E* 1991. II. 21731, note A. Françon ; *D.* 1993.197, note J. Raynard. V. *infra,* n° 356 s. sur la loi applicable aux contrats portant sur des droits de propriété intellectuelle.

3. Com. 14 janv. 2004, *Bull.* Civ. IV, n° 9, p. 10 ; *DMF* 2004.723, note G. Mecarelli. La Cour a déclaré que l'exigence d'un écrit comportant les mentions propres à l'identification des parties et du navire posée par l'article 10 de la loi française du 3 janvier 1967 « a pour fonction le respect d'une réglementation devant assurer, pour des motifs impérieux d'intérêt général, un contrôle de sécurité de navires armés au commerce ou à la plaisance leur conférant le droit de porter le pavillon français avec les avantages qui s'y attachent et devant donner au cocontractant toutes les informations sur l'individualisation et les caractéristiques du navire ».

4. Soc. 19 mars 1986, *D.* 1987, jur., p. 359, note G. Légier.

5. Pau, 1er mars 2001, *RJDA* 2001. 939.

6. P. Mayer, « Lois de police », *op. cit.,* n° 19 s.

7. V. *infra,* n° 444.

8. Com. 13 juill. 2010, *JCP* 2010. 972, note D. Bureau et L. d'Avout ; *D.* 2010. 2339, note V. Da Silva ; *Rev. crit. DIP* 2010. 720, rapport A. Potocki ; *RDC* 2011. 217, obs. P. Deumier ; *JDI* 2011. 91, note F. Jault-Seseke ; *D.* 2011. 1453, obs. H. Kenfack.

agents commerciaux, la Cour de cassation n'y voyant pas de lois de police [1] au contraire de la CJCE [2].

298 La seconde difficulté concerne l'articulation entre les dispositions prévoyant une règle de conflit spéciale de protection des consommateurs et les dispositions concernant les lois de police. La question s'est posée à propos de la Convention de Rome à travers ses articles 7.2 et 5. Sont ici en jeu les règles particulières portant sur la protection internationale du consommateur. De manière classique, les règles protectrices du consommateur sont qualifiées de lois de police [3]. Apparaît alors un conflit potentiel avec l'article 5 qui prévoit des règles de conflit spéciales en la matière [4]. Deux thèses s'affrontent à ce sujet. La première consiste à penser que l'article 5 exclut l'article 7. Autrement dit, en présence d'une disposition spéciale comme l'article 5, le texte général de l'article 7 n'aurait pas vocation à jouer [5]. Cette approche aboutit à refouler l'application de l'article 7 dans les contrats internationaux de consommation. La seconde insiste au contraire sur les rapports de complémentarité entre les deux articles. Si les conditions de l'article 5 ne sont pas remplies, il faudrait alors se reporter sur l'article 7 [6]. Il y aurait ainsi une possibilité d'application subsidiaire des lois de police en particulier celles du lieu de résidence habituelle du consommateur. Cette dernière interprétation nous semble préférable au motif, notamment, d'une meilleure protection du consommateur à l'échelle internationale [7]. Le règlement Rome I aurait pu régler la difficulté. Mais aucune méthode d'arti-

1. Com. 28 nov. 2000, *JDI* 2001.511, 1re esp., note J.-M. Jacquet.

2. CJCE, 9 nov. 2000, *JDI* 2001.511, 2e esp., note J.-M. Jacquet ; *Rev. crit. DIP* 2001.107, note L. Idot.

3. V. Civ. 1re, 19 oct. 1999, *Rev. crit. DIP* 2000.29, note P. Lagarde ; *JDI* 2000.328, note J.-B. Racine ; *D.* 2000, jur., p. 765, note M. Audit.

4. V. *supra*, n° 276 s.

5. En ce sens, P. Lagarde, « Le nouveau droit international privé des contrats après l'entrée en vigueur de la Convention de Rome du 19 juin 1980 », *Rev. crit. DIP* 1991.287, spéc., note n° 76, p. 316. Du même auteur, « Heurs et malheurs de la protection internationale du consommateur dans l'Union européenne », in *Études offertes à J. Ghestin*, LGDJ, 2001, p. 511.

6. V. en ce sens, Commission européenne, *Livre vert sur la transformation de la Convention de Rome de 1980 sur la loi applicable aux obligations contractuelles en instrument communautaire ainsi que sur sa modernisation*, 14 janv. 2003, COM (2002), 654 final, § 3.2.8.3. V. aussi P. de Vareilles-Sommières, « Le sort de la théorie des clauses spéciales d'application des lois de police en droit des contrats internationaux de consommation », *D.* 2006.2464.

7. En ce sens, Civ. 1re, 23 mai 2006, *D.* 2006.2798, note M. Audit ; *RDC* 2006.1253, note P. Deumier ; *Rev. crit. DIP* 2007. 85, note D. Cocteau-Senn.

culation n'est proposée entre l'article 6 relatif aux contrats de consommation et l'article 9 concernant les lois de police. La même incertitude qu'à propos de la Convention de Rome règne donc.

B. Les lois de police étrangères

299 L'article 7.1 de la Convention de Rome porte sur les lois de police étrangères [1]. Il ne s'agit pas de l'application d'une loi étrangère désignée par la règle de conflit du for. Avec l'article 7.1, le juge du for est invité à donner effet à une loi de police émanant d'un État étranger qui revendique sa compétence selon ses propres critères et qui n'est pas applicable en vertu des règles de conflit du for [2]. La règle est originale : le juge n'est alors plus exclusivement le défenseur des valeurs ou des intérêts de son for ; il est amené à considérer ceux d'États étrangers.

Une telle faculté est très encadrée. Il faut tout d'abord qu'il existe un lien étroit entre la loi de police étrangère et la situation litigieuse (au regard du lieu d'exécution du contrat par exemple). Il est ensuite nécessaire que le juge considère que la prise en compte de la loi de police étrangère est opportune au regard de sa nature, de son objet ainsi que des conséquences qui découleraient de son application ou de sa non-application. Ce dernier critère laisse une grande marge de manœuvre au juge. Il pourra ainsi refuser de donner effet à une disposition étrangère dont l'objectif n'est pas jugé légitime par le droit du for (cela concernerait par exemple une disposition « agressive » comme une loi de boycottage [3]). Il faut donc pour qu'un juge donne effet à une loi de police étrangère que celle-ci poursuive un but digne de considération au regard de la *lex fori*.

1. «Lors de l'application en vertu de la présente convention, de la loi d'un pays déterminé, il pourra être donné effet aux dispositions impératives de la loi d'un autre pays avec lequel la situation présente un lien étroit, si et dans la mesure où, selon le droit de ce dernier pays, ces dispositions sont applicables quelle que soit la loi régissant le contrat. Pour décider si effet doit être donné à ces dispositions impératives, il sera tenu compte de leur nature et de leur objet ainsi que des conséquences qui découleraient de leur application ou de leur non-application».
2. V. l'article fondamental de P. Mayer, «Les lois de police étrangères», *JDI* 1981.277.
3. P. Lagarde, «Le nouveau droit international privé des contrats après l'entrée en vigueur de la Convention de Rome du 19 juin 1980», *op. cit.*, p. 323, n° 45.

En jurisprudence, les cas dans lesquels l'article 7.1 a été appliqué sont rares. Jusqu'à une période récente, ce sont des décisions ayant refusé la prise en compte qui étaient connues [1]. Il nous a toujours semblé souhaitable que les juges fassent une application plus fréquente de cette disposition. Elle œuvre en faveur d'une meilleure coopération entre États en permettant de respecter les ordres publics étrangers et prouve que le juge national n'est pas – et ne doit pas être – enfermé dans le seul respect de l'ordre public de son for. Aussi faut-il se réjouir de l'arrêt rendu par la Cour de cassation le 16 mars 2010 [2]. Cet arrêt a cassé, au visa de l'article 7.1 de la Convention de Rome de 1980, un arrêt de la cour d'appel d'Angers qui avait refusé de tenir compte d'une loi de police étrangère, en l'espèce une loi d'embargo émanant de l'État du Ghana sur les viandes bovines d'origine française. La Cour d'appel avait statué en vertu de la loi française. La Cour de cassation reproche aux juges du fond leur raisonnement alors qu'il leur appartenait de « déterminer par application de la Convention de Rome l'effet pouvant être donné à la loi ghanéenne invoquée ». Cet arrêt affirme la nécessité pour les juges de s'interroger sur la possibilité de donner effet à une loi de police étrangère. La décision est d'importance, venant de la Cour de cassation. Mais rien ne garantit que la cour d'appel de renvoi décidera concrètement de donner effet à la loi ghanéenne d'embargo. Il faudra examiner les conditions posées par l'article 7.1 de la Convention [3].

300 L'article 9.3 du règlement Rome I restreint la possibilité de donner effet à des lois de police, notamment à la suite de la volonté du Royaume-Uni de limiter cette faculté. L'article dispose qu'« Il pourra également être donné effet aux lois de police du pays dans lequel les obligations découlant du contrat doivent être ou ont été exécutées, dans la mesure où lesdites lois de police rendent

1. V. la célèbre affaire du Gazoduc euro-sibérien, Tribunal d'arrondissement de La Haye (réf.), 17 sept. 1982, *Rev. crit. DIP* 1983.474.

2. Com. 16 mars 2010, *JCP* 2010. 530, note L. d'Avout et D. Bureau ; *DMF* 2010. 714, note S. Sana-Chaillé de Néré ; *RD Transp.* juin 2010, comm. 131, note P. Delebecque, *RDC* 2010. 1385, note P. Deumier ; *RLDA*, juill.-août 2010. 63, obs. C. Nourissat ; *JDI* 2011. 98, note A. Marchand.

3. V. à ce sujet, P. Deumier, note sous l'arrêt, préc.

l'exécution du contrat illégale. Pour décider si effet doit être donné à ces lois de police, il est tenu compte de leur nature et de leur objet, ainsi que des conséquences de leur application ou de leur non-application ». La disposition est limitée aux lois de police du lieu d'exécution du contrat dans les cas où l'exécution dudit contrat serait illégale. Il était rare que les lois de police étrangères reçoivent effet sous l'empire de la Convention de Rome. Ce cas de figure sera encore plus rare, voire hypothétique, au regard du règlement Rome I. Néanmoins, la jurisprudence conservera une marge de manœuvre notamment dans l'interprétation de ce qu'il faut entendre par « exécution du contrat illégale ».

301 L'article 7.1 de la Convention de Rome et l'article 9.3 du règlement Rome I admettent la possibilité de « donner effet » aux lois de police étrangères. Il ne s'agit pas seulement d'une application *stricto sensu*. Le juge est autorisé à seulement prendre en considération la loi en question [1]. C'est encore un signe de prudence et de souplesse des textes en cette matière.

Il existe schématiquement deux manières de prendre en considération une loi de police étrangère.

La première consiste à prendre en compte la violation d'une telle loi (par exemple la loi du lieu d'exécution) pour en déduire l'illicéité du contrat et prononcer sa nullité en application de la *lex contractus*.

La seconde permet de traiter la loi de police étrangère comme un événement de force majeure [2]. C'est par exemple le cas d'une loi prohibant l'exportation d'une marchandise empêchant ainsi l'exécution du contrat. La loi de police étrangère n'étant que prise en considération, les conditions et les effets de la force majeure seront quant à eux appréciés en vertu de la *lex contractus*.

Dans les deux hypothèses de prise en considération, la loi de police étrangère est traitée comme un simple fait dont les conséquences juridiques sont appréciées en application de la loi normalement compétente. La prise en considération n'est cependant pas

1. E. Fohrer-Dedeurwaerder, *La prise en considération des normes étrangères*, LGDJ, 2008.
2. P. Kinsch, *Le fait du prince étranger*, LGDJ, 1994.

la panacée [1]. Bien souvent une application pure et simple est préférable. La méthode est plus franche et conduit à un meilleur respect de la loi de police étrangère. Par exemple, si un contrat viole une loi de police étrangère pourquoi passer par le détour de la *lex contractus* pour l'annuler ? N'est-il pas plus simple d'appliquer directement la loi transgressée aux conditions posées par l'article 7.1 ou par l'article 9.3 du règlement Rome I ?

1. P. Mayer, «Lois de police», *op. cit.*, n°44-45.

CHAPITRE 2

Le droit spécial du contrat international

302 Après avoir vu les dispositions applicables à tous les contrats internationaux, il convient d'étudier les règles particulières à certains contrats internationaux. C'est le droit spécial du contrat international. Très simplement, on peut distinguer les opérations portant sur des biens (SECTION 1) et celles qui portent sur des services (SECTION 2). Une place doit aussi être réservée aux contrats conclus par la voie électronique (SECTION 3) et aux opérations d'investissement (SECTION 4).

SECTION 1

LES OPÉRATIONS PORTANT SUR DES BIENS

303 Les opérations du commerce international sont relatives schématiquement à deux types de biens. Il s'agit en premier lieu de contrats relatifs à des biens corporels : c'est la vente internationale (**§ 1**). Il s'agit en second lieu de contrats portant sur des biens incorporels, c'est-à-dire des droits intellectuels (**§ 2**).

§ 1. Le contrat de vente internationale

304 La vente est, et demeure, le contrat le plus courant du commerce international [1]. Les États ont longtemps soumis ce contrat aux règles du droit interne. Or, avec le développement des échanges internationaux, le besoin s'est fait sentir de faire régir la vente internationale par un corps de règles spécifiques, généralement plus libérales, en tout cas plus adaptées. Il existe par conséquent des règles de conflit de lois propres à la vente internationale (**A**), mais aussi et surtout un droit matériel spécifique (**B**). Il faudra enfin faire état des Incoterms dont l'importance est considérable (**C**).

A. Les règles de conflit en matière de vente internationale

305 Il existe deux Conventions relatives à la loi applicable à la vente internationale. La première est la Convention de La Haye sur la loi applicable aux ventes à caractère international d'objets mobiliers corporels du 15 juin 1955. Elle compte 8 États parties, dont la France. Une autre Convention de La Haye signée le 22 décembre 1986 portant sur la loi applicable aux ventes internationales de marchandises devait remplacer la convention précédente. Mais elle n'est toujours pas à ce jour entrée en vigueur n'ayant été ratifiée que par deux États (l'Argentine et la Moldavie). La Convention de Rome de 1980 sur la loi applicable aux obligations contractuelles ne remet pas en cause ces accords spécifiques à la vente puisque son article 21 dispose qu'elle ne porte pas atteinte à l'application des conventions internationales auxquelles un État contractant est ou sera partie. Il en va substantiellement de même aux termes de l'article 25.1 du règlement Rome I. En France, la Convention de La Haye de 1955 forme donc le droit commun des règles de conflit de lois en matière de vente.

1. Sur le droit de la vente internationale, V. Heuzé, *La vente internationale de marchandises, Droit uniforme*, LGDJ, 2000.

La Convention du 15 juin 1955 a une vocation universelle. Elle est susceptible de conduire à l'application d'une loi d'un État non contractant. La loi normalement applicable à la vente est la loi choisie par les parties. En cela, la Convention consacre le principe d'autonomie [1]. En l'absence de choix des parties, la loi applicable est celle du pays où le vendeur est établi au moment où il reçoit la commande [2]. Par exception, la loi applicable peut être la loi du pays dans lequel est établi l'acheteur « si c'est dans ce pays que la commande a été reçue soit par le vendeur, soit par son représentant, agent ou commis voyageur ». Il faut noter avec force que la loi désignée par ces règles de conflit ne conduit pas nécessairement à l'application du droit interne de la vente. Si l'État dont la loi est désignée est partie à la Convention de Vienne de 1980, il faudra faire application des dispositions de cette dernière, sauf exclusion de la part des parties. Dès lors, si la Convention de La Haye de 1955 désigne la loi française comme applicable à la vente, il faudra normalement appliquer la Convention de Vienne [3].

B. Le droit matériel de la vente internationale : la Convention de Vienne du 11 avril 1980

306 Les premières conventions d'unification du droit matériel de la vente internationale ont été signées à La Haye le 1er juillet 1964, l'une intitulée « loi uniforme sur la formation des contrats de vente internationale des objets mobiliers corporels » (LUFVI) et l'autre « loi uniforme sur la vente internationale des objets mobiliers corporels » (LUVI). Ces textes n'ont pas eu de succès. Il y eut peu de ratifications de la part des États et la pratique leur a réservé un mauvais accueil.

C'est pourquoi, dans le cadre de la CNUDCI, une réflexion sur une nouvelle convention fut menée. Ce projet aboutit à la Convention de Vienne du 11 avril 1980 sur les contrats de vente internationale de marchandises qui forme le droit commun de la

1. V. *supra*, n° 261 s.
2. La même solution dérive de l'application du critère de la prestation caractéristique, v. *supra*, n° 262.
3. V. *infra*, n° 315-316.

vente internationale depuis son entrée en vigueur le 1er janvier 1988 [1].

Ce texte n'englobe pas cependant l'intégralité du droit de la vente. La Convention ne régit que la formation du contrat de vente et les droits et obligations du vendeur et de l'acheteur. Sont exclues les questions portant sur la validité du contrat et de ses clauses [2], les relations avec les tiers, la responsabilité du vendeur pour dommages corporels causés aux tiers et les conditions et modalités du transfert de propriété. Dans ces domaines, il faut procéder à la désignation d'une loi applicable par le biais d'une règle de conflit [3].

307 La Convention de Vienne est une œuvre de compromis [4]. Il y a une inspiration anglo-américaine certaine (ex. : mention récurrente du critère du « raisonnable »), mais pas exclusive. L'influence du droit allemand est évidente (ex. : règle selon laquelle chacune des parties au contrat de vente peut déclarer unilatéralement le contrat résolu sans qu'il soit besoin d'avoir recours au juge). Il y a là un caractère « syncrétique » de la Convention de Vienne [5]. Son contenu est neutre et équilibré. Le but des dispositions est notamment de préserver le lien contractuel plutôt que de l'anéantir (c'est une logique de pérennité contractuelle qui est poursuivie). La Convention renvoie aussi à une sorte « d'*affectio contractus* » qui s'exprime notamment par le devoir de minimiser le dommage subi. Par rapport au droit français interne, il y a plusieurs différences notamment quant aux conséquences de l'inexécution [6].

---

1. Parmi une bibliographie très fournie, v. P. Kahn, «La Convention de Vienne du 11 avril 1980 sur les contrats de vente internationale de marchandises», *RID Comp.* 1981.951 ; B. Audit, *La vente internationale de marchandises. Convention des Nations Unies du 11 avril 1980*, LGDJ, 1990 ; P. Schlechtriem et Cl. Witz, *Convention de Vienne sur les contrats de vente internationale de marchandises*, Dalloz, 2008.

2. Y compris les clauses exonératoires ou limitatives de responsabilité, v. Com. 13 févr. 2007, *RTD civ.* 2007. 302 ; *D.* 2008. 2623, obs. Cl. Witz.

3. La Convention de Vienne, tout en unifiant le droit matériel, n'exclut donc pas le recours au droit international privé. V. F. Ferrari, «La Convention de Vienne sur la vente internationale et le droit international privé», *JDI* 2006.27.

4. U. Magnus, « The Vienna Sales Convention (CISG) between Civil and Common Law – Best of all worlds? », *J. civil law studies*, vol. 3, 2010, p. 67.

5. V. J.-M. Jacquet, «Le droit de la vente internationale de marchandises : le mélange des sources», in *Souveraineté étatique et marchés internationaux à la fin du XXe siècle, Mélanges en l'honneur de P. Kahn*, Litec, 2000, p.75.

6. C. Mouly, « Que change la Convention de Vienne sur la vente internationale par rapport au droit français interne ? », *D.* 1991, chr.77.

308 La Convention de Vienne est une véritable réussite. Au 15 juillet 2011, elle comptait 76 États parties dont la France. La plupart des grandes nations commerçantes ont signé et ratifié le texte, à l'exception notable du Royaume-Uni. La Convention de Vienne forme le droit commun de la vente internationale. Elle est acceptée par les opérateurs économiques internationaux comme un instrument répondant à leurs besoins. Les arbitres du commerce international l'appliquent avec constance [1]. En outre, elle a influencé d'autres textes tels que les Principes UNIDROIT relatifs aux contrats du commerce international et les Principes du droit européen du contrat. La Convention contient ainsi tant par son esprit que par sa lettre de nombreux principes généraux du droit du commerce international.

309 La Convention est cependant exposée à un risque découlant des divergences d'interprétation. Il n'y a pas en effet de cour mondiale unificatrice. L'interprétation du texte émane par conséquent des juges nationaux et des arbitres. Afin de pallier cet inconvénient, l'article 7.1 dispose que « Pour l'interprétation de la présente Convention, il sera tenu compte de son caractère international et de la nécessité de promouvoir l'uniformité de son application ainsi que d'assurer le respect de la bonne foi dans le commerce international ». La pratique montre que les divergences d'interprétation entre les différentes jurisprudences nationales, si elles existent, ne sont pas dirimantes [2]. La voie est au contraire tracée vers un véritable droit mondial de la vente.

À l'étude du champ d'application de la Convention (**1**) succédera une présentation de ses principales dispositions relatives à la formation du contrat (**2**), aux obligations des parties (**3**) et à l'inexécution du contrat (**4**).

1. A. Mourre, « L'application par l'arbitre de la Convention de Vienne sur la vente internationale de marchandises », *Bull. Cour Intern. Arb. CCI* 2006. 1. 45 ; U.-P. Gruber, « The Convention on the international sale of goods (CISG) in arbitration », *RD aff. int.* 2009, n° 1, p. 15.

2. Cl. Witz, *Les premières applications jurisprudentielles du droit uniforme de la vente internationale*, LGDJ, 1995 ; du même auteur, « Les vingt-cinq ans de la Convention des Nations Unies sur les contrats de vente internationale de marchandises. Bilans et perspectives », *JDI* 2006. 5. V. aussi les sommaires commentés de Cl. Witz publiés au *Recueil Dalloz* sur le droit uniforme de la vente internationale de marchandises (V. en dernier lieu, *D.* 2007. 530 ; *D.* 2008. 2620 ; *D.* 2010. 921).

1. Le champ d'application de la Convention

310 Il est nécessaire de s'attacher au champ d'application matériel de la Convention (**a**) et à son champ d'application spatial (**b**). On doit aussi mettre en relief son caractère dispositif (**c**).

a. Le champ d'application matériel

311 Le texte s'applique aux ventes internationales de marchandises. Quelle signification recouvre cette expression ?

312 La Convention s'applique au contrat de vente. Bien que le texte ne définisse pas ce qu'il faut entendre par vente, c'est la définition traditionnelle de ce contrat qui est visée de manière sous-jacente : contrat opérant transfert de propriété et obligeant le vendeur à livrer un bien et l'acheteur à payer un prix. Le contrat d'entreprise est normalement exclu du champ d'application de la Convention. Mais celle-ci régit les contrats portant sur des marchandises à fabriquer ou à produire [1]. En revanche, la Cour de cassation a décidé que le contrat-cadre de distribution exclusive n'est pas soumis à la Convention [2].

313 Seule la vente de marchandises est concernée. Cela permet d'écarter les choses incorporelles et les immeubles. Le terme de marchandises a été préféré à celui plus juridique, mais plus hermétique, d'objet mobilier corporel. La terminologie n'est pas neutre. Même si la Convention s'applique indifféremment aux ventes civiles et commerciales (art. 1.3), elle est destinée à régir la vente entre professionnels. Sont ainsi exclues du champ d'application les ventes aux consommateurs (les ventes de marchandises achetées pour un usage personnel, familial ou domestique selon l'article 2) a). Ces contrats échappent à la Convention pour être soumis aux règles protectrices du consommateur selon les méthodes habituelles de désignation de la loi applicable [3]. Sont

1. Art. 3. 1 : « Sont réputées ventes les contrats de fourniture de marchandises à fabriquer ou à produire, à moins que la partie qui commande celles-ci n'ait à fournir une part essentielle des éléments matériels nécessaires à cette fabrication ou production ». L'article 3.2 prévoit cependant une exclusion : « La présente Convention ne s'applique pas aux contrats dans lesquels la part prépondérante de l'obligation de la partie qui fournit les marchandises consiste en une fourniture de main-d'œuvre ou d'autres services ».

2. Com. 20 févr. 2007, *D.* 2007, AJ, p. 795, obs. E. Chevrier ; *RTD civ.* 2007. 302, obs. P. Rémy-Corlay ; *RDC* 2007. 1255 obs. J.-B. Racine; *JDI* 2007. 1211, note S. Hotte ; *RTD com.* 2008. 208, obs. P. Delebecque ; *D.* 2008. 2622, obs. Cl. Witz.

3. Pour la Convention de Rome de 1980 et le règlement Rome I, V. *supra,* n° 276 s.

également exclues du champ d'application les ventes aux enchères et sur saisie (art. 2 b et c), les ventes de valeurs mobilières, effets de commerce et monnaies (art. 2 d), les ventes de navires, bateaux, aéroglisseurs et aéronefs (art. 2 e) et les ventes d'électricité (art. 2 f).

314 La Convention régit uniquement la vente internationale. La vente interne n'est pas envisagée, ce qui aboutit à une dualité de régimes [1]. Qu'est-ce qu'une vente internationale ? Selon l'article 1er, la Convention « s'applique aux contrats de vente de marchandises entre des parties ayant leur établissement dans des États différents ». La Convention ne porte que sur les ventes dans lesquelles vendeur et acheteur sont établis dans des États différents. C'est dans ce sens que le texte définit l'internationalité de la vente. Seuls les lieux d'établissement des parties sont pris en compte à l'exclusion de tout autre critère notamment tiré de la nationalité des parties ou du lieu de livraison des marchandises.

b. Le champ d'application spatial

315 Selon l'article 1er, la Convention « s'applique aux contrats de vente de marchandises entre des parties ayant leur établissement dans des États différents :

a) lorsque ces États sont des États contractants ; ou

b) lorsque les règles du droit international privé mènent à l'application de la loi d'un État contractant ».

Le premier critère joue lorsque les parties sont établies dans des États contractants [2]. À défaut, un second critère est prévu permettant tout de même l'application des dispositions de la Convention. En effet, celle-ci est applicable lorsque les règles du droit international privé désignent la loi d'un État contractant. Un tel critère conduit à une application extensive de la Convention

---

1. Même si, par effet de convergence, le droit interne de la vente est influencé par la Convention de Vienne. V. E. Lamazerolles, *Les apports de la Convention de Vienne au droit interne de la vente*, LGDJ, 2003 ; W. Dross, « L'acculturation en matière de vente : l'influence de la CVIM sur la vente interne », *in* J.-L. Navarro et G. Lefebvre (dir.), *L'acculturation en droit des affaires*, éd. Thémis, 2007, p. 143. V., de manière générale, F. Ferrari (dir.), *The CISG and Its Impact on National Legal Systems*, Sellier, 2008.

2. Dans une espèce intéressante et originale, la Cour de cassation a considéré que la Convention n'était pas applicable sur le territoire de Hong Kong, alors même que la Chine populaire est un État contractant (Civ. 1re, 2 avr. 2008, *RTD civ.* 2008. 264, obs. P. Rémy-Corlay ; *RLDC*, juin 2008. 11, obs., C. Le Gallou ; *RDC* 2009. 683, obs. J.-B. Racine).

dans des cas où le vendeur ou l'acheteur serait établi dans un État non contractant. Dans cette hypothèse, il suffit que la règle de conflit rende compétente la loi d'un État contractant pour que la Convention soit applicable. Il en va ainsi lorsque les parties choisissent une telle loi par une clause d'*electio juris*. Si, par exemple, un vendeur établi en France (État contractant) contracte avec un acheteur établi en Angleterre (État non contractant), la Convention de Vienne sera applicable si les parties ont choisi le droit français pour régir leur relation.

c. Le caractère dispositif de la Convention

316 La Convention de Vienne est un texte à caractère dispositif. Autrement dit, elle n'est pas au sens strict obligatoire. Les parties à une vente internationale ont la faculté de l'écarter [1]. L'éviction peut se faire en totalité ou en partie (dans ce dernier cas, seul l'article 12 est insusceptible d'être écarté). C'est la Convention elle-même qui le prévoit à son article 6. Celle-ci a été conçue comme un instrument au service de l'intérêt des parties. Son but est utilitariste : elle est destinée à répondre aux besoins du commerce international et non à proprement parler à « réglementer » la vente internationale. C'est pourquoi, si les parties considèrent que la Convention ne leur convient pas, elles peuvent s'accorder pour l'évincer.

Aucune difficulté ne se pose en pratique lorsque les parties conviennent expressément d'écarter la Convention de Vienne (par exemple, si la clause d'*electio juris* stipule que « La convention de Vienne n'est pas applicable au présent contrat »). En revanche, les problèmes surgissent au sujet de son exclusion tacite. Il est aujourd'hui admis que le choix de la loi d'un État contractant entraîne l'application de la Convention de Vienne et ne vaut pas, par conséquent, exclusion tacite [2]. Par exemple, en choisissant le droit français, les parties à une vente internationale ne se réfèrent pas au droit interne de la vente, mais aux dispositions de la

1. V. Cl. Witz, « L'exclusion de la Convention des Nations Unies sur les contrats de vente internationale de marchandises par la volonté des parties (Convention de Vienne du 11 avril 1980) », *D.* 1990, chr. 107.
2. V. de manière implicite, Com. 17 déc. 1996, *D.* 1997, jur. 337, note Cl. Witz ; *Rev. crit. DIP* 1997. 72.

Convention de Vienne, cette dernière constituant le droit substantiel français de la vente internationale. C'est le système de « l'*opting-out* » qui a été adopté (la Convention est de plein droit applicable à moins que les parties ne décident de l'écarter) et non celui de « l'*opting-in* » (la Convention ne serait applicable que si les parties l'avaient choisie). L'exclusion tacite ne peut donc résulter que d'autres facteurs. Dans le cadre contractuel, on déduit généralement une exclusion tacite de la clause stipulant que « Le contrat est régi par le Code civil français ». Les parties manifestent ainsi leur volonté de soumettre leur contrat aux dispositions du droit interne de la vente.

En pratique, l'exclusion tacite intervient le plus souvent à la lumière du comportement procédural des parties. La Cour de cassation décide que les parties qui, durant un procès, invoquent et discutent le droit interne de la vente sans soulever l'application de la Convention de Vienne excluent de manière tacite son application [1]. Une telle solution n'est justifiable qu'à la condition que la volonté des parties d'exclure le texte conventionnel, pour être tacite, n'en soit pas moins certaine. Il faut, pour ce faire, que les plaideurs se soient abstenus d'invoquer la Convention en ayant pleinement conscience de son applicabilité [2].

Le caractère dispositif s'exprime aussi par rapport aux usages. La Convention s'efface devant eux [3] et s'ouvre ainsi à la normativité privée. Autrement dit, les usages prévalent sur les dispositions conventionnelles. La hiérarchie instaurée est particulière. Sous réserve du respect des dispositions internationalement impératives, au sommet, il y a la volonté des parties (pouvant exclure totalement ou partiellement la Convention), ensuite viennent les

---

1. Civ. 1re, 26 juin 2001, *D.* 2001.3607 (1re esp), note Cl. Witz ; *Rev. crit. DIP* 2002.93, note H. Muir Watt ; Civ. 1re, 25 oct. 2005, *D.* 2005.2872, obs., E. Chevrier ; *RDC* 2006.515, obs. P. Deumier ; *Rev. crit. DIP* 2006.373, note D. Bureau.

2. V., en dernier lieu, Com. 3 nov. 2009, *D.* 2010. 924, obs. Cl. Witz ; *JDI* 2010. 496, note J.-M. Jacquet.

3. Art. 9 : « 1. Les parties sont liées par les usages auxquels elles ont consenti et par les habitudes qui se sont établies entre elles. 2. Sauf convention contraire des parties, celles-ci sont réputées s'être tacitement référées dans le contrat et pour sa formation à tout usage dont elles avaient connaissance ou auraient dû avoir connaissance et qui, dans le commerce international, est largement connu et régulièrement observé par les parties à des contrats de même type dans la branche commerciale considérée ».

usages et enfin les dispositions de la Convention elle-même. L'ensemble, une fois encore, a été conçu pour répondre aux besoins du commerce international en termes d'utilité et de souplesse. Dans une logique purement utilitariste, la Convention de Vienne n'est que du droit facultatif.

2. La formation du contrat de vente

317 Les questions de validité du contrat étant exclues du champ d'application de la Convention (à l'époque de l'élaboration du texte, les États n'ont pas réussi sur ce thème à surmonter les divergences entre leurs droits respectifs), ses dispositions concernant la formation du contrat de vente intéressent l'échange des consentements (**a**) et la forme et la preuve (**b**).

a. L'échange des consentements

318 Aux termes de la Convention, la vente est conclue par la rencontre d'une offre et d'une acceptation.

– L'offre

319 Selon l'article 14, « Une proposition de conclure un contrat adressée à une ou plusieurs personnes déterminées constitue une offre si elle est suffisamment précise et si elle indique la volonté de son auteur d'être lié en cas d'acceptation ». L'offre doit donc être précise et ferme.

L'offre doit tout d'abord être précise. L'article 14.1 *in fine* ajoute que « Une proposition est suffisamment précise lorsqu'elle désigne les marchandises et, expressément ou implicitement, fixe la quantité et le prix ou donne des indications permettant de les déterminer ». Aucun problème majeur ne se pose à propos des marchandises dont la nature, la quantité et la qualité doivent être précisées dans l'offre. Une certaine souplesse est néanmoins permise. L'offre peut se contenter d'indications permettant de déterminer la quantité. De même, si la qualité n'est pas indiquée, il y a lieu de se référer aux normes techniques, aux usages ou à une qualité « standard ». Les plus grandes difficultés concernent le prix. L'article 14 exige que le prix soit déterminé ou déterminable tandis que l'article 55 de la même Convention autorise les contrats conclus sans prix [1]. Il y a ici une contradiction entre les deux

1. V. *infra*, n°332.

textes qui résulte de l'impossibilité dans laquelle ont été placés les États de s'accorder sur les questions de détermination du prix. Sur ce plan, le compromis est boiteux et amène à une difficile conciliation entre deux dispositions qui aboutissent à des solutions opposées [1]. Plutôt que de faire prévaloir un texte sur l'autre, il est généralement admis que la question doit être tranchée par la *lex contractus* [2]. La solution est justifiée dans la mesure où la Convention ne traite pas de la validité de la vente. C'est par conséquent en application de la loi désignée par la règle de conflit qu'il faut apprécier si un contrat conclu sans prix déterminé ou déterminable est valable. L'article 55 ne jouera que dans cette dernière hypothèse.

L'offre doit ensuite être ferme. Cette condition permet de distinguer nettement une offre d'une simple invitation à entrer en pourparlers. L'article 14.1 dispose qu'une proposition de contracter est une offre « si elle indique la volonté de son auteur d'être lié en cas d'acceptation ». Il ne faut pas prendre cet article au pied de la lettre. Il n'est pas nécessaire que l'offre contienne une volonté explicite d'être lié en cas d'acceptation. Ainsi, une offre précise faite à personne déterminée doit-elle être considérée comme révélant, de manière raisonnable, l'intention d'être lié par une acceptation. À l'inverse, la Convention réserve le cas particulier de la proposition de contracter adressée à des personnes indéterminées. Selon l'article 14.2, celle-ci est une simple invitation à l'offre, « à moins que la personne qui a fait la proposition n'ait clairement indiqué le contraire ». En principe, la proposition de contracter faite au public (par exemple, par le biais de prospectus) n'est donc pas une offre au sens de la Convention. Dans l'esprit de celle-ci, il y manque l'élément de fermeté.

320 Quels sont les effets de l'offre ? Celle-ci permet la formation du contrat en cas d'acceptation. L'offre prend effet à partir du moment où elle parvient à son destinataire (art. 15.1). Les principales difficultés résident dans la révocabilité de l'offre, les diffé-

1. V. Fortier, « Le prix dans la convention de Vienne sur la vente internationale de marchandises : les articles 14 et 55 », *JDI* 1990.381.

2. V. Heuzé, *La vente internationale de marchandises, Droit uniforme, op. cit.*, n° 173, p. 151.

rents droits nationaux ayant à ce propos de profondes divergences. La Convention a choisi de consacrer la libre révocabilité de l'offre à la condition que la révocation parvienne au destinataire avant que celui-ci ait expédié une acceptation (art. 16.1). Il y a cependant deux exceptions aux termes desquelles l'offre devient irrévocable : si l'offre indique, en fixant un délai déterminé pour l'acception, ou autrement, qu'elle est irrévocable ou s'il était raisonnable pour le destinataire de considérer l'offre comme irrévocable et s'il a agi en conséquence (art. 16.2). Il y a en outre deux cas de caducité de l'offre : lorsque son rejet parvient à l'auteur de l'offre (art. 17) ou lorsque le délai exprimé dans l'offre arrive à expiration.

– L'acceptation

321 L'article 18.1 de la Convention définit l'acceptation comme étant « Une déclaration ou autre comportement du destinataire indiquant qu'il acquiesce à une offre ». L'acceptation doit être dépourvue d'équivoque. Elle peut résulter d'une déclaration par le biais par exemple d'un bon de commande que le destinataire de l'offre remplit. Elle peut également résulter d'un « autre comportement » qui est déduit généralement d'un acte d'exécution du contrat comme par exemple le fait d'expédier les marchandises. L'article 18.1 *in fine* ajoute que « Le silence ou l'inaction à eux seuls ne peuvent valoir acceptation ». Le silence est source d'équivoque et ne vaut pas « à lui seul » acceptation. Il en va différemment si les usages ou les habitudes entre les parties permettent de traiter le silence du destinataire de l'offre comme une acceptation (V. art. 8.3 Convention).

L'acceptation doit normalement être pure et simple. Si la réponse à l'offre contient des modifications, elle vaut rejet de l'offre et s'analyse comme une contre-offre qui doit être acceptée par l'auteur de l'offre initiale (art. 19.1). La Convention introduit cependant une subtilité en distinguant suivant que les modifications apportées altèrent substantiellement les termes de l'offre ou non. Seules les premières s'analysent comme une contre-offre [1].

1. Selon l'article 19.3 de la Convention, «Des éléments complémentaires ou différents relatifs notamment au prix, au paiement, à la qualité et à la quantité des marchandises, au lieu et au moment de la

Les secondes en revanche constituent une acceptation de l'offre initiale à la condition que l'auteur de l'offre ne dénonce pas les modifications apportées par le destinataire (art. 19.2) [1].

322 L'acceptation a pour effet de conduire à la formation du contrat de vente. Cet effet se produit au moment où l'indication d'acquiescement parvient à l'auteur de l'offre (art. 18.2) [2]. Il faut que cette indication d'acquiescement parvienne à l'auteur de l'offre dans le délai qu'il a stipulé ou à défaut dans un délai raisonnable (art. 18.2). Une offre verbale doit en principe être acceptée immédiatement.

b. Forme et preuve de la vente

323 La Convention consacre le principe du consensualisme à la fois quant à la forme et quant à la preuve du contrat. L'article 11 dispose en effet que « Le contrat de vente n'a pas à être conclu ni constaté par écrit et n'est soumis à aucune autre condition de forme. Il peut être prouvé par tous moyens, y compris par témoins ». Cette règle est conforme aux besoins des affaires en termes de rapidité et de souplesse. Mais le formalisme n'est pas pour autant totalement évacué. Tout d'abord, dans la pratique, les parties aiment à rédiger un écrit dans un but de sécurité juridique. Ensuite, il y a certains États qui exigent un écrit, même pour les ventes internationales. C'est pourquoi l'article 96 de la Convention autorise les États à émettre une réserve (la Russie et l'Argentine, notamment, ont émis une telle réserve). L'article 12, seule disposition impérative de la Convention, auquel renvoie l'article 96, rend ainsi l'article 11 inapplicable lorsque l'une des parties a son établissement dans l'État ayant formulé la réserve.

---

livraison, à l'étendue de la responsabilité d'une partie à l'égard de l'autre ou au règlement des différends, sont considérés comme altérant substantiellement les termes de l'offre ».

1. Sur les problèmes spécifiques posés en pratique par la contradiction entre les conditions générales de vente et les conditions générales d'achat échangées lors de la période de formation du contrat, v. V. Heuzé, *op. cit.*, n° 187 s., p. 167 s. *Adde*, G. Sambugaro, « Incorporation of standard contract terms and the 'battle of forms' under the 1980 Vienna sales convention (CISG) », *RD aff. int.* 2009. 69.

2. Avec pour nuance l'article 18.3 qui permet, lorsque les circonstances dispensent l'auteur de l'acceptation de la communiquer à l'auteur de l'offre, de prendre en compte le moment d'accomplissement de certains actes du destinataire (tels que l'expédition de marchandises ou le paiement du prix).

3. Les obligations des parties

324 La Convention contient des dispositions relatives aux obligations du vendeur (**a**) et à celles de l'acheteur (**b**).

a. Les obligations du vendeur

325 L'article 30 de la Convention dispose que « Le vendeur s'oblige, dans les conditions prévues au contrat et par la présente Convention, à livrer les marchandises, à en transférer la propriété et, s'il y a lieu, à remettre les documents s'y rapportant ». Le texte conventionnel précise ensuite le régime de deux obligations : la première portant sur la livraison des marchandises et la seconde sur leur conformité.

– La livraison des marchandises

326 La livraison est la mise à disposition ou la remise des marchandises vendues à l'acheteur. La Convention prévoit des règles relatives au lieu et au moment de livraison. Ces dispositions sont supplétives permettant ainsi aux parties de prévoir d'autres modalités de livraison, soit par le biais de clauses, soit par référence à des usages [1], possibilités largement utilisées en pratique.

Selon la Convention, le lieu de livraison varie suivant les cas (art. 31). Si la vente implique un transport, ce qui est très fréquent en matière internationale, la livraison s'effectue par la remise des marchandises au premier transporteur. Si la vente n'implique pas un transport, la livraison se déroule, soit au lieu où les parties savaient que les marchandises se trouvaient au moment de la conclusion du contrat, soit au lieu où le vendeur a son établissement. Le moment de la livraison dépend de la date fixée par le contrat ou bien, à défaut de date précise, de l'écoulement d'un délai raisonnable (art. 33). Les diverses modalités de la livraison sont laissées à la volonté des parties, mais la Convention prévoit des règles lorsqu'il incombe au vendeur d'organiser le transport (art. 32.2) ou de remettre des documents se rapportant aux marchandises (art. 34) comme par exemple un connaissement, une licence d'exportation ou des notices d'utilisation. De même, il

1. Sur les Incoterms, v. *infra*, n° 343 s.

appartient en principe au vendeur d'emballer et de conditionner les marchandises (art. 35.2.d).

Le moment de la livraison détermine aussi le transfert des risques. Cette question est primordiale, car elle permet de savoir qui de l'acheteur ou du vendeur doit supporter le poids d'une perte ou d'une détérioration des marchandises entre la date de conclusion du contrat et celle de la prise de possession de l'acheteur. En l'absence de clauses particulières, la Convention lie le transfert des risques non pas au transfert de propriété comme en droit français, mais au transfert de la possession. La raison en est qu'il convient de faire peser les risques sur le contractant le mieux à même de surveiller et de conserver les marchandises. En principe donc, les risques passent du vendeur à l'acheteur au moment de la livraison. Il s'en infère que l'acheteur doit payer le prix après le transfert des risques même si les marchandises sont perdues ou détériorées (art. 66). La réalité étant complexe, la Convention a été amenée à distinguer trois cas de figure pour déterminer le moment exact du transfert des risques. Dans la première hypothèse, lorsque la vente implique un transport des marchandises, le transfert des risques s'opère en principe à partir de la remise des marchandises au premier transporteur (art. 67). Dans la deuxième hypothèse, lorsque les marchandises sont vendues en cours de transport, les risques sont en principe transférés à l'acheteur au moment où le contrat est conclu (art. 68). Dans la troisième hypothèse, lorsque les marchandises sont mises à disposition de l'acheteur dans les locaux du vendeur, le transfert des risques a lieu lorsque l'acheteur retire les marchandises (art. 69.1) ; si l'acheteur est tenu de retirer les marchandises en un lieu autre qu'un établissement du vendeur, les risques sont transférés lorsque la livraison est due et que l'acheteur sait que les marchandises sont mises à sa disposition en ce lieu (art. 69.2).

– La conformité des marchandises

327 Le vendeur a l'obligation d'assurer la conformité des marchandises vendues. Cette obligation est indépendante de la livraison, cette dernière n'étant qu'une opération matérielle. À ce titre, la Convention retient une conception moniste de la conformité. Elle

ne consacre pas, contrairement au droit français, la distinction entre la délivrance conforme et la garantie des vices cachés, cette dernière distinction créant de délicats problèmes de frontières. Le régime dans la Convention est unitaire, ce qui va dans le sens d'une plus grande simplicité [1]. Ce régime étant supplétif, il est possible d'y déroger par des clauses particulières. La validité de celles-ci est cependant tributaire de la *lex contractus* ou éventuellement de lois de police.

328 C'est l'article 35 de la Convention qui définit le défaut de conformité. Il faut à cet égard que la marchandise (ainsi que son emballage et son conditionnement) corresponde à la quantité, la qualité et le type prévus au contrat. La marchandise doit donc être conforme à la description qui en avait été faite dans le contrat. À défaut de spécifications contractuelles, l'article 35 donne des critères pour déterminer la conformité. Ainsi, les marchandises doivent-elles être propres aux usages auxquels serviraient habituellement des marchandises du même type ou à tout usage spécial porté à la connaissance du vendeur. La jurisprudence est très fournie sur ces questions. Parmi de nombreux arrêts, il a été jugé que n'étaient pas conformes des autocuiseurs présentant un danger pour les utilisateurs en raison de fuites du couvercle [2]. Bien entendu, le vendeur n'est pas responsable d'un défaut de conformité que l'acheteur connaissait ou ne pouvait ignorer (art. 35.3). Le défaut de conformité s'apprécie au moment du transfert des risques (art. 36). Il n'en reste pas moins que sont pris en compte les défauts qui, existant au moment du transfert des risques, ne se révèlent que postérieurement (c'est l'hypothèse d'un défaut caché).

329 La mise en œuvre de la garantie de conformité est soumise à un double délai, l'un pour examiner la marchandise et l'autre pour dénoncer le défaut au vendeur. Ces délais sont tous deux assez brefs de manière à répondre aux besoins des affaires en termes de rapidité.

1. La Convention contient aussi des dispositions relatives à la conformité «juridique» imposant au vendeur de livrer des marchandises libres de tous droits détenus par les tiers, y compris des droits de propriété intellectuelle. V. art. 41 à 43.

2. Paris, 4 juin 2004, *D.* 2005.2286, obs. Cl. Witz.

L'article 38 concerne l'examen des marchandises en disposant que « L'acheteur doit examiner les marchandises ou les faire examiner dans un délai aussi bref que possible eu égard aux circonstances ». L'examen, en principe, doit être immédiat lorsque la marchandise est entre les mains de l'acheteur. Mais il est nécessaire de tenir compte de circonstances particulières empêchant qu'un examen immédiat ne soit effectué au moment de la livraison. L'article 38.2 prévoit ainsi que « Si le contrat implique un transport de marchandises, l'examen peut être différé jusqu'à leur arrivée à destination ».

Après avoir constaté le défaut, l'acheteur doit ensuite le dénoncer au vendeur. L'article 39 dispose à cet effet que la dénonciation au vendeur, qui doit préciser la nature du défaut, doit intervenir « dans un délai raisonnable » à partir du moment où l'acheteur a constaté le défaut ou aurait dû le constater. La durée de ce délai « raisonnable » varie selon les circonstances, mais la jurisprudence est assez sévère et tend à imposer à l'acheteur une dénonciation très prompte. La dénonciation ne répond à aucune exigence de forme et, conformément à l'article 27, doit être faite « par un moyen approprié aux circonstances ». En cas de non-respect de l'article 39, l'acheteur s'expose à une sanction radicale : il est déchu du droit de se prévaloir d'un défaut de conformité (sauf réserve de l'article 44 : si l'acheteur justifie d'une excuse raisonnable, il peut tout de même demander une réduction du prix). Dans tous les cas, la Convention prévoit un délai butoir : la dénonciation doit intervenir au plus tard dans un délai de deux ans à compter de la date à laquelle les marchandises ont été effectivement remises à l'acheteur (art. 39.2). Cette règle, qui concerne les défauts cachés, impose que le défaut apparaisse dans les deux ans de la remise de la marchandise. Un tel délai est assez critiquable, car il ne tient pas compte de la nature de certains biens ayant une durée de vie supérieure à deux ans (ex. : une machine-outil) et qui présentent des défauts se révélant longtemps après leur remise effective à l'acheteur. Une clause particulière stipulant une garantie plus longue est nécessaire dans ce cas. Sur le terrain de la nature du délai visé, la Cour de cassation a jugé que « le délai de deux ans de l'article 39 de la Convention de Vienne est un délai de dénonciation du défaut de conformité et non un délai pour agir »[1].

Il faut enfin relever que l'article 40 prévoit que le vendeur ne peut se prévaloir des articles 38 et 39 lorsqu'il connaissait le défaut de conformité ou ne pouvait l'ignorer.

b. Les obligations de l'acheteur

330 La Convention met à la charge de l'acheteur deux obligations : celle de prendre livraison des marchandises et celle de payer le prix (art. 53). Comme pour le reste de la Convention, ces obligations peuvent être aménagées ou modifiées par le contrat.

– La prise de livraison

331 La Convention consacre l'article 60 à cette obligation. Selon ce texte, l'obligation de prendre livraison consiste « à accomplir tout acte qu'on peut raisonnablement attendre de lui pour permettre au vendeur d'effectuer la livraison et à retirer les marchandises ». L'obligation de retirement est classique en matière de vente. Elle implique pour l'acheteur l'obligation de prendre possession des marchandises. L'article 60 ajoute un devoir de collaboration à la charge de l'acheteur qui doit faciliter l'obligation de livraison incombant au vendeur (l'acheteur devra par exemple coopérer à l'accomplissement des formalités administratives, notamment les formalités douanières). Il peut revenir enfin à l'acheteur de spécifier les caractéristiques des marchandises à livrer (ex. : le contrat peut laisser le soin à l'acheteur d'indiquer la taille ou la forme des marchandises qu'il entend recevoir). Il doit alors procéder à cette spécification à la date convenue ou dans un délai raisonnable. À défaut, le vendeur opérera la spécification à la place de l'acheteur (art. 65).

– Le paiement du prix

332 L'acheteur a naturellement l'obligation de payer le prix. En sus, l'article 54 oblige l'acheteur à prendre les mesures et à accomplir les formalités destinées à permettre le paiement du prix. Par exemple, il revient normalement à l'acheteur de solliciter l'intervention d'un établissement bancaire pour procéder au paiement

1. Com. 3 févr. 2009, *D.* 2009. 2907, 2e esp., note Cl. Witz ; *RTD civ.* 2009. 688, obs. P. Rémy-Corlay ; *RTD com.* 2009. 642, obs. P. Delebecque ; *RDC* 2009. 1549, obs. J.-B. Racine.

ou de faire en sorte d'obtenir les autorisations administratives nécessaires au transfert des fonds.

Le montant du prix est librement déterminé par les parties. Si celles-ci n'ont pas déterminé le prix, et à la condition que la *lex contractus* considère valable le contrat dans cette hypothèse [1], l'article 55 contient un dispositif de détermination. Ce texte dispose dans ce cas que les parties sont réputées « s'être tacitement référées au prix habituellement pratiqué au moment de la conclusion du contrat, dans la branche commerciale considérée, pour les mêmes marchandises vendues dans des circonstances comparables ». Il est permis dans ce cas de déterminer le prix de manière objective en référence au prix du marché. La règle est bonne en ce qu'elle est pragmatique et répond aux besoins des affaires.

Le lieu du paiement fait l'objet de l'article 57. Si le contrat ne prévoit rien, le paiement a lieu à l'établissement du vendeur ou si le paiement doit être fait contre la remise des marchandises ou de documents (tels un connaissement, une facture, un certificat d'assurance), au lieu de cette remise. On déduit de cette disposition que le paiement est normalement portable. Le moment du paiement est régi par l'article 58. Sauf si le contrat prévoit une règle différente, le paiement a lieu au moment où le vendeur met à la disposition de l'acheteur, soit les marchandises, soit les documents représentatifs des marchandises (comme un connaissement). Selon l'article 58.2, si le contrat implique un transport des marchandises, le vendeur peut en faire l'expédition sous condition que celles-ci ou les documents représentatifs ne seront remis à l'acheteur que contre paiement du prix. En vertu de l'article 58.3, l'acheteur n'est en principe pas tenu de payer le prix avant d'avoir pu examiner les marchandises. Le paiement doit être exécuté à la date fixée au contrat sans qu'il soit besoin d'aucune demande ou autre formalité de la part du vendeur (art. 59). Il en découle qu'aucune mise en demeure n'est nécessaire pour constater la défaillance de l'acheteur.

1. V. *supra*, n° 319.

4. L'inexécution du contrat

333 En cas d'inexécution du contrat, la Convention offre des « remèdes » (**a**) qui ne jouent cependant pas lorsqu'il existe des causes d'exonération (**b**).

a. Les remèdes en cas d'inexécution

334 La Convention établit un régime complexe en distinguant les moyens dont dispose l'acheteur, les moyens dont dispose le vendeur et les moyens communs à l'acheteur et au vendeur. Il semble utile de les étudier en les réunissant sous l'appellation de « remèdes » terme traduit de l'anglais *remedies* qui désigne l'ensemble des outils offerts à une partie pour pallier la défaillance de son cocontractant. La Convention contient cinq « remèdes » : l'exception d'inexécution, l'exécution en nature, la résolution, les dommages et intérêts et la réduction du prix.

Avant d'étudier chacun d'eux, il est nécessaire de présenter l'une des notions les plus importantes de la Convention de Vienne : celle de *contravention essentielle*. Elle est définie à l'article 25 de la Convention [1]. L'existence d'une contravention essentielle révèle un manquement très sérieux au contrat et déclenche par conséquent l'application des remèdes les plus radicaux. Une contravention essentielle est une inexécution du contrat qui porte gravement préjudice au créancier de telle sorte qu'elle le prive de ce qu'il était en droit d'attendre du contrat. Il faut en outre que le préjudice en résultant ait été prévisible pour le débiteur ainsi que pour une personne raisonnable placée dans la même situation. La jurisprudence est fournie sur cette question. Il a ainsi été jugé que le non-paiement du prix par l'acheteur [2] et la non-livraison définitive de la marchandise par le vendeur [3] étaient des contraventions essentielles. En revanche, un défaut de

1. Selon cet article, «Une contravention au contrat commise par l'une des parties est essentielle lorsqu'elle cause à l'autre partie un préjudice tel qu'elle la prive substantiellement de ce que celle-ci était en droit d'attendre du contrat, à moins que la partie en défaut n'ait pas prévu un tel résultat et qu'une personne raisonnable de même qualité placée dans la même situation ne l'aurait pas prévu non plus».

2. LG Krefeld, 28 avr. 1993 et LG Berlin, 30 sept. 1992, cités par Cl. Witz, *Les premières applications jurisprudentielles du droit uniforme de la vente internationale, op. cit.*, p. 96.

3. Oberlandsgericht Celle, 24 mai 1995, cité *in* Précis de jurisprudence de la CNUDCI concernant la Convention des Nations unies sur les contrats de vente internationale de marchandises, 8 juin 2004, A/CN.9/SER.C/DIGEST/CISG/25, http://www.uncitral.org/uncitral/fr/case_law/digests/cisg.html.

conformité ne constitue pas automatiquement une contravention essentielle. Selon la jurisprudence, pour que les conditions de l'article 25 soient remplies, le défaut de conformité doit empêcher l'acheteur d'utiliser ou de revendre les marchandises [1]. Si les marchandises restent commercialisables, il n'y a pas normalement contravention essentielle [2].

– L'exception d'inexécution

335 Sauf si le contrat prévoit des stipulations particulières, l'acheteur n'est pas obligé de payer le prix tant que la marchandise n'a pas été livrée et, dans le même temps, le vendeur peut refuser de se déposséder des marchandises aussi longtemps que l'acheteur n'aura pas versé le prix (art. 58). Ces solutions ne suscitent pas de difficultés particulières.

La Convention de Vienne contient une disposition originale à l'article 71 permettant la mise en œuvre d'une exception d'inexécution anticipée. Lorsqu'il existe un risque sérieux que le cocontractant n'exécutera pas une partie essentielle de ses obligations, une partie est autorisée à différer l'exécution de ses propres obligations. La partie qui reporte l'exécution doit adresser une notification à son cocontractant. Elle doit néanmoins procéder à l'exécution si l'autre partie donne des assurances suffisantes de la bonne exécution de ses obligations. L'article 71 est particulièrement adapté aux besoins des affaires en ce qu'il n'est pas besoin d'attendre une inexécution avérée pour se prévaloir de l'exception d'inexécution.

– L'exécution en nature

336 Le droit à l'exécution en nature est expressément consacré par l'article 28 de la Convention à la condition cependant que le tribunal saisi puisse l'ordonner « en vertu de son propre droit pour des contrats de vente semblables non régis par la présente Convention ». Ce sont ensuite les articles 46 pour les manquements commis par le vendeur et 62 pour ceux commis par l'acheteur qui prévoient la possibilité d'une exécution en nature.

1. Précis de jurisprudence de la CNUDCI concernant la Convention des Nations unies sur les contrats de vente internationale de marchandises, *op. cit.*, p. 4.
2. V. Cl. Witz, *D.* 2005.2288.

Celle-ci peut être mise en œuvre pour tout manquement au contrat.

La Convention prévoit aussi des règles particulières en cas de défaut de conformité. Dans cette hypothèse, l'acheteur peut tout d'abord exiger le remplacement des marchandises. Une telle charge étant particulièrement lourde pour le vendeur, le remplacement n'est dû qu'en cas de contravention essentielle au contrat (art. 46.2). L'acheteur peut ensuite exiger la réparation du défaut de conformité « à moins que cela ne soit déraisonnable compte tenu de toutes les circonstances » (art. 46.3).

– La résolution du contrat

337 Ce remède est radical dans la mesure où il aboutit à la disparition du contrat. Éprise de la volonté de pérenniser le contrat plutôt que de l'anéantir, la Convention encadre la résolution dans de strictes limites. Aux termes des articles 49.1 a) et 64. 1 a), il faut une contravention essentielle au contrat. La Convention fait cependant preuve d'une remarquable souplesse en permettant la résolution unilatérale du contrat par le créancier. La résolution n'est pas judiciaire. Elle découle d'une notification adressée à l'autre partie (art. 26). Le contrôle du juge ou de l'arbitre ne se conçoit alors qu'*a posteriori* afin de vérifier que les conditions de la résolution étaient bien remplies. Une telle règle répond parfaitement aux besoins des affaires.

La résolution découle le plus souvent d'une inexécution avérée. Mais la Convention autorise aussi une résolution anticipée « si, avant la date de l'exécution du contrat, il est manifeste qu'une partie commettra une contravention essentielle au contrat » (art. 72). La résolution est généralement totale, mais elle est susceptible d'être partielle dans le cas de contrats à livraisons successives (art. 73). Dans tous les cas, la résolution aboutit à l'anéantissement du contrat. Elle est en principe rétroactive et ouvre la possibilité de restitutions (art. 81).

– Les dommages et intérêts

338 Toute contravention au contrat peut donner lieu à allocation de dommages et intérêts, ceux-ci étant d'ailleurs susceptibles de se cumuler avec d'autres remèdes comme la résolution ou l'exécution en nature. Selon la règle posée à l'article 74, les dommages

et intérêts sont égaux à la perte subie et au gain manqué par l'autre partie par suite de la contravention. Il existe donc trois conditions.

Il faut d'abord une contravention au contrat (sur ce chef, la Convention ne reprend pas la distinction entre obligations de moyens et obligations de résultat ce dont il résulte que tout manquement au contrat ouvre normalement droit à des dommages et intérêts).

Un dommage réparable doit ensuite exister. Celui-ci est indemnisé de manière intégrale sur la base de la perte subie et du gain manqué sans qu'il soit possible de prononcer des dommages punitifs [1]. Seul le dommage prévisible au moment de la conclusion du contrat est réparable.

Il est enfin nécessaire que le dommage soit la suite de la contravention ce qui ramène à l'exigence d'un lien de causalité. Aucun critère de la causalité n'est donné par la Convention, mais la condition de prévisibilité du dommage permet de résoudre la grande majorité des cas.

339 S'agissant de la réparation du dommage, il convient aussi de faire état de l'article 77 qui consacre le principe de la minimisation du dommage subi obligeant les parties à prendre des mesures raisonnables pour limiter leurs pertes ou leur manque à gagner [2]. La jurisprudence est désormais abondante sur cette question. Il a ainsi été jugé que l'acheteur qui puisait dans ses propres réserves de charbon parce que le vendeur tardait à livrer satisfaisait à cette obligation de minimiser le dommage [3]. À l'inverse, contrevenait à la même obligation l'acheteur qui continuait d'utiliser la marchandise après avoir découvert qu'elle était de mauvaise qualité [4]. La règle de la minimisation du dommage subi s'applique également au vendeur.

1. Sur la contrariété à l'ordre public international d'une décision américaine prononçant en matière de vente des dommages punitifs disproportionnés, v. Civ. 1re, 1er déc. 2010, *D.* 2011. 423, note F.-X. Licari ; *JCP* 2011. 140, note J. Juvénal ; *RTD Civ.* 2011. 123, obs. B. Fages ; *DMF* 2011. 331, note O. Cachard ; *Rev. crit. DIP* 2011. 93, note H. Gaudemet-Tallon.

2. V. *supra,* n° 120.

3. Sentence CCI, n° 8740, oct. 1996, *Unilex*, inédit.

4. *Bundesgerichtshof*, 24 mars 1999, cité *in* Précis de jurisprudence de la CNUDCI concernant la Convention des Nations Unies sur les contrats de vente internationale de marchandises, 8 juin 2004, A/CN.9/SER.C/DIGEST/CISG/77., p. 4.

340 La Convention prévoit aussi le cas où une partie ne paie pas le prix ou toute autre somme due (art. 78). L'autre partie a droit à des intérêts sur cette somme. Il s'agit de dommages et intérêts moratoires sanctionnant le retard qui commencent à courir sans qu'une mise en demeure soit nécessaire.

– La réduction du prix

341 Ce remède est propre aux cas de non-conformité des marchandises. L'acheteur est alors autorisé à réduire le prix proportionnellement à la différence entre la valeur des marchandises livrées (non-conformes) et la valeur qu'auraient eue des marchandises conformes (art. 50). Cette faculté de réfaction du prix s'exerce de manière unilatérale du côté de l'acheteur. Si le vendeur entend la contester, il devra saisir un juge ou un arbitre.

b. Les causes d'exonération

342 La première cause d'exonération est tirée de la force majeure (art. 79). Les conditions sont assez proches de celles du droit français [1]. Il faut que l'événement soit indépendant de la volonté de débiteur et qu'il n'ait pas été raisonnablement prévisible et surmontable. La Convention admet à ce titre le fait d'un tiers (art. 79.2). En présence d'un événement qui répond aux conditions posées, le débiteur n'est pas responsable de l'inexécution. Cet effet d'exonération se produit pendant la durée de l'empêchement (art. 79.3). Cette cause d'exonération ne fait cependant pas obstacle à la mise en œuvre des remèdes autres que les dommages et intérêts comme par exemple la résolution (art. 79.5). Il est important de noter que le débiteur doit informer son cocontractant de l'empêchement (art. 79.4).

La seconde cause d'exonération est déduite du fait du créancier toutes les fois où l'inexécution est due à un acte ou une omission de sa part (art. 80).

1. V. cependant, l'arrêt de la Cour de cassation belge du 19 juin 2009 (*D.* 2010. 932, obs. Cl. Witz ; *RDC* 2010. 1405, obs. B. Fauvarque-Cosson) qui admet le *hardship* sur le fondement de l'article 79 CVIM.

C. Les Incoterms

343 Les Incoterms (*INternational COmmercial TERMS*) sont une série de termes commerciaux d'application universelle [1]. Ils sont publiés par la Chambre de commerce internationale depuis 1936 et ont connu plusieurs versions jusqu'à la dernière en date en 2010. Les Incoterms ne régissent pas l'intégralité des obligations découlant d'un contrat de vente. Ils permettent seulement de définir les modalités de la livraison, du transfert des risques et de la répartition des différents frais (transport, assurance, etc.) entre l'acheteur et le vendeur. Ils ont une importance pratique considérable en ce qu'ils sont particulièrement bien adaptés aux besoins du commerce international. Leur nature est complexe. Ils sont assurément assimilables à des contrats-types. Dans la mesure où ils sont adoptés par les parties dans leur contrat, ils permettent de déterminer leurs obligations respectives dans les domaines concernés. On peut aussi les considérer, même si cette qualification est discutée, comme de véritables usages du commerce international, à tout le moins comme des usages codifiés [2]. Ils font, selon nous, partie intégrante de la *lex mercatoria* [3]. Ils sont également un complément naturel de la Convention de Vienne du 11 avril 1980 [4].

344 Les Incoterms se présentent sous la forme de trois lettres (ex. : CIF ou FOB). Ils sont aujourd'hui, dans leur version datant de 2010, entrée en application le 1er janvier 2011 [5], au nombre de onze. La distinction classique en la matière oppose la vente au départ (ou à l'expédition) et la vente à l'arrivée (ou à destination). Dans la première, la livraison des marchandises intervient avant l'opération de transport tandis que, dans la seconde, la livraison a lieu après. Mais la version 2010 des Incoterms ajoute une nouvelle

1. E. Jolivet, *Les incoterms, Étude d'une norme du commerce international*, Avant-propos P. Fouchard, Préface D. Ferrier, Litec, 2003.
2. V. E. Loquin, « L'application de règles anationales dans l'arbitrage commercial international », in *L'apport de la jurisprudence arbitrale*, Publ. CCI n° 440/1, 1986. 67, spéc., p. 93. Très clairement en ce sens, v. CJUE, 9 juin 2011, aff. C 87/10.
3. V. *supra*, n° 107.
4. Sur laquelle, v. *supra*, n° 306 s.
5. C. Nourissat, « Entrée en application des nouveaux Incoterms de la Chambre de commerce internationale le 1er janvier 2011 », *RLDA*, févr. 2011. 50 ; L. Fedi, « La nouvelle codification des incoterms 2010 : entre simplification et rationalisation de la vente maritime internationale », *DMF* 2011. 303.

distinction selon que le terme utilisé concerne tous les modes de transport ou bien uniquement le transport maritime ou fluvial. Cette nouvelle version des Incoterms, qui se substitue à la précédente datant de 2000, prend en compte un certain nombre de facteurs, notamment les impératifs sécuritaires et l'utilisation massive des conteneurs. Par ailleurs, ces Incoterms ont vocation à s'appliquer tant aux ventes internationales qu'aux ventes internes.

345 Les Incoterms sont regroupés en quatre familles selon les lettres E, F, C et D. Entre la famille E et la famille D, les obligations du vendeur vont en ordre croissant. Seuls les Incoterms de la famille D concernent des ventes à l'arrivée, tous les autres portant sur des ventes au départ.

– La famille E ne comprend qu'un seul Incoterm : l'EXW (*Ex Works... named place* / À l'usine... lieu convenu). Le vendeur se contente ici de mettre dans ses locaux la marchandise à la disposition de l'acheteur.

– La famille F (pour *Free* / franco) est composée de trois Incoterms : le FCA (*Free Carrier... named place* / Franco transporteur... lieu convenu), le FAS (*Free alongside ship... named port of shipment* / Franco le long du navire... port d'embarquement convenu) et le FOB (*Free on board... named port of shipment* / Franco bord... port d'embarquement convenu). Dans aucun de ces Incoterms, le vendeur n'assume le coût du transport principal. L'Incoterm FOB est utilisé lorsque la vente implique un transport maritime. Par le choix de cet Incoterm, le transfert des risques se réalise lorsque les marchandises sont à bord du navire au port d'embarquement convenu (la référence au bastingage du navire a disparu dans la version 2010).

– La famille C (pour *Cost or Carriage* / Coût ou port) contient quatre Incoterms : CFR (*Cost and freight... named port of destination* / Coût et fret... port de destination convenu), CIF (*Cost, insurance and freight... named port of destination* / Coût, assurance et fret... port de destination convenu), CPT (*Carriage paid to... named place of destination* / Port payé jusqu'à... lieu de destination convenu) et CIP (*Carriage and insurance paid to... named place of destination* / Port payé, assurance comprise jusqu'à... point de destination convenu). Dans tous ces Incoterms, le vendeur supporte le coût du transport principal. En revanche, il n'assume pas les risques au cours du transport. Dans une vente CIF par exemple, le vendeur doit organiser lui-même le transport et assurer les marchandises tandis que le transfert des risques à l'acheteur a lieu au moment où les marchandises sont à bord du navire.

– La famille D (pour *delivered* / rendu) comporte désormais trois Incoterms au lieu de cinq dans la version 2000 : DAT (*Delivered at terminal... Named place of destination* / Rendu au terminal... lieu de destination convenu), DAP (*Delivered at place... named place of destination* / Rendu au... lieu de destination convenu), DDP (*Delivered duty paid... named place of destination* / Rendu droits acquittés... lieu de destination convenu). Tous ces Incoterms envisagent des ventes à l'arrivée. L'Incoterm DDP est le plus contraignant pour le vendeur : il assume tous les coûts, toutes les charges et tous les risques jusqu'à l'arrivée des marchandises à l'établissement de l'acheteur.

§ 2. Les contrats portant sur des droits de propriété intellectuelle

346 Les contrats portant sur des droits de propriété intellectuelle ont ceci de spécifique qu'ils concernent l'attribution, l'exploitation ou le transfert de droits de propriété intellectuelle (brevets, obtentions végétales, marques, dessins et modèles, droits d'auteur, droits voisins, topographies de semi-conducteurs...). La question du droit matériel de la propriété intellectuelle, c'est-à-dire les conditions de réservation et de protection des droits de propriété intellectuelle dans l'ordre international, ne sera pas traitée dans le cadre restreint du présent ouvrage [1]. Nous nous contenterons ici de présenter les contrats afférents à l'exploitation des droits de propriété intellectuelle.

1. V. notamment pour une vue d'ensemble de la protection de la propriété industrielle, J. Béguin et M. Menjucq (dir.), *Droit du commerce international, op. cit.*, n° 829 s., p. 310 s. ; concernant la protection de la propriété littéraire et artistique dans l'ordre international, v. notamment, A. Lucas et H.-J. Lucas, *Traité de la propriété littéraire et artistique*, Litec, 3e éd., 2006, n° 1124 s., p. 783 s.

347 Après avoir relevé leur intérêt dans le cadre du commerce international (**A**), il sera dressé une typologie des principaux contrats (**B**). Enfin, sera abordée la question des conflits de lois (**C**).

A. L'intérêt des contrats portant sur des droits de propriété intellectuelle dans le commerce international

348 Les contrats portant sur des droits de propriété intellectuelle et/ou emportant un transfert de technologies, qualifiés souvent de contrats d'exploitation [1], sont très fréquents dans le cadre du commerce international.

Ils permettent en premier lieu de transférer des connaissances, des techniques et technologies à ceux (entreprises et États) qui ne disposent pas des moyens de les développer ou tout simplement qui souhaitent les mettre en œuvre alors qu'elles sont protégées. Ainsi, une entreprise préférera-t-elle prendre en licence telle technologie plutôt que de développer elle-même une technologie similaire concurrente au prix de lourds investissements sans gage de réussite. Pour les mêmes raisons, un pays en voie de développement sera intéressé à acquérir une technologie qu'il ne peut développer faute de compétences, de moyens financiers ou de temps (parfois les trois !). Le système de la propriété intellectuelle permet ainsi aux pays avancés de consolider leur avance économique et technologique, donc concurrentielle, dans une économie de la connaissance. Cependant, il faut reconnaître que, s'il contribue parfois au développement accéléré de certains pays, il maintient aussi ces mêmes pays dans un état de dépendance endémique (dépendance technologique, sanitaire, voire alimentaire avec notamment les organismes génétiquement modifiés) [2]. La propriété intellectuelle serait-elle alors antinomique du développement durable ? Rien n'est moins sûr. La justification de la propriété intellectuelle est en effet bien connue : elle fait en sorte, par le retour sur investissement qu'elle autorise et qui permet jus-

1. V. notamment, M. Josselin-Gall, *Les contrats d'exploitation du droit de propriété littéraire et artistique*, GLN-Joly, 1995.
2. V. *supra*, n° 88.

tement de financer la recherche, de contribuer au progrès économique et social. Elle favorise l'innovation. Il est par conséquent indéniable que les transferts de technologies sont nécessaires aux pays en voie de développement. Ce sont les conditions de ces transferts qui sont quelques fois discutables.

En second lieu, les contrats permettent à un titulaire de droits de propriété intellectuelle d'en confier à un tiers l'exploitation. Cette faculté est essentielle alors que le titulaire (par exemple un inventeur) n'est souvent pas à même de mener seul une exploitation, *a fortiori* à l'international.

B. Typologie des contrats

349 Nous distinguerons les contrats ayant pour objet exclusivement ou principalement un droit de propriété intellectuelle (**1**), ceux portant accessoirement sur la propriété intellectuelle (**2**) et enfin les contrats sur un savoir-faire (**3**).

1. Les contrats ayant pour objet un droit de propriété intellectuelle

350 On peut schématiquement distinguer quatre types de contrats : les contrats de cession (**a**), les contrats de licence (**b**), les contrats de non-opposition (**c**) et enfin, sorte de catégorie englobante des premiers, les contrats de transfert de technologies *(**d**)*.

a. Les contrats de cession

351 Ils ont pour objet la transmission pure et simple d'un droit de propriété intellectuelle. Il s'agit d'une cession de marque, de brevet, de droit d'auteur, etc. L'apport en société en pleine propriété, l'échange, la donation, lorsqu'ils portent sur un droit de propriété intellectuelle, sont aussi des contrats de cession. Les droits nationaux de propriété intellectuelle impriment parfois d'un certain formalisme la cession, particulièrement pour le droit d'auteur. La cession peut être à titre gratuit ou onéreux, totale ou partielle, selon qu'elle porte sur tous les territoires, sur tous les attributs du droit, ou seulement sur certains d'entre eux. Elle peut être exclusive ou non exclusive. Le droit de la vente est applicable aux cessions notamment en ce qui concerne la garantie des vices cachés et la garantie d'éviction. La clause de non-contestation de

la validité du titre, qui pèse parfois sur l'acquéreur, peut apparaître comme contredisant la garantie du cédant [1].

b. Les contrats de licence

352 Ils consistent dans la mise à disposition de tout ou partie d'un droit de propriété intellectuelle à un licencié contre paiement au donneur de licence de redevances, appelées *royalties,* forfaitaires ou assises sur les recettes d'exploitation [2]. On désigne aussi les licences par le terme de concession (sauf à préciser qu'en ce qui concerne le droit d'auteur, le Code de la propriété intellectuelle ne vise que la « cession » ; toutefois, lorsqu'elle est non exclusive la « cession » est alors assimilée à une licence). L'apport en jouissance à une société d'un droit de propriété intellectuelle est une licence. La licence étant assimilée à une location, c'est le régime du bail qui s'applique. Le donneur de licence s'oblige à délivrer le titre au preneur. Il lui doit garantie contre les vices cachés et l'éviction. Le preneur s'engage à payer le prix sous forme de redevances. Il pèse sur lui une obligation d'exploiter qui est généralement particulièrement spécifiée dans le contrat à travers certaines clauses : quotas, clauses de contrôle de l'exploitation, charte qualité des produits sous licence, etc. De nombreuses clauses accessoires concernant les perfectionnements apportés notamment aux brevets et plus généralement les obligations des parties à l'égard des droits concédés caractérisent ces contrats (à travers des obligations de non-concurrence, de non-contestation, etc.). Certaines de ces clauses sont susceptibles d'être anticoncurrentielles. Les licences sont parfois croisées : deux entreprises se consentent réciproquement des licences en vue de regrouper des technologies.

c. Les contrats de non-opposition

353 Il s'agit de contrats (ou de clauses de contrats) très fréquents en pratique par lesquels une partie (généralement un licencié ou un cessionnaire) s'engage à l'avance à ne pas contester la validité

1. J.-J. Burst, « La portée de la clause de non garantie dans les contrats de cession de brevets d'invention en cas d'annulation du brevet », *D.* 1976, chr. 115.

2. A. Vida, « Les contrats de licence en droit international privé », *Rev. crit. DIP* 1964. 209 ; J.-J. Burst, *Breveté et licencié. Leurs rapports juridiques dans les contrats de licence,* Litec, 1970 ; E. Tardieu-Guigue, *Le contrat de licence de marque,* thèse, Montpellier I, 1990.

d'un droit de propriété intellectuelle dont l'autre est titulaire [1]. Parfois, ce sont deux entreprises concurrentes qui s'engagent réciproquement à ne pas contester la validité de leurs titres ou à ne pas agir en contrefaçon l'une à l'égard de l'autre. Ces contrats ou clauses peuvent constituer des ententes prohibées par le droit de la concurrence [2].

d. Les contrats de transfert de technologies

354 Ils concernent, soit une cession, soit une licence de droits de propriété intellectuelle et/ou de savoir-faire portant sur une technologie (brevets, droits d'obtention végétale, droit d'auteur sur un logiciel, etc.) [3]. Des clauses d'assistance technique, de conseil, de fourniture de matériels, de collaboration commerciale et technique figurent fréquemment dans ces contrats, à titre accessoire. Ils comportent en outre de nombreuses clauses relatives aux obligations des parties à l'égard des droits de propriété intellectuelle et des technologies couvertes par ces derniers : clause de non-contestation de la validité des droits, clause de confidentialité, clause de non-concurrence, clauses limitant la fabrication des produits, prohibant les exportations, obligations d'exploitation, paiement de redevances... Susceptibles d'enfreindre les règles de concurrence du droit de l'Union européenne, les accords de transfert de technologie font l'objet d'un règlement d'exemption par catégorie [4].

La plupart du temps, les contrats de transfert de technologies emportent transfert d'un ou plusieurs droits de propriété intellectuelle [5]. Mais il ne faut pas généraliser. Le terme de contrat de

1. P. Philippon, *Les contrats de non opposition*, thèse, Montpellier I, 1996.
2. Dans les accords de transfert de technologies, ces clauses constituent une restriction exclue au sens de l'article 5.1.c du règlement d'exemption par catégorie du 27 avril 2004.
3. V. J. Jehl, *Le commerce international de la technologie, approche juridique*, Coll. CREDIMI, vol. 10, Litec, 1985 ; M. Dubuisson, *Les accords de coopération dans le commerce international*, Lamy 1989 ; J.-H. Gaudin, *Guide pratique de l'ingénierie des licences et des coopérations industrielles*, Litec, 1993.
4. Règlement (CE) n°772/2004 de la Commission du 27 avril 2004 concernant l'application de l'article 81 paragraphe 3 du traité à des catégories d'accords de transfert de technologie, *JOCE* du 27/04/2004, n°L123, p. 11. Le règlement est accompagné d'une communication de la Commission intitulée « Lignes directrices relatives à l'application de l'article 81 du traité CE aux accords de transfert de technologie », *JOCE* 2004 : C 101, p. 2 s.
5. J. Schapira, «Les contrats internationaux de transfert technologique», *JDI* 1978. 5 ; G. Modiano, « Les contrats de transfert de technologie», *DPCI* 1983. 553 ; P. Le Tourneau, *L'ingénierie, les transferts de technologie et de maîtrise industrielle*, Litec, 2003.

transfert de technologies peut aussi désigner des contrats portant sur des technologies qui ne sont pas protégées par un droit de propriété intellectuelle à proprement parler, comme un savoir-faire ou un secret de fabrique, un secret de commerce. Ainsi, tous les contrats de transfert de technologies ne sont-ils pas des contrats portant sur un droit de propriété intellectuelle.

En réalité, bien souvent le contrat de transfert de technologies portera à la fois sur des technologies protégées par un droit de propriété intellectuelle et sur des technologies réservées contractuellement par le secret (qui est le seul moyen de protéger un savoir-faire non brevetable de l'utilisation par tous). Par exemple, un transfert de brevet s'accompagnera souvent de clauses concernant la transmission du savoir-faire nécessaire à fabriquer ou mettre en œuvre l'invention brevetée.

2. Les contrats portant accessoirement sur la propriété intellectuelle

355 Nous mentionnerons ici les contrats de recherche et développement (**a**), et d'autres contrats qui n'ont pour seul point commun que de mettre en cause un ou plusieurs droits de propriété intellectuelle (**b**).

a. Les contrats de recherche et développement (R & D)

356 Les contrats de R & D [1] visent à mener ou faire mener des recherches en vue de parvenir à une innovation, généralement susceptible d'une réservation par la propriété intellectuelle (mais pas forcément). Ils sont soit le fait d'entreprises menant la recherche en commun, soit le fait d'une entreprise commandant une recherche à une ou plusieurs autres. Ils prévoient ainsi la coopération des parties pendant la phase des recherches et leurs apports respectifs. Ils prévoient aussi le cas échéant les modalités de l'attribution aux partenaires des droits de propriété intellectuelle couvrant le fruit de la recherche – si elle aboutit –. Ils peuvent également régir les modalités de l'exploitation entre partenaires après développement. Ces contrats sont susceptibles de restreindre la concurrence. Dans le même temps, ils favorisent l'innovation. D'où l'existence dans le cadre du droit de l'Union

1. V. O. Cohen Nadar, *Les accords de recherche et de développement en droit international*, Thèse, Toulouse, 1995.

européenne d'un règlement d'exemption par catégorie concernant les accords de R & D [1].

b. Les autres contrats

357 D'autres contrats intéressent des droits de propriété intellectuelle, c'est-à-dire comportent généralement des clauses relatives à la propriété intellectuelle. Ainsi, le contrat de franchise contient-il toujours une licence de marque (en plus d'une licence de savoir-faire). La cession de fonds de commerce est accompagnée d'une cession de marque (ou des contrats d'édition ou encore de production audiovisuelle) au titre des éléments incorporels. Les contrats de distribution, la concession en particulier, contiennent toujours des clauses relatives à des droits de propriété intellectuelle (c'est-à-dire une licence de marque, voire de brevet). Les contrats de *sponsoring* et de mécénat emportent licence de la marque du *sponsor* ou du mécène. Les contrats d'entreprise (prestation de services, construction...) comportent souvent des clauses de transfert de techniques ou d'autorisation d'exploiter une technologie protégée.

3. Les contrats portant sur un savoir-faire

358 Ce sont les contrats de communication de « savoir-faire » (« *Know how* ») [2]. Il ne s'agit pas de contrats portant sur des droits de propriété intellectuelle à proprement parler. En effet, on sera en présence d'objets, telles des informations ou des connaissances, non couverts par un droit de propriété intellectuelle parce qu'ils ne remplissent les conditions d'aucun type de protection. Ces informations et connaissances ont cependant une valeur intrinsèque parce qu'elles ne sont pas facilement accessibles. Le seul moyen de réserver ces informations est de les garder secrètes. Divulguées, elles n'ont plus aucune valeur parce qu'elles ne sont pas protégées par le droit de la propriété intellectuelle. N'importe qui peut les

1. Le règlement n° 2659/2000 du 29 nov. 2000, concernant l'application de l'article 81 § 3 à des catégories d'accords de R & D (*JOCE* L 304 du 05/12/2000) vient récemment d'être remplacé par un nouveau règlement d'exemption par catégorie ayant le même objet : Règlement (UE) n° 1217/2010 de la Commission du 14 décembre 2010 relatif à l'application de l'article 101, paragraphe 3, TFUE à certaines catégories d'accords de recherche et de développement, *JOUE* n° L. 335 du 18 décembre 2010, p. 36.
2. J.-M. Deleuze, *Le contrat international de licence de know how*, Masson, 4e éd., 1988.

exploiter (sous la réserve d'une action en concurrence déloyale ou pour parasitisme). Leur communication doit donc s'entourer de précautions relatives à la confidentialité : pendant les négociations, en cours de contrat, et même après le terme du contrat. Il n'est aussi pas étonnant qu'une clause d'arbitrage soit fréquemment insérée dans ce type de contrat, l'arbitrage étant un mode de résolution des conflits confidentiel [1]. Le contrat organisant la communication de savoir-faire est appelé parfois licence (communication provisoire) ou cession (communication définitive) de savoir-faire. Le contrat aménage avec un soin tout particulier les obligations des parties et leur sanction, en l'absence de statut légal applicable au savoir-faire. Le contrat comporte également des stipulations relatives à l'enseignement du savoir-faire au destinataire, des clauses d'exclusivité, de non-concurrence (par exemple non-exploitation par le concédant), des clauses d'assistance délivrée par le cédant ou le concédant, etc. Une obligation d'exploiter pèse toujours sur le licencié. L'après-contrat est l'objet de toutes les attentions qu'il s'agisse d'une cession ou d'une licence : clauses de confidentialité, et surtout clauses de non-exploitation pesant sur le cédant dans le cas d'une cession exclusive ou sur le licencié après l'expiration d'une licence.

C. La loi applicable aux contrats portant sur des droits de propriété intellectuelle

359 Les parties à un contrat portant sur un droit de propriété intellectuelle sont libres de choisir le droit applicable à ce contrat, conformément à la Convention de Rome de 1980 sur la loi applicable aux obligations contractuelles ou au règlement Rome I [2]. La clause d'*electio juris* est fréquente. La loi ainsi désignée ne gouverne cependant que les questions de nature purement contractuelle [3]. Le rattachement ne touche pas certaines questions concernant le

1. V. *infra*, n° 639 s.
2. Sur lesquels, v. *supra*, n° 257 s.
3. T. Azzi, « Les contrats d'exploitation des droits de propriété littéraire et artistique en droit international privé : état des questions », *RIDA* oct. 2007, p. 3.

régime des droits de propriété intellectuelle en cause, ce que l'on appelle parfois les effets réels du contrat.

360 Ainsi, en droit de la propriété intellectuelle, la *lex contractus* ne gouvernera pas la question de la loi applicable à la contrefaçon [1], laquelle relève de la « *lex loci protectionis* » [2], c'est-à-dire la loi du « pays pour lequel la protection est revendiquée » [3]. La jurisprudence hésite cependant quant au sens à attribuer à cette formule en matière de droit d'auteur : loi du lieu où se sont produits les agissements délictueux (fait générateur du dommage [4]) ou critère du « rattachement plus étroit » avec la situation litigieuse [5]. La *lex contractus* ne gouverne pas plus la question dite de l'« existence » des droits de propriété intellectuelle, c'est-à-dire la loi applicable à la validité du titre, à la titularité des droits, à la notion d'invention ou d'œuvre protégeable, etc. De manière générale, quant à cette question de l'« existence » des droits, il faut distinguer entre la propriété industrielle et la propriété littéraire et artistique. En droit de la propriété industrielle, en raison des principes de territorialité [6] et d'indépendance dans lesquels s'inscrivent ces droits, la loi applicable à l'« existence » du droit se confond avec la *lex loci protectionis*. Il y a donc soumission à la même loi pour les questions de contrefaçon et d'« existence » du droit. En ce qui concerne les titres européens de propriété industrielle (marque communautaire, obtentions végétales communautaires, dessins et modèles communautaires), en raison de leur caractère unitaire, les conditions d' « existence » sont fixées par les règlements qui les ont

1. Sur laquelle, v. T. Azzi, « Atteinte aux droits de propriété intellectuelle et conflits de lois. De l'utilité de l'article 8 du règlement Rome II », *Propr. Intell.*, oct. 2009, n°33, p. 324.
2. Convention de Berne du 9 sept. 1886 pour la protection des œuvres littéraires et artistiques, article 5.2. V. également l'article 6 *bis* en matière de loi applicable à la protection du droit moral.
3. Règlement 864/2007 du 11 juillet 2007 sur la loi applicable aux obligations non contractuelles dit « Rome II », article 8.
4. Civ. 1re, 30 janv. 2007, *Lamore, Rev. crit. DIP* 2007. 769, note T. Azzi ; *JDI* 2008. 163, note M.-E. Ancel ; *Propr. intell.* 2007. 337, obs. A. Lucas ; *D.* 2008. Pan. 1508, obs. F. Jault-Seseke ; *Gaz. Pal.* 2008. Doctr. 1291, chron. Treppoz ; *RTD com.* 2008. 556, obs. F. Pollaud-Dulian.
5. Civ. 1re, 14 janv. 1997 : *JCP* 1997. II. 22903, note H. Muir Watt ; *D.* 1997. 177, note M. Santa-Croce : le lieu du fait dommageable « s'entend aussi bien de celui du fait générateur du dommage que du lieu de réalisation de ce dernier » ; Civ. 1re, 11 mai 1999 : *JCP* 1999. II. 10183, note H. Muir Watt ; Civ. 1re, 5 mars 2002 : *JCP* 2002. II. 10082, note H. Muir Watt ; *JCP E* 2003. n° 10, 278, , note H.-J. Lucas ; *D.* 2002. 2999, note N. Bouche ; *D.* 2003. 58, note M. Josselin-Gall ; *Propr. intell.* 2002, n° 5, p. 56, obs. A. Lucas ; *Rev. crit. DIP* 2003. 440, note J.-M. Bischoff.
6. N. Bouche, *Le principe de territorialité des droits de propriété intellectuelle*, L'Harmattan, 2002, Préf. F. Pollaud-Dulian.

institués [1] (comme le règlement sur la marque communautaire [2]). En matière de propriété littéraire et artistique, les choses sont un peu plus complexes : en effet, on considère habituellement que la notion d'œuvre protégeable, ou encore la qualité d'auteur ou de titulaire de droits, c'est-à-dire l'« existence » des droits, sont appréciées selon la loi du pays d'origine de l'œuvre. En revanche, la contrefaçon relève de la loi du pays pour lequel la protection est revendiquée. On parle de conception mixte. Celle-ci a les faveurs de la jurisprudence française [3], mais elle est contestée et combattue [4] notamment par la Cour de justice de l'Union européenne [5] en faveur d'une conception unitaire. La propriété intellectuelle est parfois protégée au titre des lois de police. Ainsi en est-il en France du droit moral des auteurs d'œuvres de l'esprit [6].

En définitive, le choix par les parties du droit applicable au contrat de transfert de droits de propriété intellectuelle sera déterminant des seules conditions (particulièrement de forme), modalités et effets de ce transfert. Certains auteurs proposent cependant de lui rattacher également la question de l' « existence » des droits de propriété littéraire et artistique (afin de ne pas faire varier en cette matière les droits selon les pays dans lesquels l'œuvre est exploitée), voire la loi applicable à un dépassement d'autorisation par le licencié (ce qui relève d'actes de contrefaçon) [7]. Il n'est pas possible, en revanche, de déterminer contractuellement la loi

1. V. en ce sens, art. 8.2 du règlement Rome II.

2. Règlement 207/2009 du 26 fév. 2009 codifiant et abrogeant le règlement 40/94 du 20 déc. 1993.

3. Arrêt *Fox Europa*, Civ. 1re, 22 déc. 1959, *D.* 1960. 93, note G. Holleaux ; *RIDA* juill. 1960. 79, chr. Desbois et p. 361, note G. Holleaux ; *JDI* 1961. 420, note B. Goldman ; *Rev. crit. DIP*, 1960. 361, note F. Terré ; *RTD com.* 1960. 955, obs. Y. Loussouarn. Plus récemment, par ex. CA Paris, 14 nov. 2007, *Propr. Intell.* 2008, n° 27, p. 238, obs. A. Lucas.

4. Paris, 5° ch. A, 1er oct. 2008, *Propr. Intell.* Janv. 2008, n°30, p. 69 obs. A. Lucas.

5. CJCE 30 juin 2005, aff. C-28/04, *Tod's, Com. com. élect.* 2005, comm. 133, obs. C. Caron ; *D.* 2005. 2533, obs. C. Brière ; *Prop. Indust.* 2005, comm. 67, note P. Kamina ; *Propr. Intell.* 2005, n° 17, p. 442, obs. A. Lucas ; *JCP E* 2006, n° 12, p. 2178, obs. H-J. Lucas ; *RTD com.* 2005. 735, obs. F. Pollaud-Dulian ; CJCE 6 juin 2002, aff. C-360/00, *Land de Hesse c/ Ricordi, Rev. crit. DIP* 2002. 771, 2° esp., note J.-S. Bergé ; *Propr. Intell.* 2002, n° 4, p. 65, obs. A. Lucas ; *RIDA* oct. 2002. 261, obs. A. Kérever ; *JCP E* 2003, n° 8, p. 1508, , obs. H-J. Lucas.

6. Civ. 1re, 28 mai 1991, *Asphalt jungle, Rev. crit. DIP* 1991.752, note P.-Y. Gautier ; *JDI* 1992.133, note B. Edelman ; *JCP éd. E* 1991. II. 21731, note A. Françon ; *D.* 1993.197, note J. Raynard. V. *supra*, n°285.

7. En ce sens, T. Azzi, « Atteinte aux droits de propriété intellectuelle et conflits de lois. De l'utilité de l'article 8 du règlement Rome II », *op. cit.*, p. 329.

applicable à des faits de contrefaçon en application du règlement Rome II [1].

361 À défaut de clause d'*electio juris,* il faudra déterminer le débiteur de la prestation caractéristique (article 4.2 de la Convention de Rome et du règlement Rome I). Celui-ci varie selon le type de contrat en cause. On peut en effet considérer qu'il s'agit, en cas de cession, du cédant [2] qui transfère un droit de propriété intellectuelle (cession à laquelle ne s'appliquent ni la Convention de Vienne de 1980 ni la Convention de La Haye de 1955 toutes deux relatives à la vente). Cependant, pour certains contrats emportant cession comme le contrat d'édition et le contrat de production audiovisuelle, il paraît discutable de considérer que c'est le cédant, c'est-à-dire l'auteur, qui fournit la prestation caractéristique. Celle-ci est également le fait de l'éditeur ou du producteur.

Dans l'hypothèse d'une licence, celle-ci étant assortie quasiment toujours d'une obligation d'exploitation, on peut considérer que le débiteur de la prestation caractéristique est l'exploitant, c'est-à-dire le licencié. Sauf à remarquer que le fait de consentir une licence pour le donneur de licence est aussi un acte d'exploitation en soi... Par application de l'article 4.5 de la Convention de Rome ou des articles 4.3 et 4. 4 du règlement Rome I, il est alors possible de désigner une autre loi que celle du pays où réside le débiteur de la prestation caractéristique à la condition que le contrat présente des liens plus étroits avec un autre pays (« manifestement » plus étroits, dans le cadre du règlement Rome I). Le pays avec lequel le contrat de licence présente « manifestement » les liens les plus étroits est très certainement le pays d'exploitation par le licencié. Mais, difficulté supplémentaire, le licencié exploite parfois sur plusieurs territoires !

C'est en définitive à une réelle casuistique que conduit l'application de la Convention de Rome ou du règlement Rome I aux contrats opérant transfert de droits de propriété intellectuelle. C'est pourquoi le choix par les parties de la loi applicable, extrê-

1. *Idem*, p. 325. V. art. 8.3 du règlement Rome II.
2. V. pour un brevet, Paris, 22 févr. 1994, *JCP E* 1995, n° 2, p. 439, note J. Raynard.

mement fréquent en pratique, est particulièrement recommandé pour des raisons de sécurité juridique.

362 On pourrait regretter que le règlement Rome I n'ait pas réglé cette question délicate. Mais était-ce possible et réaliste ? Le projet de règlement Rome I apportait une réponse claire et tranchée à ces questions (mais qui a disparu du texte adopté en raison de son incompatibilité avec la règle de conflit retenue en matière de franchise). Il prévoyait en effet qu'à défaut de choix par les parties du droit applicable à leur convention (art. 3), « le contrat portant sur la propriété intellectuelle ou industrielle est régi par la loi du pays dans lequel celui qui transfert ou concède les droits a sa résidence habituelle » (art. 4.1) (f). La solution avait le mérite d'apporter une certaine sécurité juridique en évitant tout débat sur la personne du débiteur de la prestation caractéristique. L'auteur ou l'inventeur étant souvent la partie faible au contrat d'exploitation, la solution allait au demeurant dans le sens de sa protection. Cependant, bien souvent, le cessionnaire (éditeur, exploitant) va lui-même consentir une sous-cession. Il n'y a alors plus de raison objective de considérer que la règle est justifiée par la protection de la partie faible. Enfin, le règlement ne tenait pas compte des situations de créations plurales : lorsqu'une même œuvre comporte plusieurs auteurs, ce qui est une situation habituelle pour certains types de créations comme par exemple les œuvres audiovisuelles ou multimédias, les différents contrats de cession pouvaient potentiellement être régis par une loi différente selon le lieu de résidence habituelle des auteurs (cédants). On notera enfin qu'il est trop réducteur d'assimiler le contrat de transfert de droits de propriété intellectuelle à un simple contrat de prestation de services ou à un contrat de vente de biens (à supposer qu'un droit de propriété intellectuelle soit un bien au sens du règlement, ce qui est très peu probable), ce qui lui rend inapplicables les articles 4.1 a) et 4. 1 b) au bénéfice de l'article 4.2.

363 Le droit applicable aux contrats de transfert de *know-how* obéit aux mêmes règles, sauf à préciser qu'il n'existe pas de loi spécifique aux effets réels de ces contrats. En effet, il n'existe pas de droit réel sur le savoir-faire, mais seulement des droits personnels,

notamment des obligations de confidentialité, qui sont gouvernés par la loi applicable au contrat qui les crée.

Section 2
Les opérations portant sur des services

364 Les services ont bien entendu une importance considérable dans le domaine du commerce international. On peut schématiquement présenter les principaux contrats portant sur des services en étudiant les opérations de transport (**§ 1**), les opérations d'intermédiaire (**§ 2**) et les opérations de construction (**§ 3**).

§ 1. Les opérations de transport

365 Le transport est un accessoire indispensable au commerce international. L'échange de biens corporels, principalement fondé sur la vente, nécessite des déplacements physiques que l'opération de transport permet. Et, avec la mondialisation de l'économie, dont la délocalisation des systèmes productifs est l'une des manifestations, le transport est particulièrement sollicité. De plus, l'activité de transport est, par nature, internationale. C'est pourquoi la nécessité a été ressentie très tôt de prévoir des règles matérielles, par le biais de conventions internationales, régissant les différents modes de transport. Dès 1890, la Convention de Berne a ainsi unifié les règles applicables en matière de transports ferroviaires. Avec la vente, le transport est par conséquent le domaine privilégié de la méthode des règles matérielles [1]. C'est en cas de silence, de lacune ou d'inapplicabilité du droit matériel, qu'il y a lieu de consulter une règle de conflit. Il existe à cet égard une disposition spéciale de la Convention de Rome de 1980 ainsi que du règle-

1. Sur cette méthode, v. *supra*, n° 29 s.

ment Rome I portant sur la loi applicable au contrat de transport à défaut d'expression de la volonté des parties [1].

366 Le contrat de transport peut être défini comme la convention par laquelle un transporteur se charge de déplacer par un moyen de transport déterminé des personnes ou des marchandises dans un certain délai et en contrepartie d'un prix [2]. Le contrat de transport doit être distingué de contrats voisins.

Ainsi en va-t-il du *contrat de commission* de transport par lequel un commissionnaire s'engage envers un commettant (qui est le plus souvent un expéditeur de marchandises) à accomplir pour le compte de celui-ci les différents actes nécessaires à l'acheminement des marchandises d'un endroit à un autre. Le commissionnaire organise l'opération de transport en choisissant librement le mode de transport, le transporteur, l'itinéraire, etc. Il est responsable à la fois de son fait personnel et du fait des transporteurs et des sous-traitants auxquels il recourt. Le contrat de commission n'est pas assimilable à un contrat de transport.

Le *contrat d'affrètement* présente également une nature originale. Par ce contrat, un fréteur, qui est propriétaire d'un moyen de transport, par exemple un navire ou un avion [3], s'engage à mettre ce moyen de transport à disposition d'un affréteur qui effectuera le transport de ses propres marchandises ou de celles d'autrui lorsqu'il est un transporteur. Un contrat d'affrètement est conclu au moyen d'une charte-partie et est soumis à la liberté contractuelle. Alors que le contrat de transport a pour objet le déplacement de marchandises (ou de personnes), le contrat d'affrètement a pour objet la mise à disposition d'un moyen de transport. En matière maritime, il existe trois types d'affrètement. Par l'affrètement au voyage, le fréteur met à la disposition de l'affréteur un navire pour assurer le déplacement d'une marchandise déterminée d'un port à un autre. Ce contrat se rapproche du transport classique. Par l'affrètement à temps, un fréteur met à la

1. V. *supra*, n° 282.
2. V. M. Rémond-Gouilloud, *Le contrat de transport*, Dalloz, Coll. Connaissance du droit, 1993 ; C. Paulin, *Droit des transports*, Litec, 2005 ; I. Bon-Garcin, M. Bernadet et Y. Reinhard, *Droit des transports*, Dalloz, Coll. Précis, 2010.
3. J.-P. Tosi, *L'affrètement aérien*, LGDJ, 1977.

disposition d'un affréteur un navire pour une période déterminée. Le fréteur a la gestion nautique du navire (il entretient le navire et paie l'équipage). L'affréteur a la gestion commerciale du navire (il fixe ses conditions d'utilisation, les voyages qu'il doit effectuer, etc.). Par l'affrètement coque nue, le fréteur met à disposition de l'affréteur pour un temps déterminé et en contrepartie du paiement de loyers un navire sans armement ni équipement (ou avec un armement et un équipement incomplets). L'affréteur a la gestion nautique et commerciale du navire.

367 Les différents modes de transport sont chacun régis par des Conventions internationales unifiant le droit matériel. Leur trait commun est d'établir un régime de droit impératif (il y a là une forme d'ordre public international matériel). Le but est notamment de protéger le chargeur (c'est-à-dire l'expéditeur) et de prévoir un régime propre de responsabilité du transporteur (qui est le point névralgique en la matière). En se limitant au transport de marchandises, à l'exclusion du transport de personnes, il convient d'étudier le régime du transport routier (**A**), du transport ferroviaire (**B**), du transport aérien (**C**), du transport maritime (**D**) et du transport multimodal (**E**). On observe un rapprochement progressif entre les régimes applicables aux différents modes de transport conduisant à l'émergence, sur certaines questions, d'un droit commun international.

A. Le transport routier

368 Le texte de référence est la Convention relative au contrat de transport international de marchandises par route dite CMR signée à Genève le 19 mai 1956 et entrée en vigueur le 2 juillet 1961 à laquelle la France est partie [1]. La Convention a mis en place un régime impératif que les parties ne peuvent pas éluder (art. 41) et que les juges sont tenus d'appliquer d'office [2]. La Convention ne porte cependant pas loi uniforme et n'est donc pas applicable aux transports internes, ceux-ci étant en France régis par les disposi-

1. V. J.-P. Tosi, Transports routiers, *Rép. Dalloz, Dr. Int.*, 1998.
2. Com. 25 mai 1993, *Bull. civ.* IV, n°212, p. 151 ; *Rev. crit. DIP* 1993.61, note J.-P. Rémery ; Com. 30 juin 2009, *JCP E* 2009, n° 3, 1949, , obs. I. Bon-Garcin ; *RDC* 2010. 715, obs. J.-B. Racine.

tions du récent Code des transports [1] et du Code de commerce ou par des contrats-types [2]. Nonobstant, on a pu dire à son propos qu'elle avait réussi « un des bilans les plus brillants et les plus spectaculaires qu'une œuvre d'unification du droit ait pu atteindre » [3].

369 La Convention s'applique « à tout contrat de transport de marchandises par route à titre onéreux au moyen de véhicules » (art. 1.1) à l'exclusion de certains transports comme ceux effectués en vertu de conventions postales internationales, les transports funéraires et de déménagement (art. 1.4). Le transport doit être effectué au moyen d'un véhicule routier comme des automobiles, des véhicules articulés, des remorques et semi-remorques (art. 1.2). La CMR est limitée au contrat de transport [4] et est par conséquent inapplicable à un contrat de commission [5]. Le texte s'applique au transport international ce qui est le cas lorsque le contrat de transport doit s'exécuter entre deux pays dont l'un au moins est partie à la Convention sans égard à la nationalité ou au domicile des parties (art. 1.1). Il suffit donc que les lieux de prise en charge et d'arrivée de la marchandise soient situés dans des États différents dont l'un est partie à la CMR. Il en résulte que la CMR est normalement applicable à tout contrat de transport routier au départ ou à destination de la France.

370 Les parties à un contrat de transport routier établissent le plus souvent une lettre de voiture. Ce n'est pas une condition de formation du contrat, celui-ci étant consensuel (art. 4). Ce n'est pas non plus une condition d'application de la CMR, celle-ci étant impérative. Le rôle de la lettre de voiture est probatoire : elle « fait foi, jusqu'à preuve du contraire, des conditions du contrat et de

1. P. Delebecque, « Le code – à droit constant – des transports : une œuvre monumentale encore perfectible », *D.* 2010. 2715.

2. Il a toutefois été jugé que les parties à un contrat de transport interne pouvaient soumettre celui-ci aux dispositions de la CMR. V. Com. 1er juill. 1997, *D.* 1998, jur. 143, note B.M.- F.L. V. de manière générale, F.J. Sanchez-Gamborino, «La CMR en tant que loi applicable au transport national», in *Mélanges B. Mercadal*, éd. F. Lefebvre, 2002, p. 513 ; I. Bon-Garcin, « L'acculturation en matière de transport de marchandises par route : l'influence de la CMR sur le contrat de transport national », *in* J.-L. Navarro et G. Lefebvre (dir.), *L'acculturation en droit des affaires*, éd. Thémis, 2007, p. 221.

3. R. Loewe, «La CMR a 40 ans», *Rev. Dr. Uniforme*, 1996. 429.

4. Pour l'exclusion de la CMR en présence d'un contrat complexe mêlant la manutention, le stockage, le tri et le déplacement de marchandises, v. Com. 22 janv. 2008, *JDI* 2009. 188, obs. O. Cachard.

5. Com. 18 sept., 27 nov. et 11 déc. 2007, *RDC* 2008. 499, obs. J.-B. Racine.

la réception de la marchandise par le transporteur» (art. 9.1). La lettre de voiture est établie en trois exemplaires originaux, le premier pour l'expéditeur, le deuxième qui accompagne les marchandises (et sera remis au destinataire à l'arrivée) et le troisième qui est conservé par le transporteur. L'article 6 énumère les mentions que doit revêtir ce document (ex. : le lieu et la date de la prise en charge de la marchandise et le lieu prévu pour la livraison ou bien le délai convenu dans lequel le transport doit être effectué).

371 S'agissant des opérations de transport, la CMR ne contient aucune disposition relative au chargement et au déchargement des marchandises. Pour savoir à qui incombent de telles obligations, si le contrat ne prévoit aucune clause, il est nécessaire de consulter la loi applicable en vertu des règles de conflit de lois. En revanche, la Convention contient des dispositions relatives à la prise en charge des marchandises. À ce moment, le transporteur est tenu de certaines vérifications notamment portant sur l'état apparent de la marchandise et de son emballage (art. 8.1.b). En cours de transport, l'expéditeur dispose d'une prérogative importante appelée « droit de disposition ». Elle consiste à lui permettre de modifier pendant le cours du transport les instructions initiales en arrêtant le transport, en modifiant la destination ou en renvoyant la marchandise au point de départ. Le droit de disposition est strictement réglementé par l'article 12 (notamment, le transporteur doit être dédommagé des frais et préjudices qu'entraînent les nouvelles instructions). À peine de retard, le transport doit être réalisé dans le délai convenu dans la lettre de voiture et, à défaut de délai convenu, dans «le temps qu'il est raisonnable d'allouer à des transporteurs diligents» (art. 19).

372 Le régime de responsabilité du transporteur repose sur une présomption de responsabilité : le transporteur est responsable de plein droit des pertes et avaries qui se produisent entre le moment de la prise en charge des marchandises et celui de la livraison ainsi que du retard à la livraison (art. 17.1). Le demandeur en réparation doit seulement apporter la preuve qu'un dommage (perte totale ou partielle, avaries ou retard) est survenu pendant le transport. Le transporteur bénéficie cependant de certaines causes d'exonération. Les premières jouent dans tous les cas de responsa-

bilité (pertes, avaries et retard) lorsque le transporteur prouve que le dommage a eu pour cause certains faits énumérés limitativement par l'article 17.2 [1]. Les secondes trouvent à s'appliquer en cas de pertes ou d'avaries lorsque le transporteur prouve que le dommage a pu résulter de certains risques particuliers énumérés à l'article 17.4 [2]. Dans ce dernier cas, le demandeur à la réparation est autorisé à prouver que le dommage n'a pas eu l'un de ces risques pour cause totale ou partielle (art. 18.2).

373 Le constat des dommages s'effectue au moyen de réserves émises par le destinataire (art. 30). Au sujet des pertes et avaries, si les dommages sont apparents, le destinataire doit adresser ces réserves « au plus tard au moment de la livraison » et, s'ils ne le sont pas, au plus tard sept jours à dater de la livraison. En matière de retard, les réserves doivent être formulées dans le délai de vingt et un jours à dater de la mise de la marchandise à la disposition du destinataire. Lorsque la responsabilité du transporteur est retenue, le préjudice subi doit être indemnisé (en cas de perte et d'avarie, il correspond principalement à la valeur de la marchandise : art. 23.1 et 25.1). Il est important de noter que le montant de l'indemnisation est plafonné. Le régime étant impératif, il n'est pas possible de le modifier par des clauses limitatives ou exonératoires de responsabilité. En cas de pertes ou d'avaries, l'indemnité ne peut ainsi dépasser « 8,33 unités de compte par kilogramme du poids brut manquant » (art. 23.3) ou avarié [3]. Les unités de compte

---

1. Selon cet article, «Le transporteur est déchargé de cette responsabilité si la perte, l'avarie ou le retard a eu pour cause une faute de l'ayant droit, un ordre de celui-ci ne résultant pas d'une faute du transporteur, un vice propre de la marchandise, ou des circonstances que le transporteur ne pouvait pas éviter et aux conséquences desquelles il ne pouvait pas obvier». La dernière cause d'exonération visée à cet article correspond à la force majeure, mais sans le critère de l'imprévisibilité (V. Com. 27 janv. 1981, *D.* 1982, jur. 110, note A. Sériaux). La jurisprudence a tendance à interpréter ce dernier fait exonératoire de manière sévère (Com. 14 mai 1991, *BTL* 1992. 11).

2. Ces risques particuliers viennent notamment des faits suivants : emploi de véhicules ouverts et non bâchés ; absence ou défectuosité de l'emballage ; manutention, chargement, arrimage ou déchargement de la marchandise par l'expéditeur ou le destinataire ; nature de certaines marchandises exposées soit à perte totale ou partielle, soit à avarie, notamment par bris, rouille, détérioration interne et spontanée, dessiccation, coulage, déchet normal ou action de la vermine et des rongeurs.

3. S'agissant des avaries, l'article 25.2 dispose que «l'indemnité ne peut dépasser : a) si la totalité de l'expédition est dépréciée par l'avarie, le chiffre qu'elle aurait atteint en cas de perte totale ; b) si une partie seulement de l'expédition est dépréciée par l'avarie, le chiffre qu'elle aurait atteint en cas de perte de la partie dépréciée».

mentionnées renvoient aux droits de tirage spéciaux (DTS) [1] (art. 23.7 à 9). Le plafond se situe donc à la hauteur de 8,33 DTS/kg. En cas de retard, l'indemnité ne peut dépasser le prix du transport (art. 23.5). Dans tous les cas, il est possible d'effectuer une déclaration de valeur : la valeur déclarée dans la lettre de voiture se substitue alors au plafond prévu par la CMR (art. 23.6 et 24). En outre, l'indemnisation est déplafonnée en cas de dol du transporteur ou de faute équivalente au dol (art. 29) [2].

374 La CMR détermine enfin certains points du régime procédural de l'action en réparation. Les demandeurs peuvent être l'expéditeur, le destinataire ou bien encore, ce qui est fréquent dans la pratique, un assureur subrogé. La Convention prévoit des règles spécifiques en matière de compétence juridictionnelle qui dérogent aux règles normalement applicables issues du Règlement européen 44/2001 [3]. L'arbitrage est possible à la condition que la clause d'arbitrage stipule que le tribunal arbitral appliquera la CMR (art. 33). L'action en justice est enfermée dans un délai de prescription d'un an porté à trois ans en cas de dol ou de faute lourde (art. 32.1), le point de départ de ce délai variant suivant les situations (art. 32.1 *in fine*).

---

1. Le DTS est une unité de compte établie par le Fonds Monétaire International. La valeur du DTS est déterminée par rapport à un panier de monnaies qui comprend actuellement le dollar EU, l'euro, la livre sterling et le yen. La contre-valeur du DTS en dollars EU est consultable sur le site Internet du FMI (http://www.imf.org). SDR (*Special Drawing Rights*) est la traduction anglaise.

2. V. par exemple, pour le heurt d'un pont, Com. 17 nov. 1992, *Bull.* IV n° 366, p. 260. V., aussi, Com. 27 févr. 2007, *D.* 2007. 1013, obs. X. Delpech ; *JCP E* 2007. 1705, note A. Cathiard (« constitue une faute lourde la négligence d'une extrême gravité confinant au dol et dénotant l'inaptitude du transporteur à l'accomplissement de la mission contractuelle qu'il a acceptée »). V. néanmoins, la nouvelle rédaction de l'article L. 133-8 C. com (sur son incidence au regard de l'article 29 CMR, v. H. Kenfack, *D.* 2011. 1447).

3. Art. 31. 1. « Pour tous litiges auxquels donnent lieu les transports soumis à la présente Convention, le demandeur peut saisir, en dehors des juridictions des pays contractants désignées d'un commun accord par les parties, les juridictions du pays sur le territoire duquel : a) le défendeur a sa résidence habituelle, son siège principal ou la succursale ou l'agence par l'intermédiaire de laquelle le contrat de transport a été conclu, ou b) le lieu de la prise en charge de la marchandise ou celui prévu pour la livraison est situé, et ne peut saisir que ces juridictions ». Sur l'application de cet article qui vise les juridictions du pays où sont situés les lieux de prise en charge ou de livraison et non les juridictions du lieu de prise en charge ou de livraison, v. Com. 17 janv. 1995, *Bull.* IV n° 18 p. 15 ; Civ. 1re, 20 déc. 2000, *Bull.* Civ. I n° 342 p. 221 ; Com. 11 déc. 2001, *Bull.* IV n° 199 p. 194 ; Com. 8 janv. 2008, *JDI* 2009. 184, obs. O. Cachard ; *RDC* 2008. 891, obs. J.-B. Racine. Sur la primauté de la CMR par rapport aux dispositions de la Convention de Bruxelles du 27 septembre 1968, v. CJCE, 28 oct. 2004, *D.* 2005. 547, note C. Brière. Sur l'articulation avec le règlement 44/2001 du 22 décembre 2000, v. CJUE, 4 mai 2010, aff. C-533/08, *Procédures*, oct. 2010, comm. 342, obs. C. Nourissat ; *RTD com.* 2010, p. 625, obs. P. Delebecque.

B. Le transport ferroviaire

375 Le monde du transport par voies ferroviaires a très tôt ressenti le besoin d'une unification des règles à l'échelle internationale. Ainsi la première convention internationale portant sur le transport de marchandises a-t-elle été conclue en cette matière. C'est la Convention de Berne du 14 octobre 1890. Cette convention, plusieurs fois révisée, a été par la suite remplacée par un acte institutionnel : la « Convention relative aux transports internationaux ferroviaires » (COTIF) du 9 mai 1980 portant création de « l'Organisation intergouvernementale pour les transports internationaux ferroviaires » (OTIF) [1] dont la France est membre. La COTIF contient deux appendices A et B, le premier consacré à des règles uniformes portant sur le transport de voyageurs et de bagages (RU-CIV) et le second portant sur le transport de marchandises (RU-CIM) dont il sera seul question [2]. La COTIF a enfin été modifiée par le Protocole de Vilnius du 3 juin 1999 entré en vigueur le 1er juillet 2006. L'orientation générale de cette dernière réforme a été de donner plus de liberté contractuelle aux parties. Le régime ressemble à celui du transport routier soumis à la CMR. C'est à l'étude de ces règles (appelées RU-CIM Vilnius) qu'il convient brièvement de s'attacher [3].

376 Les règles RU-CIM Vilnius s'appliquent dès lors que le lieu de la prise en charge des marchandises et le lieu prévu pour la livraison sont situés dans deux États membres différents (art. 1.1) ou bien dans deux États différents si un seul est membre à la condition que les parties aient choisi l'application des Règles uniformes (art. 1.2). Le trajet n'a plus à emprunter des lignes inscrites sur la liste des lignes soumises aux RU-CIM. Le système des lignes inscrites est en effet abandonné (sauf si le contrat inclut un transport maritime ou un transport transfrontalier par voie de navigation intérieure). Les RU-CIM Vilnius suppriment également

1. V. le site Internet de l'Organisation : http://www.otif.org.
2. V. H. Bertrand, Transports ferroviaires, *Rép. Dalloz, Dr. Int.*, 1998.
3. V. M. Allégret, « Les nouvelles règles uniformes CIM (transports internationaux ferroviaires de marchandises) adoptées à Vilnius (Lituanie) le 2 juin 1999 », *in Mélanges B. Mercadal*, éd. F. Lefebvre, 2002, p. 395 ; G. Mutz, « La révision 1999 de la Convention relative aux transports internationaux ferroviaires (COTIF) », *ibid.*, p. 475.

l'obligation de transporter qui pesait auparavant sur les chemins de fer (art. 3 RU-CIM 1980) ainsi que l'obligation d'établir des tarifs (art. 6 RU-CIM 1980). Dans ce sens, l'activité ferroviaire est libéralisée. Il revient aux parties de déterminer l'itinéraire, les délais de livraison ainsi que les conditions de paiement. Alors que le contrat de transport international ferroviaire avait les traits d'un contrat réel (exigeant la remise au transporteur de la marchandise et de la lettre de voiture), celui-ci, avec les RU-CIM Vilnius, devient un contrat consensuel. Le contrat de transport est constaté dans une lettre de voiture qui n'est cependant pas une condition de validité (art. 6.2 RU-CIM Vilnius), celle-ci servant à titre de preuve (art. 12 RU-CIM Vilnius).

377 Le régime de responsabilité du transporteur ferroviaire pour pertes, avaries et retard repose sur une présomption de responsabilité (art. 23.1 RU-CIM Vilnius). Cette présomption cède si le transporteur arrive à prouver certains faits qui l'exonèrent de sa responsabilité (art. 23.2 RU-CIM Vilnius [1]). De même, le transporteur bénéficie de causes d'exonération privilégiées au regard de l'existence de risques particuliers (23.3 RU-CIM Vilnius [2]). La réparation due par le transporteur est plafonnée. En cas de pertes, elle est limitée à 17 DTS par kilogramme manquant de masse brute (un peu plus du double par rapport au plafond CMR). En cas d'avaries, l'indemnité est également plafonnée [3]. S'agissant du retard, l'indemnisation ne saurait excéder le quadruple du prix du transport (art. 33.1 RU-CIM Vilnius). La réparation est déplafonnée en présence d'un dol ou d'une faute lourde du transporteur

1. Il s'agit d'une faute de l'ayant-droit, d'un ordre de celui-ci ne résultant pas d'une faute du transporteur, d'un vice propre de la marchandise, ou des circonstances que le transporteur ne pouvait pas éviter et aux conséquences desquelles il ne pouvait pas obvier.

2. Ces cas d'exonération sont : a) transport effectué en wagon découvert, b) absence ou défectuosité de l'emballage pour les marchandises exposées par leur nature à des pertes ou des avaries quand elles ne sont pas emballées ou mal emballées, c) chargement des marchandises par l'expéditeur ou déchargement par le destinataire, d) nature de certaines marchandises exposées à des pertes ou des avaries par bris, rouille, détérioration intérieure et spontanée, dessiccation, déperdition, e) désignation ou numérotation irrégulière, inexacte ou incomplète de colis, f) transport d'animaux vivants, g) transport qui doit être effectué sous escorte.

3. Selon l'article 32.2 RU-CIM Vilnius, « L'indemnité n'excède pas : a) le montant qu'elle aurait atteint en cas de perte totale, si la totalité de l'envoi est dépréciée par l'avarie ; b) le montant qu'elle aurait atteint en cas de perte de la partie dépréciée, si une partie seulement de l'envoi est dépréciée par l'avarie ».

(art. 36 RU-CIM Vilnius). Il n'est pas possible de déroger par des clauses au régime mis en place (art. 5 RU-CIM Vilnius). Les règles de compétence juridictionnelle sont établies de manière similaire à la CMR (art. 46 RU-CIM Vilnius). L'action en justice est enfermée dans un délai d'un an porté à deux ans en cas de dol ou de faute lourde du transporteur (art. 48 RU-CIM Vilnius).

C. Le transport aérien

378 Le secteur du transport aérien fait l'objet de deux principales conventions internationales unifiant le droit matériel. La première est la Convention de Varsovie du 12 octobre 1929 modifiée par le protocole de La Haye du 28 septembre 1955 [1]. La seconde est la Convention de Montréal du 28 mai 1999 entrée en vigueur le 4 novembre 2003 (ci-après CM). Pour les États qui l'ont ratifiée, dont la France [2], cette dernière Convention est de droit positif [3]. Il faut également noter – point important – que cette Convention fait partie des normes de l'ordre juridique de l'Union européenne, ce qui donne à la Cour de justice de l'Union européenne une compétence interprétative [4]. La Convention de Montréal s'inspire profondément du système de Varsovie tout en apportant quelques nouveautés. La Convention de Varsovie (ci-après CV) demeure cependant en vigueur et continue à s'appliquer aux transports au départ ou à destination de la France lorsque la Convention de Montréal n'est pas en vigueur dans l'État étranger [5].

379 Le régime est applicable au transport international. Les deux Conventions s'appliquent lorsque le point de départ et le point d'arrivée sont situés dans deux États contractants ou si les points de départ et d'arrivée sont situés dans le même État dès lors qu'une escale est prévue sur le territoire d'un autre État (art. 1 CV

1. J.-P. Tosi, Transports aériens, *Rép. Dalloz, Dr. int.*, 2008.
2. La Convention de Montréal est applicable en France depuis le 28 juin 2004.
3. P. Delebecque, « La Convention de Montréal du 28 mai 1999 pour l'unification de certaines règles relatives au transport aérien international ou le nouveau droit du transport aérien », *JDI* 2005. 263.
4. CJUE, 6 mai 2010, aff. C-63/09, *D.* 2010. 1762, note J.-P. Tosi. *Adde*, J.-P. Tosi, « La nouvelle compétence interprétative de la CJCE en matière de transport aérien », in *Mélanges S. Guinchard*, Dalloz, 2010, p. 491.
5. Sur les rapports entre la Convention de Varsovie et le droit commun de la responsabilité, v. Com. 13 mars 2007, *D.* 2007. 939, obs. X. Delpech.

et CM). Le régime international concerne à la fois les passagers, les bagages et les marchandises. Seul le transport des marchandises sera envisagé. Il convient cependant de noter que la Convention de Montréal a renforcé la responsabilité des transporteurs aériens dans le cadre de l'acheminement de passagers, notamment au regard des impératifs de sécurité. Mais cette logique d'aggravation de responsabilité du transporteur est générale et s'applique aussi au transport de marchandises.

380 Le contrat de transport aérien présente un caractère consensuel. Le titre de transport est une lettre de transport aérien (LTA). Celle-ci doit contenir certaines mentions comme par exemple celle des points de départ et de destination (art. 8 CV et art. 5 CM). Elle doit être établie en trois exemplaires originaux (art. 6 CV et art. 7.1 CM). L'inobservation des formalités prescrites n'affecte pas la validité du contrat et n'empêche pas l'application des dispositions de la Convention de Montréal et ce y compris celles qui portent sur la limitation de responsabilité (art. 9 CM). C'est ici une différence avec la Convention de Varsovie qui prévoit au contraire que l'inobservation des formalités imposées empêche le transporteur de se prévaloir des dispositions prévoyant des limitations de responsabilité (art. 9 CV). La lettre de transport aérien permet en réalité de déterminer les droits et obligations des parties et de faire la preuve de la réception de la marchandise (art. 11 CV et CM).

381 S'agissant de l'exécution du contrat, le transporteur doit déplacer les marchandises conformément aux prévisions contractuelles et doit livrer la marchandise à destination. L'expéditeur bénéficie d'un droit de disposition qui l'autorise par exemple à retirer la marchandise à l'aéroport de départ ou de destination (art. 12 CV et CM). L'expéditeur a également des obligations. Il doit naturellement payer le fret. Il a par ailleurs l'obligation de fournir les renseignements et les documents nécessaires à l'accomplissement des formalités de douanes et de police (art. 16 CV et CM).

382 La responsabilité du transporteur aérien fait l'objet de dispositions spécifiques. Dans la Convention de Montréal, il s'agit d'une responsabilité de plein droit pour les dommages survenus en cas de destruction, perte ou avarie « par cela seul que le fait qui a causé le dommage s'est produit pendant le transport aérien » (art. 18.1 CM). Sur ce chef, cette dernière Convention, à l'inverse de la Convention de Varsovie qui repose sur la notion de « *due diligence* », ne permet pas au transporteur de s'exonérer en apportant la preuve qu'il a fait toute diligence pour éviter le dommage (art. 20 CV). Dans la Convention de Montréal, les causes d'exonération sont strictement encadrées. Le transporteur n'échappe à sa responsabilité que s'il établit que le dommage est dû à la nature ou au vice propre de la marchandise, à l'emballage défectueux, à un fait de guerre ou un conflit armé, à un acte de l'autorité publique (art. 18.2 CM) ou à la faute de la victime (art. 20 CM). Aux termes de la Convention de Montréal, la responsabilité est aussi engagée en cas de retard, mais le transporteur est alors admis à prouver qu'il avait pris toutes les mesures qui pouvaient raisonnablement s'imposer pour éviter le dommage ou qu'il lui était impossible de les prendre (art. 19 CM qui rejoint l'art. 19 CV).

383 Conformément aux règles habituelles en matière de transport, les clauses exonératoires et limitatives de responsabilité sont nulles (art. 23 CV et art. 26 CM). Lorsque la responsabilité du transporteur est engagée, celui-ci bénéficie néanmoins de plafonds de réparation. En effet, la réparation est limitée à la somme de 16,5837 DTS par kilogramme dans le système de Varsovie et à celle de 19 DTS par kilogramme dans la Convention de Montréal (art. 22.3 CM) [1]. Il est toutefois possible dans tous les cas de pratiquer une déclaration spéciale d'intérêt. Dans le système de Varsovie, il y a lieu à déplafonnement en cas de faute intentionnelle ou de faute inexcusable du transporteur (art. 25 CV). Cette règle n'a pas été reprise par la Convention de Montréal. Il nous semble cependant difficile de ne pas admettre le déplafonnement au moins en cas de faute intentionnelle.

384 Pour mettre en jeu la responsabilité du transporteur, il faut effectuer des protestations dans les délais prévus à peine d'irrecevabilité de l'action (art. 26 CV et art. 31 CM). Le délai pour agir en justice est de deux ans « à compter de l'arrivée à destination, ou

1. Ce depuis la révision des limites de responsabilité opérée en 2009 (v. A. Lemarié, « Transport aérien : révision des limites de responsabilité de la convention de Montréal », *RD transp.* avr. 2010, étude 4).

du jour où l'aéronef aurait dû arriver, ou de l'arrêt du transport» (art. 29 CV et art. 35 CM [1]). On considère en jurisprudence que le point de départ de ce délai est la date de la livraison effective de la marchandise [2]. Il est par ailleurs prévu des règles de compétence juridictionnelle. Est compétent, au choix du demandeur, soit le tribunal du domicile du transporteur, du siège principal de son exploitation ou du lieu où il possède un établissement par le soin duquel le contrat a été conclu, soit le tribunal du lieu de destination (art. 28 CV [3] et art. 33.1 CM). L'arbitrage est admis à la condition qu'il se déroule dans l'un des lieux de compétence des tribunaux prévus à l'article 33 et que l'arbitre applique les dispositions de la Convention (art. 34 CM). À ce titre, la Convention de Montréal réserve une disposition plus détaillée au sujet de l'arbitrage que le système de Varsovie (art. 32 CV).

D. Le transport maritime

385 Le droit du transport maritime de marchandises est une matière ancienne, riche et complexe [4]. À l'échelle internationale, le texte de référence est, encore à ce jour, la Convention de Bruxelles du 25 août 1924 pour «l'unification de certaines règles en matière de connaissement» (appelée aussi «Règles de La Haye»). Cette Convention unifie le droit matériel du transport maritime de marchandises (le droit français interne en est très proche). Un protocole signé le 23 juin 1968 et entré en vigueur le 23 juin 1976 (appelé Règles de Visby) a modifié certaines règles de la Convention de Bruxelles notamment à propos de son champ d'application et de la limitation de la réparation. Un autre protocole du 21 décembre 1979 a introduit les DTS comme unité de compte. À

1. Ce délai de deux ans s'applique également à l'action en intervention exercée entre transporteurs (en ce sens, Com. 20 oct. 2009, *RTD Civ.* 2009. 691, obs. P. Rémy-Corlay ; *RDC* 2010. 970, obs. J.-B. Racine).

2. Com. 3 juin 1997, *Bull.*, IV, n° 174.

3. Cet article engendre une compétence exclusive, v. Civ. 1re 12 nov. 2009, *RD transp.* janv. 2010, comm. 19, obs. P. Delebecque.

4. V. A. Vialard, *Droit maritime*, PUF, 1997 ; R. Rodière et E. Du Pontavice, *Droit maritime*, Dalloz, 12e éd., 1997 ; J.-P. Beurier (dir.), *Droits maritimes*, Dalloz action, 2009/2010 ; P. Bonassies et C. Scapel, *Droit maritime*, LGDJ, 2e éd., 2010. Spécifiquement sur le transport maritime, v. Y. Tassel, Transports maritimes, *Rép. Dalloz, Dr. int.*, 2004 ; P. Veaux-Fournerie et D. Veaux, actualisé par B. Touré, «Commerce maritime, Contrat de transport maritime», *Jurisclasseur Commercial*, Fasc. 1268, 2005.

ce système s'ajoute une autre Convention internationale, destinée à l'origine à remplacer la Convention de 1924 : les Règles de Hambourg adoptées le 31 mars 1978 et entrées en vigueur le 1er novembre 1992 [1]. Les Règles de Hambourg ont été ratifiées essentiellement par des pays en voie de développement, le nouveau texte leur étant, en tant que pays de chargeurs, plus favorable. La France, comme la plupart des pays européens, ne les a pas ratifiées [2]. Un nouveau texte a été adopté sous l'égide de la CNUDCI le 11 décembre 2008. Il s'agit de la Convention des Nations unies sur le contrat de transport international de marchandises effectué entièrement ou partiellement par mer, appelée aussi « Règles de Rotterdam ». Le but a été de moderniser le régime du transport maritime de marchandises et de trouver une forme de « troisième voie » unificatrice. Il existe donc à ce jour plusieurs textes portant unification du droit matériel. Malgré cela, on fait encore application des règles de conflit en matière de transport maritime [3]. Il y a donc un éclatement des régimes, d'éventuels conflits de conventions et des lacunes inéluctables touchant l'uniformisation des règles au niveau international [4]. Néanmoins, et *a minima*, un certain droit commun existe que l'on peut qualifier de véritable *lex maritima*, composante à part entière de la *lex mercatoria*, faite notamment de contrats-types [5].

On doit présenter succinctement la Convention de Bruxelles de 1924 (**1**) et les Règles de Rotterdam (**2**) non encore entrées en vigueur.

---

1. M. Alter, « La Convention sur les transports de marchandises par mer », *JDI* 1979.793.

2. Ce qui ne veut pas dire que les Règles de Hambourg ne sont pas applicables devant les juridictions françaises. Elles le sont lorsque la règle de conflit désigne la loi d'un État contractant ou bien lorsqu'elles sont choisies dans le contrat de transport. V. P.-Y. Nicolas, « Les Règles de Hambourg devant les tribunaux français », *DMF* 1998.547. V. aussi, Com. 28 mai 2002, *DMF* 2002.613, obs., P.-Y. Nicolas.

3. J.-P. Rémery, « Remarques sur le droit applicable au contrat international de transport maritime de marchandises », in *Études de droit maritime à l'aube du XXIe siècle, Mélanges offerts à Pierre Bonassies*, éd. Moreux, 2001, p. 277 ; S. Carbone, *Conflits de lois en droit maritime*, Les livres de poche de l'Académie de droit international de La Haye, 2010.

4. A. Vialard, « Sisyphe et l'unification internationale du droit maritime », *DMF* 1999.213.

5. V. W. Tetley, « The General Maritime Law – The Lex Maritima », *European Transport Law*, 1996, n° 4, p. 469.

1. La Convention de Bruxelles de 1924 (« Règles de La Haye »)

386 Ce sont les dispositions de la Convention de Bruxelles de 1924 telle que modifiée par les protocoles de 1968 et de 1979 qu'il convient principalement d'étudier. La France a ratifié ce texte ainsi que les deux protocoles modificatifs. C'est ce texte qui est actuellement normalement applicable par les tribunaux français. Le champ d'application de la Convention, modifié par le protocole de 1968, postule un transport de marchandises entre ports relevant de deux États différents. Il faut aussi que l'un des trois critères énumérés à l'article 10 soit rempli. Par conséquent, la Convention s'applique :

- si le connaissement est émis dans un État contractant ; ou
- si le transport a lieu au départ d'un port d'un État contractant ; ou
- si une clause du connaissement, dite clause « *paramount* », stipule que le contrat de transport est régi par les dispositions de la Convention [1].

Le critère de la nationalité (du navire, du transporteur, du chargeur ou du destinataire) n'exerce aucun rôle.

387 La Convention couvre le transport maritime depuis le chargement de la marchandise sur le navire jusqu'à son déchargement du navire (art. 1er e), « de palan à palan » selon la terminologie classique. Certains transports sont exclus du champ d'application : ceux qui concernent les animaux vivants et les transports en pontée (si la marchandise a effectivement été chargée en pontée et s'il y a eu accord du chargeur).

388 La Convention de 1924 s'applique aux contrats de transport constatés par un connaissement (art. 3.3). Ce document écrit est essentiel en matière de transport maritime. Il exerce plusieurs fonctions.

– Le connaissement est un reçu des marchandises. C'est un « document dans lequel le transporteur ou son représentant recon-

1. Com. 4 févr 1992, *Rev. crit. DIP* 1992.495, note P. Lagarde ; Aix-en-Provence, 10 janv. 2001, *DMF* 2001.313, note crit. Y. Tassel ; Rouen, 25 sept. 2008, *RD transp.* mai 2009, comm. 100, obs. M. Ndendé. V. S. Cheval, « La clause *Paramount* : aspects de droit international privé », *Gaz. Pal.* 5 août 2006, n° 217, p. 17.

naît (d'où le mot "connaissement") avoir reçu la marchandise qui y est décrite, en vue de son transport maritime »[1]. Le connaissement atteste que le transporteur a reçu les marchandises, soit à bord (connaissement « embarqué »), soit pour embarquement. Il permet d'établir l'existence de manquants ou d'avaries par comparaison entre l'état de la marchandise à l'arrivée et l'état décrit dans le connaissement (le capitaine peut cependant émettre des réserves, qui doivent être circonstanciées).

– Le connaissement définit les droits et les obligations des parties. Il détermine ainsi le contenu du contrat et sert de preuve du contrat de transport. C'est un imprimé sur lequel vont être portées certaines indications comme l'identification des parties, les marchandises à transporter, les éléments du voyage, le nom du navire (pour un connaissement embarqué), etc.

– Il représente les marchandises qu'il décrit. C'est une fonction importante dans la mesure où le connaissement représentant les marchandises, sa possession vaut possession de la marchandise. Le connaissement est tout à la fois un titre représentatif et un titre négociable. Dès lors, sa cession vaut transfert de propriété ou mise en gage de la marchandise. Au final, le connaissement détermine le bénéficiaire des droits qu'il confère. C'est en effet son porteur légitime qui est titulaire, à l'arrivée, du droit à la délivrance des marchandises. Le connaissement est nominatif (établi au nom du destinataire et transmissible selon les modalités de la cession de créance), à ordre (établi au nom du chargeur et susceptible de faire l'objet d'endossements) ou au porteur (sans mention de nom et transmissible par simple tradition).

389 Les obligations du transporteur sont énumérées par la Convention. Il doit tout d'abord exercer une diligence raisonnable pour mettre le navire en état de navigabilité, l'armer, l'équiper et l'approvisionner et mettre en bon état les lieux où la marchandise sera entreposée, par exemple les cales (art. 3.1). Il doit ensuite procéder de façon appropriée et soigneuse au chargement, à la manutention, à l'arrimage, au transport, à la garde, aux soins et au déchargement des marchandises (art. 3.2).

1. A. Vialard, *Droit maritime*, *op. cit.*, p. 378-379.

S'agissant des pertes et avaries survenues à la marchandise, le transporteur maritime en est présumé responsable [1]. Il se trouve cependant que cette présomption cède dans de nombreuses hypothèses que l'on appelle « cas exceptés ». Si le transporteur arrive à faire la preuve que le dommage est dû à l'un de ces cas, il sera exonéré de sa responsabilité. L'article 4.2 de la Convention vise dix-sept cas exceptés. Le plus original est assurément la faute nautique. Le transporteur n'encourt pas de responsabilité lorsque le dommage est dû à une faute de navigation du capitaine [2]. Ce cas excepté va à rebours du principe de responsabilité des commettants du fait de leurs préposés. Il n'a pas été retenu par les Règles de Hambourg [3]. Les autres cas exceptés, aux termes de la Convention de 1924, sont l'incendie, le péril de la mer (synonyme de l'ancienne expression « fortune de mer »), l'acte de Dieu (les catastrophes naturelles), les faits de guerre, le fait d'ennemis publics (piraterie), le fait du prince, la restriction de quarantaine, la faute du chargeur, les grèves, les émeutes, le sauvetage d'un navire, le vice propre de la marchandise, l'insuffisance d'emballage, l'insuffisance ou l'imperfection des marques, les vices cachés du navire et les faits non imputables au transporteur. Les cas exceptés sont nombreux et correspondent à l'idée que le transport maritime est une aventure dont les risques doivent être partagés entre le chargeur et le transporteur. Cette idée, exacte en 1924, est moins vraie aujourd'hui en raison des progrès techniques qui font du transport maritime une opération plus sûre. C'est pourquoi le régime de responsabilité du transporteur gagne à être plus sévère. Il est néanmoins admis que le transporteur est privé du bénéfice des cas exceptés si le chargeur apporte la preuve que le dommage est dû à sa faute [4].

1. Par ailleurs, bien que la Convention de Bruxelles et le Protocole de Visby soient muets sur la question, il est admis que leurs dispositions s'appliquent au retard dans l'acheminement des marchandises. V. J.-B. Racine, « Le retard dans le transport maritime de marchandises », *RTD com.* 2003.223.
2. La jurisprudence développe une conception restrictive de la faute nautique (Com. 20 févr. 2001, *DMF* 2001.919, note N. Molfessis). Néanmoins, la faute nautique continue à être reconnue (en ce sens, Com. 30 mars 2010, *DMF* 2010. 414, obs. I. Corbier : défaut de fermeture d'une porte étanche par l'équipage).
3. En vue de sa disparition, v. N. Molfessis, « Requiem pour la faute nautique », in *Études de droit maritime à l'aube du XXIe siècle, Mélanges offerts à Pierre Bonassies*, éd. Moreux, 2001, p. 207.
4. Par exemple, le péril de la mer ne produit pas son effet exonératoire s'il est prouvé que le dommage causé aux marchandises provient d'un mauvais entretien du navire (Aix-en-Provence, 27 oct. 1987, *DMF* 1989. 126).

390 Les règles posées par la Convention sont impératives. Il en découle que les clauses limitatives ou exonératoires de la responsabilité du transporteur sont interdites (art. 8). Toutefois, il est possible de prévoir des clauses augmentant la responsabilité du transporteur, notamment par une déclaration de valeur. C'est le dispositif de la Convention de Bruxelles qui prévoit une limitation de responsabilité. Le système est complexe. Il suffit d'évoquer les règles issues du protocole de 1979 qui reposent sur l'usage des DTS. La réparation se limite à 666,67 DTS par colis ou unité ou 2 DTS par kilogramme de poids brut de la marchandise perdue ou avariée. Le plafonnement est cependant écarté en cas de dol ou de faute inexcusable du transporteur (art. 4.5.e).

391 Au débarquement, l'enlèvement des marchandises vaut présomption que celles-ci ont été délivrées par le transporteur telles qu'elles sont décrites au connaissement. Pour combattre cette présomption, il faut formuler des réserves, soit lors de la remise des marchandises si les dommages sont apparents, soit dans les trois jours dans le cas contraire (art. 3.6). Le délai pour agir en justice est d'un an à compter de la délivrance de la marchandise ou de la date à laquelle elles eussent dû être délivrées (art. 3.6).

392 La compétence juridictionnelle ne fait l'objet d'aucune disposition dans la Convention de 1924 ou le Protocole de 1968. Très souvent en pratique, les parties stipulent une clause attributive de juridiction ou une clause d'arbitrage. De telles clauses donnent lieu à de sérieuses difficultés quant à leur opposabilité notamment au destinataire [1]. En matière de clause attributive de juridiction, la Cour de cassation oscillait entre la sévérité exigeant que, pour être opposables, elles fassent l'objet d'une acceptation spéciale du destinataire « au plus tard au moment où il a reçu livraison de la marchandise » [2] et l'indulgence décidant également que « l'inser-

1. A. Malan, « Le rayonnement de la clause compromissoire et de la clause attributive de juridiction dans les opérations de transport maritime », *DMF* 2006.3 ; O. Cachard, « La force obligatoire vis-à-vis du destinataire des clauses relatives à la compétence internationale stipulées dans les connaissements » in *Mélanges H. Gaudemet-Tallon*, Dalloz, 2008, p. 189.

2. Com. 29 nov. 1994, *DMF* 1995.209, note P. Bonassies ; Com. 25 juin 2002, *Bull.*, IV, n° 111, p. 119 ; Com. 7 déc. 2004, *Bull.*, IV, n° 215, p. 241 ; *RTD com.* 2005.191, obs. P. Delebecque. De manière moins exigeante, Com. 4 mars 2003, *Bull.*, IV, n° 33, p. 39 ; *DMF* 2003.556, note P. Delebecque ; *JCP* 2004. II. 10071, note A. Sinay-Cytermann.

tion d'une clause de juridiction étrangère dans un contrat international fait partie de l'économie de celui-ci, de sorte qu'elle s'impose à l'assureur subrogé » [1]. La question a donné lieu à deux importants arrêts du 16 décembre 2008, l'un rendu par la première chambre civile, l'autre par la chambre commerciale de la Cour de cassation [2]. La Cour, par ces deux arrêts convergents, a choisi de s'aligner sur la jurisprudence de la Cour de justice des Communautés européennes en décidant qu'une clause attributive de juridiction convenue entre un transporteur et un chargeur et insérée dans un connaissement produit ses effets à l'égard du tiers porteur du connaissement pour autant que, en l'acquérant, il ait succédé aux droits et obligations du chargeur en vertu du droit national applicable ; dans le cas contraire, il convient de vérifier son consentement à la clause, au regard des exigences de l'article 17 de la convention de Lugano du 16 septembre 1988 ou de l'article 23 du règlement CE n° 44/2001 du 22 décembre 2000. Une telle règle, si elle clarifie les questions posées, ne résout pour autant pas toutes les difficultés. Il nous semble que les clauses relatives aux différends doivent être considérées comme usuelles en matière de transport maritime de marchandises et devraient par conséquent faire l'objet d'une opposabilité de principe au destinataire dès l'instant où celui-ci est un professionnel. Il serait donc envisageable d'adopter une règle matérielle posant le principe de l'opposabilité de la clause attributive de compétence sous réserve, éventuellement, qu'elle n'entraîne pas de manière concrète une atteinte au droit au juge tel que garanti par l'article 6.1 CEDH. Quant aux clauses d'arbitrage, la difficulté est résolue sur un autre terrain. On fait en effet application en la matière du principe de compétence-compétence [3].

---

1. Civ. 1re, 12 juill. 2001, *Bull.*civ. I, n° 224, p. 140 ; *DMF* 2001. 994, note P. Delebecque.
2. *D.* 2009. 89, obs. X. Delpech ; *DMF* 2009. 124, Rapport A. Potocki et note P. Delebecque ; *RD transp.* 2009, comm. 26, obs. M. Ndendé ; *RDC* 2009. 1193, obs. J.-B. Racine.
3. V. Civ. 1re, 22 nov. 2005 et Com. 21 févr. 2006, *JDI* 2006. 622, note C. Legros ; *D.* 2007. 117, obs. H. Kenfack ; *Rev. crit. DIP* 2006. 606, note F. Jault-Seseke. Sur le principe de compétence-compétence, v. *infra,* n° 666.

2. La Convention des Nations unies sur le contrat de transport international de marchandises effectué entièrement ou partiellement par mer (« Règles de Rotterdam »)

393 Ce texte n'est pas encore entré en vigueur. Il le sera lorsqu'il aura fait l'objet de vingt ratifications. Au 15 juillet 2011, seule l'Espagne avait ratifié la Convention. Le projet était ambitieux : il s'agissait en effet de construire le droit du transport maritime de marchandises du XXIe siècle [1]. À ce titre, les Règles de Rotterdam réalisent un réel progrès. Les règles sont modernisées et répondent aux besoins de la pratique. Le texte s'applique certes au transport maritime, mais englobe aussi le transport multimodal. La Convention reconnaît pleinement les documents de transport en la forme électronique. Le retard est formellement consacré comme préjudice susceptible d'être indemnisé. La faute nautique disparaît parmi les cas exceptés. Les textes font également plus de place à la liberté contractuelle. Le chargeur a désormais un droit de contrôle lui permettant de modifier les instructions relatives au transport. Il ne s'agit là que de quelques illustrations des avancées réalisées par le nouveau texte.

Toutefois, les Règles de Rotterdam ne présentent pas que des avantages. Elles sont affectées d'évidentes lacunes, notamment sur le terrain formel. Il s'agit ici d'un texte de compromis, ce qui se ressent à la lecture de certaines dispositions. Par ailleurs, la tentation anglo-saxonne du détail a souvent été privilégiée, ce qui aboutit à des articles particulièrement longs. L'ensemble à ce titre est très dense : 96 articles forment le texte de la Convention. La lecture d'un tel document n'est pas aisée, un auteur ayant même pu dire qu'elle donnait le mal de mer [2]... Certaines dispositions sont également critiquables au fond. Il en va par exemple ainsi de celles concernant la limitation de responsabilité du transporteur

1. L. Fedi, « Présentation de la Convention des Nations Unies sur le contrat de transport international de marchandises entièrement ou partiellement par mer », *RD transp.* juill. 2009, dossier 3 ; P. Delebecque, « La Convention sur les contrats internationaux de transport de marchandises effectué entièrement ou partiellement par mer : '*a civil law perspective*' », *DMF* 2009. 335. *Adde*, L. d'Avout, *D.* 2009. 2389 ; C. Legros, *JCP* 2010, n° 2, 1789. V. aussi les mélanges offerts à F. Berlingieri (*Il diritto marittimo*, 2 tomes, 2010) qui contiennent des contributions sur les Règles de Rotterdam.
2. L. Fedi, préc., n° 17.

établissant des plafonds assez bas (875 DTS par colis ou 3 DTS par kilo de poids brut, la limite la plus élevée étant applicable). Toutefois, au final, ce texte bien que présentant de nombreux défauts a au moins le mérite d'être le reflet d'un accord très général dans un secteur essentiel au commerce international. Même si la Convention n'est pas parfaite, elle aura assurément son utilité lorsqu'elle entrera en vigueur. Et la pratique contractuelle ainsi que la jurisprudence pourront, le cas échant, aplanir certaines difficultés.

E. Le transport multimodal

394 Le transport multimodal reste difficile à appréhender juridiquement. Cette technique, qui s'est développée à l'ère de la « conteneurisation », consiste à utiliser plusieurs modes de transport pour un même déplacement de marchandises. Ainsi, par exemple, le transport est-il d'abord routier, puis maritime et enfin routier à nouveau. La logique voudrait que l'on applique distributivement les règles propres à chaque transport. Mais on peut y voir également une opération unique. Au regard de la complexité de sa nature, le transport multimodal réclame par conséquent des règles spécifiques.

Le régime est cependant encore aujourd'hui très imparfait. La Convention de Genève du 24 mai 1980 sur les transports multimodaux internationaux n'est toujours pas entrée en vigueur ce qui est dommage, car elle contient des règles particulièrement bien adaptées à la situation envisagée [1]. En droit positif, le régime juridique du transport multimodal provient en partie de l'application de règles prévues par les conventions « unimodales ». Par exemple, la CMR, à son article 2, prévoit des règles lorsque le véhicule routier contenant la marchandise est lui-même transporté par mer, par voie ferrée, par voie navigable ou par air. Dans ce cas, s'il n'y a pas rupture de charge, la CMR s'applique en principe et sous certaines conditions à l'ensemble du transport. D'autres conventions ne prévoient au contraire aucune disposition

1. P. Delebecque, « Le transport multimodal », *RID Comp.* 1998.527.

sur le transport multimodal comme par exemple, en matière maritime, la Convention de Bruxelles de 1924 et les Règles de Hambourg de 1978. L'un des apports des Règles de Rotterdam est précisément d'inclure dans son champ d'application le transport multimodal lorsque le contrat prévoit le transport par mer et par d'autres modes. C'est ce que l'on appelle le « maritime plus ».

La matière sollicite fort heureusement la pratique contractuelle et les contrats-types. On se sert de connaissements directs qui couvrent la marchandise pendant le trajet maritime, mais aussi pendant le trajet terrestre. De même, la CNUCED et la CCI ont établi un document-type destiné aux transports multimodaux [1]. Sa valeur est purement contractuelle et permet, devant la carence du droit international dans ce domaine, de donner un régime juridique au transport multimodal. L'on voit à travers cet exemple que la normativité privée sert aussi à combler les lacunes du droit étatique.

§ 2. Les opérations d'intermédiaire

395 L'entreprise qui pratique l'exportation ou l'importation peut choisir de s'implanter structurellement par voie de filiale ou de succursale dans les pays étrangers où elle exerce ou développe ses activités. Elle doit alors bien connaître le marché local et souvent consentir de lourds investissements financiers, matériels et humains dont elle assumera en définitive le risque. Elle peut aussi opter pour le recours à une ou plusieurs personnes ou entreprises tierces, c'est-à-dire sans lien en capital avec l'entreprise d'exportation ou d'importation et autonomes d'un point de vue patrimonial, implantées dans le pays étranger afin de développer ses activités, commercialiser ses produits ou ses services. Le recours à des intermédiaires est une pratique courante du commerce international. Il s'agit d'une externalisation de l'activité à l'étranger. Cette formule présente un double avantage : commercialement

1. E. Caprioli, « Considérations sur les nouvelles Règles CNUCED/CCI relatives aux documents de transport multimodal », *DMF* 1993. 204.

l'intermédiaire connaît mieux le marché local ; financièrement les coûts d'investissement sont moindres. De plus, le risque commercial est parfois partagé, voire transféré (lorsque par exemple l'intermédiaire acquiert la propriété des marchandises de l'exportateur ou le droit de diffuser ses services et de les commercialiser pour son propre compte). La terminologie anglo-saxonne désigne un tel intermédiaire sous le nom générique d'« *agent* ». Cependant, les formules d'intermédiation couvertes par la formule d'« *agency* » sont en réalité très diverses et empruntent à des techniques juridiques différentes.

396 Plusieurs distinctions doivent être effectuées. L'intermédiaire peut acquérir la propriété des marchandises de l'exportateur. Il s'agit des contrats de distribution agréée ou sélective, de concession et de franchise. Dans les cas inverses, l'intermédiaire ne devient pas propriétaire des marchandises, en tout cas pour son compte. Ce sont les contrats de sponsor, de courtage, de mandat et de commission. En outre, l'intermédiaire peut être soit un représentant au sens juridique de l'exportateur (mandat, commission), soit un non représentant (courtage, sponsor).

397 Les contrats d'intermédiaire du commerce international ne sont pas vraiment spécifiques du point de vue de leur contenu. On y retrouve l'architecture des contrats internes. C'est pourquoi le droit matériel des contrats d'intermédiaire ne sera décrit, pour l'essentiel, que dans ses aspects spécifiques à une opération du commerce international. Il y a certes quelques particularités en matière internationale. Mentionnons ainsi le contrat de master-franchise, le contrat de sponsor, les clauses de répartition des risques de change [1]. Le domaine des contrats d'intermédiaire n'a toutefois pas fait l'objet d'une unification internationale des règles matérielles. En revanche, la CCI a mis au point des formules de contrats-types [2] qui tentent de trouver un équilibre entre les droits

---

1. Le contrat peut contenir des clauses qui répartissent ce risque en jouant soit sur la monnaie de paiement, soit sur la date de paiement ou la date de conversion. Le contrat peut aussi plus directement prévoir une quotité de prise en charge du risque de paiement par chacune des parties, ou la prise en charge partagée d'une assurance couvrant ce risque. V. *infra*, n° 605.
2. Contrat modèle CCI de concession commerciale, ICC publishing n° 646 F 2003 ; Contrat modèle d'agence commerciale internationale, ICC publishing n° 496 1992 ; Contrat modèle CCI de franchise internationale, ICC publishing n° 557 2000.

et obligations des parties. Il en ressort que la partie faible n'est pas protégée suffisamment en l'état de ces formules.

398 Les contrats internationaux d'intermédiaire posent essentiellement la question de la loi qui leur est applicable. Le système des conflits de lois est *a priori* relativement unifié, soit de manière générale par la Convention de Rome du 19 juin 1980 sur la loi applicable aux obligations contractuelles et aujourd'hui par le règlement Rome I [1], soit plus spécifiquement à travers la Convention de La Haye du 14 mars 1978 sur la loi applicable aux contrats d'intermédiaire et à la représentation. Pour autant, la détermination de la loi applicable est rendue parfois délicate en raison de la variété et de la complexité des montages contractuels. Ceux-ci procèdent souvent d'un contrat-cadre générant de nombreux contrats d'application, qui constituent ensuite un réseau et entretiennent le cas échéant des liens entre eux dans le cadre d'un ensemble contractuel. De plus, un même contrat, par exemple de concession, contient souvent des clauses relatives à des opérations de nature différente : vente de marchandises, licence de droits de propriété intellectuelle, transfert de *know-how*, etc. La question de la détermination de la loi applicable hésite alors entre l'application d'une loi unique à l'ensemble du montage et la solution d'un « dépeçage » du montage contractuel, voire des contrats eux-mêmes. Et même à choisir d'appliquer une loi unique à l'ensemble contractuel, ce qui est la solution la plus simple, il reste que la prestation caractéristique d'un contrat d'intermédiaire est parfois difficilement déterminable ! Enfin, la matière est également caractérisée par l'incidence du droit de la concurrence qui, notamment, pourra s'appliquer à une pratique de distribution [2] et l'existence éventuelle de lois de police protégeant la partie faible.

399 Le projet de règlement Rome I contenait un article 7 consacré aux « Contrats conclus par un intermédiaire ». Cet article posait plusieurs principes qui reprenaient les solutions de la Convention de La Haye du 14 mars 1978 [3]. Mais le texte finalement adopté

1. Sur lesquels, v. *supra*, n° 257 s.
2. Sur les contrats de distribution, v. *infra*, n° 415 s.
3. Sur laquelle, V. *infra*, n° 407 s.

ne contient aucune disposition spécifique aux « contrats conclus par un intermédiaire ». Ainsi, les contrats conclus par un intermédiaire autres que ceux qui relèvent de la Convention de La Haye du 14 mars 1978 (dont l'application n'est pas remise en cause par le règlement, article 25.1) seront-ils régis par les principes du règlement Rome I : loi d'autonomie, à défaut loi du pays dans lequel la partie qui doit fournir la prestation caractéristique a sa résidence habituelle, sous réserve de la clause d'exception. On notera ainsi que bien que les contrats de représentation puissent être qualifiés de contrats de prestation de services au sens de l'article 4.1 b) du règlement Rome I, il ne fait pas de doute qu'ils sont régis par la Convention de La Haye du 14 mars 1978 [1].

400 Nous envisagerons successivement les contrats de sponsor (**A**), de courtage (**B**), d'agence commerciale (**C**), de commission (**D**) et enfin de distribution (**E**).

A. Le contrat de sponsor

401 C'est sûrement la figure la plus floue, la plus discutée, et pourtant parfois... la plus indispensable à l'obtention ou l'exécution d'un marché à l'international dans certains pays [2]. Le sponsor est une personne qui, contre rémunération, va intervenir en faveur d'une entreprise qui souhaite s'implanter localement. Le sponsor est ainsi un « facilitateur » de marché, une caution morale de l'entreprise étrangère, voire un intrigant bien placé qui va apporter son entregent... On parle aussi de « lubrification commerciale » ou d'« influence », notions suffisamment imagées pour se passer de commentaires. Le sponsor encourt généralement une lourde responsabilité locale. Pour cette raison, il est souvent couvert contractuellement par des garanties offertes par l'entreprise étrangère.

Le contrat de sponsor est licite à partir du moment où son objet et sa cause le sont eux-mêmes. Attention alors de ne pas

1. Très nettement en ce sens, T. Azzi, « La loi applicable à défaut de choix selon les articles 4 et 5 du règlement Rome I », *D.* 2008. 2169 et part. p. 2172.
2. M. Dubuisson, «Le contrat de sponsor pour l'obtention d'un marché international», *JCP* 1983, CI 14027 ; F. Meuret, «Le contrat de sponsor», *RD aff. int.* 1987.797.

franchir, ou inciter à franchir, le Rubicon de la corruption [1] ! Les pratiques consistant à rendre occulte la rémunération du service notamment en la faisant « transiter » par des mécanismes complexes et des intermédiaires divers et variés contribuent à jeter la suspicion sur le contrat de sponsor. Il y a parfois lieu au versement de commissions dites « illicites » [2]. Ces dérives ne doivent pas occulter le fait que le contrat de sponsor est en certaines occurrences nécessaire à l'obtention d'un marché !

B. Le contrat de courtage

402 Le courtier est peut-être l'intermédiaire au sens le plus accompli. En effet, s'il ne représente ni l'acheteur ni le vendeur ou une quelconque partie à une opération commerciale, il met en revanche en contact ceux-ci et les rapproche. Par son action, il facilite donc la rencontre de l'offre et de la demande. Il est un catalyseur, une « enzyme » de la relation commerciale. Il n'intervient pas normalement dans la conclusion du contrat commercial qu'il a facilitée. Le contrat de courtage qui est passé entre un donneur d'ordre et le courtier prévoit la mission de ce dernier, qui consiste le plus souvent à prospecter la clientèle potentielle et à la présenter au donneur d'ordre. Le courtier ne passe généralement aucun contrat pour le compte du donneur d'ordre et ne représente pas celui-ci, même dans le cadre de pourparlers. Ainsi, le donneur d'ordre n'est-il pas lié à l'égard des partenaires que lui présente le courtier. Ce dernier peut toutefois se porter ducroire à une opération, être mandaté par un donneur d'ordre pour effectuer un paiement ou un encaissement. Il est la plupart du temps tenu à des clauses de secret afférentes à certaines caractéristiques des entreprises pour lesquelles il travaille. Le courtage est relativement développé dans le cadre du commerce international, notamment pour faciliter les relations acheteur-vendeur dans la grande distribution.

1. V., notamment, B. Oppetit, « Le paradoxe de la corruption à l'épreuve du droit du commerce international », *JDI* 1987.4.
2. Institut du droit et des pratiques des affaires internationales, *Les commissions illicites*, 1992, ICC Publishing.

403 En termes de droit applicable, le contrat de courtage entre dans le champ d'application matériel de la Convention de Rome sur la loi applicable aux obligations contractuelles et dans celui du règlement Rome I. Le principe d'autonomie s'applique donc. En l'absence de choix par les parties de la loi applicable, il semble que c'est le droit du pays où le courtier a sa résidence habituelle qui doive être appliqué (art. 4.2 de la Convention de Rome et du règlement Rome I). En effet, le courtier est sans nul doute la partie qui fournit la prestation caractéristique dans l'exécution du contrat de courtage. En outre, dans le cadre du règlement Rome I, l'article 4.1 b), en matière de contrats de prestation de services, vise la loi du pays dans lequel le prestataire de services a sa résidence habituelle. Le courtage étant assurément un contrat de prestation de services, la règle désigne là encore le droit du pays où le courtier (prestataire de services) a sa résidence habituelle. Au demeurant, le courtage est susceptible d'entrer aussi dans le champ d'application de la Convention de La Haye du 14 mars 1978 sur la loi applicable aux contrats d'intermédiaire et la représentation [1]. Son article 1 précise que la Convention « s'étend à l'activité de l'intermédiaire consistant à recevoir et à communiquer des propositions ou à mener des négociations pour le compte d'autres personnes » [2].

C. Le contrat d'agence commerciale

404 Le contrat d'agence commerciale et le contrat de mandat, comme le contrat de commission [3], entrent dans la catégorie des contrats commerciaux de représentation. Le contrat de mandat commercial peut être conclu soit à titre ponctuel (« *spot* »), soit à titre permanent. On se situe alors dans le cadre, connu dans le droit de l'Union européenne, de l'agence commerciale. L'agent commercial est un mandataire professionnel qui, à titre indépendant, agit pour le compte de producteurs, d'industriels, de commerçants ou d'autres agents commerciaux. Ce contrat présente des spécificités

1. V. *infra*, n°407 s.
2. V. *infra*, n° 408.
3. Voire le contrat de courtage, v. *supra*, n°402 s.

lorsqu'il est international [1]. Nous présenterons brièvement le contenu du contrat international d'agent commercial (1) et les règles conventionnelles gouvernant la loi applicable au statut d'agent et au mandat (2).

1. Le contenu du contrat international d'agent commercial

405 Le contrat d'agence commerciale fait l'objet en France – et dans l'Union européenne [2] – d'un statut légal (art. L. 134-1 s. du Code de commerce). Le contenu du contrat d'agence commerciale est fortement influencé par ce statut légal. L'agent s'oblige généralement à négocier, voire souvent conclure et parfois exécuter des opérations commerciales pour le compte du donneur d'ordre. Il s'oblige également à lui rendre compte, comme tout mandataire. Le donneur d'ordre s'oblige à un comportement loyal et à rémunérer l'agent sous forme de commissions.

La particularité d'un contrat *international* d'agence commerciale tient à la présence de clauses consécutives à l'éloignement géographique (frais de correspondances, de voyage, de maintien des stocks), et, de manière générale, d'obligations à la charge de l'agent en termes de respect de la législation locale. Une autre spécificité tient à l'existence de stipulations relatives aux transports, assurances, douanes, fiscalité... Enfin, et surtout, c'est la loi applicable au contrat qui requiert une attention toute particulière.

2. La loi applicable au contrat international d'agent commercial

406 La matière n'a pas fait pour l'heure l'objet d'une unification internationale des règles matérielles si l'on excepte la Convention de Genève du 17 février 1983 relative à la représentation en matière de vente internationale de marchandises rédigée sous l'égide d'UNIDROIT. Mais cette Convention n'est pas à ce jour entrée en vigueur [3]. On doit signaler l'existence de modèles-types de contrat d'agence commerciale, et notamment le contrat modèle CCI d'agence commerciale de 1992 [4], amendé en 2002. Ce dernier par

1. C. Diloy, *Le contrat d'agence commerciale en droit international*, LGDJ, 2000.
2. Directive CEE n°653 du 18 déc. 1986, relative à la coordination des droits des États membres concernant les agents commerciaux indépendants, *JOCE* 31 déc. 1986, n°L. 382.
3. C. Mouly, «La convention relative à la représentation en matière de vente internationale de marchandises», *RID Comp.* 1983.829.
4. ICC Publishing, Paris, 1992, n°496.

son extrême précision institue une sorte de *lex mercatoria* de l'agence commerciale [1].

407 Le statut d'agent commercial, généralement très protecteur, n'est pas connu de toutes les législations. Quand il l'est, il peut être soumis à un régime assez différent d'un État à un autre (rappelons cependant que la directive de 1986 a procédé à son harmonisation au sein de l'UE). La question des conflits de lois présente dès lors une importance cruciale [2]. C'est l'objet de la Convention de La Haye du 14 mars 1978 sur la loi applicable aux contrats d'intermédiaire et à la représentation [3]. Cette Convention a une portée universelle (art. 4) [4]. La loi désignée en application de la Convention de La Haye a vocation à régir l'ensemble des situations nées entre les parties dans le cadre de leurs relations d'agence. Les questions couvertes sont relatives à la formation – sauf capacité et règles de forme – et l'exécution du contrat d'agence, les conséquences d'un dépassement de pouvoir, l'étendue des pouvoirs de représentation, l'indemnité de clientèle, la clause de ducroire, la clause de non-concurrence, etc.

408 Les principes posés par la Convention de La Haye sont voisins de ceux posés par la Convention de Rome de 1980 et par le règlement Rome I. Aux termes de la première, dans les relations entre le représenté et le représentant, la loi d'autonomie fait ainsi figure de principe. Le choix peut être exprès ou implicite à la condition qu'il résulte clairement des dispositions du contrat et des circonstances de la cause (art. 5). Le choix de la loi applicable peut semble-t-il porter sur tout ou partie du contrat. Le choix le plus cohérent par rapport à l'opération est *a priori* celui du lieu d'exécution du contrat [5].

1. V. en ce sens, F. Bortolotti, «Vers une nouvelle *lex mercatoria* de l'agence commerciale internationale: le modèle de contrat d'agence de la CCI», *RD aff. int.* 1995.685.
2. Sur la qualification d'un contrat d'agent commercial en contrat international, v. Toulouse, 26 oct. 1982, *JDI* 1983.603, note H. Synvet.
3. Entrée en vigueur le 1er mai 1992, elle a été ratifiée au sein de l'Union européenne par seulement trois États: France, Pays-Bas et Portugal. V. P. Lagarde, «La convention de La Haye sur la loi applicable aux contrats d'intermédiaire et la représentation», *Rev. crit. DIP* 1978.31.
4. «La loi désignée par la Convention s'applique même s'il s'agit de la loi d'un État non contractant».
5. En ce sens, avec de nombreuses références jurisprudentielles et doctrinales, V. R. de Quenaudon, «Les intermédiaires de commerce dans les relations internationales», *Jurisclasseur Droit international* fasc. 565-A 10, 1997, n° 184.

À défaut de choix, c'est la loi de l'État dans lequel le représentant a, au moment de la formation du contrat, son établissement professionnel, ou à défaut sa résidence habituelle, qui régit le contrat. À moins que le représentant, pour l'exécution du contrat, doive exercer son activité principalement sur le territoire du représenté : la loi de cet État s'appliquera alors. Si le rapport de représentation n'est pas l'objet exclusif du contrat (hypothèse assez fréquente dans la distribution), la Convention s'appliquera au rapport de représentation si la création du rapport de représentation est l'objet principal du contrat ou si le rapport est séparable de l'ensemble du contrat. Le dépeçage du contrat semble ainsi admis (art. 7).

409 Le tout sous réserve bien entendu des dispositions qualifiées par la Convention d'impératives de tout État avec lequel la situation présente un lien effectif (art. 16) [1]. Il s'agit des lois de police [2]. L'on sait que le statut de l'agent commercial qui prévoit une indemnité de fin de contrat est d'ordre public, en France comme dans toute l'Union européenne d'ailleurs. Ainsi, ce statut d'ordre public s'imposera naturellement lorsque le contrat est rattaché à la loi d'un État membre. Si le contrat est soumis à une loi d'un État n'appartenant pas à l'Union européenne, le caractère de loi de police du statut protecteur de l'agent fait l'objet d'une divergence entre la CJCE [3] et la Cour de cassation [4]. Seule la première considère que le statut est constitutif d'une loi de police. Mais la jurisprudence de la Haute juridiction française devrait évoluer pour s'aligner sur celle de la CJCE (désormais CJUE) dès lors que celle-ci a posé une règle relative à une matière faisant l'objet d'une harmonisation par une directive.

410 Les modalités d'exécution du rapport de représentation sont toujours régies par la loi du lieu d'exécution (art. 9). La Convention ne se prononce pas sur le droit applicable aux contrats conclus

1. La Convention réserve également le jeu de l'ordre public international (art. 17).
2. Cl. Ferry, « Contrat international d'agent commercial et lois de police », *JDI* 1993.699 ; A. Nuyts, « L'application des lois de police dans l'espace », *Rev. crit. DIP* 1999.31 et 245.
3. CJCE 9 nov. 2000, *Europe* 2001, p. 18, obs. L. Idot. ; *JDI* 2001.511, 2e esp., note J.-M. Jacquet ; *Rev. crit. DIP* 2001.107, note L. Idot.
4. Com. 28 nov. 2000, *JDI* 2001.511, 1re esp., note J.-M. Jacquet ; *RJDA* 2001. 149.

entre le représenté et les tiers. En revanche, elle traite de la question de la loi applicable à l'existence et l'étendue des pouvoirs de l'intermédiaire et aux effets de ses actes dans l'exercice réel ou prétendu de ses pouvoirs. La loi applicable à ces questions relève de la loi d'autonomie : le représenté ou le tiers doit avoir désigné expressément cette loi par écrit (art. 14). À défaut de choix par le représenté et le tiers, la loi applicable à ces questions est celle du pays où le représentant a son établissement au moment où il agit (art.11).

411 En cas de conflit avec la Convention de Rome [1], qui a également vocation par sa généralité à s'appliquer aux contrats d'intermédiaire [2], il convient d'appliquer la règle dite de la matière spéciale. La règle spéciale l'emporte sur la règle générale. La Convention de La Haye doit ainsi l'emporter sur la Convention de Rome [3]. La Convention de La Haye doit également l'emporter sur le règlement Rome I en application de l'article 25.1 de ce dernier.

D. Le contrat de commission

412 Le contrat de commission est une autre forme de représentation, qualifiée d'imparfaite [4]. En effet, alors que dans l'institution du mandat, le représentant agit ouvertement au nom et pour le compte du représenté qui est connu du cocontractant, avec la commission, la représentation est occulte. Le commissionnaire est une personne qui agit en son nom propre ou sous un nom social, mais pour le compte d'une autre personne appelée le commettant. L'identité du commettant reste donc occulte à l'égard du cocontractant du commissionnaire. L'institution est régie en droit français par les articles L. 132-1 s. du Code de commerce.

1. Il n'y aura pas de conflit en ce qui concerne les conditions de forme d'un contrat de représentation. En effet, ces conditions ne sont pas envisagées par la Convention de La Haye.
2. V. *supra*, n° 257 s. Sur le champ de la Convention de Rome par rapport aux contrats d'intermédiaire et sur sa complémentarité avec la Convention de La Haye, V. R. de Quenaudon, *op. cit.*, n° 228 à 231.
3. En ce sens, P. Lagarde, « Le nouveau droit international privé des contrats après l'entrée en vigueur de la convention de Rome du 19 juin 1980 sur la loi applicable aux obligations contractuelles », *Rev. crit. DIP* 1991.287, spéc., p. 337, n° 61.
4. C. Lavabre, « Actualité du contrat de commission », *RJDA* 1996.619 ; M.-P. Dumont, *L'opération de commission*, Bibl. dr. entr., Litec, 2000.

413 Le commissionnaire s'engage à vendre, acheter, transporter pour le compte de son commettant, dans le cadre des stipulations contractuelles, à rendre compte comme tout mandataire. Il ne peut se porter contrepartiste et ainsi, par exemple, acheter pour son compte ce qu'il est chargé de vendre. Le commissionnaire, à l'égard de ses cocontractants qui sont tiers au contrat de commission, est tenu comme tout contractant en son nom propre. Cependant, les marchandises qu'il achète ou vend en application du contrat de commission ne rentrent pas dans son patrimoine. Elles passent directement du patrimoine du vendeur au patrimoine de l'acquéreur sans transiter par celui du commissionnaire. En ce sens, il y a représentation même si celle-ci est imparfaite. Dans ses rapports avec le commettant, le commissionnaire n'est pas tenu à la place des tiers des opérations qu'il aura passées avec eux. Le commissionnaire ne doit pas par exemple la garantie des vices cachés pour les marchandises qu'il aura achetées pour le compte du commettant. En matière de transport ou en présence d'une clause de ducroire, le commissionnaire peut cependant être tenu pour les tiers dans ses rapports avec le commettant. C'est la garantie de bonne fin.

414 Le contrat de commission est encore très pratiqué dans le cadre du commerce international, même s'il est quelque peu en perte de vitesse. Les importateurs ou exportateurs y ont recours notamment dans le domaine du commerce des matières premières. On parle de commissionnaire à l'achat (importations), à la vente (exportations) ou encore au transport (lorsque le commissionnaire est chargé de transporter les marchandises) [1]. Le contrat de commission n'est toutefois pas connu de toutes les législations. Et il n'existe aucune unification ou tentative d'unification de son droit matériel à l'échelle internationale. C'est du côté des règles de conflit qu'il faut se tourner. À ce titre, le contrat de commission rentre dans le champ d'application de la Convention de La Haye de 1978 précédemment étudiée [2].

1. En matière de transport, v. *supra*, n° 366.
2. V. *supra*, n° 407 s.

Les parties doivent être particulièrement attentives aux risques de requalification d'un tel contrat en mandat apparent, en contrat de travail (s'il existe un fort lien de subordination entre commettant et commissionnaire) ou en contrat d'agence commerciale duquel il est, dans certaines de ses formes, très proche.

E. Les contrats de distribution

415 Les contrats de distribution recouvrent un domaine assez étendu de pratiques contractuelles qui ont toutes pour commun dénominateur d'organiser par le biais d'un tiers la distribution des produits et/ou services d'une entreprise fournisseur. L'uniformisation des grandes villes du monde à travers des enseignes identiques atteste de la vigueur de la distribution internationale. Les formules sont variées : concession, franchise, distribution agréée ou sélective. On peut ajouter le dépôt-vente ou encore les contrats de fourniture exclusive ou d'approvisionnement exclusif. Dans les formules principales, celles que nous envisagerons, le distributeur agit comme acheteur-revendeur. Mais la distribution peut aussi se faire par le recours au mandat ou à la commission [1]. Ces contrats de distribution soulèvent des questions importantes sur le terrain des conflits de lois (**1**). Le droit matériel sera ensuite présenté à travers les deux formules contractuelles principales (**2**).

1. Les conflits de lois en matière de distribution internationale

416 L'existence de conflits de lois en cette matière suppose l'existence d'un contrat international au sens où celui-ci a été défini [2]. Or, dans la distribution, le réseau peut être international sans pour autant que le contrat de distribution soit lui-même international [3]. Par exemple, une société à la tête d'un réseau peut créer une filiale dans un pays étranger. Cette filiale passe des contrats avec des distributeurs et des fabricants locaux pour organiser la distribution dans son pays d'implantation. Ces contrats sont internes. On pourrait certes considérer que ces contrats mettent en cause les intérêts du commerce international. L'hypothèse n'est pas d'école

1. V. *supra*, n°412 s.
2. V. *supra*, n°239 s.
3. D. Berlin, «Droit international et distribution internationale», *DPCI* 1993.6.

à l'heure de la mondialisation. Mais il faudrait une interprétation extensive du critère de l'internationalité. En revanche, lorsque le fournisseur établi dans un pays passe un contrat avec un distributeur établi dans un autre pays ou bien encore lorsque le distributeur s'engage à s'approvisionner à l'étranger, il y a contrat international, sans forcément d'ailleurs que le réseau de distribution soit lui-même international (même s'il l'est généralement).

417 Les contrats de distribution sont également caractérisés par le fait qu'ils reposent sur un contrat-cadre assorti de nombreux contrats d'application. La détermination de la loi applicable est alors compliquée. Faut-il détacher le contrat-cadre des contrats d'application et le cas échéant les soumettre à des lois différentes ou bien doit-on considérer l'ensemble sous un jour unitaire ? Par application de la Convention de Rome de 1980 ou du règlement Rome I, la solution la plus évidente consiste pour les parties à insérer dans leur contrat une clause d'*electio juris*. Pour autant, ce choix ne résout pas toutes les difficultés. En effet, les parties doivent prendre la précaution de préciser si la clause d'*electio juris* ne s'applique qu'au contrat-cadre ou bien s'étend aussi aux contrats d'application. Dans cette deuxième hypothèse, si les contrats d'application sont des ventes – ce qui est très généralement le cas –, la clause pourra, soit impliquer la référence à la Convention de Vienne de 1980 sur la vente internationale de marchandises, soit avoir valeur de clause d'exclusion de cette dernière [1]. Il est encore possible que la clause d'*electio juris* ne soit prévue que pour les contrats d'application, le contrat-cadre étant muet à ce titre. Dans ce cas, la loi désignée dans les contrats d'application ne s'étendra pas au contrat-cadre [2].

418 En l'absence de choix par les parties d'une loi applicable, il convient de distinguer selon que le contrat se voit appliquer la Convention de Rome de 1980 ou le règlement Rome I. Dans le cadre de la Convention de Rome, il faut déterminer la partie qui fournit la prestation caractéristique. Cette prestation pourrait être

1. Sur la Convention de Vienne, v. *supra*, n° 306 s.
2. Civ. 1re, 2 juill. 1986, *Rev. crit. DIP* 1988.56, note H. Batiffol. V., de manière générale, F. Leclerc, « Le contrat cadre en droit international privé », *Trav. com. fr. DIP*, Pedone 2005, p. 3.

considérée comme le fait de mettre en contact les consommateurs avec le produit ou le service [1]. Cela conduirait alors à l'application de la loi du pays où le distributeur a sa résidence habituelle [2]. Cependant, plusieurs décisions de la Cour de cassation [3] ont appliqué comme loi unique à la distribution, la loi du pays où demeure le fournisseur, la prestation caractéristique du contrat consistant, selon les décisions, soit en la « fourniture du produit » [4], soit à « assurer l'exclusivité de la distribution des produits » [5]. Cette solution présente l'avantage de soumettre tout le réseau international (contrat-cadre et contrats d'exécution) à une loi unitaire : celle du lieu où la tête de réseau a son siège. Cependant, et malgré l'adhésion à cette solution d'une partie de la doctrine [6], en pratique, les mécanismes contractuels organisant la distribution sont très variés et d'un type de distribution à l'autre (concession, franchise, distribution sélective...), il n'est pas évident que la même loi vise à s'appliquer. Quant à la doctrine [7] qui invite à prendre en compte le débiteur de l'obligation d'exclusivité dans le contrat de distribution, elle admet elle-même que les contrats de distribution contiennent souvent plusieurs clauses réciproques d'exclusivité : exclusivité d'approvisionnement, de fourniture, exclusivité territoriale... Il conviendrait alors de hiérarchiser ces exclusivités selon des critères non définis. Surtout, tous les contrats de distribution ne comportent pas de clause d'exclusivité (ex. : distribution

1. P. Lagarde, «Le nouveau droit international privé des contrats après l'entrée en vigueur de la Convention de Rome du 10 juin 1980», *Rev. crit. DIP* 1991.287.
2. Solution du règlement Rome I, v. *infra*, n°419.
3. Com. 15 mai 2001, *JCP* 2001. II. 10634, note J. Raynard ; *Rev. crit. DIP* 2002.86, note P. Lagarde ; *JDI* 2001. 1121 note A. Huet ; Civ. 1re, 25 nov. 2003, *RLDC* 2004/7 ; *Rev. crit. DIP* 2004. 102, note P. Lagarde ; *JDI* 2004. 1179, note M.-E. Ancel ; *JCP* 2004. II. 10046, note J. Raynard ; *D.* 2004. 494, note H. Kenfack ; Civ. 1re, 23 janv. 2007, *D.* 2007.511, obs. E. Chevrier, Jur. 1575, note H. Kenfack, Pan. p. 2571, obs. S. Bollée ; *D.* 2008, Pan. p. 1514, obs. F. Jault-Seseke ; *JCP* 2007. II. 10074, note T. Azzi ; *RTD com.* 2007. 588, obs. B. Bouloc, p. 630, obs. P. Delebecque ; *RDC* 2007. 887, obs. P. Deumier ; *JDI* 2008. 521, note J-M. Jacquet. En l'espèce, la cour de cassation considère qu' «en application de l'article 4 de la convention de Rome du 19 juin 1980 [...], la loi compétente est celle du pays où se situe l'établissement qui doit fournir la prestation caractéristique, consistant aux termes du contrat cadre, pour la société allemande, à assurer l'exclusivité de la distribution des produits à la société française». V. également Civ. 1re, 16 avr. 2008, 07-14697.
4. Com. 15 mai 2001, préc. ; Civ. 1re, 25 nov. 2003, préc.
5. Civ. 1re, 23 janv. 2007, préc. ; Civ. 1re, 16 avr. 2008, préc.
6. M. Béhar-Touchais et G. Virassamy, *Les contrats de distribution*, in J. Ghestin (dir.), *Traité de droit des contrats*, LGDJ, 1999, n° 769.
7. J. Béguin et M. Menjucq (dir.), *op.cit.*, n°1111 s.

agréée et sélective) ! On le voit, la prudence commande ici plus qu'ailleurs l'insertion d'une clause d'*electio juris*.

419 L'entrée en vigueur du règlement Rome I semble refermer ces débats doctrinaux et ces hésitations jurisprudentielles (en tout cas pour les contrats relevant du texte). En effet, l'article 4.1 f) désigne, à défaut de clause d'*electio juris*, la loi du pays de résidence du distributeur. La solution, bien qu'elle présente le mérite de protéger le distributeur souvent – mais pas toujours – partie faible, est critiquable : elle aboutit en effet à régir en principe par des lois différentes le contrat-cadre et les contrats particuliers d'application entre le fournisseur et le distributeur. Pourtant, la solution posée à l'article 4.1 f) du règlement pourra difficilement être écartée au bénéfice de la clause d'exception prévue à l'article 4.3 en vertu duquel « lorsqu'il résulte de l'ensemble des circonstances de la cause que le contrat présente des liens manifestement plus étroits avec un pays autre que celui visé au paragraphe 1 ou 2, la loi de cet autre pays s'applique ». En effet, l'emploi de l'adverbe « manifestement » invite à en faire un usage plus que modéré en lieu et place des rattachements visés aux paragraphes 1 ou 2 de l'article 4. Cependant, on notera que le considérant 20 du règlement invite à « prendre en compte, notamment, l'existence de liens étroits du contrat avec un ou plusieurs autres contrats » dans le cadre de la mise en jeu éventuelle de la clause d'exception. Ainsi, on pourrait imaginer qu'au titre de cet article 4.3 une même loi (autre que celle de la résidence du distributeur) régisse exceptionnellement l'ensemble constitué par le contrat-cadre et ses contrats d'application dans les relations fournisseur/distributeur : la loi du fournisseur. Mais l'hypothèse reste bien improbable, selon nous, et il conviendrait alors de relever d'autres facteurs supplémentaires de proximité avec la loi du fournisseur que la seule existence de liens étroits du contrat-cadre avec les contrats d'application.

Enfin, le considérant n° 17 du règlement indique que le contrat de distribution relève de la catégorie des « contrats de services » (mais il est soumis à des règles particulières à l'article 4.1 f). Une telle qualification pourrait produire à l'avenir des effets sur le terrain de la compétence juridictionnelle (article 5.1 b) du règlement Bruxelles I) en matière de contrats de distribution, même si la Cour de cassation refuse pour l'heure d'y voir des contrats de services [1].

420 De plus, il ne faut pas oublier l'incidence de dispositions d'ordre public en matière de distribution, comme la loi Doubin (art. L. 330-3 du Code de commerce). S'agit-il de lois de police ? [2] La réponse en jurisprudence est négative s'agissant de la loi Doubin [3]. Nous sommes toutefois favorables à la qualification de loi de police [4], ces dispositions visant non seulement à protéger une partie réputée faible, mais également à moraliser les pratiques contractuelles de la distribution. De manière générale, il est évident que les instruments du droit international protègent insuffisamment le distributeur membre d'un réseau intégré.

2. Les principaux contrats

421 Les principaux contrats de distribution sont la franchise internationale (**a**) et le contrat international de concession et d'approvisionnement exclusif (**b**).

a. La franchise internationale

422 La franchise est le contrat par lequel une entreprise appelée franchiseur transmet à une autre entreprise appelée franchisé le droit de distribuer sous sa marque des produits ou services à la condition pour le franchisé d'utiliser le savoir-faire transmis par le franchiseur. La franchise internationale est l'une des formes les plus prisées de la distribution internationale [5]. Elle permet en effet de

---

1. La Cour de cassation, il est vrai en application de la Convention de Rome combinée avec la Convention de Lugano et le Protocole n° 2 sur l'interprétation uniforme de la Convention de Lugano, a refusé d'appliquer l'article 5.1 b) du règlement Bruxelles I aux accords de distribution au motif qu'ils ne sont pas des contrats de services : Civ. 1re, 27 mars 2007, D. 2007, AJ 1085, obs. I. Gallmeister ; Pan. 2572, obs. S. Bollée ; D. 2008, Pan. 1514, obs. F. Jault-Seseke ; RTD com. 2007. 629, obs. P. Delebecque ; RDC 2007. 887, obs. P. Deumier ; JDI 2008. 521, note J-M. Jacquet. V. également, Civ. 1re, 5 mars 2008, n° 06-21.949, D. 2008, AJ 858, obs. X. Delpech ; Jur. 1729, note H. Kenfack ; RTD com. 2008. 455, obs. P. Delebecque ; JDI 2008. 521, note J-M. Jacquet.

2. L. Idot, « Quelques questions pour la résolution des conflits des droits de la concurrence en matière de distribution », *DPCI* 1993.215.

3. V. pour le rejet de la qualification, Paris, 30 nov. 2001, *Cah. Dr. Entr.* 2002/5, p. 30, obs. J. Raynard.

4. V. D. Berlin, « Droit international et distribution internationale », *op. cit.*

5. D. Ferrier, « La franchise internationale », *JDI* 1988.625 ; H. Kenfack, *La franchise internationale*, Thèse Toulouse I, 1996 ; E. Jolivet, « Loi applicable et règlement des différends dans le contrat-modèle de la franchise internationale », *JCP E* 2000, Cah. Dr. Entr. 2000/4, p. 32 ; P. Le Tourneau, *Les contrats de franchisage : Franchisage de distribution, de comptoir, industriel, artisanal, financier, Franchisage de service, Franchisage international, Réseaux de franchisage*, Litec, 2003.

distribuer les produits, les services et la marque franchisés dans des conditions à la fois conformes aux souhaits du fournisseur, mais également, le cas échéant, adaptées aux contraintes locales. La franchise est ainsi pour le franchiseur un puissant moyen d'intégration commerciale de la marque. Le franchisé bénéficie de son côté de l'effet attractif de la marque et du savoir-faire du franchiseur. La franchise concerne la distribution des marchandises, mais également le secteur des services : hôtellerie, restauration, conseil, etc.

423 La franchise fait l'objet de contrats-types [1] et de codes de bonne conduite [2]. Parce que la phase précontractuelle est susceptible de générer des abus de la part du franchiseur, UNIDROIT a élaboré une loi-type sur la divulgation des informations en matière de franchise [3]. Pour la même raison, le contrat de franchise est soumis en droit français interne à l'article L. 330-3 du Code de commerce (loi Doubin) relatif à l'information précontractuelle destinée au franchisé. Pour le reste, le contrat de franchise est laissé à la liberté contractuelle. Le franchiseur a pour obligations de transmettre le savoir-faire, le faire évoluer, assister le franchisé dans sa mise en œuvre, donner la marque en licence, contrôler les franchisés dans l'intérêt du réseau, voire fournir des produits. En ce qui concerne le franchisé, il doit payer le prix (droit d'entrée et redevances), appliquer et faire appliquer par le personnel strictement le savoir-faire transmis, quitte à l'adapter au marché local. Il doit par ailleurs exploiter les marques et autres signes distinctifs donnés en licence dans les strictes conditions contractuelles. Le contrat contient souvent une exclusivité territoriale et une clause de non-concurrence pendant et après le contrat. Du respect par les deux parties de leurs obligations découle l'objet principal de la franchise : distribuer les produits ou services concernés dans un cadre spécifique au réseau, et donc développer celui-ci dans l'intérêt commun de tous ses membres.

424 Le contrat de franchise est international, soit parce que le franchiseur et le franchisé sont établis dans des États différents, soit parce

1. Contrat modèle CCI de franchise internationale, ICC publishing n° 557, 2000.
2. V. par ex. le code européen de déontologie, *JCP E* 1990. I. 20656.
3. UNIDROIT, Rome, septembre 2002.

que les marchandises concernées franchissent les frontières. Outre ce qui a été dit plus haut sur les conflits de lois en matière de distribution en général, et à suivre la jurisprudence française qui considère que le transfert de savoir-faire est la cause du contrat de franchise [1], on pourrait considérer que la loi applicable au contrat de franchise, en l'absence de clause d'*electio juris,* est la loi du lieu où réside le débiteur de l'obligation de transmission du savoir-faire (c'est-à-dire le franchiseur). Mais on pourrait aussi prendre en compte à titre de prestation caractéristique l'obligation d'approvisionnement exclusif qui repose sur le franchisé. Le règlement Rome I a tranché entre ces deux options : l'article 4.1 e) fait régir le contrat de franchise, à défaut de choix par les parties, par la loi du pays de résidence du franchisé. L'adoption de cette solution est heureuse. En effet, elle contribue à protéger le franchisé qui est quasiment toujours la partie faible dans le contrat de franchise. Ce contrat, comme d'ailleurs le contrat de distribution, constitue au demeurant, au sens du considérant 17 du règlement Rome I, un « contrat de services ». Cette qualification pourrait avoir une incidence sur la compétence juridictionnelle puisque l'article 5.1 b) du règlement Bruxelles I prévoit une règle de compétence spéciale pour les contrats de services [2].

425 La pratique internationale de la franchise vient encore compliquer la détermination de la loi applicable avec le système dit de la « master franchise ». Pour parer à la difficulté pour le franchiseur de contrôler tous ses franchisés à l'international, celui-ci peut choisir, sur tel territoire, de passer un contrat principal avec un « master franchisé ». Ce contrat aura pour objet de déléguer au « master franchisé » le soin de constituer et d'animer localement le réseau de franchise selon les directives du franchiseur (il s'agit alors d'un contrat international). Le master-franchisé conclura des sous-contrats de franchise avec des sous-franchisés locaux (il s'agira normalement de contrats internes). Il sera responsable de ces derniers devant le franchiseur. Concernant la loi applicable à

1. Com. 9 oct. 1990, *RJDA* 1991. 19.
2. V. *supra*, n° 419 en ce qui concerne cette qualification appliquée aux contrats de distribution.

ce contrat de master-franchise, on renverra à tout ce qui a été dit précédemment sur les contrats de distribution en général et la franchise en particulier, en précisant que la spécificité du contrat de master-franchise, de son objet comme de sa cause, peut influer sur la détermination de la loi applicable, en l'absence bien sûr de clause d'*electio juris* qui reste la meilleure des solutions.

b. Le contrat international de concession et d'approvisionnement exclusif

426 Il s'agit d'un montage contractuel particulier qui a pour objet l'achat pour la revente des produits du concédant par le concessionnaire. On parle souvent de contrat de concession exclusive. Le contrat international de concession et d'approvisionnement exclusif reproduit largement le modèle du contrat interne ayant le même objet [1]. Le montage repose sur un contrat-cadre qui prévoit les obligations réciproques du concédant et du concessionnaire. Ce contrat prévoira les règles concernant la mise à disposition de la marque, l'approvisionnement, la fourniture, l'assistance technique et commerciale, les techniques de vente, les supports publicitaires...

427 Des contrats d'application s'en suivent qui sont généralement des contrats de fourniture ou d'assistance. Le maillage des différents contrats souscrits par un concédant constitue un réseau. Le contrat-cadre prévoit généralement une exclusivité d'approvisionnement du concessionnaire auprès du concédant et une exclusivité territoriale de fourniture octroyée au concessionnaire. En outre, il comporte des obligations d'assistance technique ou commerciale, voire financière, par le concédant. Le concessionnaire de son côté s'oblige notamment à revendre les produits achetés au concédant en respectant les spécificités du réseau (service après-vente, méthodes commerciales et marketing du réseau, formation technique du personnel...), mais aussi généralement à effectuer des prestations de services pour les clients du réseau (comme par exemple réparer les véhicules automobiles de la marque concédée même s'il ne les a pas vendus lui-même). Il faut

1. Contrat modèle CCI de concession commerciale, ICC publishing n°646 F, 2003.

distinguer le contrat de concession du contrat d'approvisionnement exclusif. En vertu de ce dernier, le distributeur s'engage à s'approvisionner exclusivement auprès d'un fournisseur. C'est par exemple le cas des contrats de pompistes. Ce contrat d'approvisionnement exclusif peut s'accompagner de contrats de fourniture et d'assistance (matérielle, commerciale, voire financière).

428 Le droit applicable aux contrats de concession et d'approvisionnement exclusif pose les problèmes généraux évoqués précédemment [1].

§ 3. Les opérations de construction

429 Les opérations de construction représentent une partie non négligeable du commerce international. Les marchés internationaux de travaux, publics ou privés, peuvent porter sur tout type de réalisations : routes, ponts, tunnels, métros, ports, aéroports, gares, musées, bibliothèques, ensembles industriels ou résidentiels, stades de sport, etc. L'internationalité de l'opération implique des conséquences importantes. Le contrat international de construction est ainsi un genre qui renferme des espèces assez variées selon la nature des travaux et les obligations de l'entrepreneur. Ses stipulations sont toujours extrêmement fournies et précises. Il convient tout d'abord d'étudier le contrat international de construction lui-même (**A**) pour voir ensuite la sous-traitance internationale (**B**).

A. Le contrat international de construction

430 Les contrats de construction appartiennent à la catégorie des contrats d'entreprise, ou contrats de prestation de services, au titre desquels une personne appelée entrepreneur s'engage à faire quelque chose pour une personne appelée maître de l'ouvrage en contrepartie du versement d'un prix par cette dernière. En l'espèce, l'entrepreneur est un constructeur qui s'engage à réaliser

1. V. *supra*, n° 416 s.

un ouvrage à l'étranger. Nous distinguerons le contenu du contrat international de construction (**1**) de la question des conflits de lois auquel il donne lieu (**2**).

1. Le contenu du contrat international de construction

431 Les contrats internationaux de construction, du fait de leur complexité et des forts intérêts en jeu, sont l'objet d'une importante littérature essentiellement à destination des praticiens [1]. La CNUDCI a même publié en 1987 un Guide pour l'établissement de contrats internationaux de construction d'installations industrielles [2] et a adopté en 2004 des dispositions législatives types sur les projets d'infrastructure à financement privé [3]. Après avoir vu leurs principales clauses (**a**), il faudra en dresser une typologie sommaire (**b**).

a. Les principales clauses

432 Le contrat doit appréhender l'ensemble de l'opération de construction. Des études préalables sont généralement menées afin d'évaluer les contraintes techniques, environnementales et réglementaires et de satisfaire à l'obligation de conception qui pèse sur le constructeur. Ces études permettent aussi de déterminer avec précision les caractéristiques de l'ouvrage à bâtir et donc de circonscrire l'obligation de conformité de l'entrepreneur. Des obligations de confidentialité relatives aux informations échangées pèsent le plus souvent sur chacune des parties. Ensuite, un soin tout particulier doit être porté relativement aux clauses de garantie qui sont autant de clauses de responsabilité : notamment garantie de fonctionnement, d'équipements, de performances, garanties contre les retards dans l'exécution et les éventuelles malfaçons. À cet égard, les modalités de réception provisoire et définitive de l'ouvrage gagnent fortement à être précisées.

1. S. Pautrot, *Guide de l'exportation du bâtiment et des travaux publics*, éd. Du Moniteur, 1990 ; P. Glavinis, *Le contrat international de construction*, GLN-Joly, 1993 ; P. Le Tourneau, *L'ingénierie, les transferts de technique et de maîtrise industrielle*, Litec, 2003.
2. Disponible sur www.uncitral.org/uncitral/fr/uncitral_texts/procurement_infrastructure/1988guide.html.
3. V. doc. Nations Unies A/CN.9/505 ; B. Gross et O. Cachard, « Les dispositions législatives types de la CNUDCI sur les projets d'infrastructure à financement privé », *JDI* 2006. 469.

433 Quant aux modes de fixation du prix, plusieurs figures existent [1]. Le marché à forfait simple prévoit un prix forfaitaire et intangible couvrant l'ensemble de l'opération et seulement susceptible d'évoluer si le maître de l'ouvrage demande des modifications par rapport aux travaux prévus et qui bouleversent l'équilibre des prévisions des parties. Le marché à forfait perfectionné prévoit un prix forfaitaire avec une possibilité de variation suivant les résultats atteints par rapport à l'objectif initial. Quant au marché sur devis, il repose sur une estimation assez précise du prix, mais qui est susceptible d'évoluer (en raison de l'augmentation du coût de certains matériaux par exemple). Enfin, le « *cost and fee* », ou marché en régie, mêle une estimation du prix sur devis (pour les matériaux par exemple), et une part forfaitaire (notamment pour la rémunération du constructeur).

434 Si le constructeur prend à sa charge la totalité de la construction depuis sa conception jusqu'à sa livraison en passant par sa réalisation, le contrat est dit « d'ensemblier ». Ce contrat peut permettre au constructeur (ensemblier) de sous-traiter tout ou partie des opérations sous sa direction. L'ensemblier reste toujours responsable de la bonne fin de l'opération et est tenu personnellement par l'ensemble des garanties y afférentes.

La réponse à un appel d'offres et l'exécution d'un marché de construction, notamment quand l'une des parties est un État, donnent fréquemment lieu à la constitution d'une *joint-venture* locale [2].

b. Typologie des contrats internationaux de construction

435 Il est possible de distinguer plusieurs types de contrats de construction. Schématiquement, ils sont au nombre de quatre.

Les contrats « clés en main ». Dans ce type de contrat, le constructeur s'engage à livrer un ensemble intégralement réalisé et garanti quant à ses capacités [3]. Il est à prix forfaitaire.

---

1. V. notamment, A. Mezghani, « La signification du prix dans les contrats clés en main », *JDI* 1990. 271.

2. V. *supra*, n° 178 s.

3. B. de Cazalet, « Les modèles de contrat clé en main de la chambre de commerce internationale et leur positionnement par rapport aux contrats FIDIC : contrat de fourniture clé en main d'une unité industrielle (2003) et contrat clé en main pour grand projet (2008) », *RD aff. int.* 2011. 1 ; J.-A. Boon et R. Goffin, *Les contrats clés en main*, Masson, 1981 ; B. de Cazalet et R. Reece, « Conditions applicables aux contrats de conception-construction-clés en mains », *RD aff. int.* 1996. 279.

Les contrats « produit en main ». Le constructeur réalise intégralement un ouvrage et le délivre prêt à fonctionner industriellement (les salariés sont recrutés et les machines sont opérationnelles)[1]. Il faudra alors régler par le contrat de construction les questions relatives à l'embauche et à la formation ou au perfectionnement des salariés. Ces contrats, comme les contrats clés en main, sont souvent assortis de clauses d'assistance technique, voire d'un contrat autonome de maintenance. De façon générale, s'agissant de la réalisation d'un ensemble industriel, le contrat de construction clés en main ou produit en main, s'accompagne d'un accord de transfert de technologies[2] portant soit sur les technologies mises en œuvre pendant la construction et aux fins de celle-ci, soit sur les technologies qui seront exploitées par l'usine une fois achevée, soit sur les deux. Un contrat d'ingénierie pourra aussi être conclu, notamment dans le cadre d'une opération clés ou produit en main[3]. Par ce contrat, une société d'ingénierie sera chargée de réaliser des études (*consulting engineering*), et le cas échéant de contribuer à la réalisation de l'ouvrage (*operating engineering*), voire de le réaliser intégralement. Ce contrat d'ingénierie est souvent rendu nécessaire par la haute technicité mise en œuvre par l'ouvrage et transférée avec lui.

Les contrats « marché en main » (ou « commercialisation en main »). Les obligations du constructeur s'étendent de la conception d'un ensemble industriel à l'écoulement de tout ou partie de la production dudit ensemble, en passant par la réalisation et la gestion de l'ensemble. Le paiement peut intervenir pour tout ou partie par remise en nature de marchandises produites.

Les contrats B.O.T. (« *Build, operate and transfer* »). Il s'agit du contrat en vertu duquel une autorité publique concède à une entreprise la réalisation d'un ouvrage (usine, ouvrage d'art, etc.) et l'exploitation temporaire de celui-ci. L'ouvrage sera restitué au maître d'ouvrage au terme du contrat. Ainsi, le constructeur aura

1. M. Salem et M.-A. Sanson, *Les contrats clés en main et les contrats produit en main*, CREDIMI, Litec, 1979.
2. V. *supra*, n° 354.
3. J. Hoffmann et G. Willma, « Les contrats internationaux en matière d'ingénierie conseil », *RD aff. int.* 1985.721.

financé l'intégralité de la construction [1]. L'opération est risquée pour le constructeur dans les pays politiquement instables.

2. La loi applicable au contrat international de construction

436 Les contrats d'entreprise relèvent du droit commun des contrats internationaux [2]. Ils sont régis naturellement par la Convention de Rome de 1980 sur la loi applicable aux obligations contractuelles ou par le règlement Rome I [3]. À défaut de choix par les parties de la loi applicable au contrat (qui désigne souvent la loi du maître d'ouvrage), ne peut-on pas considérer que le bien objet du contrat, l'immeuble, attrait la compétence par préférence à tout autre critère de rattachement [4]? Mais outre que le contrat de construction ne se limite généralement pas à la seule construction immobilière, mais vise parfois la mise en œuvre d'un ensemble industriel avec tout ce que cela comporte [5], l'article 4.3 de la Convention de Rome qui donne compétence à la loi du lieu de situation de l'immeuble [6] ne vise cependant pas l'hypothèse du contrat de construction. Il ne s'applique qu'aux contrats de vente, de constitution d'usufruit ou de servitude et aux contrats de bail. Il en est de même de l'article 4.1 c) du règlement Rome I qui ne vise pas non plus spécifiquement le contrat de construction immobilière.

Dès lors, il convient de distinguer selon que s'applique au contrat la Convention de Rome ou le règlement Rome I. Dans le cadre de la Convention de Rome, en application de l'article 4.2, il faut rechercher qui est le débiteur de la prestation caractéristique [7]. La doctrine s'accorde généralement pour considérer qu'il s'agit de l'entrepreneur. Ainsi, en l'absence de clause d'élection de

1. P.-H. Ganem, «Financement des grands projets internationaux», *RD aff. int.* 1997.525 ; J.-M. Loncle, «La réalisation des projets d'infrastructure : l'approche BOT», *RD aff. int.* 1997.205 ; B. de Cazalet, «Le contrat de construction dans le cadre des projets en BOT», *RD aff. int.* 1998.405.

2. J.-P. Rémery, «Remarques sur le conflit de lois applicables au contrat international de construction d'immeubles», *D.* 1985, chr., p.255 ; P. Fouchard, «Rapport français», in *La responsabilité des constructeurs*, Trav. Ass. H. Capitant, Litec, 1991, p.293.

3. Sur lesquels, v. *supra*, n° 257 s.

4. En ce sens, J-M. Jacquet, P. Delebecque et S. Corneloup, *Droit du commerce international*, Dalloz, 2° éd., 2010, n° 645, p. 468, qui estiment que le lieu de situation de l'immeuble est en outre le lieu d'exécution de la prestation caractéristique du contrat immobilier.

5. V. *supra*, n° 435.

6. V. également art. 4.1 c) du règlement Rome I.

7. En ce sens, J.-P. Rémery, *op. cit.* ; Civ. 1re, 15 juin 1982, *Bull.* civ.1, n° 223.

droit, la loi applicable au contrat est celle du lieu où l'entrepreneur est établi au sens de l'article 4.2 de la Convention de Rome. Si le contrat est régi par le règlement Rome I, c'est à l'article 4.1 b) qu'il faut se référer. En effet, le contrat de construction est très vraisemblablement un contrat de prestation de services au sens de cette disposition. Le contrat de construction sera alors régi par la loi du pays dans lequel le prestataire de services (entrepreneur) a sa résidence habituelle. Si toutefois l'on hésitait à qualifier le contrat de construction de prestation de services, l'article 4.2 du règlement, à l'instar de l'article 4.2 de la Convention de Rome, désigne la loi du pays dans lequel la partie qui doit fournir la prestation caractéristique a sa résidence habituelle. Il s'agira alors encore du lieu de résidence de l'entrepreneur. Cependant, il faut compter avec les règles de certains États, notamment les réglementations sur les investissements et les marchés publics, qui imposent parfois la loi du pays du maître de l'ouvrage.

437 Les contrats d'ingénierie, en raison de leur grande complexité, sont difficilement rattachables à un ordre juridique. C'est pourquoi la pratique essaie de les rattacher à une *lex mercatoria* spécifique à travers des contrats-types. À cet égard, il convient de souligner l'existence des conditions FIDIC (Fédération internationale des ingénieurs-conseils) qui sont une codification de clauses à portée technique et juridique [1]. Il ne s'agit que de modèles qui laissent une grande marge de liberté aux parties. Ces dernières n'hésitent d'ailleurs pas à modifier le modèle type qui a pu être considéré comme protégeant l'ingénieur-conseil au détriment du maître de l'ouvrage. Surtout, le contrat d'ingénierie-conseil ne peut se concevoir que dans un cadre « sur mesure », notamment au regard des prestations attendues de l'ingénieur-conseil.

1. *Conditions of Contract for work of civil engineering construction*, éd. Lausanne, FIDIC ; E. Baker *et alii*, FIDIC Contracts, law and practice, éd. Informa Law, 2009; R. Seppala, «Le nouveau modèle FIDIC de contrat international de sous-traitance relatif aux marchés des travaux de génie civil», *RD aff. int.* 1995. 659 ; R. Seppala, « Les nouveaux modèles FIDIC de construction internationale », *RDI* 2002. 183 ; B. de Cazelet et R. Reece, « Le nouveau livre jaune de la FIDIC », *RD aff. int.* 2000/7. 815.

B. La sous-traitance internationale

438 Deux facteurs contribuent au recours à la sous-traitance dans le cadre de contrats internationaux de construction. La haute technicité de certains ensembles industriels d'une part, qui nécessite de faire appel à des entreprises spécialisées pour effectuer certaines tâches. Le fait que la réalisation de l'ouvrage se fasse à l'étranger d'autre part, ce qui va inciter à recourir, le cas échéant, à des entreprises locales (quand le contrat de construction n'y oblige pas purement et simplement, au moins pour une partie des travaux). On parle de sous-traitance de marché de travaux ou de services (**1**). Il faut alors déterminer la loi applicable à l'opération de sous-traitance (**2**).

1. La sous-traitance de marchés de travaux

439 Le contrat de sous-traitance est l'acte par lequel un entrepreneur, appelé sous-traitant, se voit confier par l'entrepreneur principal, tout ou partie de la réalisation des travaux commandés par le maître d'ouvrage à l'entrepreneur principal [1]. Le caractère international du contrat de sous-traitance viendra le plus souvent du caractère international du contrat principal. De manière générale, le lieu géographique d'exécution du contrat principal par rapport à la nationalité des parties peut conférer au contrat de sous-traitance un caractère international. L'exécution des travaux en sous-traitance est ainsi effectuée par un tiers sous la responsabilité de l'entrepreneur principal. La tâche du sous-traitant est définie au moyen d'un cahier des charges dont le respect constitue la limite de ses obligations et de sa responsabilité à l'égard de l'entrepreneur principal. Le sous-traitant peut intervenir également comme conseil ou lors de la conception.

440 Il convient d'être attentif à distinguer la sous-traitance à proprement parler de l'externalisation à l'étranger par une entreprise de certaines tâches, comme par exemple la fabrication et la fourniture de pièces. En effet, et même si ces tâches sont destinées à

1. P. Lagarde, «Rapport sur la sous-traitance en droit international privé», in *La sous-traitance de marchés de travaux et de services*, Économica, 1978, p. 186 ; J.-L. Bismuth, «La sous-traitance internationale», *Trav. Com. Fr. DIP* 1984-1985.23 ; J.-L. Bismuth, «Le contrat international de sous-traitance», *RD aff. int.* 1986.535.

l'exécution d'un marché de construction spécifique, il ne s'agira pas nécessairement de sous-traitance, mais d'opérations assimilables à une vente ou une prestation de services pour le compte de sous-traitants ou de l'entrepreneur principal [1]. On parle alors de sous-traitance de fourniture. Mais il faut reconnaître que la distinction avec la sous-traitance de marchés est parfois byzantine.

441 Le contrat de sous-traitance est donc un sous-contrat par rapport au contrat de construction. Il emprunte à l'objet du contrat dont il est dérivé. Ainsi, la résiliation du contrat principal pourra-t-elle entraîner celle du contrat de sous-traitance (cela est souvent prévu expressément dans le contrat de sous-traitance), sans que la réciproque ne soit possible. Et le paiement du sous-traitant par l'entrepreneur principal est parfois soumis contractuellement à la condition que le paiement de ce dernier par le maître de l'ouvrage soit intervenu.

2. La loi applicable au contrat international de sous-traitance

442 Le caractère international du contrat de base confère au contrat de sous-traitance un caractère international, la réciproque n'étant, quant à elle, pas admise [2]. La question de la loi applicable au contrat de sous-traitance se pose alors nécessairement. Il n'existe pas de convention internationale relative à la sous-traitance internationale. Des modèles de contrats existent qui harmonisent les pratiques en l'absence d'unification internationale du droit matériel de la sous-traitance [3].

443 Il est donc indispensable de désigner une loi applicable au contrat de sous-traitance en application du droit commun en la matière à savoir la Convention de Rome de 1980 sur la loi applicable aux obligations contractuelles ou le règlement Rome I [4]. Le principe est la loi d'autonomie. À défaut de choix par les parties, il convient de mettre en œuvre les critères objectifs utilisés par la

1. En ce sens, Versailles, 19 mai 1988, *D.* 1988, IR, p. 221.
2. V. Heuzé, « La loi applicable aux actions directes dans les groupes de contrats, l'exemple de la sous-traitance internationale », *Rev. crit. DIP* 1996. 243.
3. R. Seppala, « Le nouveau modèle FIDIC de contrat international de sous-traitance relatif aux marchés des travaux de génie civil », *op. cit.*
4. Sur lesquels, v. *supra*, n° 257 s.

Convention ou le règlement. En ce qui concerne l'application de la Convention de Rome, le débiteur de la prestation caractéristique est assurément le sous-traitant. La loi du lieu où il est établi au sens de l'article 4.2 de la Convention semble naturellement compétente. Dans le cadre du règlement, l'on aboutit à la même solution en appliquant à la sous-traitance, qui est une prestation de services, l'article 4.1 b). Cette disposition désigne la loi du pays dans lequel le prestataire de services a sa résidence habituelle, c'est-à-dire la loi du sous-traitant qui est prestataire de services pour le compte de l'entrepreneur principal ou d'un autre sous-traitant. Si une hésitation était permise à qualifier le contrat de sous-traitance de prestation de services, l'article 4.2 du règlement, à l'instar l'article 4.2 de la Convention de Rome, désigne la loi du pays dans lequel la partie qui doit fournir la prestation caractéristique a sa résidence habituelle. Il s'agira alors encore du lieu de résidence du sous-traitant. Mais il est toujours possible en application de la clause d'exception de désigner une loi qui présente des liens plus étroits avec le contrat. La loi du lieu d'exécution du marché principal s'il coïncide avec le lieu d'exécution de la sous-traitance est alors susceptible d'être désignée [1].

444 Certaines législations, à l'instar de la loi française, peuvent contenir des dispositions protectrices du sous-traitant, le cas échéant qualifiées d'ordre public interne. Celles-ci ont-elles un caractère de lois de police [2] Quelques mois seulement après avoir répondu en sa première chambre civile par la négative s'agissant de l'article 12, fondement de l'action directe du sous-traitant [3], la Cour de cassation, cette fois en chambre mixte [4], décidait que

---

1. Sentence CCI de 1978, *JDI* 1979.997.

2. V. Heuzé, «La loi applicable aux actions directes dans les groupes de contrats : l'exemple de la sous-traitance internationale», *op. cit.*

3. Civ. 1re, 23 janv. 2007, *D.* 2007.503, obs. I. Gallmeister. Un sous-traitant invoquait le bénéfice de l'article 12 de la loi du 31 décembre 1975 alors que le contrat de sous-traitance, comme le contrat d'entreprise, était soumis à la loi allemande qui ne reconnaît pas d'action directe au sous-traitant (les travaux ayant été effectués en France). La Cour de cassation a considéré que la loi étrangère applicable en l'espèce « n'était pas contraire à l'ordre public international français et que l'article 12 de la loi du 31 décembre 1975 sur la sous-traitance n'était pas une loi de police régissant impérativement la situation au sens de l'article 7-2 de la Convention de Rome du 19 juin 1980 »

4. Cass. ch. Mixte, 30 nov. 2007, *D.* 2008, AJ.. 5, obs. X. Delpech, Jur. 753, note W. Boyault et S. Lemaire, Pan. 2565, obs. S. Bollée, Pan. 1507, obs. P. Courbe et F. Sault-Seseke ; *RDC* 2008. 508, obs. P. Deumier ; *RDI* 2007. 511, obs. O. Guérin, 2008 p. 38, obs. C. Charbonneau ; *RTD com* 2008. 456, obs. P. Delebecque ; *JCP* 2008. II. 10000, note L. d'Avout ; *JCP E* 2008. 1201, note P. Berlioz ; *Gaz.*

la loi du 31 décembre 1975 « en ses dispositions protectrices du sous-traitant » est d'application immédiate en tant que loi de police « s'agissant de la construction d'un immeuble en France ». Adoptée au bénéfice de l'application combinée de l'article 3 du Code civil et des articles 3 et 7 de la Convention de Rome, cette nouvelle position de la Cour de cassation a un champ d'application à la fois large et restreint. Large puisqu'elle vise « les dispositions protectrices du sous-traitant » [1] de la loi de 1975. Restreint puisqu'elle ne vise que la construction d'un immeuble en France. Les sous-traitants français d'un chantier à l'étranger ne sont ainsi pas concernés. Il est en outre difficile pour l'heure de se prononcer positivement sur l'extension de la qualification de loi de police à tout rapport de sous-traitance situé en France, au-delà donc des seuls chantiers immobiliers. Dans un arrêt récent, la Cour de cassation a déclaré que pour que la loi du 31 décembre 1975 soit applicable à titre de loi de police, il faut « caractériser l'existence d'un lien de rattachement de l'opération avec la France au regard de l'objectif de protection des sous-traitants poursuivi par le texte précité » [2].

Section 3
Les contrats du commerce électronique

445 Les contrats du commerce électronique, au sens où nous les entendrons, se caractérisent par leur objet, une opération du commerce électronique, et par leur support qui est « dématérialisé » et électronique (on parlera de « contrat électronique »). Objets de nombreuses études [3], c'est dans leur aspect international qu'ils

Pal. 2008, p. 82, note M.-L. Niboyet. Egalement en ce sens, Civ. 3e, 30 janv. 2008, *Bull. civ.* III, n° 16 ; *D.* 2008, AJ p. 478, obs. X. Delpech ; *RDI* 2008. 272, obs. H. Périnet-Marquet ; *Gaz. Pal.* 2008, p. 82, note M-L Niboyet ; Civ. 3e 25 févr. 2009, *Rev. crit. DIP* 2009. 728, note M.-E. Ancel.

1. Ce qui, selon certains auteurs, semble viser outre l'article 12, les articles 3, 13-1, 14 et 14-1 de la loi du 31 décembre 1975, en ce sens S. Bollée, Pan. Préc., p. 2565.

2. Com. 27 avr. 2011, *D.* 2011. 1277, obs. X. Delpech ; *D.* 2011. 1654, note Y.-E. Le Bos.

3. K. Boele-Woelki et C. Kessedjian (dir.), *Internet. Wich court decides ? Wich law applies ?* Kluwer, 1998 ; O. Cachard, *La régulation internationale du marché électronique,* LGDJ, 2002 ; P. Thieffry,

retiendront notre attention. Les contrats du commerce électronique international combinent ainsi deux ordres de difficultés qui tiennent à leur dématérialisation d'une part et à leur caractère international d'autre part.

446 Nous nous attacherons dans un premier temps à définir la notion de commerce électronique de laquelle découlera celle de contrats du commerce électronique (**§ 1**), puis nous envisagerons les sources particulières du droit du commerce électronique (**§ 2**). Enfin, nous aborderons la question du droit applicable au contrat électronique international (**§ 3**).

§ 1. Les notions de commerce électronique et de contrats du commerce électronique

447 Le commerce électronique a pris ces dernières années un essor considérable. Ainsi, le droit français le définit-il comme « l'activité économique par laquelle une personne propose ou assure à distance et par voie électronique la fourniture de biens ou de services » [1]. Il s'agit là d'une définition très large, mais c'est celle que nous retiendrons au sens du présent ouvrage tant il est difficile d'en retenir une conception plus précise. L'on pourrait cependant tout aussi bien parler de « marchés électroniques » [2].

448 Les contrats du commerce électronique sont ainsi très variés : c'est tout d'abord l'ensemble des contrats passés habituellement dans le monde du commerce international « non électronique » qui peuvent potentiellement être conclus, voire exécutés, électroniquement, comme les contrats de vente ou de prestation de services. On parle alors de contrats du commerce électronique dans

Commerce électronique : droit international et européen, Litec, 2002 ; E. Caprioli, *Règlement des litiges internationaux et droit applicable dans le commerce électronique*, Litec, 2002 ; U. Draetta, *Internet et commerce électronique en droit international des affaires*, Bruylant-FEC, 2003 ; F. Mas, *La conclusion des contrats du commerce électronique*, LGDJ, Bibl. dr. Priv. T. 437, préface M. Vivant, 2005.

1. Loi n° 2004/575 pour la confiance dans l'économie numérique du 21 juin 2004, article 14. Le texte précise « Entrent également dans le champ du commerce électronique les services tels que ceux consistant à fournir des informations en ligne, des communications commerciales et des outils de recherche, d'accès et de récupération des données, d'accès à un réseau de communication ou d'hébergement d'informations, y compris lorsqu'ils ne sont pas rémunérés par ceux qui les reçoivent ».

2. V. O. Cachard, *op. cit.*

le sens de « contrats électroniques » ou de « contrats par l'électronique ». En ce sens, la notion de contrat du commerce électronique recouvre un grand nombre de contrats très différents dont le point commun est l'intervention d'un moyen électronique dans leur formation, voire parfois dans leur exécution [1], autrement dit la dématérialisation totale ou partielle du contrat.

449 Mais d'autres contrats sont spécifiques au commerce électronique parce que leur objet ne se conçoit que dans ce cadre : contrat de fourniture d'accès à internet, contrat d'hébergement, contrat de création de site internet, etc. On parle de « contrats sur l'électronique » [2]. Ces derniers ne nous retiendront pas, car s'ils sont propres à l'activité de commerce électronique, leur objet n'est pas une opération du commerce international *stricto sensu*.

§ 2. Les sources du droit du contrat du commerce électronique international

450 Le commerce électronique n'est pas un espace de « non-droit ». Il a pu un temps être avancé par certains [3] que le « cyberespace » devrait à tout le moins échapper aux souverainetés étatiques et s'autoréguler pour constituer une « *lex electronica* ». L'idée a fait long feu. Sans aller jusqu'à prôner le rejet du droit, ces thèses combattent toutes l'idée d'une emprise des droits étatiques sur l'internet au profit des sources véritablement « transnationales », c'est-à-dire d'origine privée. Telle n'est pas la réalité actuelle des sources du droit du contrat du commerce électronique international, beaucoup plus riche et complexe.

451 En réalité, il y a en la matière un fort « besoin de droit » : l'encadrement juridique permet d'assurer la confiance nécessaire au développement du commerce électronique.

1. Par exemple, la fourniture en ligne d'un logiciel par téléchargement.
2. En ce sens, T. Revet, « Présentation générale du contrat électronique », in *Le contrat électronique*, Trav. de l'Assoc. Henri Capitant, Ed. Panthéon-Assas, 2002.
3. V. sur ces thèses V. Gautrais, G. Lefebvre et K. Benyekhlef, « Droit du commerce électronique et normes applicables : l'émergence de la *lex electronica* », *RD aff. int.* 1997. 547.

Les sources du droit du commerce électronique peuvent paraître, à certains égards, originales, en tout cas au regard d'une théorie classique, et pour tout dire figée, des sources du droit. À d'autres égards, elles sont des plus classiques. Elles sont globalement plus marquées par le souci d'« internationalité » dont procède la production du droit du commerce électronique. En effet, l'opération de commerce électronique réduit considérablement l'espace géographique (sans parler de la dimension temporelle de la conclusion à distance de l'opération juridique qui est accélérée au point d'être quasi instantanée) en permettant la conclusion de contrats internationaux depuis son écran par de simples « clics ». Le droit du commerce électronique a donc dû intégrer cette « internationalité » inhérente au monde d'internet.

Du point de vue des sources, le droit du contrat du commerce électronique international oscille entre le besoin de règles spécifiques et l'application du droit commun. Il n'y a là rien de bien original. Le droit commun est adaptable au contexte du commerce électronique [1], mais ce dernier, très marqué par l'évolution technologique, nécessite parfois la création *ex nihilo* de règles particulières. Cependant, dans l'espace mondial qu'est « internet » – le « cyberespace » –, construit par les particuliers, il est parfois problématique d'imposer, voire seulement d'appliquer, des règles d'origine étatique et il est tentant de recourir à des sources plus « privées » du droit, des sources issues des milieux professionnels, ceux que G. Farjat appelle les « pouvoirs privés économiques » [2].

En effet, l'internet étant souvent dans les esprits synonyme de « liberté », et étant fortement lié aux avancées technologiques, le droit peut apparaître comme un frein à son essor (et donc à celui du commerce électronique) qui est largement dépendant de l'initiative privée. C'est ainsi que les méthodes de « *soft law* » (codes de conduite, lignes directrices, usages et pratiques standardisées, contrats-types, guides législatifs, recommandations, etc.) sont souvent préférées par les acteurs de l'internet à un droit dit « dur »,

1. V. par ex. O. Cachard, « Le contrat électronique et la convention de Vienne », in *Les deuxièmes journées internationales du commerce électronique*, Litec, 2005, p. 107.
2. « Les pouvoirs privés économiques », in *Souveraineté étatique et marchés internationaux à la fin du 20e siècle, Mélanges en l'honneur de P. Kahn*, Litec, 2000, p. 613.

c'est-à-dire contraignant. Il reste que la *lex electronica* prônée par certains, par référence à la *lex mercatoria*, n'est pour l'heure au mieux qu'une aspiration. La *lex electronica* n'est pas à ce jour le pendant de la *lex mercatoria* dans le « cyberespace ».

Ce sont finalement les sources interétatiques (internationales, régionales) qui doivent être privilégiées [1], en articulation avec des sources privées et transnationales, dans le cadre d'une sorte de « corégulation ».

En définitive, afin d'assurer la promotion du commerce électronique et de créer la confiance, l'internet a besoin de régulation et de réglementation, tout comme d'une certaine sécurité juridique. Celle-ci appelle des règles claires, prévisibles et, paradoxe ou gageure dans un environnement technologique et économique hautement évolutif, relativement stables.

452 Dans ce contexte, la Commission des Nations unies pour le droit commercial international (CNUDCI) a élaboré deux lois-types : sur le commerce électronique en 1996 et sur les signatures électroniques en 2001. Il s'agit de conseiller les législateurs nationaux en leur proposant des modèles innovants pour adapter leur législation. Les deux lois-types reposent sur le principe de neutralité technologique, cher à l'internet, qui consiste à ne pas discriminer une technologie par rapport à une autre. L'objectif poursuivi par ces textes est substantiellement la réception des nouvelles technologies par le droit à travers des principes tels que celui de non-discrimination (entre document papier et document électronique) ou encore celui d'équivalent fonctionnel. Ce dernier principe prône la vocation de la règle de droit commun à s'appliquer au commerce électronique. Mais il peut justifier une adaptation de la règle de droit si celle-ci s'avère inadaptée au commerce électronique.

453 Surtout, la CNUDCI a élaboré une convention destinée exclusivement à combler les carences du droit commun à propos du contrat électronique. Il s'agit de la Convention sur l'utilisation de communications électroniques dans les contrats internationaux en date

1. E. Caprioli, « Aperçu sur le droit du commerce électronique (international) », *Souveraineté étatique et marchés internationaux à la fin du 20e siècle, op. cit.*, p. 247.

du 23 novembre 2005. Cette Convention n'est toujours pas entrée en vigueur faute de ratifications suffisantes (à ce jour deux seulement) malgré la signature de 18 États. Elle a pour objet d'adapter le droit en vigueur, par exemple la Convention de Vienne de 1980 sur la vente internationale de marchandises, lorsque la formation ou l'exécution du contrat passe par des communications électroniques. Il s'agit donc exclusivement de mieux permettre la mise en œuvre des règles classiques lorsqu'il est fait recours à des moyens de communication électronique (entendus d'ailleurs largement pour inclure télécopies et télégrammes). La méthode est originale, d'autant plus que la Convention renvoie à l'application des principes de neutralité technologique, de non-discrimination et d'équivalence fonctionnelle en ce qui concerne le traitement des questions non tranchées par le texte. Enfin, la Convention pose des règles de droit matériel supplétives de la volonté des parties.

454 En droit de l'Union européenne, le texte qui intéresse directement les contrats du commerce électronique est la directive 2000/31 du 8 juin 2000 relative à certains aspects juridiques des services de la société de l'information (« directive sur le commerce électronique ») [1]. En ce qui concerne les contrats entre professionnels (*B to B*), ces derniers peuvent déroger par convention aux règles posées par la directive en matière contractuelle. De plus, les obligations posées par la directive en termes de formation du contrat électronique ne s'appliquent pas aux contrats conclus par échange de courriels.

1. Transposée en droit français par la loi n° 2004/575 pour la confiance dans l'économie numérique (dite « LCEN ») du 21 juin 2004. V. également l'ordonnance 2005/674 du 16 juin 2005 relative à l'accomplissement de certaines formalités contractuelles par voie électronique. V. ainsi les articles 1369-1 s. du Code civil sur les contrats sous forme électronique.

§ 3. Le droit applicable au contrat électronique international

455 Nous ne traiterons que des contrats entre professionnels, les contrats avec les consommateurs dépassant le cadre strict du présent ouvrage. Nous aborderons les conflits de lois (**a**) puis les règles matérielles (**b**).

a. Conflits de lois

456 En l'absence pour l'heure de règles de conflit spécifiques au contrat électronique international [1], ce dernier est régi par la Convention de Rome et le réglement Rome I. Le contrat du commerce électronique est ainsi soumis à la loi d'autonomie. À défaut de choix par les parties de la loi applicable à leur contrat électronique, il convient de déterminer, pour les contrats qui relèvent du règlement Rome I, si le contrat est couvert par l'article 4.1. Dans la négative (c'est-à-dire si le contrat n'est pas couvert par l'article 4.1 du règlement ou encore s'il relève de la Convention de Rome), il faut rechercher quel est le débiteur de la prestation caractéristique. En effet, l'article 4.2 de la Convention de Rome et du réglement Rome I désigne la loi du pays dans lequel l'opérateur du commerce électronique qui réalise la prestation caractéristique a sa résidence habituelle, ou plus exactement, son établissement [2]. Tout dépendra donc du contenu du contrat. Pour faciliter la connaissance par les parties de leur lieu d'établissement respectif, l'article 5 de la directive 2000/31 impose que le prestataire du

1. J.-M. Jacquet, « Contrats du commerce électronique et conflits de lois », in *Premières journées internationales du droit du commerce électronique*, Litec, 2002, p. 93 ; J. Huet, « Le droit applicable dans les réseaux numériques », *JDI* 2002. 737 ; I. Paulik, « La loi applicable aux contrats internationaux du commerce électronique », *JCP E* 2002, *Cah. Dr. Entr.* n° 4, p. 23 ; J. Passa, « Le contrat électronique international : conflits de lois et de juridictions », *CCE*, 2005, étude p. 17.

2. Ce qui s'entend au sein de l'Union européenne comme une installation physique stable au sens de l'article 2 c) de la directive 2000/31 sur le commerce électronique. En France, la LCEN retient en son article 14 al.3, à titre de critère de l'établissement en France d'un prestataire du commerce électronique, la condition d'une installation stable et durable, « quel que soit, s'agissant d'une personne morale, le lieu d'implantation de son siège social ». La convention de la CNUDCI sur l'utilisation de communications électroniques dans les contrats internationaux du 23 novembre 2005 retient le critère de l'installation non transitoire (article 4 h), ce qui n'est pas le cas de la seule présence sur le territoire de matériel servant au système d'information (article 6 al.4) et l'adresse électronique ou le nom de domaine employé ne constituant pas une présomption d'établissement (article 6 al.5).

commerce électronique fasse apparaître (par exemple sur son site internet ou dans son offre) son adresse géographique [1].

Enfin, la clause d'exception (article 4.5 de la Convention de Rome et 4.3 du règlement « Rome I ») pourra également trouver à s'appliquer, notamment en cas de difficulté pour déterminer le débiteur de la prestation caractéristique.

457 Un débat a pu naître, en doctrine, sur l'articulation entre les règles posées par la Convention de Rome, ou aujourd'hui le règlement Rome I, et la clause « marché intérieur » figurant à l'article 3 de la directive 2000/31 sur le commerce électronique [2]. Cette clause a pour effet d'appliquer à un opérateur du commerce électronique, notamment quant aux règles régissant son activité, sa loi d'origine, c'est-à-dire la loi du pays dans lequel il est établi. Sous réserve des dérogations prévues à l'article 3.4 à 3.6 de la directive (qui visent des raisons d'intérêt général comme l'ordre public, la santé publique, la sécurité publique, la protection des consommateurs) et qui doivent être proportionnées aux objectifs poursuivis, les États membres doivent s'abstenir de poser des conditions fondées sur leur propre législation en vue de restreindre l'activité de cet opérateur sur leur territoire. Il s'agit ainsi notamment de favoriser la libre circulation des services.

Cette clause « marché intérieur » pourrait interférer avec la solution du conflit de lois retenue en application de la Convention de Rome ou du règlement Rome I. En effet, en ce qui concerne les contrats du commerce électronique conclus par un opérateur du commerce électronique établi dans un État membre, la mise en œuvre des règles de conflit posées par la Convention de Rome et le règlement Rome I pourrait avoir pour conséquence de désigner une loi dont l'application est susceptible de constituer une entrave à la libre prestation des services. Ainsi, le juge ne devrait-il pouvoir retenir une loi qui est en contradiction avec la clause « mar-

1. V. en ce sens, article 19 loi LCEN.

2. M. Wilderspin et X. Lewis, « Les relations entre le droit communautaire et les règles de conflit des États membres », *Rev. crit. DIP* 2002. 1 et 289 ; M. Fallon, J. Meeusen, « Le commerce électronique, la directive 2000/31/CE et le droit international privé », *Rev. crit. DIP* 2002. 435. V. également H. Muir Watt, « L'entrave à la prestation transfrontalière de services : réflexions sur l'impact des libertés économiques sur le droit international privé des États membres », *Mélanges J. Béguin*, Litec, 2005, p. 545.

ché intérieur » en raison de l'article 20 de la Convention de Rome et de l'article 23 du règlement Rome I qui font prévaloir sur ces instruments la règle de conflit prévue dans un instrument communautaire de droit dérivé.

458 On notera finalement que le contrat du commerce électronique, au sens où nous l'entendons, ne pose pas de sérieuses difficultés, ou ne présente pas de réelles spécificités par rapport aux contrats non électroniques, sur le terrain des conflits de lois. Toutefois, une particularité source de difficulté propre à ce type de contrat mérite d'être mentionnée : elle concerne la loi applicable à la forme du contrat. En effet, s'agissant d'un contrat à distance qui peut être conclu presque instantanément, se pose la délicate question du lieu de conclusion et du moment de celle-ci. Or l'article 9 de la Convention de Rome tout comme l'article 11 du règlement Rome I concernant la loi applicable à la forme du contrat distinguent les contrats entre personnes se trouvant dans le même pays au moment de la conclusion et ceux passés entre des personnes se trouvant dans des pays différents [1]. En termes de prévisibilité, la solution est inadaptée au contrat électronique puisqu'il est parfois difficile de déterminer où se situent les contractants au moment de la conclusion du contrat (contrat conclu à partir d'un ordinateur portable par exemple). La difficulté à déterminer quel est le droit applicable à la forme d'un contrat va rejaillir également sur la preuve du contrat puisque la Convention de Rome à l'article 14 comme le règlement Rome I en son article 18 renvoient à la loi applicable à la forme (ou à la loi du for). Sur ces questions, l'élaboration de règles matérielles s'impose particulièrement.

459 On relèvera enfin que la mise en place très généralisée de modes alternatifs de résolution des conflits (M.A.R.C.) dans le commerce électronique [2], notamment « en ligne », à travers des processus de médiation ou de conciliation, parfois improprement qualifiés d'« arbitrage », contribue de façon originale à réduire l'intérêt de la méthode conflictuelle. En effet, les opérateurs du commerce

1. V. *supra*, n°289.
2. F. Siiriainen, « Quelques réflexions sur les M.A.R.C. (modes alternatifs de résolution des conflits) « en ligne » dans le commerce électronique », *in* J.-B. Racine (dir.), *Pluralisme des modes alternatifs de résolution des conflits, pluralisme du droit*, L'Hermès, 2002, p. 131.

électronique tentent souvent, à travers ces M.A.R.C., d'éviter le juge, et *in fine*, le recours au droit substantiel et sanctionnateur. Mais il est vrai que ces M.A.R.C. sont surtout et avant tout destinés aux litiges avec des consommateurs [1].

b. Règles matérielles

460 Nous nous contenterons d'esquisser, dans les grandes lignes, les règles matérielles qui encadrent pour l'essentiel la formation du contrat du commerce électronique [2], en soulignant surtout la logique dont celles-ci procèdent. Ces règles matérielles traduisent toutes le souci d'adapter le droit des contrats à la spécificité de la forme électronique. L'objectif est d'assurer une certaine sécurité juridique aux opérateurs afin de créer de la confiance, et de résoudre les problèmes liés à la dématérialisation du contrat électronique et à la réduction de l'espace-temps dans le « cyberespace ».

461 En ce qui concerne la dématérialisation du contrat tout d'abord, il s'agit d'adapter au contrat dématérialisé les exigences légales d'écrit, de signature, voire de certaines formalités, ou encore la notion de document original. Le droit du commerce électronique est ainsi conduit à postuler un principe d'équivalence entre l'écrit papier et l'écrit électronique [3]. Cette équivalence fonctionnelle est traduite en droit français dans l'article 1316 du Code civil qui, pour définir la preuve littérale, pose l'indifférence du support et du mode de transmission.

L'équivalence fonctionnelle n'est qu'un moyen. Ainsi, la directive 2000/31 sur le commerce électronique, à l'article 9.1, ne la pose-t-elle pas, mais incite les États membres à prendre des dispositions qui ne conduisent pas à priver d'effet et de validité les contrats parce qu'ils seraient passés par voie électronique.

---

1. M. Philippe, « Et maintenant où en sommes-nous avec la résolution des litiges en ligne (ODR) ? », *RD aff. int.* 2010. 563.

2. L'exécution du contrat électronique ne soulève pas pour l'heure de difficultés particulières, à tel point que les textes de la CNUDCI ne contiennent pas de règles sur cette question. Il est donc renvoyé au droit commun des contrats. V. cependant en ce qui concerne le paiement par monnaie électronique la directive n° 2000/46 du 18 septembre 2000 concernant l'accès à l'activité des établissements de monnaie électronique et son exercice ainsi que la surveillance prudentielle de ces établissements, modifiée par la directive 2009/110 du 16 septembre 2009.

3. En ce sens, convention de la CNUDCI du 23 novembre 2005, article 9.2 ; loi-type de la CNUDCI de 1996, article 6. V. les articles 1108-1, 1316-1 et 1316-3 du Code civil qui consacrent ce principe d'équivalence.

De plus, l'équivalence fonctionnelle peut être soumise à certaines conditions. Selon la Convention de la CNUDCI de 2005, à son article 9.2, le contenu de l'écrit électronique doit être accessible pour être consulté ultérieurement. Et l'article 1316-1 du Code civil exige que la personne dont émane l'écrit électronique puisse être identifiée et que l'écrit soit établi et conservé dans des conditions de nature à en garantir l'intégrité.

462 La signature électronique fait également l'objet d'un encadrement certain. Elle doit permettre d'identifier le signataire et de manifester sa volonté, tout en étant d'un point de vue technique d'une grande fiabilité [1]. Tous les raffinements sont possibles et ainsi la directive n° 1999/93 sur les signatures électroniques distingue la signature électronique « simple », dont l'efficacité dépend de sa fiabilité [2], de celle « avancée » [3], qui est assimilée à la signature manuscrite [4] tout en étant soumise à des conditions drastiques posées par les articles 2 et 5.1.

D'autres règles matérielles sont relatives à des exigences particulières de formalisme comme la mention manuscrite [5], ou celles relatives à la présentation des actes [6], ou encore les règles concernant l'envoi d'une lettre ou la remise d'un écrit [7].

Enfin, la question des « originaux » d'un écrit fait également l'objet de règles matérielles [8] permettant à l'écrit électronique d'être considéré comme un « original » au même titre qu'un écrit papier.

463 Cette équivalence fonctionnelle ne suffit cependant pas à adapter le droit aux contrats électroniques. La spécificité du mode de formation de ces derniers (à travers un système électronique) nécessite d'adopter certaines précautions supplémentaires qui vont

1. En ce sens, convention de la CNUDCI de 2005, article 9.3.
2. Article 5.2.
3. Signature « sécurisée » en droit français, article 1316-4 du code civil et décrets du 30 mars 2001 et du 18 avril 2002. La signature « sécurisée » bénéficie d'une présomption réfragable de fiabilité.
4. Article 5.1.
5. V. article 1108-1 du Code civil.
6. V. articles 1369-10 et 1369-11 du Code civil.
7. V. articles 1369-7 à 1369-9 du Code civil.
8. V. convention de la CNUDCI, article 9.4 et 5 ; en droit interne l'article 1325 al. 5 du Code civil.

jouer comme autant de garanties que les consentements ont été échangés, et de manière éclairée, à distance.

La question du moment de la rencontre de l'offre et de l'acceptation est pour ainsi dire évincée dans le cadre du contrat électronique dont les règles ne tranchent pas entre la théorie de l'émission et celle de la réception. Les règles spécifiques au contrat électronique font référence au moment de l'expédition [1] de la communication électronique et/ou à celui de sa réception, laquelle est définie d'ailleurs différemment selon les textes [2]. Ils font aussi référence au lieu d'expédition et à celui de la réception [3], mais ils n'abordent pas la question de la rencontre de l'offre et de l'acceptation. Il faut donc s'en remettre au droit commun applicable à la formation du contrat.

Afin d'éclairer le consentement, le droit du contrat électronique (à l'exception notoire des textes de la CNUDCI) met à la charge du pollicitant des obligations particulières d'information à l'égard du destinataire de l'offre. Celles-ci portent notamment sur son identification et sur les modalités techniques de conclusion électronique, de correction ou d'archivage du contrat [4]. Est également encadrée la mise à disposition des clauses contractuelles [5].

464 De son côté, le destinataire doit être en mesure de vérifier son acceptation afin d'en corriger les erreurs éventuelles. C'est le système dit du « double-clic » issu du droit de l'Union européenne et qui a valeur dans le Code civil (article 1369-5) de condition de validité du contrat : le destinataire doit avoir la possibilité, avant d'envoyer sa commande, de vérifier celle-ci et d'en corriger les erreurs éventuelles. On considère que le contrat est formé seulement lorsque la commande vérifiée a été confirmée par le destina-

1. V. Convention de la CNUDCI de 2005, article 10.
2. Comp. Convention de la CNUDCI, article 10 ; Directive 2000/31, article 11 ; Code civil, article 1369-5.
3. La convention de la CNUDCI de 2005, article 10, fait référence au lieu d'établissement de l'expéditeur et au lieu d'établissement du destinataire.
4. Directive 2000/31, article 5 ; Code civil, article 1369-4.
5. Directive 2000/31, article 10 ; Code civil, article 1369-4 : mise à disposition des conditions contractuelles applicables d'une manière qui permette leur conservation et leur reproduction, y compris par voie électronique – article 1369-1 du Code civil –.

taire grâce au « double-clic ». Un tel système préventif n'est pas prévu par la convention de la CNUDCI de 2005 [1].

Autre particularité, l'opérateur du commerce électronique doit confirmer la réception de la commande, sans délai injustifié, par l'envoi d'un accusé de réception électronique [2], mais la sanction du défaut d'envoi d'un accusé de réception est incertaine.

Enfin, au stade de l'exécution du contrat, l'article 15, I, de la LCEN a prévu un régime particulier et renforcé de responsabilité pour l'opérateur du commerce électronique [3].

Section 4
Les opérations d'investissement

465 Les investissements sont aujourd'hui une donnée fondamentale de l'économie mondiale. C'est aussi l'une des sources d'évolution significative du droit du commerce international [4]. Il faut s'intéresser à la réglementation française des investissements qui obéit à un principe de liberté (**§ 1**) assorti de limites (**§ 2**).

§ 1. Le principe de liberté

466 Le droit des investissements a encore pour une bonne part une source nationale. Les États aujourd'hui font tout pour attirer les investissements étrangers. Le temps de l'hostilité ou de la

1. V. cependant l'article 14 de la convention permettant un traitement *ex post* de la seule erreur commise dans un contrat passé avec un système automatisé de commande.
2. Article 11 de la directive 2000/31 ; article 1369-5 du Code civil.
3. « Toute personne physique ou morale exerçant l'activité définie au premier alinéa de l'article 14 est responsable de plein droit à l'égard de l'acheteur de la bonne exécution des obligations résultant du contrat, que ces obligations soient à exécuter par elle-même ou par d'autres prestataires de services, sans préjudice de son droit de recours contre ceux-ci. Toutefois, elle peut s'exonérer de tout ou partie de sa responsabilité en apportant la preuve que l'inexécution ou la mauvaise exécution du contrat est imputable, soit à l'acheteur, soit au fait, imprévisible et insurmontable, d'un tiers étranger à la fourniture des prestations prévues au contrat, soit à un cas de force majeure ».
4. Sur la construction d'un droit matériel de l'investissement international, v. *supra*, n° 229 s.

méfiance a disparu. Le maître mot est désormais l'attractivité [1]. C'est pourquoi le droit des investissements s'est considérablement libéralisé. Il reste cependant des poches de contrôle manifestant la présence de l'État souverain. En droit français, la philosophie générale du système peut être résumée ainsi : un principe très large de liberté assorti d'exceptions portant sur certains secteurs sensibles de l'économie nationale [2].

467 Notre droit a très naturellement été influencé par le droit de l'Union européenne qui pose un principe de liberté des mouvements de capitaux et des paiements [3]. La matière a connu de nombreuses réformes depuis la loi fondatrice du 28 décembre 1966 relative aux relations financières avec l'étranger. Elle est désormais contenue aux articles L. 151-1 s. et R. 151-1 s. du Code monétaire et financier (CMF). La dernière réforme en date d'importance résulte du décret du 30 décembre 2005 [4]. Le régime est complexe et détaillé. Seules les grandes lignes doivent faire l'objet de développements.

Les règles applicables aux investissements français à l'étranger sont très simples. Ils sont naturellement soumis aux règles du pays d'accueil, mais, au regard du droit français, ils sont libres. Plus encore, la loi française vise à inciter et encourager ces types d'investissements, notamment par le biais d'aides fiscales. La législation sur les investissements étrangers en France est plus contraignante. Les enjeux sont plus importants au regard de l'intérêt national. La réglementation n'a pas totalement disparu, même si le principe est bien entendu la liberté.

468 C'est la loi du 28 décembre 1966 qui a posé le principe de la liberté des relations financières avec l'étranger. Ce principe se

1. Ch.-A. Michalet, « L'évolution de la législation sur les investissements directs étrangers et la dynamique de la mondialisation », in *Souveraineté étatique et marchés internationaux à la fin du XXe siècle, Mélanges en l'honneur de P. Kahn*, Litec, 2000, p. 433.

2. M. Audit, « Droit des investissements. Régime du droit interne », *JurisClasseur Droit international*, Fasc. 572-55, 2009.

3. H. Synvet, « L'impact du droit communautaire sur le droit français des relations financières avec l'étranger », in *Mélanges Y. Loussouarn*, Dalloz, 1994, p. 365.

4. G. de Vries, « Investissements étrangers en France : le nouveau régime issu du décret du 30 décembre 2005 », *JCP E* 2006. 1849 ; E. Chvika, « Aménagement du contrôle des investissements étrangers dans les secteurs stratégiques en France », *D.* 2006. 218 ; G. Marson, « Le décret de "patriotisme économique" réglementant les relations financières avec l'étranger », *CCC* 2006, n° 3.

trouve aujourd'hui exprimé à l'article L. 151-1 CMF : « Les relations financières entre la France et l'étranger sont libres ». Les réformes successives n'ont jamais modifié cette orientation particulièrement en phase avec la mondialisation de l'économie. En effet, les économies nationales sont désormais ouvertes. Cette ouverture ne se limite pas aux échanges (c'est-à-dire au commerce au sens étroit), mais concerne aussi et naturellement les investissements.

§ 2. Les limites

469 Le principe de liberté est accompagné d'un certain nombre de limites. Ainsi, l'article L. 151-2 CMF prévoit-il que le gouvernement peut « pour assurer la défense des intérêts nationaux » soumettre certaines opérations à « déclaration, autorisation préalable ou contrôle ». L'article L. 151-3 CMF précise que sont soumis à autorisation préalable du ministre chargé de l'économie, les investissements étrangers notamment dans les « activités de nature à porter atteinte à l'ordre public, à la sécurité publique ou aux intérêts de la défense nationale ». C'est ce régime, nécessitant l'obtention d'une autorisation préalable, qui s'avère le plus contraignant. Seuls certains secteurs sensibles sont cependant concernés. Le décret du 30 décembre 2005 en donne une liste au nombre desquels se trouvent les jeux d'argent (en raison de la lutte contre le blanchiment de capitaux), la défense et l'armement et certaines technologies comme l'interception des communications ou bien encore la production d'antidotes.

470 Encore faut-il s'entendre sur le sens de la notion d'investissement étranger. Le régime distingue selon les investissements étrangers européens, soumis à un régime plus souple, et les investissements étrangers non européens. La nature de l'opération présente également une importance. De manière schématique, l'investissement dit direct implique une prise de contrôle. Le Code monétaire et financier affine cette définition en disposant que la notion d'investissement étranger inclut les opérations ayant pour but d'acquérir le contrôle d'une entreprise dont le siège social est éta-

bli en France ou tout ou partie d'une branche d'activité d'une telle entreprise (art. R. 153-1 et R. 153-3 CMF [1]). Pour les investissements étrangers non européens, l'article R. 153-1 CMF inclut également le fait de franchir le seuil de 33,33 % de détention du capital ou des droits de vote d'une entreprise dont le siège social est établi en France. On constate ainsi que la notion d'investissement est malléable dans la mesure où elle n'a pas les mêmes contours selon que l'investissement étranger est européen ou non.

471 L'autorité de contrôle est le ministre de l'économie. Il peut accorder ou refuser l'autorisation. Sa décision est prise au regard de la nécessité de sauvegarder les intérêts nationaux au sens de l'article L. 151-3 CMF. Il a aussi la possibilité d'exprimer un refus s'il existe une présomption sérieuse que l'investisseur est susceptible de commettre certaines infractions (ex. : blanchiment de capitaux ou actes de terrorisme). Le ministre a toutefois la faculté d'assortir l'autorisation de conditions comme la préservation par l'investisseur de la pérennité des activités ou l'exécution des obligations contractuelles de l'entreprise comme titulaire ou sous-traitant dans le cadre de marchés publics (art. R. 153-9 CMF).

Cette autorisation sous conditions est une nouveauté introduite par le décret du 30 décembre 2005.

472 Le régime des sanctions est assez sévère. Lorsque l'investissement visé à l'article L. 151-3 CMF n'a pas fait l'objet d'une autorisation préalable, l'article L. 151-4 CMF prévoit la nullité de « tout engagement, convention ou clause contractuelle qui réalise directement ou indirectement » cet investissement. Des sanctions pénales sont également prévues. On constate à travers ce régime que le droit du commerce international est loin de consacrer une liberté absolue des opérateurs. Le droit coercitif le plus « pur » a encore sa place et, avec lui, l'intervention administrative. Même si le principe en matière d'investissements étrangers est la liberté, il subsiste – et il subsistera sans doute encore longtemps – des manifestations d'ordre public dirigiste.

473 Outre le régime de l'autorisation préalable, la réglementation prévoit deux autres formalités. Tout d'abord, certaines catégories

1. C'est le texte lui-même de ces articles qui utilise l'expression « d'entreprise ».

d'investissements sont soumises à l'obligation de déclaration au Trésor (qui est informative). Ensuite, d'autres investissements sont assujettis à une déclaration statistique à la Banque de France (en vue d'établir la balance des paiements et la position extérieure de la France).

TITRE 2

La maîtrise des risques du commerce international

474 Compte tenu des risques importants, et aussi particuliers que variés, encourus par les opérateurs du commerce international [1], le droit du commerce international recourt à des outils juridiques spécifiques. L'idée est de sécuriser au maximum les opérations du commerce international. Il est ainsi possible d'intervenir directement sur le risque à travers sa couverture et sa prise en charge ou bien de recourir à des modes de financement adaptés. Des tentatives d'unification des règles matérielles ou des règles de conflit applicables aux opérations de financement contribuent également à apporter la sécurité juridique nécessaire au développement des opérations commerciales internationales. La sécurisation du risque subi par les parties à une opération du commerce international peut passer par la souscription d'une assurance internationale (CHAPITRE 1). Généralement, les parties à une opération commerciale internationale recourent au surplus à la prise de garanties (CHAPITRE 2). Enfin, il faudra étudier le paiement international, porteur en lui-même de risques (CHAPITRE 3).

1. V. *infra*, n° 475.

CHAPITRE 1

Les assurances internationales

475 Les risques du commerce international sont importants et spécifiques à cette activité. Ils procèdent surtout des aléas commerciaux dus à l'expédition de marchandises, c'est-à-dire les risques de perte des marchandises et d'insolvabilité du débiteur étranger, ou à la délocalisation d'une activité dans un environnement juridique et commercial différent. Il faut y ajouter les aléas politiques [1] ou monétaires (fluctuation des changes, interdiction de rapatrier des capitaux...), voire des considérations plus géographiques comme la probabilité de survenance de catastrophes naturelles dans certaines régions... Bien entendu, les techniques contractuelles peuvent aménager la prévisibilité comme la charge de ces risques. À ce titre, les conséquences pour les parties comme pour le contrat de la survenance d'un risque gagnent à être « contractualisées » au maximum [2]. De plus, la plupart des mécanismes de financement et de garantie autres qu'assurantiels visent à atténuer ou répartir ces risques. L'assurance vient seulement en com-

1. Y. Derains, « L'impact des crises politiques internationales sur les contrats internationaux », *RD aff. int.* 1992. 151.
2. V. *supra*, sur les clauses usuelles du contrat international n° 245 s. v. sur le risque de change, *infra*, n° 604 s.

plément de cette prise en compte des risques par les stipulations du contrat et par les mécanismes de financement et de garantie. Elle revêt ainsi une grande importance dans la sécurisation des opérations du commerce international. Dès lors, le marché de l'assurance internationale tend naturellement à se développer et le droit des assurances va en s'internationalisant [1]. Une telle internationalisation est cependant surtout le fait de la pratique des grands groupes qui développent des polices spécifiques.

476 Une harmonisation des règles applicables à l'assurance est difficile dans un cadre mondial où coexistent des systèmes nationaux et internationaux de garantie. Parmi les expériences proprement internationales, on peut citer l'Agence multilatérale pour la garantie des investissements (AMGI). Celle-ci est une filiale de la Banque mondiale qui tente notamment de promouvoir un commerce « équitable ». Cependant, les systèmes nationaux d'assurance d'une opération du commerce international sont prédominants. Cela tient aux particularités fortes des différents systèmes juridiques nationaux en matière de droit des assurances, de droit de la responsabilité et de droit des contrats, qui incitent à une « localisation » des polices (et donc une délocalisation des assureurs). Concrètement, les pratiques d'assurance internationale sont complexes tant pour les entreprises d'assurance que pour les parties à une opération d'exportation [2].

477 En France, l'assurance des risques du commerce international présente la particularité d'être prise en charge essentiellement par un organisme privé à statut particulier : la Compagnie française d'assurances pour le commerce extérieur (COFACE). C'est une société anonyme relevant du Code des assurances, mais qui agit en partie pour le compte de l'État [3]. Des dispositions particulières lui confèrent un statut exorbitant du droit commun. La COFACE assume ainsi des fonctions hybrides.

1. J. Bigot, « L'internationalisation du droit des assurances », in *Mélanges Y. Loussouarn*, Dalloz, 1994, p. 57.
2. P.-G. Brachet, « Problèmes d'assurance en matière de contrats internationaux », *Dr. prat. com. int.* 1984. 213.
3. V. art. R. 442-1 Code des assurances.

Elle assure, en premier lieu, la gestion des garanties de l'État à l'exportation pour le compte des pouvoirs publics. On parle de service public de l'assurance-crédit. Dans le cadre des opérations d'État, la garantie de la COFACE bénéficie à de nombreux financements pour des risques à moyen ou long terme (à partir de 3 ans ou de 7 ans). Cette garantie couvre les risques commerciaux extraordinaires, les risques politiques, catastrophiques et monétaires que ne peuvent prendre en charge les assurances ordinaires. Elle profite exclusivement aux nationaux français, personnes physiques ou morales, pour des produits ou services d'origine nationale. Les décisions d'octroi ou de refus de garantie pour le compte de l'État sont des actes administratifs susceptibles de recours devant les juridictions de l'ordre administratif, à la différence des contrats qui sont conclus en application de ces actes avec les assurés qui sont toujours des contrats de droit privé. Les litiges entre les assurés et la compagnie relèvent donc des juridictions judiciaires [1].

En second lieu, la COFACE agit aussi pour son propre compte et non pour celui de l'État. Elle intervient alors dans des opérations du commerce international au même titre qu'un assureur classique avec des garanties similaires pour couvrir les risques commerciaux et monétaires. Elle garantit ainsi, dans le cadre de l'assurance-crédit, des risques à l'exportation à court terme, c'est-à-dire inférieurs à 3 ans (ce sont des opérations de marché). La COFACE a également une activité non négligeable dans le domaine de la fourniture de données sur les risques aux entreprises, le crédit acheteur, le crédit fournisseur. Son offre porte aussi sur l'affacturage, la gestion des créances, l'assurance des établissements financiers, etc.

478 Parallèlement à la COFACE, et en concurrence avec elle, des compagnies d'assurance privées œuvrent sur ce marché, de manière autonome, ou en coopération avec elle. Certaines, peu nombreuses, sont spécialisées dans l'assurance des opérations du commerce international. D'autres, généralistes, prennent accessoi-

1. Com. 18 nov. 1992, *RGAT* 1993.153, note J. Kullmann.

rement en charge ce type d'assurance qui ne représente alors qu'une très faible part de leur chiffre d'affaires. Certaines compagnies proposent des assurances qui peuvent venir en complément de celle de la COFACE pour garantir à 100 % l'assuré.

479 Parmi les nombreuses polices proposées par les compagnies dans le cadre de l'assurance internationale [1] comme l'assurance « transport » ou l'assurance « responsabilité civile produits » [2], seule la plus spécifique au commerce international nous retiendra : l'assurance-crédit des risques à l'exportation (SECTION 1). Suivra une brève incursion dans le domaine des conflits de lois en matière d'assurance (SECTION 2).

SECTION 1
L'ASSURANCE-CRÉDIT DES RISQUES À L'EXPORTATION

480 Le risque crédit, encore appelé risque contrat, est l'opération d'assurance la plus caractéristique du commerce international [3]. Elle conduit en effet à assurer les risques contractuels d'une opération d'exportation [4]. Ces risques sont particuliers et nécessitent donc une couverture spécifique. Ils sont supportés par l'exportateur ou par le banquier qui finance un acheteur étranger. L'origine du risque peut être commerciale (insolvabilité, interruption de paiement) ou politique (« risque pays »). Selon que l'on se trouve en présence de risques à court terme ou au contraire à moyen ou à long terme, la COFACE, principal acteur de ce marché, interviendra à titre privé ou comme garant pour le compte de l'État. Il convient de présenter les risques couverts par la COFACE dans le

1. On peut distinguer les polices « individuelles » (qui sont ponctuelles), celles d'« abonnement » (pour plusieurs opérations) ou encore celles dites globales (sur l'ensemble du chiffre d'affaires à l'export).
2. Sur lesquelles, v. J.-M. Mousseron, R. Fabre, J. Raynard et J.-L. Pierre, *Droit du commerce international. Droit international de l'entreprise*, Litec, 3e éd., 2003.
3. V. A. Moutier, « La garantie des investissements français à l'étranger », *in* P. Dailler *et a.* (dir.), *Droit de l'économie internationale*, Pedone, Paris, 2004, p. 765.
4. Ou le risque d'importation, plus rare (art. 432-41 C. assurances). Il s'agit de couvrir les sommes payées par l'importateur.

cadre de l'assurance-crédit (**§ 1**) et les principes sur lesquels repose l'assurance-crédit (**§ 2**).

§ 1. Les risques couverts par la COFACE dans le cadre de l'assurance-crédit

481 Quelques exemples de risques couverts peuvent être donnés parmi les plus significatifs.

Il y a le risque « prospection ». En complément des mesures étatiques favorisant les exportations, comme des bonifications d'intérêts ou des avantages fiscaux, la COFACE peut proposer des mesures de soutien à la trésorerie, mais aussi une indemnisation des pertes liées à la prospection si celle-ci n'aboutit pas. On distingue ainsi l'assurance prospection normale par laquelle sont assurées les pertes générées par la prospection, l'assurance prospection simplifiée adaptée aux entreprises ou aux prospections d'envergure moindre et l'assurance foire [1].

Le risque « offres et négociation » concerne les surcoûts dans le cadre d'un appel d'offres ou d'une soumission de marché à l'exportation. En effet, l'offre de l'exportateur doit être ferme et maintenue pendant un certain temps. En conséquence, elle est pendant cette période soumise aux aléas notamment d'une modification des taux de change ou de financement, lesquels génèrent un surcoût si le marché est obtenu. Ce surcoût est couvert par la COFACE.

Les risques de renchérissement de l'opération sont couverts. Ils se distinguent de l'hypothèse précédente dans la mesure où le surcoût intervient pendant l'exécution du contrat (et non pas pendant la procédure précontractuelle). Cela couvre l'augmentation des coûts de fabrication ou des coûts financiers, c'est-à-dire la fluctuation des taux d'intérêt.

Le risque « caution de soumission » est pris en compte. Si une garantie est demandée dans le cadre de la soumission (comme un

1. Celle-ci couvre pour partie les dépenses réalisées pour une manifestation commerciale hors Union européenne.

dépôt de sommes d'argent), la COFACE assurera le risque de non récupération de cette garantie.

Le risque de fabrication est également couvert. Il s'agit d'assurer les dépenses de fabrication engagées par l'exportateur et non payées par l'importateur si le marché est remis en cause par ce dernier.

Le risque d'insolvabilité de l'importateur présente une importance majeure. Les créances de l'exportateur sur l'importateur sont dites « cofacées ».

Le risque de change est tout à fait spécifique au commerce international. Il concerne l'hypothèse où la monnaie de compte est différente de la monnaie de paiement. En cas de perte de change, il y a lieu à indemnisation, mais en cas de bénéfice de change, celui-ci est versé à la COFACE. Dans ce cadre, la COFACE offre plusieurs types de polices selon que l'on est en présence d'opérations ponctuelles ou régulières. On distingue au demeurant la garantie de change sur rapatriement, la garantie de change sur caution et la garantie de change sur transfert de devises.

§ 2. Les principes gouvernant l'assurance-crédit de la COFACE

482 L'assurance de la COFACE repose sur certains grands principes. Le premier est celui de l'absence d'indemnisation de la perte subie par la faute ou la négligence de l'assuré. Le deuxième est celui de l'absence de garantie à 100 % du risque assuré (sauf pour le risque de change). Le troisième est celui d'un délai de deux à six mois entre la survenance du sinistre et son indemnisation par la COFACE (« délai constitutif de sinistre ») [1].

L'assureur reçoit de l'assuré un mandat au contentieux qui lui permet d'agir dès la menace d'un sinistre. En outre, l'assureur, après paiement de l'indemnité, est subrogé dans les droits de

1. Ce délai est mis à profit par la COFACE pour effectuer les vérifications d'usage. Si un litige est soulevé par le débiteur, le paiement de l'indemnité peut être suspendu à la solution du litige, à moins que la COFACE n'ait connaissance de la mauvaise foi du débiteur.

l'assuré. La créance de ce dernier sur le débiteur sera remboursée à l'assureur dans la devise stipulée au contrat commercial. Un risque de change existe alors, qui est supporté par l'assureur. Une fois les sommes récupérées, l'assureur reverse à l'assuré la quote-part correspondant à la fraction non garantie de la créance.

Section 2
Les conflits de lois dans le domaine de l'assurance

483 La matière se caractérise par sa complexité qui tient à la variété des situations [1]. Nous distinguerons entre les contrats soumis à la Convention de Rome et ceux relevant du règlement Rome I.

En ce qui concerne les contrats d'assurance dans le cadre de la Convention de Rome, dans les grandes lignes, il convient de distinguer en application de son article 1.3, selon que les risques sont situés dans les territoires des États membres ou pas. C'est le juge saisi qui estime, en application de sa loi interne, si le risque est situé ou non dans l'Union européenne (article 1.3).

Si le risque est situé en dehors des États membres, la Convention de Rome s'applique. Les parties sont alors libres du choix de la loi applicable au contrat d'assurance. En l'absence de choix, c'est la loi du pays de l'administration centrale de l'assureur qui est compétente, celui-ci étant débiteur de la prestation caractéristique du contrat d'assurance (article 4.2). Si l'assurance porte sur un immeuble, la *lex rei sitae* pourra être préférée pour régir le contrat, le risque étant localisé au lieu de situation de l'immeuble (en application de l'article 4.5, voire de l'article 4.3). Cela, bien entendu, sous réserve des lois de police en matière d'assurance. Il s'agira notamment des textes instituant une obligation d'assurance ou de ceux prohibant l'assurance de certains risques.

1. V. notamment, V. Heuzé, « La loi applicable au contrat d'assurance », *Risques* 2003, n° 53, p. 35 ; Y. Loussouarn, « Les conflits de lois en matière de contrat d'assurance et la directive du 22 juin 1988 », *RGAT* 1989. 291 ; J. Ripoll, « Les conflits de lois en matière de droit des assurances », *RGAT* 1992. 479 ; J. Bigot *et a.*, *Traité des assurances* t. 3, *Le contrat d'assurance*, LGDJ, 2002.

Si le risque est localisé sur le territoire d'États membres de l'Union européenne, les dispositions de la Convention de Rome ne s'appliquent pas [1]. Il sera alors fait application des dispositions issues des directives européennes en matière d'assurance [2]. Ces dernières déterminent la loi applicable aux dispositions relatives à l'opération d'assurance en fonction de la localisation du risque. Pour certains risques (notamment les dommages causés à des véhicules aériens, maritimes, ferroviaires ou aux marchandises transportées), les parties au contrat d'assurance sont libres de choisir le droit applicable à l'opération d'assurance. Pour tous les autres risques, le principe est que la loi applicable est celle du pays où est situé le risque. Cependant, les parties peuvent choisir une autre loi à la condition que la loi du pays de situation du risque et la loi du pays où est établi le preneur d'assurance permettent ce choix.

La localisation du risque n'est pas évidente dans certaines hypothèses, notamment pour l'assurance-crédit. S'agit-il du pays où est établi l'exportateur ou de celui où est établi l'importateur ? Tout dépendra en réalité du type de risque garanti.

484 Les règles de conflit posées par les directives en matière d'assurance ayant été critiquées pour leur caractère obscur, l'occasion a été saisie par l'adoption du règlement Rome I de revenir sur les conflits de lois en matière d'assurance [3]. Le règlement, à l'article 7, pose des règles assez différentes de celles de la Convention de Rome. Les règles de conflit posées par les directives sont abrogées par le nouveau texte. Celui-ci distingue en effet, d'un côté, les contrats d'assurance couvrant de grands risques tels que définis à l'article 5, point d) de la première directive 73/239/CEE du Conseil du 24 juillet 1973 [4], et d'un autre côté, les autres contrats d'assu-

1. À moins qu'il ne s'agisse d'un contrat de réassurance (art. 1.4 de la Convention de Rome).

2. C'est-à-dire pour l'essentiel, celles concernant le droit d'établissement des assureurs (directive du 24 juill. 1973 pour l'assurance-non vie et directive du 5 mars 1979 pour l'assurance-vie), celles relatives à la libre prestation des services (directives du 22 juin 1988 et du 10 nov. 1992 pour l'assurance-vie et directives du 8 nov. 1990 et du 18 juin 1992 pour l'assurance-non vie).

3. O. Boskovic, « La protection de la partie faible dans le Règlement Rome I », *D.* 2008. 2175, n° 7. V. aussi, B. Bonnamour, « Article 7 – Contrats d'assurance », *RLDA* juill.-août 2008. 76.

4. Portant coordination des dispositions législatives, règlementaires et administratives concernant l'accès à l'activité de l'assurance directe autre que l'assurance sur la vie et son exercice.

rance [1]. Pour les premiers, le règlement s'applique que les risques soient situés ou non dans un État membre (article 7.1). Pour les seconds, il faut que les risques soient localisés à l'intérieur du territoire des États membres. Si le risque est localisé sur le territoire d'un État tiers, faute de texte spécifique, il convient d'appliquer l'article 4.2 du règlement, lequel donne compétence à la loi de la résidence habituelle de l'assureur, solution au vrai peu satisfaisante si l'on considère que l'assuré est la partie faible du rapport contractuel.

L'article 7.6 précise comment déterminer le « pays où est situé le risque » aux fins de l'article 7 du règlement : le pays où est situé le risque est déterminé conformément à l'article 2, point d) de la deuxième directive 88/357/CEE du Conseil du 22 juin 1988 portant coordination des dispositions législatives, réglementaires et administratives concernant l'assurance directe autre que l'assurance vie et fixant les dispositions destinées à faciliter l'exercice effectif de la libre prestation de service. Dans le cas de l'assurance vie, le pays où le risque est situé est le pays de l'engagement au sens de l'article 1er, paragraphe 1, point g) de la directive 2002/83/CEE.

Les contrats couvrant de grands risques sont régis par la loi choisie par les parties conformément à l'article 3 du règlement. À défaut d'un tel choix, c'est la loi du pays où l'assureur a sa résidence qui régit le contrat, à moins qu'il ne résulte de l'ensemble des circonstances que le contrat présente des liens manifestement plus étroits avec un autre pays, la loi de cet autre pays étant alors préférée (article 7.2).

Pour les autres contrats d'assurance, l'article 7.3 du règlement limite la liberté de choix des parties de la loi applicable au contrat. En effet, la catégorie des « risques de masse » ici visée comprenant des professionnels, il fallait faire jouer l'autonomie de la volonté, sans toutefois que celle-ci soit totale pour éviter des abus, l'assuré restant généralement la partie faible au contrat d'assurance.

Dans ce cas, seules peuvent être choisies :

1. V. cependant l'exclusion du champ du règlement de certains contrats d'assurance visés à l'article 1.2 j.

a) la loi de tout État membre où le risque est situé au moment de la conclusion du contrat ;

b) la loi du pays dans lequel le preneur d'assurance a sa résidence habituelle ;

c) dans le cas d'un contrat d'assurance vie, la loi de l'État membre dont le preneur d'assurance est ressortissant ;

d) dans le cas d'un contrat d'assurance couvrant des risques limités à des sinistres survenant dans un État membre autre que celui où le risque est situé, la loi de l'État membre de survenance ;

e) lorsque le titulaire d'un contrat d'assurance relevant du présent paragraphe exerce une activité commerciale, industrielle ou libérale et que le contrat d'assurance couvre deux ou plusieurs risques relatifs à ces activités et situés dans différents États membres, la loi de l'un des États membres concernés ou la loi du pays de résidence habituelle du preneur d'assurance.

Toutefois, selon l'article 7.2 al. 2, lorsque les États membres mentionnés accordent une plus large liberté de choix de la loi applicable au contrat d'assurance, les parties peuvent faire usage de cette liberté, mais uniquement pour les cas mentionnés aux a), b) et e).

Enfin, à défaut de choix par les parties conformément à ce qui vient d'être énoncé, le contrat est impérativement régi par la loi de l'État membre où le risque est situé au moment de la conclusion du contrat (article 7.3 al. 3).

Le dépeçage du contrat par le juge n'est plus admis.

Des règles supplémentaires s'appliquent aux assurances obligatoires (article 7.4).

Tout d'abord, le contrat d'assurance ne satisfait à l'obligation de souscrire une assurance que s'il est conforme aux dispositions spécifiques relatives à cette assurance prévues par l'État membre qui impose l'obligation. En cas de contradiction entre la loi de l'État membre où le risque est situé et celle de l'État membre qui impose l'obligation de souscrire une assurance, cette dernière prévaut.

Ensuite, par dérogation aux articles 7.2 et 7.3, un État membre peut disposer que le contrat est régi par la loi de l'État membre qui impose l'obligation de souscrire une assurance.

Il est également précisé qu'aux fins des articles 7.3 al. 3 et 7. 4, lorsque le contrat couvre des risques situés dans plus d'un État membre, le contrat est considéré comme constituant plusieurs contrats dont chacun ne se rapporte qu'à un seul État membre. C'est en quelque sorte un dépeçage du contrat qui est posé.

Les contrats de réassurance sont écartés du champ du règlement (article 7.1).

CHAPITRE 2

Les garanties du commerce international

485 La garantie la plus spécifique au commerce international est la garantie autonome, avec la fameuse garantie à première demande (SECTION 1). Cette dernière est une forme de crédit par signature, au même titre que le crédit documentaire (SECTION 2). Il faudra examiner également les crédits par caisse, à savoir le crédit-bail international (SECTION 3), les crédits à l'exportation, les crédits fournisseurs et les crédits acheteurs (SECTION 4), l'affacturage international (SECTION 5) et les cessions de créance à des fins de financement (SECTION 6).

SECTION 1

LA GARANTIE À PREMIÈRE DEMANDE

486 La garantie à première demande est une garantie autonome. Il s'agit d'une obligation souscrite par un garant à la demande d'un donneur d'ordre de payer une somme d'argent à un bénéficiaire à titre de garantie de l'exécution d'un contrat de base. Cette obliga-

tion a la particularité d'être distincte et indépendante du contrat de base. Le garant ne peut opposer les exceptions nées de ce dernier. C'est par ce caractère autonome que la garantie se différencie du cautionnement qui est, quant à lui, accessoire à l'obligation principale [1]. L'article 2321 du Code civil la définit depuis la réforme du 23 mars 2006 comme « l'engagement par lequel le garant s'oblige, en considération d'une obligation souscrite par un tiers, à verser une somme soit à première demande, soit suivant des modalités convenues ».

Il s'agit d'une sûreté personnelle. La garantie autonome ne dépend pas de la validité d'une opération sous-jacente. Elle n'est soumise à aucun autre terme ou condition que ceux figurant dans l'engagement de garantie. Le sort de la garantie est indépendant du sort de l'obligation garantie. Toutes les exceptions quelles qu'elles soient sont radicalement inopposables au bénéficiaire par le garant ou le donneur d'ordre [2]. Ainsi, sauf abus ou fraude manifeste dans l'appel à garantie [3], le garant est tenu d'exécuter son engagement, même s'il a connaissance que l'obligation du contrat principal est éteinte pour une cause quelconque [4], transférée à un tiers ou bien encore modifiée.

487 La garantie à première demande est la forme la plus aboutie et radicale de la garantie autonome. Elle est née de la pratique des contrats internationaux. Elle constitue une alternative intéressante dans l'ordre international aux sûretés traditionnelles, également praticables et parfois pratiquées – notamment le cautionnement bancaire international – mais qui sont confrontées aux aléas de systèmes juridiques différents à travers le mécanisme des conflits de lois. La garantie à première demande est en quelque sorte dérivée de la pratique du dépôt de garantie, en espèces ou en valeur, au profit de l'acheteur ou de sa banque. Cette dernière est certes très efficace, mais onéreuse en termes de

1. V. P. Simler, « Garanties autonomes », *Jurisclasseur Commercial*, fasc. 387, 2005, n° 2.

2. Art. 2321 al. 3 C. civ. : « Le garant ne peut opposer aucune exception tenant à l'obligation garantie ».

3. Art. 2321 al. 2 C. civ. : « Le garant n'est pas tenu en cas d'abus ou de fraude manifestes du bénéficiaire ou de collusion de celui-ci avec le donneur d'ordre ».

4. Nullité, exécution, résolution, résiliation du contrat de base, exécution par le débiteur, impossibilité d'exécution non imputable au débiteur, etc.

trésorerie ou de frais financiers pour le donneur d'ordre qui se dépossède du montant de la garantie. La garantie à première demande permet la même sécurité du bénéficiaire, mais à travers un crédit par signature. Elle est connue d'ailleurs depuis longtemps de législations de pays étrangers comme l'Italie, la Suisse, l'Allemagne ou encore de pays de *common law*. Elle est certainement la plus efficace des garanties autonomes et la plus adaptée au commerce international.

488 Après une présentation de la diversité du contenu de la notion de garantie à première demande (**§ 1**) sera abordée la question du droit applicable à celle-ci (**§ 2**). Nous terminerons par une présentation de son régime juridique (**§ 3**).

§ 1. La diversité des garanties à première demande

489 Le terme « garantie à première demande » correspond dans le cadre du commerce international à plusieurs techniques qui ne sont pas toutes « à première demande ». Dans tous les cas, les garanties sont autonomes et indépendantes. Mais on doit distinguer la garantie à première demande proprement dite de la garantie à première demande justifiée et de la garantie documentaire.

490 La garantie à première demande proprement dite est la plus fréquente parce que la plus absolue et partant la plus efficace. Le garant doit impérativement payer le bénéficiaire dès le premier appel de celui-ci en général par écrit (« *first written demand* ») sans qu'aucune justification ne soit exigée de ce dernier. Tout repose sur la bonne foi du bénéficiaire.

Dans la garantie à première demande justifiée, l'appel de la garantie est assorti d'une motivation (« *justified request* »). Le bénéficiaire doit alors invoquer un motif comme par exemple l'inexécution ou la mauvaise exécution de la convention de base [1]. L'appel de la garantie n'exige pas de rapporter la preuve

1. V. par exemple, Com. 20 nov. 1985, *D.* 1986, jur. 213, 3e esp. note M. Vasseur.

formelle du non accomplissement des obligations du contrat de base. Il faut seulement qu'une déclaration circonstanciée du bénéficiaire en ce sens soit produite [1]. Le garant n'exerce d'ailleurs pas un contrôle des assertions du bénéficiaire. La garantie reste donc relativement autonome. Toutefois, un abus ou une fraude du bénéficiaire est rendu plus facile à prouver.

491 Avec la garantie documentaire, l'appel de la garantie est subordonné à la présentation de certains documents librement déterminés par les parties dans la lettre de garantie [2]. La garantie reste autonome, mais le caractère discrétionnaire de l'appel est atténué selon la nature des documents exigés pour justifier celui-ci. Il peut s'agir de documents émanant d'une des parties, d'un tiers, voire de la justification d'une décision de justice ou d'une sentence arbitrale. Les parties ont aussi la faculté de soumettre la garantie à toute espèce de conditions qui peuvent se rapporter au contrat principal sans que la garantie ne perde pour autant son caractère autonome.

492 Le mécanisme de la garantie à première demande est simple, fiable, même s'il peut apparaître risqué pour le donneur d'ordre et rigide pour le garant. Dans l'ordre international, les garanties à première demande sont toujours offertes par des établissements bancaires. Elles sont particulièrement appropriées à la garantie des obligations de faire et plus généralement de tout type d'obligations contractuelles, légales (douanières et fiscales notamment) ou délictuelles. La garantie à première demande trouve aussi à s'appliquer dans des hypothèses très particulières : garantie de soumission (afin de garantir au profit de l'auteur d'un appel d'offres le sérieux d'une procédure de soumission) ; garantie de restitution d'acompte ; garantie de bonne fin (c'est-à-dire de la bonne exécution d'une opération). On ajoutera la garantie pour absence de connaissement ou pour documents manquants [3].

1. Paris, 24 nov. 1981, *D.* 1982, jur. 296, note M. Vasseur.
2. V. Com. 7 févr. 1995, *RJDA* 1995. 754.
3. Le transporteur pourra livrer la marchandise malgré l'absence de remise du connaissement, parce que les marchandises sont arrivées avant le connaissement, contre une garantie qui couvre sa responsabilité. Cette garantie est délivrée par le destinataire ou un commissionnaire et est elle-même couverte, le cas échéant, par une garantie bancaire autonome. V. Com. 17 juin 1997, *D.* 1997, IR. 176.

§ 2. Le droit applicable aux garanties à première demande

493 Dans l'ordre international, des tentatives d'uniformisation des règles applicables aux garanties autonomes existent.

494 Il s'agit en premier lieu des règles uniformes de la CCI, auxquelles les parties peuvent se référer expressément afin de soumettre leur garantie au régime proposé. Ces règles uniformes ont connu une première version en 1978 intitulée « Règles uniformes de la CCI pour les garanties contractuelles » [1] (RUGC 325). Elle n'a pas eu un grand retentissement en pratique en raison du caractère hybride et inadapté de la garantie proposée (pas un cautionnement, mais pas vraiment non plus une garantie à première demande). Une deuxième mouture est venue s'ajouter à la première : les « Règles uniformes de la CCI relatives aux garanties sur demande » datant de 1992 [2] (RUGD 458). Leur très relatif succès ces dernières années a contribué à les parfaire. Les RUGD 458 ont alors subi une importante révision aboutie en décembre 2009 : les RUGD 758 [3]. Ces nouvelles RUGD sont actualisées, innovantes, et plus complètes que les précédentes. Elles sont accompagnées d'un formulaire-type de garantie et de contre-garantie. Les RUGD 758 poursuivent plusieurs buts : adaptation à la pratique, simplicité, précision (qualités rédactionnelles, définitions - art. 2-, principes d'interprétation - art. 3-), équilibre entre l'efficacité de la garantie et la protection du garant, et enfin sécurité juridique. Il s'agit là d'autant de gages en faveur de leur adoption future par la pratique et de leur devenir d'usage du commerce international. Elles sont entrées en vigueur le 1er juillet 2010 pour les garanties et contre-

1. RUGC, Doc CCI, n° 325.

2. RUGD, Doc. CCI, n° 458. V. P. Simler, « Règles uniformes de la CCI relatives aux garanties sur demande », *LPA* 13 mai 1992, n° 58, p. 25 ; M. Vasseur, « Les nouvelles règles de la CCI pour les garanties sur demande », *RD aff. int.* 1992.239.

3. ICC Uniform Rules Demand Guarantees, Including Model Forms, 2010, Revision, RUDG n° 758. V. G. Affaki et J. Stoufflet, « Les nouvelles Règles uniformes relatives aux Garanties sur demande (RUGD 758) », *Banque et Droit*, mars-avr. 2010. 37 ; J.-P. Mattout, « La révision des Règles uniformes de la Chambre de commerce internationale relatives aux garanties sur demande (n° 758) », *D.* 2010. 1296 ; S. Piedelièvre, « Les nouvelles règles de la CCI relatives aux garanties à première demande », *RTD com.* 2010. 513.

garanties émises à compter de cette date, et à la condition que les parties y fassent référence (RUGD 758, art. 1 a [1]) et pour autant qu'elles soient compatibles avec les termes et conditions de la garantie ou contre-garantie qui priment sur les RUGD.

495 C'est en second lieu la Convention des Nations unies sur les garanties indépendantes et les lettres de crédit *stand-by* (ci-après CNUDCI) adoptée le 11 décembre 1995 [2] et qui est entrée en vigueur entre cinq pays le 1er janvier 2000. 9 États l'ont signée ou ratifiée à ce jour, dont les États-Unis (mais la Convention n'est pas entrée en vigueur dans ce dernier pays). Elle n'a donc connu qu'un piètre succès en termes de ratification puisque seuls 8 États sont actuellement parties : Belarus, Equateur, Salvador, Gabon, Koweït, Libéria, Panama et Tunisie. La France ne semble pas prête à y adhérer, à l'instar des autres pays européens. Son article 1er précise qu'elle s'applique si l'établissement du garant au lieu d'émission de l'engagement est situé dans un État contractant ou si les règles de droit international privé aboutissent à l'application de la législation d'un État contractant. En outre, les règles qu'elle pose n'ont qu'une valeur supplétive. En matière de crédit *stand-by,* la pratique recourt plus volontiers aux Règles relatives aux lettres de crédit *stand-by* de la CCI, ISP 98 [3] qui sont d'ailleurs très proches des RUGD 758.

496 Sur le terrain des conflits de lois [4], la loi applicable à la garantie à première demande internationale, qui revêt une nature contractuelle et un caractère autonome, est normalement la loi choisie par les parties [5]. Cette loi désignée par les parties peut être celle du

1. V. cependant article 1 b) pour les contre-garanties.

2. V. J. Stoufflet, « La convention des Nations unies sur les garanties indépendantes et les lettres de crédit stand-by », *RD Bancaire et bourse,* juill.-août 1995. 132 ; S. Piedelièvre, « Le projet de convention de la commission des Nations unies pour le commerce international sur les garanties indépendantes et les lettres de crédit stand-by », *RTD com.* 1996. 633. V. Texte de la Convention in *RD Bancaire et bourse,* nov. 1995. 198.

3. J.-P. Mattout, « De nouvelles règles de la CCI pour les lettres de crédit *stand-by* », *Mélanges en l'honneur de M. Vasseur,* Revue Banque édition, 2000, p. 99 ; J. Byrne, *The Official Commentary on the international Stand-by Practices, Institute of International Banking Law and Practice, Inc.,* ICC Publishing, 1998, n° 947.

4. J. Mestre, « Les conflits de lois relatifs aux sûretés personnelles », *Trav. Com. Fr. DIP,* 1986-1987. 57 ; S. Piedelièvre, *Les garanties personnelles dans les opérations bancaires internationales en droit français,* Thèse Paris XII, 1989. 478 s. ; H. Synvet, « Lettres de crédit et lettres de garantie en droit international privé », *Trav. Com. Fr. de DIP,* 1991-1992. 55.

5. J.-P. Mattout, *Droit bancaire international,* Revue Banque édition, 4e éd., 2009, n° 222. V. Civ. 1re, 25 janv. 2000, *Rev. crit. DIP* 2000. 739, note J.-M. Jacquet.

contrat de base ou toute autre. En l'absence de choix, il convient d'exclure, par une analogie éventuelle avec l'une des solutions en matière de cautionnement [1], la loi applicable au contrat de base comme loi applicable par principe, la garantie à première demande étant autonome [2]. Le lieu avec lequel le contrat présente les liens les plus étroits au sens de l'article 4 de la Convention de Rome (voire les liens « manifestement » plus étroits au sens de l'art. 4.3 du règlement Rome I) est, selon une doctrine majoritaire [3] relayée par la jurisprudence [4], la loi du siège social du garant dans les rapports banque garante/bénéficiaire/donneur d'ordre. Ce sera la loi du contre-garant dans les rapports entre celui-ci et le donneur d'ordre ou le garant [5]. Au demeurant, cela rejoint la loi du lieu de résidence habituelle du débiteur de la prestation caractéristique : le garant, ou le contre-garant, qui effectue le paiement est le débiteur de la prestation caractéristique de l'opération. Les RUGD 758, de leur côté, posent le principe de la loi d'autonomie (art. 34). À défaut de choix par les parties, c'est le droit du siège émetteur de la garantie qui régit la garantie, et le droit du siège émetteur de la contre-garantie qui régit cette dernière (RUGD 758, art. 34). En matière de compétence juridictionnelle, sauf stipulation contraire, les rapports garant-bénéficiaire relèvent des juridictions du pays d'émission de la garantie ; les rapports entre garant et contre-garant(s) relèvent des tribunaux du pays d'émission de la contre-garantie (RUGD 758, art. 35). Il sera en revanche judicieux de prévoir, dans les lettres de demande d'émission de garantie ou de contre-garantie, la loi ou le tribunal compétent dans les rapports avec le donneur d'ordre.

---

1. Dans le domaine du cautionnement, en l'absence de choix des parties, la désignation de la loi applicable est complexe. V. G. Légier, «Les conflits de lois en matière de cautionnement», in *Études offertes au Doyen P. Simler*, Litec, Dalloz, 2006, p. 375.

2. En ce sens, M. Contamine-Raynaud, «Les rapports entre la garantie à première demande et le contrat de base en droit français», in *Mélanges Roblot*, 1984, p. 413, n° 7 s ; Y. Loussouarn, «Les sûretés personnelles traditionnelles en droit international privé», in *FEDUCI, Les garanties bancaires dans les contrats internationaux*, Coll. Tours, éd. Moniteur, 1981 ; Civ. 1re, 2 mars 1970, *Rev. crit. DIP* 1971. 251, note H. Batiffol.

3. V. J. Stoufflet, «La garantie bancaire à première demande», *JDI* 1987. 265, n° 15 ; M. Contamine-Raynaud, *op. cit.*, n° 10 ; J.P. Mattout, *op. cit.*, n° 222 ; P. Simler, *op. cit.*, n° 23.

4. Sentence CCI n° 3316 de 1979, *JDI* 1980. 970, obs. Y. Derains ; Paris, 28 juin 1989, *D.* 1990, somm. 212, obs. M. Vasseur.

5. Civ. 1re, 27 juin 2000, *JCP* 2001. I. 315, n°7, obs. P. Simler.

§ 3. Le régime des garanties à première demande

497 Nous distinguerons la formation (**A**), l'appel (**B**), l'extinction et la prorogation (**C**) de la garantie, puis envisagerons le cas de la contre-garantie (**D**).

A. La formation

498 Dépourvue de formalisme, la garantie autonome est abandonnée au consensualisme et à la liberté contractuelle. Elle est régie pour l'essentiel par les principes applicables à tous les contrats. Elle est un acte causé par l'obligation souscrite de payer le prix dans le contrat de base. Cependant, en vertu de son autonomie, la garantie connaît un sort distinct de l'acte qui la cause : le contrat de base serait-il nul que la garantie serait valable [1]. En revanche, on peut se demander si l'illicéité du contrat de base ne devrait pas rejaillir sur la garantie. Une réponse positive s'imposerait, selon nous, s'il est prouvé que le garant ou le bénéficiaire de la garantie avait connaissance de cette illicéité [2]. Par nature, la garantie, comme la contre-garantie, est irrévocable (RUGD 758, art. 4). Étant conclue *intuitu personae*, sa transférabilité est très délicate quand elle n'est pas impossible (RUGD 758, art. 33).

La garantie contient généralement l'identification précise et claire de l'objet de l'obligation et du bénéficiaire comme la mention de sa durée [3]. Souvent des informations sur l'obligation garantie sont communiquées au garant. L'objectif est alors de faciliter le cas échéant l'invocation de l'appel abusif de la garantie. Pour autant, ces précisions ne remettent pas en cause l'autonomie de la garantie.

---

1. Com. 20 déc. 1982, *D.* 1983, jur. 365, 2e esp., obs. M. Vasseur : « même si l'engagement de Paribas avait pour cause le protocole n°7 – contrat de base – dont la nullité était alléguée, en l'état, la banque, en raison de son engagement de payer à première demande, ne pourrait se dérober à cette obligation ».
2. V. également art. 20.3 Convention CNUDCI : utilisation de l'engagement de garantie à des fins délictueuses.
3. Une garantie autonome renouvelable dite « *revolving* » est parfois pratiquée pour les contrats à exécution successive, bien qu'elle soit écartée par les RUGD 458 (art. 19) et la Convention CNUDCI (art. 12, c).

Le montant, librement déterminé par les parties, est toujours en pratique chiffré à l'avance même si une référence à ses modalités de détermination pourrait suffire. Toutefois, une garantie autonome peut avoir une somme réductible à mesure de l'exécution de l'obligation garantie (garantie dite « glissante »).

B. L'appel de la garantie

499 L'appel de la garantie est extrêmement simple : il se fait dans les strictes et seules conditions de la lettre de garantie. Il suffit généralement d'une interpellation suffisante du garant, un appel clairement manifesté par l'envoi par exemple d'un simple télex ou d'une télécopie. Cet appel du bénéficiaire ou de son mandataire doit être ferme et non équivoque. Les RUGD 758, à l'article 15, prévoient cependant un formalisme de la « présentation » (appel en garantie) : sauf stipulation contraire, la présentation doit indiquer le motif de l'appel (« garantie justifiée ») et en cas de demande non conforme, un processus est prévu (RUGD 758, art. 24 et 25). En cas d'appel régulier, c'est-à-dire conforme aux stipulations de la lettre de garantie, dans le respect des RUGD et notamment avant l'expiration de la garantie (RUGD 758, art. 14 a), le garant doit impérativement payer dans le délai convenu, ou un délai raisonnable. Il peut en avertir le donneur d'ordre. L'article 16 des RUGD 758 va plus loin en ce qu'il prévoit l'obligation d'informer sans retard le donneur d'ordre ou le contre-garant de l'appel de la garantie. La conformité de cet appel doit être examinée par le garant dans les 5 jours ouvrés et, semble-t-il, la garantie payée dans ce délai si l'appel est conforme. Le donneur d'ordre, compte tenu du caractère autonome de la garantie, ne peut rien faire pour s'opposer au paiement [1]. Il ne peut ainsi faire défense de payer, pratiquer une saisie ou une mise sous séquestre, sauf si l'appel de la garantie est manifestement frauduleux ou abusif [2]. La Convention CNUDCI prévoit à son article 20 que des mesures provisoires peuvent être prises s'il existe une forte probabilité, sur la base

1. Com. 21 mai 1985, *D.* 1986, jur. p. 213, obs. M. Vasseur.
2. V. *infra*, n° 500.

d'éléments de preuve sérieux immédiatement disponibles, que l'appel de la garantie est abusif.

500 Seul l'appel manifestement abusif peut faire échec à l'appel de la garantie. Il en va ainsi par exemple lorsque l'appel est justifié par des considérations purement politiques, étrangères à toute inexécution par le donneur d'ordre de ses obligations [1] ou encore lorsque la garantie a été appelée au titre d'un contrat autre que celui visé dans la lettre de garantie [2]. L'abus ou la fraude (c'est-à-dire la conscience par le bénéficiaire ou celui qui appelle la garantie qu'il est sans droit pour le faire) seront le plus souvent constitués par référence à la situation juridique de base. C'est cette dernière qui permet de jauger la bonne ou la mauvaise foi du bénéficiaire ou de celui qui appelle la garantie [3] (garant appelant le contre-garant par exemple). La garantie reste pour autant autonome, car c'est le comportement de l'appelant qui est apprécié.

Encore faut-il que l'abus ou la fraude soient manifestes [4], c'est-à-dire relèvent de l'évidence. La Convention CNUDCI (art. 19.1 et 19. 2) énumère utilement des situations dans lesquelles l'appel est manifestement abusif ou frauduleux. Ainsi, par exemple aux termes de l'article 19.1 de la Convention, le garant doit-il refuser de payer « s'il est clair et patent a) qu'un document n'est pas authentique ou a été falsifié ; b) qu'aucun paiement n'est dû sur la base des motifs invoqués c) qu'eu égard au type et à l'objet de l'engagement, la demande n'a pas de justification convenable ». C'est l'appel manifestement abusif ou frauduleux de la garantie ou de la contre-garantie qui suscite le plus fort contentieux dans le cadre des garanties autonomes du commerce international.

L'exécution de la garantie ouvre des recours : du garant contre le débiteur garanti par le biais d'une action personnelle ; de ce dernier en répétition contre le bénéficiaire (ce recours est rare en matière internationale lorsque le bénéficiaire est un étranger) ;

1. T. com. Paris, 12 févr. 1982, *D.* 1982, jur. 504, note M. Vasseur.
2. Com. 18 avr. 2000, *RJDA* 2000. 803.
3. Com. 12 déc. 1984, *D.* 1985, jur.269, 3e esp. note M. Vasseur.
4. Paris, 15 févr. 1989, *D.* 1989, somm. 158.

exceptionnellement du donneur d'ordre contre le garant [1] ou le contre-garant (en cas de paiement injustifié de la garantie ou de mauvaise exécution des instructions du donneur d'ordre), voire contre le bénéficiaire (en cas d'appel injustifié notamment [2]) ; encore plus exceptionnellement du garant ou contre-garant contre le bénéficiaire (par le moyen d'une action oblique ou d'une action en responsabilité délictuelle si le garant ou contre-garant n'a pas été remboursé par le donneur d'ordre).

C. L'extinction et la prorogation

501 L'arrivée du terme extinctif de la garantie, voire, en cas de stipulation en ce sens, la remise de la lettre de garantie avant le terme, libère le garant de son obligation de règlement.

502 La prorogation du terme peut parfois s'avérer préférable à l'appel de la garantie alors que le contrat de base a pris du retard dans l'exécution. C'est le sens de la célèbre formulation « prorogez ou payez » (« *extend or pay* »). Dans ce dernier cas, le garant a le choix de proroger la garantie (avec l'accord du donneur d'ordre s'il souhaite conserver un recours contre celui-ci [3]) ou de payer. L'article 23 des RUGD 758 prévoit désormais une possibilité de suspension du paiement au profit du garant ou du contre-garant.

La garantie est éteinte pour les causes prévues dans la lettre de garantie, ou pour les causes d'extinction de droit commun d'une obligation ou encore dorénavant pour les causes spécifiques prévues à l'article 25 c) des RUGD 758. En cas de force majeure, une prorogation de la garantie ou contre-garantie est fixée automatiquement par l'article 28 des RUGD 758.

1. Pour une illustration inédite sur le fondement de la responsabilité, v. Com. 30 mars 2010, *JCP* 2010. 567, note O. Gout ; *D.* 2010. 957, obs. X. Delpech ; *RTD com.* 2010. 593, note D. Legeais ; *Banque et Droit*, mai-juin 2010. 42, obs. N. Rontchevsky ; *JCP* 2010. 708, n° 9, obs. P. Simler ; *D.* 2010. 2274, note C. Houin-Bressand ; *RDC* 2010. 1390, obs. J.-B. Racine.

2. V. par ex. CA Paris, 15° ch. B, 19 mars 2009, *Juris-Data* n° 2009-004519 : la mauvaise exécution du contrat de base était exclusivement imputable au donneur d'ordre.

3. Com. 26 janv.1993, *D.* 1995. 13, obs. M. Vasseur.

D. La contre-garantie

503 À l'instar d'un sous-cautionnement, la garantie autonome peut faire l'objet d'une sous-garantie ou contre-garantie. Celle-ci est quasi systématique dans l'ordre international et le contre-garant est une banque du pays du donneur d'ordre en laquelle la banque garante – généralement du pays du bénéficiaire – a confiance. Le garant s'assure ainsi du remboursement de ses dépenses pour le donneur d'ordre si la garantie est appelée. Il est à noter qu'en pratique, c'est généralement la banque contre-garante du pays du donneur d'ordre qui demande la mise en place de la garantie de premier rang à la banque du pays du bénéficiaire. Les contre-garants peuvent se cumuler pour une même opération (les contre-garants étant eux-mêmes contre-garantis...) ou agir en pool bancaire [1]. La garantie autonome peut aussi être confirmée par un autre établissement bancaire au profit du bénéficiaire [2]. Les RUGD 758 prennent pleinement en compte la contre-garantie (art. 3 b). À l'instar de la garantie de premier rang (RUGD 758, art. 5 a), la contre-garantie est autonome : tant par rapport au contrat de base que par rapport à la garantie de premier rang et aux autres contre-garanties (RUGD 758, art. 5 a, 5 b et 6).

Autrement dit, tous les maillons de la chaîne des contre-garanties sont autonomes. Aucun ne peut donc se prévaloir d'une quelconque exception tirée de ses rapports avec les autres ou du contrat de base [3]. En vertu de ce cloisonnement, chacune des contre-garanties peut être revêtue de modalités différentes, voire être d'une nature différente. De même, sauf clause contraire [4], l'appel de la contre-garantie n'est pas subordonné à la preuve par son bénéficiaire qu'il a lui-même exécuté ses propres obligations ou que sa garantie a été appelée [5]. L'appel de la contre-garantie est cependant susceptible d'être jugé manifestement abusif s'il intervient après l'expiration de la période de garantie de premier

1. V. *infra*, n°554.
2. V. par ex. Paris, 27 janv. 1989, *D.* 1990, somm. 213, obs. M. Vasseur.
3. Com. 20 nov. 1985, *D.* 1986, jur. 213, 3e esp. note M. Vasseur.
4. Paris, 28 juin 1989, *D.* 1990, somm. 212, obs. M. Vasseur.
5. Com. 15 juin 1999, *RTD com.* 1999.941, obs. R. Cabrillac.

rang [1]. Selon la jurisprudence française, l'appel de la contre-garantie est frauduleux en cas de collusion frauduleuse entre garant de premier rang et contre-garant [2] ou bien entre garant de premier rang et bénéficiaire [3]. Enfin, un arrêt de la cour de cassation s'est contenté de la mauvaise foi du garant de premier rang, qui avait connaissance du caractère manifestement abusif de l'appel en garantie par le bénéficiaire, mais sans avoir à rapporter la preuve qu'il y avait collusion frauduleuse entre garant de premier rang et bénéficiaire [4].

504 La garantie autonome est une garantie de l'acheteur, contrairement au crédit documentaire qui est une garantie du vendeur. Dans les deux cas, des banques intervenantes souscrivent des engagements directs au profit du bénéficiaire. Il s'agit de cas de crédits par signature (comme pour le cautionnement). Seuls des établissements de crédit habilités peuvent mettre en œuvre à titre habituel une garantie à première demande ou un crédit documentaire. Cependant, la garantie à première demande diffère du crédit documentaire en ce qu'elle n'a pour fonction que la garantie de l'acheteur. Le crédit documentaire est, quant à lui, autant un moyen de paiement qu'une garantie du vendeur.

SECTION 2
LE CRÉDIT DOCUMENTAIRE

505 Né au début du XXe siècle, le crédit documentaire permet dans le cadre d'une vente internationale de marchandises d'éviter, en ce qui concerne le paiement, les inconvénients provenant de l'éloignement du vendeur et de l'acheteur et des aléas de l'acheminement des marchandises [5]. La pratique en est fermement établie et

1. Com. 3 avr. 1990, *D.* 1991, somm. 195, obs. M. Vasseur.
2. Com. 12 déc. 1984, *JCP* 1985. II. 20436 et *JCP E* 1985. II. 14566, note Stoufflet ; *D.* 1985, jur. 269, note Vasseur.
3. Com., 29 mars 1994, *D.* 1995, somm. 20 ; Com. 6 avr. 1993, *D.* 1995, somm. 20 ; Com. 25 mars 1991, *D.* 1991, somm. 202.
4. Com. 12 déc. 1995, *JDI* 1996. 674, note A. Prüm.
5. V. E. Caprioli, *Le crédit documentaire : évolution et perspectives*, Bibl. droit. entr., Litec, 1992 ; L. Maura Costa, *Le crédit documentaire. Étude comparative*, LGDJ, 1999 ; D. Legeais, « Crédit documentaire », *Jurisclasseur commercial*, Fasc. 395, 2005.

encadrée et il y a relativement peu de contentieux. Tout le mécanisme repose sur la substitution d'une banque à l'acheteur, laquelle paie le vendeur à la remise de certains documents. Le crédit documentaire est gouverné par deux principes : celui de l'autonomie de l'engagement bancaire par rapport à l'opération commerciale de base et celui de l'indépendance des documents et des marchandises.

Prenons l'hypothèse, de loin la plus fréquente, d'un crédit documentaire dans le cadre d'une vente internationale de marchandises (même si un contrat de prestation de services peut donner lieu à la mise en place d'un crédit documentaire). Soit une vente commerciale internationale, un banquier, un donneur d'ordre qui est l'acheteur et un vendeur. Afin de garantir le paiement du vendeur, le banquier va promettre de payer celui-ci contre remise de certains documents qui attestent de la bonne exécution de l'opération. Le donneur d'ordre se voit consentir par la banque un crédit qui est un crédit par signature. La banque devient débiteur principal à l'égard du vendeur. L'opération repose essentiellement sur la remise à la banque de documents qui présentent une apparence de conformité. Tel est le crédit « documentaire ».

506 Il est défini à l'article 2 des règles et usances uniformes (RUU) dans leur version de 1993 [1] comme :

> « l'arrangement, quelle qu'en soit la dénomination ou description, en vertu duquel une banque ("la banque émettrice") agissant à la demande et sur instruction d'un client ("le donneur d'ordre") ou pour son propre compte :
> – est tenue d'effectuer un paiement à un tiers (le bénéficiaire) ou à son ordre, ou d'accepter et payer des effets de commerce (traites) tirés par le bénéficiaire ; ou
> – autorise une autre banque à effectuer ledit paiement ou à accepter et payer lesdits effets de commerce (traites) ; ou
> – autorise une autre banque à négocier, contre remise des documents stipulés, pour autant que les termes et conditions du crédit soient respectés ».

1. V. *infra*, n° 512 s.

C'est généralement la banque de l'acheteur qui ouvre le crédit. Elle est appelée banque « émettrice » ou « apéritrice ». Parfois, pour une opération importante, c'est un pool bancaire. Souvent une autre banque dite « intermédiaire » (banque « désignée » ou *nominated bank*) intervient à l'opération dans le pays du vendeur.

507 Si la disparition du crédit documentaire est parfois annoncée depuis une cinquantaine d'années en raison de son formalisme un peu lourd, ses avantages lui assurent pour l'heure une belle vitalité. Il s'agit en effet d'un moyen de paiement sûr, qui offre au demeurant la possibilité d'asseoir des opérations de financement. L'exportateur mobilisera facilement sa créance sur un banquier et l'importateur obtiendra le financement de son achat en conférant au banquier un droit sur les documents du crédit. Nous décrirons la diversité des formes de crédit documentaire (**§ 1**), puis la loi applicable à celui-ci (**§ 2**), avant d'en étudier le régime (**§ 3**).

§ 1. La diversité des crédits documentaires

508 Le crédit documentaire est irrévocable ou révocable.

Il est irrévocable lorsque l'engagement du banquier est « ferme » et ne peut être remis en cause par aucun événement affectant ses relations avec le donneur d'ordre. Dans ce type de crédit, un engagement autonome de la banque fait naître un droit direct du bénéficiaire à son encontre. Cet engagement autonome repose sur les seules énonciations du crédit documentaire. Si le crédit est révocable, l'ouverture du crédit peut au contraire être révoquée, mais pour de justes motifs.

Depuis l'entrée en vigueur des RUU 600 [1], tous les crédits documentaires qui y sont soumis sont irrévocables.

509 Seul le crédit irrévocable est susceptible de confirmation [2]. De même, seul ce crédit est transférable. Le bénéficiaire, c'est-à-dire

1. V. *infra*, n° 512.

2. La banque émettrice informe de l'ouverture du crédit la banque «notificatrice» celle-ci étant un intermédiaire qui notifie le crédit au vendeur. La banque notificatrice peut se contenter de vérifier l'authenticité apparente du crédit. Le crédit documentaire n'est alors pas confirmé. La banque notificatrice a également la possibilité de prendre un engagement irrévocable de payer (cet engagement s'ajoute alors à celui de la banque émettrice). Le crédit est confirmé.

le vendeur, peut le transférer à son propre fournisseur : ainsi, le second bénéficiaire est investi d'un droit direct à l'encontre de l'émetteur. Le crédit doit être expressément stipulé transférable dans l'accréditif et le transfert ne peut se faire que dans les conditions de l'article 38 RUU.

510 Il existe différentes « variantes » de crédits documentaires. Outre le crédit transférable déjà évoqué, le crédit adossé ou crédit subsidiaire ou encore crédit *back to back* permet le règlement du vendeur précédent, bénéficiaire du crédit subsidiaire dans l'hypothèse où des opérations commerciales ont le même objet. Dans certains crédits documentaires, une avance est consentie en contrepartie d'une garantie (« *green clause* ») ou en blanc contre souscription par le bénéficiaire d'un billet à ordre en faveur de la banque émettrice ou intermédiaire (« *red clause* »).

511 Bien que très proche, le crédit documentaire doit être distingué de la lettre de crédit *stand-by*[1]. Cette dernière est soumise aux RUU[2], mais également à des règles qui lui sont propres : les RPIS (« Règles et Pratiques Internationales relatives aux Standby ») entrées en vigueur en 1999[3]. Les lettres de crédit n'ont pas une fonction de paiement, mais seulement de garantie. Les documents concernés sont différents de ceux du crédit documentaire.

§ 2. Le droit applicable aux crédits documentaires

512 Le crédit documentaire est une création de la pratique. Ses règles ont fait l'objet d'une codification privée par la CCI. Il s'agit des règles et usances uniformes (RUU) et des eRUU, ces dernières étant applicables dans le cadre du commerce électronique. Si l'article 1134 du Code civil peut sanctionner leur violation[4], les

1. V. J.-L. Anglade, *Le régime juridique de la lettre de crédit stand-by*, thèse Montpellier I, 1998.
2. Pour une illustration, Com. 28 mars 2006, *D.* 2006.1284, obs. X. Delpech. L'arrêt rappelle pour les lettres *stand-by* le principe de l'indépendance des documents et du contrat de base.
3. J.-P. Mattout, « De nouvelles règles de la CCI pour les lettres de crédit stand-by », in *Mélanges M. Vasseur*, Banque édition, 2000.99.
4. Com. 14 oct. 1981, *D.* 1981, jur.301, obs. M. Vasseur. V. l'article 1 des RUU 600 selon lequel celles-ci s'appliquent « dès lors que le texte du crédit stipule expressément qu'il est soumis à ces règles ».

RUU ont surtout une valeur coutumière [1]. Ainsi, elles s'imposent en tant qu'usage à la banque ayant son siège dans un État ayant adhéré aux RUU qui réalise le paiement ou lorsque le crédit est ouvert par une banque ayant adhéré aux RUU. Elles sont une composante à part entière de la *lex mercatoria* [2]. Les RUU ont été révisées à plusieurs reprises depuis leur création : 1951, 1962, 1974, 1983, 1993, la dernière révision en date (RUU 600) remontant au 25 octobre 2006. La version révisée [3] est entrée en vigueur le 1er juillet 2007 [4].

Les RUU posent quelques principes fondamentaux. Tout d'abord, celui de l'autonomie de l'engagement contracté par l'émetteur ou souscrit par la banque confirmante, hormis le cas de fraude (art. 4 RUU). Ensuite, celui de l'indépendance des liens de droit nés du crédit avec les liens nés du contrat entre les parties à l'opération commerciale (art. 4 RUU). Ensuite, celui du respect strict du formalisme.

513 En raison du très large recours aux RUU, la question du droit applicable au crédit documentaire [5] ne se posera que dans les cas marginaux de fraude, de rejet exprès par le contrat commercial de certaines RUU ou enfin si ces dernières ne sont pas applicables. La Convention de Rome de 1980 et le règlement Rome I sont applicables au crédit documentaire. Aucun problème particulier ne se pose lorsque les parties ont choisi le droit applicable. Les questions sont plus ardues en l'absence de choix. Le droit applicable est alors celui du pays du lieu où se situe l'administration centrale (ou l'établissement) de la partie qui fournit la prestation caractéristique (art. 4.2 de la Convention de Rome ; art. 4.2 du réglement Rome I), voire la prestation de services (art. 4.1 du

1. Versailles, 28 févr. 2002, *JCP E* 2003. 467, n° 15, obs. J. Stoufflet.
2. Sur laquelle, v. *supra*, n° 90 s.
3. Publication CCI n° 600.
4. V. D. Doise, « La révision 2007 des règles et usances uniformes relatives aux crédits documentaires (RUU 600) », *RD aff. int.* 2007. 106 ; H. Tourard et L. Ravillon, Chronique de sources informelles de droit du commerce international, *RD aff. int.* 2008. 554 ; D. Legeais, *RTD com.* 2007. 577 ; J.-P. Mattout, *Banque et droit* 2007. 22.
5. V. A. Caprioli, « La loi applicable aux contrats de crédit documentaire, approche de droit comparé », *RD aff. int.* 1991. 905 ; H. Synvet, « Lettres de crédit et lettres de garantie en droit international privé », *op. cit.*

règlement Rome I). Celui-ci sera différent selon que le crédit documentaire met en présence une ou plusieurs banques.

Dans le premier cas, c'est pour la jurisprudence [1] et une doctrine majoritaire [2], sur la base de la Convention de Rome, la loi de la banque émettrice (qui réaliserait la prestation caractéristique) qui doit être retenue, au détriment de la loi du paiement [3]. La loi de la banque réalisant le crédit correspond cependant mieux à la protection des intérêts du bénéficiaire.

Dans le cas où plusieurs banques interviennent, les solutions sont plus partagées. Ainsi, il a été proposé, toujours à l'aune de la Convention de Rome, de retenir la loi de la banque notificatrice dans les rapports entre banque émettrice et banque notificatrice : la banque notificatrice est en effet un mandataire ce qui justifierait la loi de l'intermédiaire [4]. En présence d'une banque confirmante, c'est la loi de cette dernière qui a les faveurs de la doctrine [5] en ce qui concerne les rapports avec le bénéficiaire [6]. Dans les rapports entre banque confirmante et banque émettrice, la doctrine propose d'appliquer la loi de la banque émettrice parce qu'elle réaliserait la prestation caractéristique, mais d'autres arguments tirés de la nature économique de l'opération de confirmation plaident en faveur de la loi de la banque confirmante [7].

§ 3. Le régime des crédits documentaires

514 Il convient de distinguer les deux phases que sont l'ouverture du crédit (**A**) et sa réalisation (**B**), toutes deux enserrées dans un formalisme étroit.

1. En ce sens, Versailles, 24 mai 1991, *D.* 1992, somm. 309, obs. M. Vasseur ; *JCP* 1992. II. 21392, obs. R. De Bottini et E. Caprioli ; *JDI* 1993. 632, obs. J. Stoufflet ; J.P. Mattout, *op. cit.*, n° 267 p. 275.
2. M.-E. Ancel, *La prestation caractéristique du contrat*, Économica 2002, n° 238 ; J. Morel-Maroger, *Les opérations de banque en droit international privé*, Thèse, Paris I, 2003, n° 104. Comp. cependant H. Synvet, « Lettres de crédit et lettres de garantie en droit international privé », *op. cit.*
3. La jurisprudence étrangère considère également que la loi du paiement doit être rejetée au profit de la loi de la banque émettrice. Suisse : Tribunal Fédéral, 11 janv. 1989, *JIBL*, 1989, N-231 ; *D.* 1992, somm. 308 ; Autriche : Cour suprême d'Autriche, 22 juin 1994, *JIBL* 1994, N-248.
4. J. Morel-Maroger, *Les opérations de banque en droit international privé*, *op. cit.*, n° 106.
5. J.-P. Mattout, *op. cit.*, n° 267, p. 277.
6. En ce sens, *Décision Bank of Baroda v. Vysya Bank*, *JCP E* 1995. I. 465, n° 18, obs. C. Gavalda et J. Stoufflet. V. D. Petkovic, "The proper law of letters of credit", *JIBL* 1995. 141 s.
7. J.-P. Mattout, *op. cit*, *idem*.

A. L'ouverture du crédit documentaire

515 Nous distinguerons la formation du crédit documentaire (1) et sa notification (2).

1. La formation du contrat

516 L'engagement de la banque émettrice envers le bénéficiaire prend la forme d'une clause du contrat commercial de base (la clause d'ouverture d'un contrat de crédit documentaire). L'acheteur s'engage à conclure avec un banquier une convention de crédit documentaire. Le non-respect de cette obligation peut entraîner l'annulation du contrat de base à moins que les parties n'aient érigé cette obligation en condition suspensive. Cette clause doit préciser la nature du crédit[1], sa durée, sa date d'ouverture, l'identification de la banque émettrice, et surtout, avec précision, les documents exigés. L'acheteur qui est le donneur d'ordre contacte ensuite une banque qui est la banque émettrice aux fins d'ouverture d'un crédit documentaire. Ce service est rémunéré par un certain nombre de commissions prélevées par la banque. Celle-ci sera également remboursée par le donneur d'ordre de tous ses débours pour le compte de ce dernier. La banque doit ouvrir un crédit conforme aux instructions du donneur d'ordre.

Des documents types sont émis par la CCI qui récapitulent notamment les informations transmises par le donneur d'ordre concernant le crédit et les documents accréditifs. Les documents précisés par le donneur d'ordre et qui seront exigés par la banque sont généralement la facture de transport, un document d'assurance et un document de transport. La banque doit recueillir des informations précises afin de transmettre l'accréditif. L'acheteur peut également chercher à se protéger en exigeant la présentation de certificats établis par des tiers et portant sur la nature et la quantité des marchandises livrées.

2. La notification de l'ouverture du crédit

517 La banque émettrice (ou le chef de file du pool bancaire) va normalement s'engager auprès du bénéficiaire par l'émission d'un

1. Les parties peuvent convenir d'un crédit renouvelable ou *revolving*. Le crédit se reconstitue pour chaque livraison dans le cadre d'expéditions régulières.

accréditif qui est notifié à ce dernier. L'engagement du banquier résulte expressément du texte de l'accréditif qui est au demeurant conforme aux instructions du donneur d'ordre. L'accréditif doit comporter la date limite de réalisation du crédit et, le cas échéant, une date de présentation des documents et une possibilité de crédit adossé. L'accréditif est une condition d'existence du crédit.

518 C'est la réception de la notification par le bénéficiaire qui fait naître les droits et obligations de celui-ci. L'engagement unilatéral du banquier de payer à l'égard du bénéficiaire est ferme (art. 7 RUU). Le principe de l'autonomie de l'engagement de la banque joue à plein : toutes les exceptions nées des relations entre le donneur d'ordre et la banque émettrice ou entre le donneur d'ordre et le bénéficiaire sont inopposables au bénéficiaire dans le cadre de l'engagement autonome de la banque à son égard (art. 4 RUU). Cependant, la créance du bénéficiaire sur la banque n'est qu'éventuelle jusqu'à la présentation des documents conformes. La cession de la créance du bénéficiaire (souvent au profit de son banquier) est possible (art. 39 RUU). La créance du bénéficiaire sur l'émetteur est en effet conditionnelle, cessible et saisissable[1]. De son côté, le bénéficiaire sera tenu à son obligation de délivrance dès notification du crédit. En outre, il vérifiera l'authenticité du crédit et la conformité du crédit avec le contrat de base.

519 L'accréditif adressé directement au bénéficiaire par la banque émettrice constitue une lettre de crédit commercial. Ainsi, s'il comporte une clause dite de *bona fide*, il peut être réalisé auprès de n'importe quelle banque. C'est un crédit documentaire « circulaire » ou « *unrestricted* ». La banque émettrice s'engage à payer tout porteur de bonne foi à la fois de la lettre de crédit commercial et des documents conformes à ceux prévus dans l'accréditif. Les traites émises en représentation du crédit seront honorées par le banquier émetteur à l'égard du porteur de bonne foi, d'un tireur ou d'un endosseur.

520 Cependant, des intermédiaires s'intercalent très souvent entre la banque émettrice et le bénéficiaire notamment comme banque

1. Com. 5 juill. 1983, *JCP E* 1986. II. 14777, n° 109, note C. Gavalda et J. Stoufflet.

notificatrice (*advising bank*) ou comme banque confirmante (*confirming bank*).

La banque notificatrice est une banque du pays du bénéficiaire qui agit comme mandataire de la banque émettrice ou confirmante. La banque simplement notificatrice se contente de notifier l'accréditif, « sans engagement », sans obligation autre, à moins qu'elle soit dans le même temps confirmante. La banque notificatrice doit vérifier l'authenticité apparente du crédit qu'elle notifie (art. 9 RUU).

La banque confirmante (qui est le plus souvent la banque notificatrice) s'engage volontairement (art. 8 RUU), directement, et de manière autonome à l'égard de la relation vendeur-acheteur et de la banque émettrice, auprès du bénéficiaire. Le crédit documentaire est alors confirmé par la réception de la confirmation par le bénéficiaire. Si la confirmation se fait à l'insu de la banque émettrice (sur demande du bénéficiaire), on parle de confirmation ducroire ou silencieuse.

B. La réalisation du crédit documentaire

521 La présentation des documents (**1**) conditionne leur levée (**2**). Le paiement génère des recours (**3**).

1. La présentation des documents

522 Les documents visés dans l'accréditif vont être présentés à la banque « désignée » qui est la banque chargée de réaliser le crédit. Celle-ci, après avoir vérifié leur conformité, procédera au paiement du bénéficiaire ou à l'acceptation d'une lettre de change émise sur elle ou encore à la négociation de la lettre de change émise sur l'acheteur.

La banque qui réalise le crédit est désignée dans le crédit. Il s'agit généralement de la banque notificatrice, voire confirmante (ou toute autre banque). La banque notificatrice peut être choisie par la banque émettrice pour réaliser le crédit, c'est-à-dire payer les documents dans le cadre d'un mandat. Aux termes de l'article 37 RUU, l'émetteur n'est pas responsable à l'égard du donneur d'ordre pour les fautes commises par la banque notificatrice dans l'examen des documents. Si le paiement doit s'effectuer en devises, il faut désigner une banque aux fins de remboursement de la banque qui a payé.

523 La présentation des documents est essentielle. Elle est souvent le fait d'une banque mandataire du bénéficiaire. Elle doit intervenir dans le cadre de la durée de validité du crédit et d'un éventuel délai de présentation. La présentation est faite auprès soit de la banque émettrice, soit de la banque confirmante, soit d'une banque désignée. La banque chargée de vérifier les documents est tenue d'effectuer certaines diligences (art. 14 RUU) [1]. En cas de non-respect de ce délai, la banque ne peut plus faire valoir que les documents ne sont pas conformes à l'accréditif.

L'apparence de conformité des seuls documents visés dans l'accréditif, mais dans leur intégralité, doit être vérifiée avec un soin raisonnable [2] (conformément à la pratique bancaire internationale comme l'énonce l'article 14 RUU). Autrement dit, la banque ne peut, sans engager sa responsabilité, considérer que des documents non conformes à l'accréditif sont équivalents [3]. En revanche, des différences purement formelles ou mineures peuvent ne pas être retenues [4]. La banque ne doit pas vérifier la compatibilité des documents avec les marchandises (art. 5 RUU). En effet, l'engagement de la banque est autonome par rapport au contrat de base. Le banquier ne vérifie pas, en principe, l'authenticité des documents, mais seulement leur compatibilité, leur cohérence entre eux.

Les articles 8 à 28 des RUU contiennent les règles régissant les différents types de documents à vérifier selon qu'il s'agit de documents de transport, d'assurance ou de documents commerciaux. Les documents de transport, établis par un transporteur identifié ou son agent, attestent de l'expédition de la marchandise et de son état apparent. Il s'agit de la lettre de transport maritime non négociable (art. 21 RUU), du connaissement maritime [5]

1. La notion de délai raisonnable disparaît avec les RUU 600 et est fixée à 5 jours ouvrés suivant la présentation des documents (art. 14 b).
2. Les RUU 600 visent l'« apparence de conformité ».
3. T. com. Paris, 3 sept. 1990, *D.* 1991, somm. 223, obs. M. Vasseur.
4. Com. 5 déc. 2000, *D.* 2001. 374.
5. V. *supra*, n° 385 s.

(art. 20 RUU), du connaissement charte-partie [1] (art. 22 RUU), du document de transport multimodal [2] (art. 19 RUU), de transport aérien [3] (art. 23 RUU), ou par route [4], par rail [5] ou par voie d'eau intérieure (art. 24 RUU). Il s'agira enfin des lettres de voiture internationales CIM [6] ou CMR [7], ou d'un récépissé de la poste ou d'un courrier express (art. 25 RUU).

La période de présentation des documents est fixée intangiblement par les RUU à 21 jours après l'expédition (émission de la lettre ou expédition des marchandises). L'article 28 des RUU vise les règles sur les documents d'assurance et l'article 8 celles sur la facture commerciale.

2. La levée des documents (réalisation du crédit)

524 En cas de conformité des documents, la banque a l'obligation de lever les documents et de les payer, c'est-à-dire de réaliser le crédit. La levée est donc l'acceptation des documents parce qu'ils sont considérés comme conformes, avec les effets de droit qui s'en suivent [8]. Cependant, la levée des documents par la banque simplement notificatrice est toujours facultative, car celle-ci n'est tenue d'aucune obligation envers le bénéficiaire. En raison de la règle de l'autonomie du crédit documentaire, la saisie pratiquée par le donneur d'ordre entre les mains de la banque est inopérante [9], sauf fraude portant sur la mise en place ou l'exécution du crédit documentaire qui permet, à certaines conditions, de pratiquer une saisie conservatoire [10] ou une saisie-attribution [11].

525 En cas de fraude [12] ou d'illicéité de l'opération, le crédit pourra ne pas être réalisé par la banque malgré l'apparence de conformité

1. Sur la charte-partie, v. *supra*, n°366.
2. Sur le transport multimodal, v. *supra*, n°394 s.
3. Sur le transport aérien, v. *supra*, n°378 s.
4. Sur le transport par route, v. *supra*, n°368 s.
5. Sur le transport par rail, v. *supra*, n°375 s.
6. V. *supra*, n°375 s.
7. V. *supra*, n°368 s.
8. À compter de l'entrée en vigueur des RUU 600, le terme « levée » disparaît au profit de « présentation conforme » et de « réalisation » (du crédit).
9. Com. 14 oct. 1981, *D.* 1982.301, obs. M. Vasseur ; Com. 18 mars 1986, *D.* 1986, jur.374, note M. Vasseur ; Com. 7 oct. 1987, *D.* 1988, jur.265, obs. M. Vasseur.
10. Com. 16 déc. 2008, *D.* 2009. 162, obs. X. Delpech ; *JCP E* 2009. 1106, note J. Stoufflet ; *RDC* 2009. 1204, obs. J.-B. Racine.
11. Com. 3 juin 2003, *RD Banc. fin.* 2003, n° 238, obs. F.X. Lucas et J.-M. Delleci.
12. V. J.-P. Mattout et A. Prüm, « Mise en œuvre de l'adage *fraus omnia corrumpit* dans le crédit documentaire réalisable à terme », *DPCI* 1988. 107.

des documents. La fraude devra nécessairement porter sur le crédit [1] et il n'est pas nécessaire qu'elle soit découverte par la banque elle-même [2]. Elle sera souvent appréciée selon la conception du for. Elle pourrait cependant l'être selon le droit applicable au crédit. En toute hypothèse, la fraude doit être manifeste et être découverte avant le paiement du crédit. Si ce n'est pas le cas, qui en supporte les conséquences ? C'est le banquier émetteur ou confirmant qui doit rembourser par exemple la banque intermédiaire qui a payé (à moins que le paiement par celle-ci l'ait été par anticipation par rapport à la date prévue de réalisation du crédit [3]). Avec l'entrée en vigueur des RUU 600 (art. 7 c, 8c, 12b), le remboursement par la banque émettrice ou confirmante doit intervenir même en cas de prépaiement, à condition que la banque désignée ait réalisé le crédit.

526 Enfin, le caractère illicite ou immoral du contrat de base peut être pris en compte par la banque pour refuser d'honorer son engagement.

527 Si les documents ne présentent pas une apparence de conformité, la banque peut refuser de lever les documents (art. 16 RUU) [4]. Le refus est même normalement une obligation pour la banque et seules des irrégularités mineures sont tolérées. Celle-ci peut aussi décider de consulter au préalable le donneur d'ordre afin qu'il lève les irrégularités (art. 16 RUU) [5].

La procédure de rejet par la banque est minutieuse. Elle doit notamment faire connaître les irrégularités au présentateur dans un délai maximun de 5 jours ouvrés suivant la présentation (art. 16 RUU). L'inobservation de la procédure est sanctionnée par l'impossibilité pour la banque de faire valoir que les documents ne sont pas en conformité avec les termes et conditions du crédit (*estoppel rule*). Il est cependant possible de régulariser les documents dans le délai de validité du crédit. La régularisation

1. Com. 29 avr. 1997, *JCP E* 1997. II. 976, note J. Stoufflet.
2. Com. 25 avr. 2006, *D.* 2006. 1366, note X. Delpech.
3. Paris, 28 mai 1985, *D.* 1986. 195, note J. Stoufflet.
4. Et cela, même si le donneur d'ordre donne instruction de payer les documents non-conformes, Com. 20 juin 2006, *Dr. et patr.* sept. 2006, n° 151, p. 87.
5. Com. 7 janv. 2004, *D.* 2004. 345.

s'impose à la banque. Une autre possibilité consiste dans la réalisation avec réserves (c'est-à-dire une réalisation sous condition résolutoire). Dans ce cas, la levée de documents comportant des irrégularités minimes se fait avec réserves. En cas de refus du donneur d'ordre de lever les réserves, le bénéficiaire doit rembourser la banque. La banque peut alors conditionner son paiement à la remise d'une lettre de garantie. Et la levée des réserves par le donneur d'ordre ne lie pas la banque qui peut tout de même refuser de lever les documents. Une autre alternative au refus consiste dans l'envoi des documents à l'encaissement. La banque qui est chargée de réaliser le crédit se contente alors de consentir au bénéficiaire, avec son accord, une avance qui est distincte du crédit. Elle se dessaisira des documents auprès du donneur d'ordre après avoir reçu la contrepartie stipulée. Par cet envoi à l'encaissement, elle est déchargée de toute obligation personnelle à l'égard du crédit documentaire.

528 La réalisation du crédit consiste dans l'exécution de l'accréditif par la banque désignée (émettrice, notificatrice, confirmante) au profit du bénéficiaire. L'article 7 RUU prévoit plusieurs formes pour cette réalisation.

Il y a le paiement à vue « documents contre paiement » dans le cadre d'une vente au comptant ou le paiement différé [1] « documents contre acceptation » dans le cadre d'une vente à terme. Dans cette dernière hypothèse, le paiement est stipulé dans l'accréditif avoir lieu à un moment différé par rapport à la présentation des documents, c'est-à-dire à un moment postérieur à la livraison des marchandises.

Il y a ensuite le crédit par acceptation [2]. La banque émettrice ou la banque confirmante peut accepter une lettre de change, qui est représentative du crédit, tirée sur elle par le bénéficiaire. Ou

---

1. Pour un exemple de fraude en matière de paiement différé, Com. 7 avr. 1987, *Banque* 1987.625, obs. J. L. Rives-Lange ; *JCP E* 1987, n° 14973, obs. J. Stoufflet ; *D.* 1987.399, obs. M. Vasseur.

2. Sur la fraude en matière de crédit par acceptation, Com. 11 oct. 2005 : « un crédit documentaire réalisable par acceptation étant seulement exécuté par le paiement différé de l'effet accepté, la fraude découverte antérieurement à ce règlement, fait échec à l'obligation de paiement de la banque acceptante au titre du crédit documentaire, hors la circonstance où cet effet serait présenté par un tiers porteur de bonne foi, non partie au crédit [...] », *D.* 2005.2802, obs. X. Delpech ; *RJDA* 2005. 1139 ; *RTD com.* 2006.1172, obs. D. Legeais ; *JCP E* 2005, n° 1167.1980, note J. Stoufflet.

bien ces mêmes banques peuvent accepter et payer à l'échéance une traite tirée sur le donneur d'ordre ou sur tout autre tiré.

La négociation d'une lettre de change est la dernière forme de réalisation du crédit. Une lettre de change tirée dans le cadre du crédit est escomptée par la banque émettrice ou confirmante. Le tireur de la traite à terme ou à vue est le bénéficiaire du crédit ; le tiré est le donneur d'ordre ou tout autre tiré autre que la banque émettrice. Cette dernière s'engage à payer sans recours contre le tireur ou le porteur de bonne foi.

3. Les recours

529 Après le paiement par une banque intermédiaire (c'est le cas le plus fréquent qu'il s'agisse de la banque confirmante ou de la banque notificatrice), celle-ci se retourne en remboursement contre la banque émettrice. Peu importe que la banque intermédiaire ait confirmé ou non le crédit. Si la banque intermédiaire a payé en faisant des réserves qui n'ont pas été levées par le donneur d'ordre, elle dispose alors d'un recours contre le bénéficiaire. La banque émettrice qui a payé l'intermédiaire se retourne de son côté contre le donneur d'ordre. Il lui faut remettre les documents prévus dans le crédit. Sauf fraude du bénéficiaire ou « acceptation sous réserves » non suivie de levée des réserves par le donneur d'ordre, la banque émettrice ne dispose d'aucun recours contre le bénéficiaire. Le donneur d'ordre ne peut agir le cas échéant que contre la banque émettrice. Les actions entre acheteur et vendeur concernant le contrat de base ne sont pas affectées par l'existence et l'exécution du crédit documentaire.

Section 3
Le crédit-bail international

530 Le crédit-bail, autrement appelé « *leasing* », est une technique très pratiquée par les entreprises, car elle permet un financement intégral d'un investissement. Il rend notamment possible pour une entreprise qui n'a pas la surface financière pour acheter, voire emprunter, l'acquisition d'un matériel ou d'un équipement, par la

combinaison d'une vente, d'un contrat de location et d'une promesse de vente à terme. En effet, par le crédit-bail, une entreprise appelée crédit-bailleur achète sur demande d'un crédit-preneur un matériel auprès d'un fournisseur. Le crédit-bailleur loue ensuite, pour une durée déterminée, ce matériel au crédit-preneur. Ce dernier se voit offrir, à l'issue de la location, la possibilité de racheter le bien objet de l'opération pour sa valeur résiduelle (par la technique de la promesse de vente). Le crédit-bailleur est donc protégé par le fait qu'il reste propriétaire du bien. Consécration de la pratique, le crédit-bail est évoqué sous l'angle de l'opération de crédit aux articles L. 313-7 s. du Code monétaire et financier, mais ses aspects contractuels ne sont pas réglementés. Il s'agit d'un contrat spécial.

531 Le crédit-bail international tend à se développer[1]. Il s'agit essentiellement d'opérations de crédit-bail dans lesquelles les parties (crédit-bailleur et crédit-preneur) sont situées dans des États différents. Le crédit-bail international offre des avantages insoupçonnés. En effet, le crédit-bail est entouré de mesures fiscales parfois très attractives. Ainsi, certaines législations admettent-elles que le bien faisant l'objet du crédit-bail soit amortissable par le crédit-bailleur en tant que propriétaire. D'autres législations prévoient l'amortissement par le crédit-preneur en tant que « propriétaire économique » du bien. Une localisation astucieuse des parties à l'opération permet de bénéficier d'un double amortissement (« *double dip* »). Sans parler des mesures fiscales incitatives au recours au *leasing* mises en œuvre par certains États (c'est le « crédit-bail fiscal »).

532 Là encore, ce sont les disparités des législations internes qui freinent le développement du crédit-bail international. Dans certains États, le crédit-bail est réglementé par des dispositions spécifiques, dans d'autres, non. Il fait l'objet ici de mesures de publicité qui n'existent pas là. Il faut connaître les solutions issues des conflits de lois (**§ 1**). Des règles matérielles unifiées existent cependant grâce à la Convention d'Ottawa du 28 mai 1988 (**§ 2**).

1. C. Gavalda, « Le crédit-bail international », *Trav. Com. Fr. DIP* 1988-1990. 59 ; G. Bourdeaux, « Crédit-bail international », *Jurisclasseur droit international*, Fasc. 566-70, 1999.

§ 1. Les conflits de lois en matière de crédit-bail

533 Le crédit-bail étant une opération contractuelle, la Convention de Rome de 1980 sur la loi applicable aux obligations contractuelles ou le règlement Rome I lui sont applicables [1]. Il convient de distinguer les rapports entre crédit-bailleur et crédit-preneur d'une part (**A**), et entre crédit-bailleur et fournisseur d'autre part (**B**).

A. Les rapports entre crédit-bailleur et crédit-preneur

534 Le principe est la loi d'autonomie. En règle générale, le crédit-bailleur insère dans le contrat qui le lie au crédit-preneur une clause d'élection de droit faisant référence à la loi du lieu où il est établi. En l'absence d'expression de la volonté des parties, la prestation caractéristique est selon toute vraisemblance, ce même si une opinion contraire a été exprimée [2], la prestation de crédit du crédit-bailleur : il s'agit en effet non pas d'un contrat de location classique, mais avant tout d'une opération de financement. La loi applicable dépend donc du pays où le débiteur de la prestation non monétaire - ou le prestataire de services - (le crédit-bailleur) a sa résidence au moment de la conclusion du contrat [3]. La loi du lieu où ce dernier est établi est alors compétente au détriment de la loi du lieu d'établissement du preneur ou de la *lex rei sitae*. Toutefois, la *lex rei sitae* régit les prérogatives de propriétaire du crédit-bailleur sur le bien.

B. Les rapports entre crédit-bailleur et fournisseur

535 Entre le crédit-bailleur et le fournisseur, l'opération a la nature d'une vente. Le crédit-bailleur et le fournisseur sont fréquemment établis dans le même État, ce qui évince la question du droit appli-

1. Sur lesquels, v. *supra*, n° 257 s.
2. C. Gavalda et E.-M. Bey, «Problématique juridique du leasing international» *Gaz. Pal.* 1989, 1, doct. p. 143. Ces auteurs mettent l'accent sur l'aspect locatif de l'opération, conduisant à désigner la loi du lieu où le locataire est établi, qui est aussi généralement celle du lieu d'exécution.
3. En ce sens, J.-P. Mattout, *Droit bancaire international*, *op. cit.*, n° 134.

cable à cette vente. Face à une situation internationale, la loi d'autonomie joue naturellement. En l'absence de désignation par les parties, il convient d'appliquer à cette opération les règles concernant la vente internationale. En effet, les rapports du crédit-bailleur et du crédit-preneur sont indépendants de ceux entre le fournisseur et le crédit-bailleur, bien que l'on puisse considérer que l'opération constitue un ensemble contractuel. Le recours au critère de la prestation caractéristique au sens de la Convention de Rome ou du règlement Rome I, pour sa part, aboutit à désigner la loi du lieu où le vendeur est établi. La solution a le mérite d'être celle retenue également par la Convention de La Haye de 1955 [1].

§ 2. Le droit matériel unifié : la Convention d'Ottawa du 28 mai 1988

536 Rédigée sous les auspices d'UNIDROIT, la Convention d'Ottawa relative au crédit-bail international du 28 mai 1988 [2] (ci-après la Convention) est entrée en vigueur pour la France le 1er mai 1995. 20 États l'ont signée ou y ont adhéré [3]. On notera aussi l'existence d'une Convention d'UNIDROIT « relative aux garanties internationales portant sur des matériels d'équipement mobiles » du 16 novembre 2001 [4] qui a été signée par de nombreux pays dont la France et qui complète utilement la Convention d'Ottawa à propos du *leasing* sur les biens mobiles. Nous distinguerons le champ d'application de la Convention d'Ottawa (**A**) et le contenu de ses règles matérielles (**B**).

1. Sur laquelle, v. *supra*, n° 305.
2. J. Béguin, « Une tentative d'équilibrage contractuel : la convention d'Ottawa sur le crédit-bail mobilier international », in *Mélanges J. Ghestin*, LGDJ, 2001, p. 65 ; E.-M. Bey, « La convention d'Ottawa sur le crédit-bail international », *JCP E* 1989. II. 15643 ; J.-P. Béraudo, « Le nouveau droit du crédit-bail international et de l'affacturage international (1er mai 1995) », *JCP E* 1995. 448.
3. L'état des ratifications et signatures peut être consulté sur : http://www.unidroit.org/french/conventions/1988leasing/main.htm.
4. Consultable sur le site http://www.unidroit.org.

A. Le champ d'application de la Convention

537 La Convention d'Ottawa revêt d'abord un caractère facultatif dans la mesure où les parties à l'opération (c'est-à-dire les parties au contrat de fourniture et celles au contrat de crédit-bail) ont la faculté d'en exclure totalement l'application alors même qu'elle aurait vocation à régir leur opération (art. 5.1). L'exclusion totale résulte alors de l'accord de toutes les parties en raison de l'ensemble contractuel que forme l'opération. Autre possibilité, les parties à l'un des contrats de l'opération peuvent exclure partiellement dans leurs relations mutuelles certaines dispositions de la Convention (sauf celles déclarées impératives par l'art. 5.2). Une telle exclusion partielle ne vaut qu'*inter partes* : elle est inopposable aux tiers.

538 L'application de la Convention dépend ensuite de conditions matérielles et géographiques.

Concernant les conditions matérielles, l'article 1.1 précise que la Convention est applicable aux opérations qui font intervenir un établissement de crédit-bail, un fournisseur et un crédit-preneur. Autrement dit, elle vise les relations triangulaires. Il faut en outre que l'opération de crédit-bail repose sur deux conventions : une convention de fourniture (portant sur un bien acquis sur l'indication du preneur) et un contrat de crédit-bail (qui confère un droit d'utilisation contre paiement de loyers dont le calcul tient compte de l'amortissement du matériel). L'application de la Convention est indépendante de la qualification de l'opération donnée par les parties ou les droits internes (art. 1.1). Le texte ne régit que le crédit-bail mobilier portant sur du « matériel ». Le crédit-bail portant sur un immeuble est exclu de même que le crédit-bail à la consommation (art. 1.4). La Convention régit en revanche le sous-crédit-bail ou la sous-location du bien, ainsi que les opérations mettant en relation plus de trois parties.

Concernant les conditions géographiques, la Convention s'applique à la double condition cumulative (art. 3.1) que le preneur et le bailleur soient établis dans des États distincts et que soit les trois parties principales à l'opération soient établies dans des États adhérents à la Convention, soit que le contrat de fourniture et le contrat de crédit-bail soient régis par la loi d'un État partie à la Convention. En vertu de cette dernière condition, il est probable que la plupart des opérations françaises de crédit-bail à l'exportation tombent dans le champ d'application de la Convention.

B. Le contenu des règles matérielles

539 La Convention pose des règles qui tentent d'équilibrer les droits et obligations du crédit-bailleur (**1**) et du crédit-preneur (**2**).

1. Les droits et obligations du crédit-bailleur

540 La Convention régit le droit réel du crédit-bailleur sur le matériel et le droit personnel à l'encontre du crédit-preneur.

Le droit réel est opposable à tous (art. 7.1). La Convention impose le respect des formalités de publicité de la *lex rei sitae* aux fins d'opposabilité du droit réel aux tiers (art. 7.2 et 7.3). Cependant, pour les navires et les bateaux, référence est faite à la loi du lieu de l'immatriculation au nom du propriétaire. Pour les aéronefs, c'est la loi du lieu d'immatriculation du bien qui est applicable aux formalités de publicité. Concernant les matériels mobiles par nature (véhicules, voire... moteurs d'aéronefs !), les formalités de publicité relèvent du lieu de l'établissement principal du crédit-preneur.

S'agissant du droit personnel, le crédit-bailleur bénéficie d'un droit à percevoir des loyers. Celui-ci peut être renforcé par une clause pénale (art. 13.3 a et b) qui est réputée non écrite si elle est excessive. Le crédit-bailleur impayé ne peut obtenir des dommages-intérêts qu'à la condition d'avoir pris toutes les précautions nécessaires pour limiter son préjudice (art. 13.6). C'est une nouvelle illustration du principe de la minimisation du préjudice subi [1]. En cas de « défaillance substantielle » du preneur, le bailleur peut soit faire jouer une éventuelle clause de paiement anticipé des loyers, soit résilier unilatéralement le crédit-bail. Cette dernière éventualité conduit à la restitution du matériel au crédit-bailleur et au paiement à son profit de dommages-intérêts. Le

1. V. *supra*, n° 120.

crédit-bailleur doit obligatoirement, avant de mettre en œuvre ces sanctions, proposer à son crédit-preneur une possibilité effective de remédier à sa défaillance, pour autant que cela est possible (art. 13.5). Bien que la solution paraisse surprenante, le crédit-bailleur, contrairement au fournisseur, n'est pas responsable du matériel loué. Il n'est pas tenu pour une délivrance non-conforme ou pour un vice caché, à moins qu'il ne se soit immiscé dans l'opération de fourniture. Il n'est en effet vu par la Convention que sous l'angle d'un établissement de crédit. C'est le fournisseur qui est responsable du matériel. Le crédit-bailleur doit cependant la garantie d'éviction (art. 8.2). Cette dernière peut être assortie de clauses limitatives (art. 8.3.a), le cas échéant soumises au droit interne applicable au contrat. De la même manière, le crédit-bailleur n'est pas tenu, par cette seule qualité, pour responsable « à raison du décès, des dommages aux personnes et aux biens causés par le matériel » (art. 8.1.c). Il peut toutefois être considéré comme responsable en sa qualité de propriétaire.

2. Les droits et obligations du crédit-preneur

541 En raison de la quasi-absence de garantie par le crédit-bailleur, le crédit-preneur bénéficie d'une action directe à l'encontre du fournisseur (art. 10.1). Le crédit-preneur peut sous-louer le matériel (art. 14.2) avec l'accord du crédit-bailleur et sous réserve des droits des tiers. Si le crédit-preneur ne peut agir en résiliation ou annulation du contrat de fourniture sans l'accord du crédit-bailleur, il peut cependant résilier le contrat de crédit-bail en cas d'inexécution par le fournisseur de ses obligations (art. 10.2). Toute modification du contrat de fourniture entre le crédit-bailleur et le fournisseur relativement au bien loué est inopposable au crédit-preneur (art. 11). On constate ainsi que la Convention ne prend pas parti sur l'existence ou non d'un ensemble contractuel et se contente d'adopter une position pragmatique dans le cadre des différentes relations nouées entre les parties à l'opération [1].

1. Alors qu'en droit interne, la jurisprudence admet que l'anéantissement du contrat de fourniture « entraîne nécessairement l'anéantissement du contrat de crédit-bail », Ch. Mixte, 23 nov. 1990, *JCP* 1991. II. 21642, note Y. Legeais.

542 Le crédit-preneur doit prendre soin du matériel, l'utiliser dans des conditions raisonnables et le conserver dans l'état initial compte tenu de l'usure consécutive à un usage normal et de toute modification du matériel convenue par les parties.

Section 4
Les crédits et le financement de projet

543 Les activités d'exportation nécessitent souvent, en plus d'une garantie spécifique des risques encourus, des investissements importants et donc un besoin de financement par le crédit. L'activité bancaire est au centre du commerce international.

Souvent, le financement d'une opération du commerce international est réalisé en devises étrangères. Une entreprise va rechercher du financement sur le marché financier international grâce aux eurocrédits [1]. Il s'agit du système des eurodevises (ou euromonnaie). Ce système est né dans les années 1950 lorsque les pays de l'Est ont réalisé des dépôts en dollars américains dans des banques européennes (afin d'émanciper ces sommes de l'autorité américaine). En conséquence, des prêts en dollars ont été consentis par des banques européennes. D'où l'appellation d'« eurocrédit » ou d'« eurodevise ». Il s'agit donc d'une monnaie scripturale, qui est déposée dans une banque située dans un pays autre que le pays émetteur de la monnaie. Elle est transférable et convertible. Ainsi, un eurodollar est l'inscription d'un dollar au crédit d'un compte qui est tenu hors des États-Unis. Ce système d'eurodevises intéresse au premier chef les banques : il permet des paiements en devises sans que ces dernières sortent du pays d'origine. Mais les opérateurs du commerce international sont également concernés. Les crédits financiers à moyen ou long terme en euromonnaie sont en effet devenus le principal instrument de finance-

1. A. Jacquemont, «Le contrat d'eurocrédit», *JDI* 1974.34 ; J.-B. Blaise, P. Fouchard et P. Kahn, *Les eurocrédits : un instrument du système bancaire pour le financement du commerce international*, Litec, 1991 ; J.-P. Mattout, *Droit bancaire international*, 4e éd., 2009, n° 152 s.

ment international au profit de grandes entreprises du secteur public ou commercial, d'États, de collectivités locales et d'organisations internationales [1]. Des eurocrédits sont ainsi consentis par des banques en euromonnaie (eurodollars par exemple). Aujourd'hui, de nouveaux instruments de financement apparaissent comme les euro-obligations [2] (euro-émissions : émissions internationales d'obligations sur plusieurs places financières) ou les euro-actions (actions placées par un tour de table sur différentes places et cotées à l'étranger) [3].

544 Le rôle de l'État, ou d'organisations internationales de financement comme la Banque Européenne pour la Reconstruction et le Développement ou la Société financière internationale, dans le soutien à l'exportation et au crédit est également important. Des mécanismes publics favorisent ce soutien aux entreprises exportatrices comme aux organismes bancaires : création d'institutions *ad hoc* de garantie ou de financement et de procédures spécifiques pour favoriser le financement à l'exportation et la couverture de celui-ci, mesures particulières sur les taux d'intérêt pour les crédits à l'exportation, etc. Il faut signaler aussi les crédits d'aide au développement qui bénéficient de facilités très intéressantes. Ces dernières années ont été marquées par un certain recul de l'État dans le soutien à l'exportation pour limiter la concurrence entre États par le crédit. De plus, la baisse des taux d'intérêt rend inutiles certaines mesures interventionnistes sur ces derniers. Ainsi, certains crédits à l'exportation dits « libres » ne bénéficient-ils d'aucun soutien de l'État. Pour autant, ce dernier continue à remplir un rôle dans les crédits dits « administrés » qui bénéficient de la garantie de la COFACE [4] et d'une procédure de bonification des taux d'intérêt ou dans les crédits en « garantie pure » qui sont seulement assurés par la COFACE. De plus, un crédit à l'exportation peut bénéficier pour partie d'un soutien étatique et être pour

1. Sur les euro-crédits, V. J. Béguin et M. Menjucq (dir.), *Droit du commerce international*, *op. cit.*, n° 1908 s., p. 658 s.
2. Sur lesquelles, J. Béguin et M. Menjucq (dir.), *op. cit.*, n° 1896 s., p. 653 s.
3. C. Dufloux, « Les euro-actions : mythe ou réalité ? » *Banque* 1985. 165 et 934 ; J.-M. Delaporte, « Placements d'actions à l'étranger. Le cas de l'euromarché », *RD aff. int.* 1987, p. 333.
4. V. *supra*, n° 477 s.

partie libre (crédit financier d'accompagnement). Nous n'aborderons pas les mesures publiques de soutien au financement du crédit à l'exportation [1] pour nous concentrer sur la typologie des crédits bancaires à l'exportation. Ces derniers peuvent être distingués selon qu'il s'agit de crédits dits « fournisseurs » (**§ 1**), de crédits acheteurs (**§ 2**) ou de financements de projets (**§ 3**).

§ 1. Les crédits fournisseurs

545 Avec les crédits fournisseurs [2], l'exportateur fait lui-même crédit à l'importateur et supporte le risque du crédit [3]. La pratique distingue entre les crédits dits de préfinancement (**A**) et les crédits de mobilisation (**B**). Les premiers sont accordés avant la naissance de la créance, c'est-à-dire avant que la marchandise ait quitté le territoire ou que le service promis ait été exécuté. Les seconds le sont une fois la créance née. Ces crédits peuvent être, selon les cas, à court, moyen ou long terme.

A. Les crédits de préfinancement

546 Lors de l'exécution d'un marché, les investissements de l'exportateur peuvent être supérieurs à l'acompte versé. Le crédit de préfinancement va couvrir la fabrication des biens ou le financement des études nécessaires à l'exportation. On notera que des crédits acheteurs ou des crédits fournisseurs avec paiement progressif peuvent également financer cette période d'exécution du marché. Les crédits de préfinancement sont dits spécialisés ou *revolving* selon qu'ils financent une opération ponctuelle ou des opérations renouvelées régulièrement. Une délégation de préfinancement permet le cas échéant à l'exportateur de financer les sous-traitants étrangers pour leur part dans l'exécution du marché.

547 Il convient d'établir des distinctions entre les crédits de préfinancement spécialisés. On notera en premier lieu le crédit de prospec-

1. V. notamment, J. Béguin et M. Menjucq (dir.), *op. cit.*, n° 1981 s., p. 687 s.
2. V. G. Bourdeaux, « Crédits à l'exportation, crédits acheteurs et fournisseurs », *Jurisclasseur Droit international*, Fasc. 566-80, 1999 ; J.-P. Mattout, *op. cit.*, n° 68 s., p. 97 s.
3. Ce risque est néanmoins atténué pour partie par l'assurance-crédit. V. *supra*, n° 480 s.

tion finançant les coûts de prospection d'un marché étranger et qui est généralement garanti par la COFACE [1]. En deuxième lieu, il existe les crédits de financement de stocks à l'étranger finançant les coûts induits par la conservation et la gestion des stocks. Enfin, on mentionnera les crédits de mobilisation des indemnités dues en cas d'assurance-crédit à l'exportation dont l'objet est de conférer de la trésorerie dans l'attente du versement des indemnités par l'assureur.

B. Les crédits de mobilisation des créances nées sur l'étranger

548 L'exportateur mobilise un crédit alors que sa créance sur l'étranger est née. Les mobilisations de créances sur l'étranger sont des crédits à court terme [2], à moyen ou long terme (on parle dans ces deux derniers cas de crédits fournisseurs *stricto sensu* [3]). La mobilisation s'effectue généralement au moyen d'effets de commerce. Il s'agit de l'escompte des effets de commerce représentatifs de créances sur l'étranger. Techniquement, l'acheteur émet un billet à ordre au bénéfice de l'exportateur ou bien accepte une lettre de change tirée par l'exportateur. Un engagement du banquier de l'importateur est souvent requis pour garantir le banquier escompteur.

549 Lorsque l'importateur refuse l'émission d'effets de commerce, il est fait recours aux traites « pro-forma » ou au bordereau Dailly. Les traites « pro-forma » sont des lettres de change qui, conventionnellement, ne sont pas présentées à l'acceptation du tiré. Le risque est alors que la provision n'existe plus à la présentation de la lettre. En effet, la créance du tireur sur le tiré ne s'appréciant qu'à l'échéance de la lettre, si par exemple le tiré s'est exécuté avant l'échéance dans les mains du tireur, la provision aura disparu. Avec le bordereau Dailly, le banquier dispose d'un droit

1. V. *supra*, n°481 s.
2. V. M. Vasseur, « La protection du banquier en cas de mobilisation de créances nées à court terme sur l'étranger », *RTD com.* 1977.1.
3. En ce sens, J.-P. Mattout, *loc. cit.*, n°68 s. p.97 s.

opposable à l'acheteur à la date fixée sur le bordereau. Ainsi, le banquier ne court pas le risque de disparition de la provision.

550 La confirmation de commande est une variante de la mobilisation de créances sur l'étranger. C'est un crédit fournisseur sans recours. La confirmation est sollicitée par l'importateur. N'ayant pas de recours, le banquier supporte les risques du crédit. Le « forfaitage » (ou escompte à forfait) est une autre variante de mobilisation de créances nées sur l'étranger [1]. C'est, à l'instar de la confirmation de commande, un crédit fournisseur sans recours. L'importateur accepte des effets de commerce représentatifs de sa dette et l'exportateur fait mobiliser ces effets sans intervention de l'importateur. Le forfaitage est utilisé dans les opérations portant sur un fort montant financier. Il peut financer la totalité de l'opération ou venir en complément d'autres crédits pour financer la part qui ne fait pas l'objet d'un soutien public. Dans la confirmation et le forfaitage, la créance est acquise par la banque.

§ 2. Les crédits acheteurs

551 Avec ces crédits, l'acheteur étranger, afin de financer l'importation, se voit consentir directement un prêt par une banque ou un organisme public de crédit à l'exportation du pays exportateur. C'est l'organisme de crédit qui supporte les risques de non remboursement. Cependant, les fonds sont virés directement à l'exportateur ce qui ouvre la période d'utilisation du crédit. L'importateur doit alors rembourser la banque créditrice au terme de la période de remboursement du crédit. Le mécanisme est original. De plus, le crédit est lié à l'opération commerciale qui lui sert de support. Cela a pour double conséquence que la banque intervient dès la négociation du contrat commercial et que le fournisseur se contente d'exécuter sa prestation contractuelle sans véritablement intervenir dans l'opération de crédit. Nous distinguerons la formation du crédit (**A**) et son exécution (**B**).

1. V. P. Chareyre, « Le forfaitage. Une alternative compétitive pour le financement des exportations », *Banque*, oct. 1987.911.

A. La formation du crédit

552 Le mécanisme repose sur l'existence d'une convention d'ouverture de crédit acheteur passée entre l'emprunteur, c'est-à-dire l'importateur, et la banque. Celle-ci fait l'objet d'une normalisation sous forme de contrats-types élaborés ou agréés par les organismes publics de financement ou d'assurance du crédit dans le cadre des exportations [1].

553 L'ouverture de crédit ne peut avoir lieu que si le contrat commercial qui justifie le crédit est entré en vigueur. Ce contrat prévoit d'ailleurs à titre d'obligation essentielle la mise en place du crédit. En effet, les deux opérations sont intrinsèquement liées et forment un ensemble contractuel. L'ouverture de crédit, une fois signée, est notifiée par la banque au fournisseur qui lui précise les modalités et conditions du paiement direct.

554 Du point de vue pratique, il est à noter que c'est souvent un « tour de table bancaire » [2] ou « pool bancaire » qui prend en charge le crédit acheteur. Ces tours de table sont variés. À l'égard de l'emprunteur, ils peuvent être ostensibles - on parle de crédits consortiaux - ou non - on parle de crédits en participation. Ils peuvent être aussi en trésorerie et risque ou seulement en risque.

La qualification de société créée de fait appelant le régime de la société en participation peut être retenue pour les crédits en participation [3]. En revanche, la qualité de société en participation pour les crédits consortiaux est discutable. Les banques consentent toutes un crédit autonome qui n'est que géré collectivement [4]. Elles n'entendent pas, sauf clause contraire, courir un aléa commun.

Le tour de table est créé à l'initiative d'un chef de file (« *lead manager* »). Toute banque qui co-signe l'ouverture de crédit est co-chef de file et généralement solidaire envers l'emprunteur. Le chef de file négocie l'ouverture de crédit, contacte les autres

1. Par exemple, la convention tripartite d'ouverture de crédit acheteur élaborée par les autorités allemandes, britanniques et françaises pour le financement d'Airbus, ou la convention type de « L'export-import Bank of the United States ».
2. F. Porté, « Les tours de table bancaires », *Banque et Droit*, juill.-août 1995.9.
3. Paris, 5 mai 1987, *D.* 1989, somm. p. 323, obs. M. Vasseur.
4. En outre, le caractère non ostensible n'est plus de l'essence de la société en participation.

banques et assure en qualité de mandataire des banques participantes les mesures de gestion ordinaires, voire non ordinaires concernant les crédits autres que « libres ». Le chef de file peut céder sa participation dans le crédit à d'autres banques dites « participantes ».

B. L'exécution du crédit

555 Il faut distinguer la période d'utilisation du crédit (1) de la période de remboursement (2).

1. La période d'utilisation de l'ouverture de crédit acheteur

556 Une fois levées les conditions préalables de l'ouverture de crédit, le banquier paie directement le fournisseur. Ces conditions préalables sont en quelque sorte des conditions suspensives du crédit. Elles sont variées, mais toutes liées au contrat commercial et à sa bonne exécution. Il s'agit de lettres de jurisconsultes attestant de l'efficacité des obligations de l'emprunteur ou des garants, du début d'exécution du contrat commercial, du paiement des acomptes par l'acheteur, de l'obtention des autorisations administratives préalables nécessaires, de la remise au banquier des lettres et effets nécessaires à l'accomplissement du crédit comme, par exemple, une lettre d'acceptation du fournisseur de la délégation par l'emprunteur au profit du banquier.

557 Le paiement direct, une fois levées les conditions préalables, peut intervenir selon différentes modalités prévues dans le contrat et l'ouverture de crédit : soit dès que le fournisseur aura exécuté ses obligations contractuelles [1], soit par tranches si l'exécution a lieu par tranches, soit enfin sous forme de paiements progressifs, c'est-à-dire en cours d'exécution par le fournisseur sans que celle-ci soit pour autant par tranches. Ces différents modes de tirage reposent sur les justifications apportées par le fournisseur au banquier. Le droit du crédit documentaire sert ici de modèle de référence. C'est l'apparence de conformité des documents présentés

1. C'est le crédit « monobloc ».

qui doit être prise en compte par le banquier conformément à l'article 14 des RUU [1].

558 C'est l'existence d'un mandat de paiement qui est confié au banquier par l'emprunteur qui justifie le paiement direct du fournisseur par la banque. En pratique, les conventions d'ouverture de crédit stipulent expressément ce mandat en le qualifiant de mandat d'intérêt commun, donc irrévocable. Si le caractère personnel, direct et autonome de l'engagement du banquier peut également justifier un tel paiement direct, il n'en reste pas moins que la lettre de notification conditionne l'engagement du banquier [2].

2. La période de remboursement de l'ouverture de crédit acheteur

559 L'ouverture de crédit va stipuler l'autonomie de l'engagement du banquier par rapport au contrat commercial afin de protéger le banquier agissant en remboursement. L'importateur ne peut invoquer le fait que le contrat de base n'ait pas été ou ait été mal exécuté. Il s'agit de la « clause Isabel » qui prévoit l'inopposabilité au banquier des exceptions tirées du rapport de base. La banque est ainsi protégée contre un refus de remboursement ou de paiement des intérêts par l'emprunteur qui serait « fondé » sur une mauvaise exécution du contrat commercial de base. De plus, en cas de mauvaise exécution du contrat par le fournisseur, celui-ci s'oblige dans la lettre d'engagement auprès de la banque à lui payer les sommes qu'il devra à l'acheteur si ce dernier ne rembourse pas le crédit. Et l'acheteur qui est l'emprunteur délègue le fournisseur au banquier aux fins de paiement de toutes sommes dues à l'exportateur par l'importateur en exécution du contrat de base. Enfin, les échéances du crédit acheteur sont matérialisées par des billets à ordre qui empêchent l'emprunteur d'opposer au banquier les exceptions tirées du contrat de base.

1. Sur les RUU, v. *supra*, n° 512 s.
2. Com. 26 févr. 2002, *RD banc. fin.* 2004. 16 obs. Crédot et Gérard.

§ 3. Les financements de projet

560 Pour les projets importants, notamment dans les secteurs comme l'énergie ou les infrastructures publiques, le financement bancaire peut reposer sur un prêt garanti par une cession des créances futures qui naîtront des recettes que procurera l'ouvrage une fois réalisé. Autrement dit, le prêt est remboursé ou, le plus souvent, garanti, par la réussite du projet financé : on parle de financement de projet [1]. La pratique est courante pour les opérations de B.O.T. (*Build, Operate and Transfer*) [2].

561 Plusieurs techniques permettent le transfert desdites créances. Pour les techniques connues du droit français, il s'agit de la cession de créance [3] par l'emprunteur à la banque prêteuse et de la délégation. Pour cette dernière, l'emprunteur qui réalise le projet est délégant. Le délégué est l'entreprise qui utilise le projet et le banquier est le délégataire. La loi applicable à la délégation est la loi choisie par les parties. La loi du domicile du délégué régit les conditions d'opposabilité de la délégation.

Mais le droit anglo-saxon offre une technique bien plus avantageuse permettant le financement de projet : le trust [4]. Ainsi, bien souvent, les contrats de financement de projet se réfèrent-ils à un droit qui connaît le trust. Un rattachement plus fréquent au droit français de contrats de financement de projet est envisageable depuis l'introduction de la fiducie dans le Code civil par la loi n° 2007-211 du 19 février 2007 [5].

---

1. F. Lombard, « Risques et garanties des financements internationaux des projets dans les pays en voie de développement », *Banque* 1980.1361 ; M. Sarnet, « Les financements internationaux de projets en Europe », *Banque*, 1980.392 ; A. Grenon, « Project financing : concepts fondamentaux et aspects juridiques », *DPCI* 1980.189 ; J.-P. Heck, « Le financement de projet », *RJ com.* n° spécial févr. 1985.57.
2. V. *supra*, n° 435.
3. Sur la loi applicable à la cession de créance, v. *infra*, n° 584 s.
4. J.-P. Béraudo, *Les trusts anglo-saxons et le droit français*, LGDJ, 1992.
5. *JO* 21 févr. 2007, p. 3052. Titre XIV du livre III « *De la fiducie* », articles 2011 à 2031 du Code civil.

SECTION 5
L'AFFACTURAGE INTERNATIONAL

562 L'affacturage international est une technique permettant plusieurs services rendus contre rémunération par une entreprise d'affacturage appelée affactureur ou factor à son client qui est un exportateur appelé adhérent [1].

Ces services sont :

1) La gestion par le factor des créances commerciales de l'adhérent sur l'étranger : encaissement pour le compte de l'adhérent de ses factures et éventuellement recouvrement de ces dernières ;

2) Un crédit par caisse, c'est-à-dire une avance par le factor sur le paiement des factures de l'adhérent ;

3) Un crédit par signature qui est une garantie par le factor donnée à l'adhérent du paiement de ses factures.

563 Le factor reçoit ainsi des créances de l'adhérent et les services qu'il lui rend portent sur lesdites créances. Le transfert de ces créances au factor repose en France sur la technique de la subrogation conventionnelle (art. 1249 et 1250-1 du Code civil) ou sur la cession Dailly, la technique classique de la cession de créances étant, par son lourd formalisme, inappropriée à l'opération. Il existe cependant une grande diversité des législations nationales relativement aux techniques permettant le transfert des créances à l'affactureur. Les droits de *common law* par exemple contiennent la technique de l'*assignment* qui est une sorte de cession de créance. Il y a aussi une diversité quant aux établissements habilités à pratiquer l'affacturage. Pour ces raisons, l'affacturage international est encore trop limité, ce qui est préjudiciable au développement des échanges économiques.

564 L'affacturage international est pourtant très pratique pour l'exportateur. Selon la formule retenue, il permet de réduire les

1. G. Bourdeaux, « Affacturage international », *Jurisclasseur Droit international*, Fasc. 566-10, 1999 ; J.-P. Mattout, *op. cit.*, n°65 s., p. 93 s. V. aussi, A.N. Cox et J.A. Mac Kenzie, *International Factoring*, Euromoney Publications, 1986 ; F. Salinger, *Factoring Law and practice*, Sweet and Maxwell, 2e éd., 1995.

frais de gestion des créances sur l'étranger, de maîtriser les risques commerciaux sur un débiteur étranger, de faciliter les opérations de recouvrement, de réduire le risque de change ou encore de neutraliser les risques politiques pouvant aboutir à un non-paiement.

565 Dans l'affacturage international, l'adhérent et le factor peuvent être établis sur le même territoire. On parle alors de factor-export. Celui-ci peut intervenir seul à l'opération, notamment lorsqu'il a l'habitude de travailler avec des débiteurs situés dans tel ou tel État étranger ou bien lorsque l'opération commerciale générant les créances affacturées est sûre ou assurée par une assurance-crédit de la COFACE dont bénéficiera le factor. L'adhérent peut aussi recourir à un factor-import établi dans le pays de ses débiteurs. Mais bien souvent, le factor-export contacte un factor-import. Ce dernier peut renseigner le factor-export, et jouer le rôle d'un mandataire pour le recouvrement des créances. Il existe ainsi des groupes de sociétés d'affacturage établies dans des États différents et travaillant en réseau ou des « clubs » de factors regroupant des affactureurs indépendants, mais liés par une charte commune.

566 L'affacturage au sens classique (« *old factoring* ») est la version la plus complète puisqu'il regroupe les formes 1), 2) et 3) des services énumérés plus haut [1]. Mais d'autres « variantes » d'affacturage sont pratiquées. On mentionnera l'affacturage avec recours qui regroupe les formes 1) et 2). Dans cette formule, en cas de non-paiement par le débiteur des créances, le factor peut se faire rembourser par l'adhérent de son avance. Il y a aussi le « *maturity factoring* » qui réunit les formes 1) et 3). Se pratique également le « *agency factoring* » (ou « *bulk factoring* ») regroupant les formes 2) et 3). Dans cette configuration, l'adhérent ayant conservé la gestion commerciale des créances procède à leur encaissement en qualité de mandataire du factor. On relèvera enfin l'« *invoice dis-*

1. Il s'agit de « l'opération ou (de) la technique de gestion financière par laquelle, dans le cadre d'une convention, un organisme spécialisé gère les «comptes clients» d'entreprises en acquérant leurs créances, en assurant leurs créances, en assurant le recouvrement pour son propre compte, et en supportant les pertes éventuelles sur des débiteurs insolvables. Ce service, qui permet aux entreprises qui y recourent d'améliorer leur trésorerie et de réduire leurs frais de gestion, est rémunéré par une commission sur le montant des factures» (Arrêté de terminologie du 29 nov. 1973, *JO* du 3 janvier 1974).

counting» ou *«confidential factoring»*, pratiqué dans certains pays, dans lequel le factor fournit exclusivement un service de crédit à l'adhérent et reste occulte pour les débiteurs cédés.

567 Il convient d'étudier les conflits de lois en matière d'affacturage (**§ 1**) puis la Convention d'Ottawa du 28 mai 1988 unifiant le droit matériel sur le sujet (**§ 2**).

§ 1. Les conflits de lois

568 L'affacturage repose sur le contrat passé entre le factor et l'adhérent. Mais l'affacturage met aussi en cause une créance. D'où une hésitation possible entre la loi du contrat et celle de la créance. Il convient de distinguer les différentes relations juridiques créées par l'affacturage selon qu'elles lient le factor à l'adhérent (**A**) et le factor au débiteur cédé (**B**). L'opposabilité aux tiers est une question spécifique (**C**).

A. Les relations entre factor et adhérent

569 Le contrat d'affacturage étant la pierre angulaire des relations entre le factor et l'adhérent, on considère généralement que c'est la loi du contrat qui l'emporte sur toute autre, et notamment sur la loi de la cession de créance ou celle régissant la subrogation conventionnelle[1]. On notera qu'en toute hypothèse, même si l'on choisissait de résoudre le conflit de lois sous l'angle de la loi de la cession de créance, la Convention de Rome de 1980 (art. 12.1) et le règlement Rome I rendent applicable aux obligations entre le cédant et le cessionnaire la loi du contrat qui les lie, autrement dit la loi du contrat d'affacturage[2]. Mais l'on sait que l'affacturage repose généralement, du moins en France, sur une subrogation conventionnelle. Il existe un débat en doctrine relativement à la subrogation conventionnelle : est-elle régie par l'article 12

1. G. Bourdeaux, *op. cit.*, n°33.
2. En revanche, aux termes de l'article 12.2 de la Convention de Rome, «la loi qui régit la créance cédée détermine le caractère cessible de celle-ci, les rapports entre cessionnaire et débiteur, les conditions d'opposabilité de la cession au débiteur et le caractère libératoire de la prestation faite par le débiteur».

(cession de créance) ou par l'article 13 (subrogation) de la Convention de Rome ? La doctrine penche plutôt pour l'application de l'article 12, l'article 13 étant réservé à la subrogation légale [1]. L'article 14.1 du règlement Rome I résout la question dans le sens préconisé par la doctrine : il soumet à un même régime cession de créance et subrogation conventionnelle.

570 La loi d'autonomie a donc vocation à régir le contrat d'affacturage. Les contrats-types des factors font ainsi généralement référence à la loi du factor. En l'absence de clause d'*electio juris*, le débiteur de la prestation caractéristique est assurément le factor. Ce dernier est également un prestataire de services au sens de l'article 4.1.b) du règlement Rome I. C'est en effet lui qui rend le ou les services caractéristiques de l'affacturage. La loi du lieu d'établissement du factor s'applique donc à l'exclusion de la loi de la créance (sauf pour déterminer le caractère cessible ou non de la créance : la loi de la créance est alors compétente en vertu de l'article 12.2 de la Convention de Rome et de l'article 14.2 du règlement Rome I), et sous réserve des lois de police.

571 Si l'affacturage fait intervenir un factor-export et un factor-import, le contrat liant le factor-export au factor-import sera régi, en l'absence de clause d'élection de droit, par la loi du lieu d'établissement du factor-import (en tant que partie réalisant la prestation caractéristique – ou la prestation de services – notamment en qualité de mandataire).

B. Les relations entre factor et débiteur cédé

572 La question à résoudre est celle de la loi applicable pour déterminer l'opposabilité de la cession au débiteur cédé. L'article 12.2 de la Convention de Rome de 1980 opte pour la loi de la créance cédée [2]. Il faut entendre par loi de la créance cédée la loi qui régit le contrat commercial qui est à la source de la créance [3]. L'article 14.2 du règlement Rome I pose une solution identique.

1. V. notamment, D. Pardoel, *Les conflits de lois en matière de cession de créance*, LGDJ, 1997, Préf. P. Lagarde, n° 653 s.
2. V. *supra*, n° 569.
3. V. A. Sinay-Cytermann, «Les conflits de lois concernant l'opposabilité des transferts», *Rev. crit. DIP* 1992.35. V. cpdt Paris, 27 sept. 1984, *JDI* 1985.664, note P. Diener ; *D.* 1985, IR.178, obs. B.

C. L'opposabilité aux tiers

573 Dans le silence de la Convention de Rome, il est possible d'hésiter entre la loi de la créance et la loi du débiteur cédé. La loi de la créance aurait pour avantage de soumettre à la même loi l'opposabilité au débiteur cédé et l'opposabilité aux tiers. La Cour d'appel de Paris [1], à l'instar d'une partie de la doctrine [2], semble toutefois pencher en faveur de la loi du débiteur cédé. Une telle orientation privilégie la finalité de la publicité de la cession qui est d'informer les tiers. L'article 13.3 du projet de règlement sur la loi applicable aux obligations contractuelles (Rome I) posait une solution tranchée qui semblait faire fi de la finalité de la publicité : « la loi du pays dans lequel le cédant ou le subrogeant a sa résidence habituelle au moment de la cession ou du transfert régit l'opposabilité de la cession ou de la subrogation aux tiers ». Mais le texte finalement adopté ne reprend pas cette solution. Il est muet sur la question. Celle-ci devra donc être tranchée par la jurisprudence.

§ 2. Le droit matériel unifié : la Convention d'Ottawa du 28 mai 1988

574 Ici comme ailleurs, la voie de l'unification des règles matérielles est préférable à la méthode conflictuelle, ne serait-ce que pour favoriser l'essor de l'affacturage international. L'instrument international de référence est la Convention d'Ottawa du 28 mai 1988 adoptée sous l'égide d'UNIDROIT [3]. Elle est entrée en vigueur le

Audit, qui retient la loi du domicile du débiteur cédé à propos d'une cession de créance soumise à l'article 1690 du Code civil.

1. 26 mars 1986, *D.* 1986.374 ; *Rev. crit. DIP* 1987.351, note M.-N. Jobard-Bachellier. V. cpdt Com. 28 oct. 1986, *D.* 1986.592, note M. Vasseur ; *JCP* 1987. II. 20735, note J. Stoufflet : cet arrêt applique la loi de la créance à propos d'un bordereau Dailly.

2. A. Sinay-Cytermann, « Les conflits de lois concernant l'opposabilité des transferts », *op. cit.*, n° 10. *Contra* : P. Lagarde, « Retour sur la loi applicable à l'opposabilité des transferts conventionnels de créances », in *Droit et actualité, Mélanges J. Béguin*, Litec, 2005, p. 415 (en faveur de la loi du cédant).

3. J.-M. Daunizeau, « Convention d'Ottawa du 28 mai 1988 sur l'affacturage international », *Banque et Droit*, sept.-oct. 1991, p. 184 ; J.-P. Béraudo, « Le nouveau droit du crédit-bail et de l'affacturage international (1er mai 1995) », *JCP E* 1995. 458 ; B. Coutenier, « Les techniques de mobilisation des créances internationales, aspects de droit international et de droit comparé », *RD aff. int.* 1999.295 ; J. Béguin, « La convention d'Ottawa du 28 mai 1988 sur l'affacturage international : une étape vers

1er mai 1995 [1] et 18 États l'ont à ce jour signée ou ratifiée dont la France, le Royaume-Uni, l'Italie, l'Allemagne, la Finlande et la Belgique [2]. Cependant, devant les imperfections de celle-ci, la CNUDCI a élaboré une Convention sur la cession de créance à des fins de financement dont l'objet est plus large que le simple affacturage, tout en restant dans un cadre compatible avec la Convention d'Ottawa [3]. Celle-ci sera analysée plus tard [4]. Il convient pour l'heure d'envisager le champ d'application de la Convention d'Ottawa (**A**) puis le contenu de ses règles matérielles (**B**).

A. Le champ d'application de la Convention

575 La Convention d'Ottawa revêt un caractère facultatif dans la mesure où les parties au contrat d'affacturage ou au contrat commercial de base (sous réserve d'une notification écrite des parties au factor dans ce cas) peuvent choisir d'exclure son application (art. 3).

576 S'agissant du champ d'application matériel, le texte « régit les contrats d'affacturage et les transferts de créances décrits dans le présent chapitre ». Il définit par ailleurs le contrat d'affacturage par référence aux fonctions d'un établissement d'affacturage à l'article 1.2. Il faut que deux des quatre fonctions énumérées à cet article soient remplies par l'affactureur : tenue des comptes de créances, encaissement des créances, crédit par caisse et crédit par signature. La « cession » proprement dite de la créance au factor n'est pas nécessaire (art. 1.2). Seuls les contrats d'affacturage conclus en raison de créances professionnelles sont régis par la Convention.

577 Quant au champ d'application géographique, deux conditions doivent être cumulativement remplies (art. 2.1). Il faut tout

l'adoption de règles uniformes sur les cessions de créances dans le commerce international», in *Mélanges en l'honneur de Y. Guyon*, Dalloz, 2003, p. 59.

1. D. n° 95-846, 18 juill. 1995 : *JO* 25 juill. 1995. 11020.
2. État des ratifications et signatures sur : www.unidroit.org/french/conventions/1988factoring/main.htm.
3. J. Béguin, *op. cit.*
4. V. *infra*, n°583 s.

d'abord que le contrat ayant donné naissance à la créance ait un caractère international. Le contrat doit ainsi être conclu entre un fournisseur et un débiteur ayant leur établissement dans des États différents. Il est nécessaire ensuite soit que le fournisseur, le débiteur et le factor soient établis dans des États adhérents à la Convention, soit que le contrat commercial de base et le contrat d'affacturage soient régis par la loi d'un État contractant à la Convention.

B. Le contenu des règles matérielles

578 Les règles matérielles posées par la Convention s'appliquent bien entendu aux relations entre fournisseur et factor-export, mais également aux cessions successives de créance, par exemple dans le cadre de relations entre un factor-export et un factor-import (art. 11.1).

579 Concernant les créances cessibles, la Convention, qui n'unifie pas les législations sur les cas légaux d'incessibilité, permet la transmission de créances nées ou futures à condition qu'elles ne soient pas éventuelles (art. 5 a) [1]. De plus, la transmission au factor peut avoir lieu « nonobstant toute convention entre le fournisseur et le débiteur prohibant une telle cession » (art. 6.1). Autrement dit, les clauses du contrat commercial rendant intransmissible la créance – et donc rendant impossible le recours à l'affacturage par le fournisseur – sont inopposables au factor. Cependant, l'article 6.1 ne s'applique pas si la cession successive a été prohibée par le contrat d'affacturage (art. 12). En outre, les États peuvent émettre des réserves sur l'application de l'article 6.1 (c'est le cas de la France). En vertu de ces réserves, une clause d'exclusion de la transmissibilité peut être opposée au factor par le débiteur qui avait, lors de la conclusion du contrat commercial, son établissement dans l'État qui a émis la réserve.

580 L'article 5-b prévoit qu'entre le factor et l'adhérent, le transfert de la créance en application du contrat d'affacturage est réalisé dès la naissance de la créance, sans qu'il soit besoin d'un nouvel acte

1. « Si lors de la conclusion du contrat ou à leur naissance elles sont déterminables ».

de transfert. En revanche, cette cession doit être notifiée par écrit par le fournisseur ou les cessionnaires successifs au débiteur cédé pour lui être rendue opposable (art. 8). Cette notification est nécessaire à l'opposabilité au débiteur. Autrement dit, avant cette notification, le paiement par le débiteur dans les mains de l'adhérent est libératoire, même si le débiteur est de mauvaise foi.

581 La créance est transmise au factor avec tous les vices qui peuvent l'affecter. Il n'y a donc pas d'inopposabilité des exceptions (art. 9). Concernant l'exception de compensation, l'article 9.2 précise que, pour les dettes connexes, la compensation est opposable au factor par le débiteur. Pour les dettes non connexes, la compensation n'est pas opposable si elle est postérieure à la notification. Enfin, le contrat d'affacturage peut prévoir que les droits que le fournisseur tient du contrat de base sont transmis au factor, soit automatiquement, soit par un nouvel acte (art. 7). En cas d'exécution défectueuse ou tardive du contrat commercial, une action en répétition est ouverte au débiteur soit contre le fournisseur (art. 10.1), soit contre le factor (art. 10.2).

582 Malheureusement, la Convention d'Ottawa est muette sur les effets à l'égard des tiers de la cession, c'est-à-dire au sujet de l'opposabilité. Cela est d'autant plus regrettable que cette question est controversée au regard des conflits de lois [1]. Fort heureusement, la Convention des Nations unies sur la cession de créance à des fins de financement est venue apporter une règle unifiée à ce propos.

1. A. Sinay-Cytermann, «Les conflits de lois concernant l'opposabilité des transferts de créances», *op. cit.*

Section 6

La Convention des Nations unies sur la cession de créances dans le commerce international du 12 décembre 2001

583 L'importance des cessions de créance dans le cadre des opérations financières du commerce international est majeure : affacturage [1], cession de participations au sein de tours de table bancaires [2], forfaitage [3], financement de projet [4]...

584 La cession de créance, en tant que contrat, est soumise à la loi d'autonomie [5]. À défaut de choix, le débiteur de la prestation caractéristique du contrat de cession aux fins de financement est le banquier-cessionnaire qui consent le crédit [6]. Les rapports entre le cédant et le débiteur cédé sont régis par la loi applicable au rapport originaire (le contrat commercial), appelée loi de la créance cédée. Cette loi va déterminer le caractère cessible de la créance et les conditions de libération du débiteur. La loi de la créance cédée régit également les relations entre débiteur cédé et cessionnaire [7], conformément à l'article 12.2 de la Convention de Rome et à l'article 14.2 du règlement Rome I.

585 La Convention des Nations unies sur la cession de créances dans le commerce international [8] a été rédigée sous l'égide de la

1. V. *supra*, n° 562 s.
2. V. *supra*, n° 552.
3. V. *supra*, n° 550.
4. V. *supra*, n° 560 s.
5. D. Pardoel, *Les conflits de lois en matière de cession de créance*, *op. cit.* v. *supra*, n° 546 s.
6. J.-P. Mattout, *Droit bancaire international*, Revue Banque Edition, 4° éd. 2009, n° 62.a.
7. Paris, 27 sept. 1984, *JDI* 1985. 664, obs. M. Diener.
8. J. Stoufflet, « Cession de créance dans le commerce international. Projet de convention de la CNUDCI », *RD banc. fin.* mars/avr. 2001. 107 ; « L'apport au droit français de la convention des Nations unies sur la cession de créances dans le commerce international », *Banque et droit*, juill.-août 2003. 7.

CNUDCI et signée à New York le 12 décembre 2001 [1]. Elle a été signée ou ratifiée par 4 États : Libéria, Luxembourg, Madagascar, États-Unis, et n'est pas entrée en vigueur. Elle vise pourtant à favoriser la pratique des cessions de créances en unifiant les règles matérielles et certaines règles de conflit et en complétant les lacunes de la Convention d'Ottawa sur l'affacturage international. Nous distinguerons son champ d'application (**§ 1**) et les règles matérielles qu'elle contient (**§ 2**).

§ 1. Le champ d'application de la Convention

586 Une fois encore, la Convention revêt un caractère supplétif. Les parties peuvent conventionnellement écarter son application, mais avec une valeur *inter partes* (art. 6) et sous réserve de l'application de l'article 19 sur l'opposabilité des exceptions au cessionnaire qui est d'ordre public.

587 Concernant son champ d'application matériel, la Convention s'applique selon l'article 2.a à la cession contractuelle entre un cédant et un cessionnaire « de la totalité, d'une fraction ou d'une part indivise du droit contractuel du cédant au paiement d'une somme d'argent due par une troisième personne » à savoir le débiteur. La Convention régit tant les cessions pures et simples que les cessions à titre de garantie.

Elle peut donc s'appliquer à l'affacturage international [2]. L'article 38.2 dispose à cet égard qu'elle prévaut sur la Convention d'Ottawa sur l'affacturage international. Mais il est précisé que la Convention CNUDCI « n'exclut pas l'application de la Convention d'Ottawa pour ce qui est des droits et obligations du débiteur ». La Convention sur la cession de créances dans le commerce interna-

1. Texte consultable sur http://www.uncitral.org. Pour une étude d'ensemble, v. J. Béguin et M. Menjucq (dir.), *Droit du commerce international, op. cit.*, n° 1852 s., p. 636 s. ; J. Stoufflet, « L'apport au droit français de la convention des Nations unies sur la cession de créances dans le commerce international », *op. cit.*
2. V. *supra*, n° 562 s.

tional ne s'appliquant pas aux droits et obligations du débiteur, ces derniers sont donc régis par la Convention d'Ottawa sur l'affacturage.

La Convention s'applique aussi à la titrisation internationale ou encore au « forfaitage » [1].

Elle ne s'applique pas en revanche aux cessions de créances dont le cessionnaire est un consommateur (art. 4.1.a), aux cessions effectuées dans le cadre de la vente d'une entreprise commerciale ou de la modification de son statut juridique ou de son régime de propriété (art. 4.1.b). Les cessions par voie d'endossement des effets de commerce sont exclues du champ de la Convention, car soumises à des règles spécifiques (art. 4.1.b). Enfin, les créances nées d'opérations bancaires ou financières sont également exclues (art. 4.2.a, b, c, d, e).

588 Concernant le champ d'application géographique, la Convention régit les cessions internationales de créances et les cessions de créances internationales (art. 1.a). Une créance est internationale si le créancier et le débiteur sont situés dans des États différents au moment de la naissance de la créance. La cession est internationale si le cédant et le cessionnaire sont situés dans des États différents à la date du contrat de cession. Le cédant doit être obligatoirement établi dans un État contractant à la date de cession (art. 1.a).

§ 2. Le contenu des règles matérielles et des règles de conflit

589 La Convention pose certains principes. Le premier porte sur la validité des cessions de créances futures sans nécessité d'un nouvel acte de transfert et la validité des cessions globales de créances ou de fractions de créances ou de droits indivis sur créances. La seule condition est que les créances cédées soient déterminables, c'est-à-dire individualisées lors de la cession ou dans le contrat

1. V. *supra*, n° 550.

commercial pour les créances futures. Le deuxième principe veut que les sûretés et accessoires des créances cédées soient transmis de plein droit avec la créance (art. 10.1). Le dernier principe implique que l'existence d'une clause limitant ou prohibant la cession de créance dans le contrat initial est inopposable au cessionnaire (art. 9.1). La cession contrevenant à une telle clause ne peut entraîner la résiliation du contrat initial [1]. Outre ces grands principes, il convient d'envisager les rapports entre le cédant et le cessionnaire (**A**), la situation du débiteur cédé (**B**) et la question de l'opposabilité de la cession (**C**).

A. Les rapports entre le cédant et le cessionnaire

590 Ils sont régis par le contrat de cession, les usages entre les parties et les usages du commerce international en la matière (art. 11). On relèvera la référence aux usages qui même sur des questions très techniques comme la cession de créance ont un rôle évident à jouer.

À défaut de stipulations des parties, trois obligations pèsent sur le cédant. La première est de garantir qu'il a le droit de céder la créance au cessionnaire. La deuxième implique qu'il n'a pas déjà cédé à un tiers. Selon la troisième, il doit garantir que le débiteur ne pourra invoquer aucune exception ni aucun droit à compensation. Le cédant ne garantit pas en principe le paiement par le débiteur (sauf clause contraire *pro solvendo*).

Une notification de la cession par le cédant ou le cessionnaire au débiteur cédé est instituée (art. 13) qui prévoit les instructions de paiement. Elle peut porter sur des créances nées ou à venir. Jusqu'à la notification, le paiement entre les mains du cédant par le débiteur, même si celui-ci a connaissance de la cession, est libératoire. Les modifications du contrat commercial entre les parties produisent leurs effets sur le cessionnaire jusqu'à la notification (art. 20).

1. Cette inopposabilité est cependant susceptible d'être l'objet de réserves de la part des États (art. 40). Ces réserves peuvent limiter ou exclure l'application de l'article 9 pour les créances sur une personne publique que l'on appelle « débiteur souverain ».

591 Par souci d'unification des conflits de lois, les relations cédant-cessionnaire sont soumises par la Convention à la *lex contractus* : loi d'autonomie (art. 28.1) ou à défaut, loi avec lequel le contrat de cession a le lien le plus étroit (art. 28.2) sans plus de précisions. Cependant, c'est la loi de la créance qui régit le caractère cessible ou non de celle-ci. L'article 27 prévoit également la loi applicable à la validité formelle de la cession : loi qui régit le contrat, loi du lieu de conclusion lorsque les parties sont situées dans un même État ou loi de l'un des contractants si ceux-ci sont situés dans des États différents.

B. La situation du débiteur cédé

592 À compter de la notification, le débiteur ne peut se libérer que dans les mains du cessionnaire ou de la personne indiquée dans la notification.

593 L'article 18.1 pose une règle fondamentale : celle de l'opposabilité par le débiteur cédé au cessionnaire de toutes les exceptions et droits à compensation qui proviennent du contrat commercial entre le cédant et le débiteur. La compensation avec la créance cédée, à condition qu'elle soit issue d'un autre rapport de droit que celui qui unit le débiteur au cédant, peut être opposée au cessionnaire par le débiteur (art. 18.2). Cependant, les parties au contrat commercial de base peuvent stipuler dans celui-ci une clause d'inopposabilité des exceptions (art. 19.1) qui est opposable au cessionnaire.

594 Le cédé est protégé : il peut demander au cessionnaire qui notifie (et qu'il ne connaît généralement pas) de lui prouver la cession. En cas de cession de fractions de créances, le débiteur peut se libérer dans les mains du cessionnaire pour la fraction cédée ou dans les mains du cédant. En cas de cessions de créances successives, la notification d'une cession subséquente vaut notification des cessions antérieures et les instructions de paiement à suivre par le débiteur pour se libérer sont celles de la dernière instruction ou notification. Enfin, le cédé peut demander remboursement au cédant si ce dernier n'a pas exécuté le contrat commercial après la cession et le paiement.

595 Concernant l'unification des règles de conflit de lois, selon la Convention, l'opposabilité du transfert de la créance au débiteur cédé est régie par la loi du contrat commercial (art. 29). La solution adoptée est conforme à celle retenue par la Convention de Rome et par le règlement Rome I (article 14.2).

596 Aucune règle de conflit n'est posée par la Convention sur la question de la compensation.

C. L'opposabilité de la cession

597 Il s'agit d'une question sensible. À quel cessionnaire donner la priorité en cas de cessions multiples d'une même créance par le même cédant ? Selon les familles de droits, les traditions juridiques sont différentes. La Convention offre donc une option à trois branches.

Dans la première branche de l'option, la Convention envisage le système de l'enregistrement. Il s'agit de la possibilité offerte aux États qui le souhaitent soit d'accepter un registre international prévu par la Convention, soit de créer un registre national en conformité avec la Convention. La priorité découlera de la date du premier enregistrement (art.1 Annexe de la Convention). Cette option est destinée aux États qui pratiquent déjà l'enregistrement des cessions de créances comme les États-Unis ou le Canada.

Dans sa deuxième branche, la Convention fait référence au système de la date du contrat de cession. La priorité découle alors de la date des différents contrats de cession (art. 6 Annexe), le premier en date étant prioritaire. C'est le système adopté par la France.

Dans sa troisième branche, la Convention donne la priorité à la notification de la cession. C'est la première notification reçue par le débiteur qui l'emporte (art. 9 Annexe).

598 L'opposabilité de la cession aux tiers est réglée par la Convention au moyen d'une règle unifiant les conflits de lois. La loi du débiteur cédé aurait pu prévaloir afin de protéger ses autres créanciers. Mais il a été tenu compte de la pratique courante d'une pluralité de cessions de créances par un même cédant. Afin d'éviter de soumettre la question de l'opposabilité aux tiers à une pluralité

de lois applicables (celles des différents débiteurs cédés établis dans des États différents) la loi applicable retenue par la Convention est la loi du cédant (art. 30.1). Il s'agit d'un apport majeur de la Convention.

CHAPITRE 3

Le paiement international

599 Il y a paiement international à chaque fois que créancier et débiteur sont établis dans des États différents. Ou encore lorsqu'un débiteur s'est obligé à s'acquitter d'une dette auprès d'un créancier dans une devise étrangère, et cela alors même que les deux parties relèveraient toutes deux du même État. C'est donc l'objet même du paiement qui peut lui conférer son caractère international.

600 Le paiement international pose des problèmes spécifiques. Le caractère international du paiement soulève avant tout la question de la monnaie de ce paiement et du risque de change (SECTION 1). Un opérateur du commerce international peut choisir de recourir à des instruments classiques de paiement, bien connus et pratiqués dans les échanges commerciaux internes, comme notamment le chèque, les effets de commerce ou le virement. Le caractère international d'un tel paiement pose cependant la question du droit qui lui est applicable (SECTION 2). Le droit du commerce international met aussi en œuvre des techniques assez originales, car peu pratiquées en droit interne. La spécificité des opérations du commerce international a appelé la mise en place d'autres techniques de paiement qui s'assimilent à du « troc », à des règlements « en nature » (SECTION 3).

Section 1
La monnaie et le risque de change

601 Nous commencerons par aborder la question de la monnaie dans le paiement (**§ 1**), ce qui nous amènera ensuite à considérer le risque de change (**§ 2**).

§ 1. La monnaie dans le paiement

602 Avant tout, il convient de distinguer la monnaie de paiement et la monnaie de compte [1].

La monnaie dans laquelle le débiteur se libère de son obligation pécuniaire par la réalisation matérielle du paiement en espèces ou titres de crédit, souvent par l'intermédiaire d'une banque, est appelée monnaie de paiement. On applique à la détermination de cette monnaie la loi du lieu de paiement [2]. En vertu de la règle du cours légal, un paiement en France est soumis à l'instrument monétaire désigné par la loi française [3], c'est-à-dire l'Euro. Mais cette règle n'est obligatoire que pour les contrats internes [4]. Dans un contrat international, les parties peuvent désigner une devise étrangère comme monnaie de paiement [5] par la clause de monnaie étrangère.

La monnaie de compte est un instrument d'évaluation qui remplit la fonction d'unité de valeur de la monnaie. Il s'agit de la

1. V. E.-S. De La Marnière, «Monnaie de compte et monnaie de paiement», *D.* 1951.169 ; R. Libchaber, *Recherches sur la monnaie en droit privé*, LGDJ, 1992. V. aussi C. Kleiner, *La monnaie dans les relations privées internationales*, LGDJ, 2010.
2. Com. 21 avr. 1992, *RJDA* 1992. 939.
3. Req. 17 févr. 1937, *DH* 1937.234.
4. Civ. 1re, 12 janv. 1988, *D.* 1989, jur.80, note P. Malaurie ; Civ. 3e, 18 oct. 2005, *Bull. civ.* III, n° 196. Une partie de la doctrine considère cependant que toute clause d'un contrat, même international, qui prévoirait le paiement en une autre monnaie que l'euro serait nulle, en ce sens, J.-M. Jacquet, P. Delebecque et S. Corneloup, *Droit du commerce international,* Dalloz 2010, 2e éd., n° 727, p. 546.
5. En ce sens, F. Terré, P. Simler et Y. Lequette, *Droit civil, Les obligations*, Dalloz, 2009, 10e éd., n° 1332, p. 1322 et une importante jurisprudence : Civ. 3 juin 1930, *DP* 1931. 1. 5, concl. Matter, note R. Savatier ; Civ. 21 juin 1950, *D.* 1951. 749, note J. Hamel ; *Rev. crit. DIP* 1950.609, note H. Batiffol ; Civ. 1re, 15 juin 1983, *Bull. civ.* I, n° 175, *JCP* 1984. II. 20123, note Levy ; Civ. 1re, 13 mai 1985, *Bull. civ.* I, n° 146.

monnaie à laquelle les parties se réfèrent dans le contrat comme équivalent de valeur. Les parties peuvent ainsi stipuler que la monnaie de référence pour le paiement sera telle devise étrangère, alors que le paiement se fera dans la monnaie qui a cours légal chez le créancier. C'est la clause valeur monnaie étrangère. Ces clauses monétaires qui prévoient la référence à une monnaie de compte étrangère constituent en quelque sorte une indexation sur une monnaie étrangère. Concernant la licéité de ce type de clauses, la Cour de cassation a fait prévaloir dans le célèbre arrêt des *Messageries maritimes* le principe de la liberté contractuelle sur « les règles impératives de la loi interne appelée à régir la convention » [1]. Autrement dit, la liberté de stipuler la référence à une monnaie de compte est une règle matérielle de droit international privé [2].

603 Ensuite, signalons qu'existe aujourd'hui une monnaie dite « électronique ». Celle-ci fonctionne de la manière suivante : une personne verse des fonds à un organisme émetteur de monnaie électronique [3]. Ce dernier délivre en contrepartie à l'utilisateur une valeur monétaire qu'il pourra utiliser pour effectuer des paiements et qui est stockée sur un support électronique. Ce type de monnaie électronique est très pratique pour les paiements en ligne, aux lieu et place notamment de l'utilisation d'une carte bancaire [4]. Le *solvens* ne peut révoquer le paiement, car la monnaie électronique est assimilée à des pièces ou des billets de banque et son utilisation réalise directement le paiement.

1. Civ. 21 juin 1950, préc.
2. En ce sens, B. Ancel et Y. Lequette, *Les grands arrêts de la jurisprudence française de droit international privé*, *op. cit.*, p. 194 s. V. civ. 1°, 15 juin 1983, préc. ; 13 mai 1985, préc. ; 12 janv. 1988, *D.* 1989. 80, note P. Malaurie ; *RTD civ.* 1988. 740, obs. J. Mestre ; 11 oct. 1989, *D.* 1990. 167 ; Com. 22 mai 2001, *Bull. civ.* IV, n° 98.
3. L'activité de ces établissements est réglementée dans l'Union européenne par la directive n°2000/46 du 18 sept. 2000, modifiée par la directive n°2009/110 du 16 sept. 2009.
4. Sur les paiements par carte bancaire depuis l'ordonnance du 15 juillet 2009 transposant la directive 2007/64 du 13 nov. 2007 et posant un régime commun pour l'ensemble des instruments de paiement à l'exclusion des espèces, effets de commerce et chèques, V. art. L 133-1 s. du C. mon. fin.

§ 2. Le risque de change

604 Si la monnaie de compte n'est pas la monnaie de paiement, ou bien si le paiement a lieu en devises étrangères, le problème de la convertibilité de la monnaie est posé. Un risque de change pèsera alors sur le créancier ou le débiteur [1]. En effet, si la monnaie de compte a subi une dévaluation par rapport à la monnaie de paiement entre le moment de la conclusion du contrat et le terme du paiement, le créancier touchera une somme moindre que celle de sa prévision initiale. Si c'est la monnaie de paiement qui est dévaluée, le créancier touchera une somme plus importante que prévu.

605 Plusieurs techniques permettent de « traiter » contractuellement le risque de change. Afin d'éviter de courir ou de subir le risque de change, les parties à une opération du commerce international peuvent intervenir sur les délais de paiement. Ainsi, un paiement au comptant permet-il d'évincer le risque de change. Au contraire, une prévision d'un paiement à plus ou moins long terme permet aux parties une spéculation sur la variation du cours de la monnaie. Il est aussi possible de stipuler un allongement ou un raccourcissement des délais de paiement en fonction de la conjoncture...

Une autre option contractuelle consiste dans les clauses d'option de change ou de change multiple, dites encore clauses multidevises : le créancier se voit réserver la faculté de déterminer parmi plusieurs monnaies indiquées dans le contrat celle dans laquelle s'effectuera finalement le paiement. Des clauses de variation des changes sont parfois prévues : soit qu'elles stipulent l'indifférence sur le prix des variations minimes de change (clauses de franchise de variation), soit au contraire qu'elles répercutent le risque de change sur le prix, mais en plafonnant ce dernier (clauses de plafonnement des variations). Enfin, le contrat peut imputer sur l'une ou l'autre des parties le risque de change. Il s'agira de clauses de garanties de change en vertu desquelles le

1. Pour une illustration particulière relative aux conséquences de la variation de change en cas de contre-passation d'un chèque libellé en devise, Com. 23 janv. 2007, *Bull. civ.* IV, n°6 ; *D.* 2007, AJ 438, obs. X. Delpech ; *RTD com.* 2007. 420, obs. D. Legeais.

débiteur s'engage à répercuter sur le prix les conséquences néfastes pour le créancier de la variation de la monnaie de facturation.

Le risque de change peut également faire l'objet d'une assurance de type COFACE [1]. Notons que les techniques de l'affacturage et du forfaitage réduisent ou suppriment tout risque de change [2].

Section 2
Le droit applicable aux paiements internationaux

606 Un paiement international peut être réalisé par une technique propre au commerce international, comme le crédit documentaire qui associe paiement, crédit et garantie [3]. Mais il peut aussi être effectué par le recours aux différents moyens de paiement connus du droit interne. Le caractère international du paiement pose cependant le problème de la loi applicable. Nous aborderons succinctement le cas du chèque, de la lettre de change et du billet à ordre (**§ 1**). En pratique, le paiement par virement est le plus commode, car il est véritablement adapté au caractère international de l'opération par sa simplicité [4] (**§ 2**).

§ 1. Le chèque, la lettre de change et le billet à ordre

607 Si les effets de commerce sont parfois utilisés comme moyen de paiement dans le cadre du commerce international [5], c'est en rai-

1. V. *supra*, n° 481.
2. V. *supra*, n° 562 s. et 550.
3. V. *supra*, n° 505 s.
4. M. Delierneux, « Les instruments du paiement international », *RD aff. int.* 1993.987 s.
5. V. P. Bloch, « Les lettres de change et billets à ordre dans les relations commerciales internationales », *Étude comparative de droit cambiaire français et américain*, Économica, 1986 ; B. Coutenier, « Les techniques de mobilisation des créances internationales. Aspects de droit international et de droit comparé », *RD aff. int.* 1999.295.

son de leur intérêt en tant qu'instrument de crédit. Leur négociabilité qui permet leur endossement et leur escompte, en plus des garanties qui leur sont attachées, en font des instruments de crédit appropriés. On va ainsi notamment retrouver la lettre de change et le billet à ordre dans la mise en œuvre du crédit documentaire [1]. Les mêmes instruments sont utilisés dans le cadre de la mobilisation des créances sur l'étranger [2].

608 Le chèque, la lettre de change et le billet à ordre ont en commun d'avoir fait l'objet d'une unification partielle par voie de conventions internationales. Il s'agit pour le chèque [3] des trois Conventions de Genève du 11 mars 1931 [4] et concernant la lettre de change et le billet à ordre des trois Conventions de Genève du 7 juin 1930 [5]. Trois conventions à chaque fois donc, pour couvrir les questions de droit uniforme, de conflits de lois et de timbre.

Cependant, cette unification a manqué son but. En effet, devant les grandes divergences des systèmes juridiques notamment français, allemand et anglais en matière de droit cambiaire, les conventions portant loi uniforme ont prévu de nombreuses possibilités de réserves. Les États signataires, dont la France, ont usé de ces réserves pour préserver leur conception nationale du droit cambiaire (et notamment la question fondamentale de l'articulation entre les rapports fondamentaux et les rapports cambiaires). De plus, la loi uniforme a pu faire l'objet d'interprétations nationales divergentes, donnant lieu alors à des conflits de lois [6] ! Quant au système des règles de conflit de lois posé par exemple par la seconde Convention de Genève du 7 juin 1930, il se fonde sur le principe de la pluralité de rattachements. Ainsi, chaque

1. V. *supra,* n° 505 s.
2. Sur laquelle, v. *supra,* n° 548 s. ; J.-P. Mattout, *Droit bancaire international, op. cit.*, n° 44 s.
3. J. Schapira et E. Loquin, « Chèque », *Jurisclasseur Droit international,* Fasc. 567-B.
4. Le décret-loi du 30 octobre 1935 a introduit en droit français la Convention de Genève sur le droit uniforme du chèque. Pour une illustration, dans laquelle la Convention de Genève est écartée, V. Civ. 1re, 23 janv. 2007, *Bull. civ.* I, n° 32 ; *D.* 2007. 1244, note N. Bouche, Pan. 2562, obs. L. d'Avout et S. Bollée ; *Rev. crit. DIP* 2007. 760, note O. Boskovic ; *D.* 2008, Pan. 876, note H. Synvet : la Convention du 19 mars 1931 n'a pas pour effet de désigner la loi compétente en matière de responsabilité bancaire. Elle ne s'applique que pour la solution des conflits de lois qu'elle énumère en matière cambiaire.
5. V. Thomas, « Effets de commerce, Lettre de change et billet à ordre, Warrant », *Jurisclasseur Droit international,* fasc. 566-20, 2003.
6. Com. 4 mars 1963, *Hocke, JCP* 1963. II. 13376, note Lescot ; *JDI* 1964.806, note B. Goldman ; *Rev. crit. DIP* 196.264 et l'article de P. Lagarde, *Rev. crit. DIP* 1964.235.

engagement relève de la loi locale. L'ensemble est complexe et nuit à la sécurité juridique. Enfin, et surtout, les pays anglo-saxons n'ont pas ratifié ces conventions (sauf pour le timbre en matière de chèque). Au vu de ces considérations, le système des conflits de lois en matière d'effets de commerce est particulièrement complexe. Sa présentation dépasse largement le cadre restreint du présent ouvrage [1].

609 Dans un souci d'unification des règles matérielles, la CNUDCI a envisagé le remplacement de la lettre de change et du billet à ordre, dans le cadre du commerce international, par un nouvel instrument facultatif (lettre de change internationale et billet à ordre international) régi par une loi internationale uniforme [2]. Adoptée par l'assemblée générale des Nations unies le 9 décembre 1988, la Convention sur les lettres de change et billets à ordre internationaux [3] qui est ouverte à la signature n'est pas entrée en vigueur, faute d'avoir été ratifiée par au moins dix États (seuls huit États l'ont signée ou ratifiée à ce jour : Canada, Gabon, Guinée, Honduras, Libéria, Mexique, Fédération de Russie et États-Unis). L'échec de cette Convention est probablement dû à sa trop grande complexité qui est le résultat d'un compromis entre la vision anglo-saxonne et le droit uniforme de la Convention de Genève du 7 juin 1930 [4].

§ 2. Le virement international

610 Les banques jouent un rôle de premier plan dans le cadre du commerce international. Le système bancaire international est ainsi fort développé. Les banques ont même élaboré un système

1. V. R. Chemaly, «Conflits de lois en matière d'effets de commerce», *Rec. Cours La Haye* 1988, t. 209, p. 347.
2. V. R. Roblot, «Une tentative d'unification mondiale du droit : le projet de la CNUDCI pour la création d'une lettre de change internationale», *Mélanges Vincent*, 1981, p. 361.
3. Sur le contenu de laquelle, v. V. Thomas, *op. cit*, n° 41 s. ; M. Pinault, «La réconciliation des irréconciliables. La convention des Nations unies sur les lettres de change internationales et les billets à ordre internationaux», *Les cahiers de droit*, Université Laval (Québec), vol. 38, n° 3, sept. 1997, p. 503.
4. P. Bloch, «Un espoir déçu : la Convention des Nations unies sur les lettres de change et billets à ordre internationaux», *JDI* 1992. 907.

d'échange international entre elles très sophistiqué : le système SWIFT (*society for worlwide interbank financial telecommunication*)[1]. Il s'agit d'un système privé et normalisé de communication entre banques, assurant la bonne transmission des ordres et leur bonne réception dans le cadre d'un langage commun. Surtout, les devises ne sortent quasiment pas du pays d'origine. Le transfert de fonds est immatériel. Il se réalise par un jeu d'écritures au crédit ou au débit dans les livres de la banque du débiteur et du créancier d'une part, et dans les livres des correspondants des banques intervenantes du lieu de la devise concernée par le paiement d'autre part[2]. Les banques portent en effet des écritures en compte « devises » dans les pays autres que celui où est émise une devise considérée. L'objectif est d'éviter tout transfert matériel de fonds d'un pays à un autre.

611 Le virement international est un moyen de paiement d'une grande simplicité et d'un faible coût. N'assumant cependant aucune fonction de garantie il convient surtout, mais parfaitement, à un paiement entre des entreprises qui sont en relation de confiance ou en rapport d'affaires continus.

612 Le virement (y compris international) procède d'une inscription au débit du compte bancaire du donneur d'ordre et d'une inscription au crédit du compte bancaire du bénéficiaire. Le virement sera international lorsque le compte du donneur d'ordre et celui du bénéficiaire sont tenus dans des pays différents : par exemple un virement depuis un compte italien sur un compte français. En cas de mauvaise exécution, ou d'inexécution du virement, il conviendra de rechercher quelle est la loi applicable à l'opération bancaire. La solution la meilleure consisterait à faire régir toute l'opération par une loi unique. Cependant, une telle solution n'est pas celle retenue par le droit positif qui s'en tient à une segmentation des différents rapports juridiques dans le cadre du virement : rapports entre le donneur d'ordre et sa banque, entre le donneur d'ordre et la banque du bénéficiaire, entre ce dernier et sa propre banque... Étant précisé qu'à chaque fois, la loi d'autonomie a

1. V. J.-C. Mouriez, « Un exemple de coopération bancaire internationale », *Banque* 1976. 1003.
2. V. M. Delierneux, *op. cit.*, p. 989.

vocation à s'appliquer. En son absence, on doit faire appel aux critères de détermination de la loi applicable posés par la Convention de Rome de 1980 ou le règlement Rome I qui sont, en l'espèce, relativement inadaptés [1]. Il en résulte un régime passablement complexe, source d'insécurité juridique. Ainsi, si l'on considère que la prestation caractéristique d'un paiement est fournie par le débiteur, la loi applicable sera celle du lieu d'expédition de l'ordre de virement (lieu d'établissement du débiteur). Mais dans le domaine des obligations en eurodevises [2], le critère de rattachement retenu par les usages est plutôt celui du lieu d'exécution de l'obligation (lieu de localisation du compte désigné par le créancier pour recevoir le paiement). Et la loi du lieu d'exécution a vocation à régir en tant que loi de police la monnaie de paiement et le régime de réglementation des changes... C'est pourquoi la CNUDCI a élaboré une loi-type sur les virements internationaux [3] qui a inspiré la directive communautaire sur le même thème [4].

SECTION 3
LES PAIEMENTS PARTICULIERS AU COMMERCE INTERNATIONAL

613 Parfois, le débiteur du prix ne dispose pas des fonds suffisants pour payer. Un système de paiement « en nature » directement inspiré de l'antique « troc » pourra alors être mis en place. Les pays en voie de développement recourent souvent à ce type de paiement. Ce sont les accords dits de « *clearing* » [5]. On parle aussi d'accords de compensation. Les accords de compensation com-

1. V. M. Delierneux, *op. cit.*, p. 1000 s.
2. V. *supra*, n° 543.
3. Texte in *Banque et droit*, nov-déc. 1992, p. 191 ; M. Vasseur, « Les transferts internationaux de fonds : la loi type des Nations Unies sur les virements internationaux », *Rec. Cours La Haye*, t. 239, 1993.
4. Directive C.E. 97-5 du 27 janv. 1997, concernant les virements transfrontaliers, *JOCE* n° L 43 du 14 févr. 1997.
5. D. Nedjar, « Les accords de compensation et la pratique contractuelle des pays en voie de développement », in *Contrats internationaux et pays en développement*, Économica, 1989, p. 185.

merciale permettent ainsi le paiement d'une marchandise ou d'un service par la livraison d'une marchandise, matière première, ou la fourniture d'un service par le débiteur du prix [1]. Il n'y a alors aucun règlement monétaire d'un tel échange. Souvent, une lettre de garantie bancaire est exigée réciproquement par chacune des parties. Si le système présente l'avantage d'écarter le risque de change [2], il comporte l'inconvénient des risques liés aux transports et aux variations de cours (surtout au sujet des matières premières). Les parties à un tel mécanisme peuvent émettre chacune une formule de crédit documentaire [3] pour réaliser l'opération.

614 Il y a une variante. Les accords de « *buyback* » prévoient que le constructeur d'un ensemble industriel se paiera avec (voire achètera) une partie de la production sortie de l'usine qu'il a livrée. La formule est fréquente dans le cadre des contrats dits « produit en main » [4]. Elle est justifiée aussi par le fait que parfois le marché local ne peut suffire à écouler la production. Il s'agit plus généralement de contrats dits « de contre-achat » [5] en vertu desquels l'exportateur achète des produits de son client à hauteur du prix de la vente qu'il lui a consenti. Il est alors procédé à la compensation des paiements réciproques. Par exemple, tel fabricant d'ordinateurs sera payé avec des livraisons de café... Un tiers peut s'interposer dans le cadre de ces relations de ventes réciproques avec paiement par compensation. Ce tiers aura par exemple pour rôle de faciliter pour l'exportateur ou l'importateur l'écoulement des marchandises faisant l'objet de l'accord de compensation. Des entreprises (souvent filiales de grands groupes bancaires ou industriels) sont spécialisées dans ce type d'intermédiation.

615 Autre originalité : la technique de la double compensation. Soit une entreprise importatrice de matières premières auprès d'un pays X (généralement un pays en voie de développement). Soit une entreprise exportatrice de biens vers ce pays X. Les parties à

1. L. Moatti, « La compensation des échanges commerciaux internationaux », *RD aff. int.* 1995.3.
2. V. *supra*, n° 604 s.
3. V. *supra*, n° 505 s.
4. V. *supra*, n° 435.
5. M. Fontaine, « Les accords de contre-achat », *Dr. prat. com. int.* 1982.161.

ces différentes opérations peuvent convenir que les sommes dues en paiement des matières premières seront directement remises à l'exportateur de biens. Il sera procédé, grâce à des comptes bancaires, à une double compensation, aux lieu et place d'un double transfert de fonds.

616 La technique de la compensation investit également des champs plus particuliers. Ainsi en est-il des accords de licences croisées de technologies. Des entreprises disposant de portefeuilles de brevets se consentent des licences réciproques pour exploiter chacune librement les brevets concernés. Il est procédé alors à une compensation entre les différents prix dus en contrepartie des licences. Seul le solde est réglé le cas échéant. Susceptibles de constituer des ententes anticoncurrentielles, ces accords sont exclus du champ d'application du règlement d'exemption par catégorie de 2004 sur les accords de transfert de technologies [1].

1. Règlement (CE) n°772/2004 de la Commission du 27 avril 2004 concernant l'application de l'article 81 paragraphe 3 du Traité à des catégories d'accords de transfert de technologies, *JOCE* du 27/04/2004, n° L123, p. 11.

Quatrième partie

L'ARBITRAGE DU COMMERCE INTERNATIONAL

617 C'est le recours à l'arbitrage qui est caractéristique du commerce international. Il est bien entendu possible de saisir un juge étatique pour les litiges du commerce international. Toutefois, la saisine d'un juge étatique n'a pas de caractéristiques propres dans ce domaine. La seule question relevant au sens strict du droit du commerce international est relative aux clauses attributives de juridiction qui sont parfois stipulées dans les contrats internationaux. Mais, selon Philippe Fouchard, à peu près 80 % des contrats internationaux contiennent des clauses d'arbitrage [1], ce qui laisse une place somme toute réduite aux clauses attributives de juridiction. L'arbitrage est en effet plus conforme aux « besoins du commerce international » que le recours à un juge étatique. Les clauses attributives de juridiction sont néanmoins souvent stipulées dans certains secteurs du commerce international comme le commerce

1. *L'arbitrage commercial international*, préface B. Goldman, Dalloz, 1965, n°91, p. 54.

maritime. Ces clauses font l'objet d'un régime qui leur est propre [1]. Seul l'arbitrage commercial international nous paraît devoir être étudié. Aujourd'hui, il est permis de considérer l'arbitrage comme le mode normal de résolution des litiges du commerce international [2]. Il a, dans cette matière, un rôle premier. En outre, le droit de l'arbitrage vient de connaître une réforme importante par le décret du 13 janvier 2011 [3]. La question est fortement d'actualité. On doit effectuer d'abord une présentation générale de l'arbitrage commercial international (TITRE 1) pour voir ensuite la convention d'arbitrage (TITRE 2), la procédure d'arbitrage (TITRE 3) et la sentence arbitrale (TITRE 4).

1. V. la Convention de La Haye du 30 juin 2005 sur l'élection de for, non encore entrée en vigueur. Sur cette Convention v. l'article de C. Kessedjian, *JDI* 2006. 813.

2. Parmi une bibliographie très fournie, v. P. Fouchard, *L'arbitrage commercial international, op. cit.* ; P. Fouchard, E. Gaillard, B. Goldman, *Traité de l'arbitrage commercial international*, Litec, 1996 ; J.-F. Poudret et S. Besson, *Droit comparé de l'arbitrage international*, Bruylant, LGDJ, Schultess, 2002 ; D. Vidal, *Droit français de l'arbitrage commercial international*, Gualino, 2004 ; D. Hascher, « Arbitrage du commerce international », *Rép. internat. Dalloz*, 2005 ; J.-L. Delvolvé, J. Rouche et G. Pointon, *French Arbitration Law and Practice*, Kluwer Law International, 2ème éd., 2009.

3. Pour des commentaires, v. E. Gaillard et P. de Lapasse, « Le nouveau droit français de l'arbitrage interne et international », *D.* 2011. 175 ; B. Le Bars, « La réforme du droit de l'arbitrage. Un nouveau pas vers un pragmatisme en marche », *JCP* 2011. 67 ; J. Béguin, J. Ortscheidt et C. Seraglini, « Un second souffle pour l'arbitrage. – Arbitrage international – À propos du décret du 13 janvier 2011 », *JCP* 2011. 467 ; E. Kleiman et J. Spinelli, « La réforme du droit de l'arbitrage, sous le double signe de la lisibilité et de l'efficacité », *Gaz. Pal.* 27 janv. 2011 n° 27, p. 9 ; C. Jarrosson et J. Pellerin, « Le droit français de l'arbitrage après le décret du 13 janvier 2011 », *Rev. arb.* 2011. 5 ; P. Mayer, « Arbitrage : entrée en vigueur d'une procédure plus efficace », *Dr. et patr.* mai 2011. 30.

Titre 1

Présentation générale de l'arbitrage commercial international

618 L'arbitrage est un mode juridictionnel et non étatique de règlement des litiges. L'arbitre est un juge privé qui n'est pas investi du pouvoir de juger par un État, mais par la volonté des parties. Il y a donc une originalité irréductible de l'arbitrage. Celle-ci s'exprime dans la notion même d'arbitrage commercial international (chapitre 1), dans ses sources (chapitre 2) et dans ses avantages et inconvénients (chapitre 3).

CHAPITRE 1

La notion d'arbitrage commercial international

619 Il faut étudier la notion d'arbitrage (SECTION 1) et celle d'internationalité (SECTION 2). En revanche, la notion de commercialité ne doit pas nous retenir. Il est habituel de parler d'« arbitrage commercial international » afin, notamment, de ne pas créer de confusion avec l'arbitrage de droit international public. Mais la commercialité au sens du droit de l'arbitrage international n'entretient aucun rapport avec la commercialité du droit interne [1]. Elle englobe toute activité économique. La distinction entre la matière civile et la matière commerciale n'a pas lieu d'être. La commercialité appréhende même les arbitrages relatifs aux contrats entre une personne publique (un État) et une personne privée [2].

1. Paris, 13 juin 1996, *Rev. arb.* 1997.251, note E. Gaillard.
2. Sur les contrats d'État, v. *supra*, n° 220 s.

Section 1
La notion d'arbitrage

620 De prime abord, l'arbitrage est une notion mystérieuse. Il faut en dégager les critères de définition (**§ 1**) pour le distinguer de notions voisines (**§ 2**). Il existe enfin deux types d'arbitrage selon qu'il est institutionnel ou *ad hoc* (**§ 3**).

§ 1. Les critères de définition

621 Selon la définition de Charles Jarrosson, « l'arbitrage est l'institution par laquelle un tiers, règle le différend qui oppose deux ou plusieurs parties, en exerçant la mission juridictionnelle qui lui a été confiée par celles-ci » [1]. L'arbitrage est une justice reposant sur la convention des parties. L'arbitrage a donc une nature mixte mi-contractuelle, mi-juridictionnelle.

L'arbitrage a tout d'abord un socle contractuel, autrement dit volontaire. En principe, il faut une convention d'arbitrage pour conférer à un arbitre la mission de trancher un litige. Il existe certes des hypothèses d'arbitrage forcé, mais elles sont marginales [2]. C'est par conséquent la volonté des parties qui investit l'arbitre du pouvoir de juger. En cela, l'arbitrage est une justice privée. Un arbitre ne statue pas au nom d'un État, mais en vertu de la volonté des parties qui l'ont institué. Il est ainsi particulièrement faux de penser que l'État a le monopole de la justice. L'arbitrage prouve le contraire.

L'arbitrage a ensuite une dimension juridictionnelle. L'arbitre est un « vrai » juge dans la mesure où il exerce une fonction juridictionnelle. Il tranche le litige au moyen d'un acte de *jurisdictio* que l'on appelle sentence. Néanmoins, si l'arbitre dispose de la *jurisdictio*, on dit habituellement qu'il est dépourvu d'*imperium*. En effet, il faut, pour procéder à l'exécution forcée d'une sentence,

1. *La notion d'arbitrage*, LGDJ, 1987, p. 372.
2. V. par exemple, la Commission arbitrale des journalistes (art. L. 7112-4 du Code du travail).

un *exequatur* délivré par un juge étatique [1]. Il n'en demeure pas moins que l'arbitre dispose d'une certaine dose d'*imperium*, consubstantielle à la fonction de juger, qui se manifeste par exemple dans le pouvoir de prononcer des astreintes [2].

§ 2. La distinction avec des notions voisines

622 Il est nécessaire de distinguer l'arbitrage de notions qui, pour lui être proches, n'en sont pas moins différentes.

623 L'arbitrage se distingue de la médiation et de la conciliation. Ces modes de résolution des litiges sont très en vogue à l'heure actuelle. Il y a en effet un essor des *Alternative Dispute Resolution* (ADR) ou modes alternatifs de résolution des conflits (MARC) [3]. La différence avec l'arbitrage est marquée. Autant l'arbitre dispose d'un pouvoir juridictionnel, autant le médiateur et le conciliateur en sont-ils dépourvus. Ils ne prennent aucune décision et ne peuvent rien imposer aux parties. De manière plus ou moins active, ils aident les parties à trouver un accord amiable. Autrement dit, à la différence de l'arbitrage, médiation et conciliation sont des modes non juridictionnels de résolution des conflits. Il y a toutefois une complémentarité entre les deux : la médiation ou la conciliation est souvent conçue comme un préalable à l'arbitrage. Relativement nombreuses sont les clauses des contrats internationaux qui stipulent le recours à une médiation et, en cas d'échec de celle-ci, à un arbitrage.

624 L'arbitrage doit également être dissocié de la transaction. Cette dernière est un contrat mettant fin à un litige [4]. Elle est conclue,

1. V. *infra*, n° 722 s.
2. V. C. Jarrosson, « Réflexions sur l'*imperium* », in *Études offertes à P. Bellet*, Litec, 1991, p. 245. V. aussi D. Chekroun, « L'*imperium* de l'arbitre », in *L'arbitrage*, Arch. Phil. Dr., Dalloz, 2009, p. 135.
3. V. notamment, C. Jarrosson, « Les modes alternatifs de règlement des conflits : présentation générale », *RID Comp.* 1997. 325 ; P. Fouchard, « Arbitrage et modes alternatifs de règlement des litiges du commerce international », in *Souveraineté étatique et marchés internationaux à la fin du 20e siècle, Mélanges en l'honneur de P. Kahn*, Litec, 2000, p. 95.
4. Sur les particularités de la transaction en matière internationale, v. C. Jarrosson, « Le contrat de transaction dans les relations commerciales internationales », *Rev. crit. DIP* 1997. 657.

soit à la fin d'une négociation directe entre les parties, soit à l'issue d'une médiation ou d'une conciliation réussie. C'est une figure complexe, car le contrat de transaction produit certains effets du jugement, notamment l'autorité de la chose jugée (art. 2052 al. 1 Code civil). La différence avec l'arbitrage doit toutefois être relevée. L'arbitrage donne lieu à une procédure qui débouche sur un acte juridictionnel rendu par un tiers : la sentence. La transaction, quant à elle, est un contrat et repose, à ce titre, sur un accord de volonté émanant des parties au litige contenant des concessions réciproques. Toutefois, la distinction devient poreuse lorsque les parties à un arbitrage transigent en cours de procédure. Dans ce cas, l'arbitre rend une sentence d'accord-parties par laquelle il constate l'accord.

625 Enfin, l'arbitrage ne se confond pas avec l'expertise. L'expert ne dispose d'aucun pouvoir juridictionnel. Il ne se prononce que sur des faits en émettant un avis non obligatoire. Le rapport de l'expert n'est pas assimilable à une sentence. On trouve cependant dans la pratique des formules ambiguës qui prévoient la désignation d'un « expert » ayant le pouvoir de rendre une décision obligatoire et l'amenant à se prononcer sur des points de droit. Dans cette hypothèse, une requalification en arbitrage est envisageable [1].

§ 3. Arbitrage institutionnel et arbitrage *ad hoc*

626 Il existe deux types d'arbitrage.

Le premier est l'arbitrage institutionnel par lequel les parties conviennent de confier l'organisation de l'arbitrage à une institution, autrement dénommée centre d'arbitrage. Une confusion doit être évitée : le centre d'arbitrage n'agit pas comme tribunal arbitral ; il se contente d'organiser l'arbitrage. Les institutions d'arbi-

1. En cas de doute, un auteur propose de manière pertinente de faire prévaloir la qualification d'arbitrage qui jouerait ainsi en tant que « notion résiduelle » (C. Jarrosson, « Les frontières de l'arbitrage », *Rev. arb.* 2001.5).

trage sont très nombreuses dans le monde. Les plus connues sont la Cour internationale d'arbitrage de la Chambre de commerce internationale (CCI) [1], l'Association américaine d'arbitrage (AAA) et la *London Court of International Arbitration* (LCIA). Ces institutions élaborent des règlements d'arbitrage. Elles ont à ce titre certaines prérogatives qui leur permettent d'administrer les arbitrages, comme par exemple fixer le siège de l'arbitrage ou intervenir dans la constitution du tribunal arbitral. Les avantages de l'arbitrage institutionnel sont nombreux et tiennent dans les facilités apportées par l'intervention d'un centre d'arbitrage et la sécurité liée à l'adoption d'un règlement d'arbitrage. Des inconvénients existent : la procédure est plus coûteuse (l'institution se fait rémunérer) et parfois plus lourde et plus longue.

Le second est l'arbitrage *ad hoc*. Il s'agit d'un arbitrage qui n'est pas confié à une institution d'arbitrage. Son organisation est soumise à la volonté des parties. L'avantage résulte de la grande souplesse qu'il autorise [2]. L'arbitrage *ad hoc* permet véritablement une justice « sur mesure ». Cette forme d'arbitrage n'est néanmoins pas dénuée d'inconvénients. Il n'y a pas de centre d'arbitrage pour résoudre certains blocages dans la procédure. De manière à conférer à l'arbitrage *ad hoc* une plus grande sécurité, il est utile d'adopter un règlement d'arbitrage non institutionnel, par exemple celui de la CNUDCI qui a été révisé en 2010.

Section 2
La notion d'internationalité

627 Le droit français repose sur une distinction entre l'arbitrage interne et l'arbitrage international. Même s'il existe des règles communes, leur régime est distinct, celui de l'arbitrage international étant plus libéral que celui de l'arbitrage interne. Il faut donc

1. Y. Derains et E. Schwartz, *A Guide to the ICC Rules of Arbitration*, Kluwer Law International, 2e éd., 2005.
2. P. Lalive, « Avantages et inconvénients de l'arbitrage *ad hoc* », in *Études offertes à P. Bellet, op. cit.*, p. 301.

un critère permettant de savoir où passe la frontière entre l'un et l'autre. L'article 1504 du Code de procédure civile (ancien art. 1492) dispose que « Est international l'arbitrage qui met en cause des intérêts du commerce international ». Le critère choisi est économique et non juridique [1]. C'est la nature de l'opération économique à l'origine du litige qui est déterminante. La jurisprudence, très fournie, est constante à cet égard : il suffit, pour que l'arbitrage soit international, que l'opération économique implique un mouvement de biens, de services ou un paiement à travers les frontières, autrement dit que le litige intéresse l'économie de plus d'un pays [2]. Les critères juridiques tirés par exemple du lieu de conclusion ou d'exécution du contrat, du lieu de l'arbitrage, de la nationalité des parties ou de la loi applicable au fond ou à la procédure sont inopérants. De même, la volonté des parties n'exerce aucun rôle : la qualification repose sur des éléments objectifs [3]. La jurisprudence est libérale et défend une vision large de l'internationalité de l'arbitrage. Ainsi, a-t-il été jugé qu'un arbitrage portant sur une société en participation entre des parties françaises, soumis à la loi française, dont l'objet est l'obtention et l'exécution de marchés à l'étranger, est international [4].

628 Les enjeux sont considérables. Le régime juridique de l'arbitrage interne et celui de l'arbitrage international sont différents (la réforme de 2011 a maintenu la dualité de régimes). L'internationalité a pour conséquence l'application à l'arbitrage de règles matérielles spécifiques à la fois d'origines légale et jurisprudentielle. L'arbitrage international est ainsi soumis à des règles plus libérales que l'arbitrage interne. Par le libéralisme du régime, le but est d'assurer à l'arbitrage la plus grande efficacité en matière de commerce international. La spécificité de l'arbitrage international renvoie à son autonomie. Selon le droit français, un arbitrage international est largement autonome par rapport aux ordres juri-

1. Sur la qualification du contrat international, v. *supra*, n° 239 s.
2. V. par exemple, Paris, 29 mars 2001, *Rev. arb.* 2001. 543, note D. Bureau ; Paris, 17 janv. 2002, *Rev. arb.* 2002. 391 et la note ; Paris, 10 mai 2007, *Rev. arb.* 2007. 825, note V. Chantebout.
3. Civ., 1re, 13 mars 2007, *Rev. arb.* 2007. 500, note L. Jaeger ; *Rev. crit. DIP* 2007. 455, note D. Bureau.
4. Paris, 26 janv. 1990, *Rev. arb.* 1991, 2e esp. 125, obs. Moitry et Vergne.

diques étatiques, en particulier celui du siège. Il est ainsi envisageable de parler d'une forme d'arbitrage « réellement » international détaché des droits étatiques pour être rattaché à un ordre juridique transnational ou bien à un « ordre juridique arbitral » [1]. La distinction entre arbitrage interne et arbitrage international a cependant tendance à s'estomper. Les règles libérales de l'arbitrage international s'appliquent de plus en plus par effet de contagion à l'arbitrage interne [2]. Notons aussi que certains droits, comme le droit néerlandais ou le droit allemand, ne connaissent pas la distinction entre arbitrages interne et international et soumettent l'ensemble des arbitrages au même régime.

1. V. J.-B. Racine, « Réflexions sur l'autonomie de l'arbitrage commercial international », *Rev. arb.*, 2005. 305 ; E. Gaillard, « Souveraineté et autonomie : réflexions sur les représentations de l'arbitrage international », *JDI* 2007. 1163 ; E. Gaillard, *Aspects philosophiques du droit de l'arbitrage international*, Les livres de poche de l'Académie de droit international de La Haye, 2008 ; E. Gaillard, « L'ordre juridique arbitral : réalité, utilité et spécificité », *Revue de droit de McGill*, volume 55, nov. 2010, p. 891.

2. V. C. Jarrosson, « L'apport de l'arbitrage international à l'arbitrage interne », in *Mélanges A. Plantey*, Pedone, 1995, p. 233. V. aussi, P. Mayer, « Faut-il distinguer arbitrage interne et arbitrage international ? », *Rev. arb.* 2005. 361.

CHAPITRE 2

Les sources de l'arbitrage commercial international

629 Le droit de l'arbitrage commercial international a bien entendu des sources publiques (SECTION 1). Il a aussi des sources privées ce qui est logique dans la mesure où l'arbitrage est une justice privée (SECTION 2).

SECTION 1

LES SOURCES PUBLIQUES

630 Celles-ci sont tout à la fois nationales (**§ 1**) et internationales (**§ 2**).

§ 1. Les sources nationales

631 La plupart des pays ont une législation sur l'arbitrage. Le droit français de l'arbitrage international est, à cet égard, composite.

Il contient en premier lieu des sources légales (au sens large). Certaines dispositions sont intégrées dans le Code civil aux articles 2059 à 2061. Seul l'article 2059 est potentiellement applicable à l'arbitrage international, les deux autres ayant été cantonnés à la matière interne. Pour le reste, c'est le Titre II du Livre IV du Code de procédure civile qui contient des dispositions relatives à l'arbitrage international. Ces dispositions sont issues du décret n° 2011-48 du 13 janvier 2011 portant réforme de l'arbitrage. Les nouveaux textes ont ainsi succédé à ceux issus des décrets du 14 mai 1980 et du 12 mai 1981. Les dispositions rénovées s'appliquent depuis le 1er mai 2011. Certains textes relatifs à l'arbitrage interne et contenus dans le Titre I du Livre IV sont applicables à l'arbitrage international (v. art. 1506 CPC, à moins que les parties en soient convenues autrement pour les dispositions susceptibles de dérogation).

Les règles proviennent en second lieu de la jurisprudence. Celle-ci, émanant essentiellement de la Cour d'appel de Paris et de la Cour de cassation, a une énorme importance dans le domaine de l'arbitrage international [1].

632 Le trait caractéristique du droit français est de poursuivre une véritable politique de faveur envers l'arbitrage international. Il s'agit de garantir sa pleine et entière efficacité du stade de la convention d'arbitrage jusqu'à celui de la sentence. Le moyen utilisé repose, notamment, sur des règles matérielles de droit international privé. La méthode de la règle de conflit est abandonnée en droit français de l'arbitrage international [2]. De plus, la réforme de 2011 s'est inscrite dans un esprit affiché de faveur envers l'arbitrage. Le but a été d'améliorer et de moderniser les dispositions relatives à ce mode de résolution des conflits en vue d'en encourager l'utilisation. Il existe donc en droit français une véritable « *favor arbitrandum* ».

§ 2. Les sources internationales

633 Il existe de multiples conventions internationales concernant l'arbitrage. Certaines sont bilatérales. Elles ont pour objet l'encouragement et la protection des investissements ou l'entraide judi-

1. E. Gaillard, « La jurisprudence de la Cour de cassation en matière d'arbitrage international », *Rev. arb.* 2007. 697.
2. Sur cette méthode, v. *supra*, n° 18 s.

ciaire [1]. D'autres sont multilatérales. Il y a lieu de mentionner deux des plus importantes auxquelles la France est partie.

634 Tout d'abord, la Convention de New York du 10 juin 1958 « pour la reconnaissance et l'exécution des sentences arbitrales » conclue sous l'égide de l'ONU. Elle entend faciliter l'accueil des sentences arbitrales rendues dans un État différent de celui où elles sont invoquées (sentences dites « étrangères »). L'objectif est de favoriser la circulation et l'exécution des sentences. Cette Convention est une incontestable réussite (au 15 juillet 2011, elle comptait 146 États parties). Elle n'empêche pas les États d'adopter des législations plus libérales. Dans ce cas, la Convention prévoit elle-même qu'elle s'efface devant les dispositions plus favorables du pays dans lequel la sentence est invoquée (art. VII qui consacre la « clause de la sentence la plus favorisée »). Le droit français étant, à de multiples égards, plus libéral que la Convention de New York, les applications de celle-ci par nos tribunaux sont assez rares.

635 Ensuite, la Convention de Washington du 18 mars 1965 « pour le règlement des différends relatifs aux investissements entre États et ressortissants d'autres États » conclue sous les auspices de la Banque mondiale. Cette Convention a créé le CIRDI (Centre international pour le règlement des différends relatifs aux investissements). Le texte est applicable aux litiges « en relation directe avec » un investissement entre un État ayant ratifié la Convention et un investisseur privé ressortissant d'un autre État contractant. La Convention est, elle aussi, un succès (au 5 mai 2011, elle comptait 147 États contractants). Le CIRDI œuvre à l'édification d'un droit international des investissements [2].

636 Aux conventions internationales s'ajoutent des sources non obligatoires. Il s'agit principalement des initiatives prises par la CNUDCI. Cet organisme a élaboré un règlement d'arbitrage destiné à être librement adopté par les parties. Ce règlement, révisé en

1. V. P. Fouchard, E. Gaillard, B. Goldman, *Traité de l'arbitrage commercial international, op. cit.*, p. 121 s.
2. V. *supra*, n° 228 s.

2010 [1], est utilisé dans le cadre de l'arbitrage *ad hoc* [2]. La CNUDCI a aussi rédigé une loi-type sur l'arbitrage commercial international datée du 21 juin 1985 [3] et amendée en 2006 [4]. Ce texte est un modèle de législation offert aux États voulant réformer leur droit de l'arbitrage. La loi-type a inspiré à ce jour de nombreuses réformes notamment en Allemagne, au Canada, au Mexique, en Tunisie, à Hong Kong, etc.

SECTION 2
LES SOURCES PRIVÉES

637 L'arbitrage donne une importance particulière aux sources dites « privées » du droit. En effet, la justice privée appelle naturellement les sources privées. Une partie du régime juridique de l'arbitrage international en découle. Il en va ainsi des conventions d'arbitrage types qui sont proposées par les grands centres d'arbitrage et qui sont reprises *in extenso* dans de nombreux contrats internationaux. On doit mentionner également les règlements d'arbitrage qui équivalent à « de véritables petits Codes de procédure arbitrale » [5]. Dans la pratique, ce sont souvent ces règlements qui régissent les procédures arbitrales. Ils ont une valeur contractuelle (les parties y adhèrent) [6], mais ils recèlent aussi de véritables usages [7]. L'expression de *lex processualis*, calquée sur celle de *lex mercatoria*, est appropriée à leur égard. Enfin, se développe une jurisprudence arbitrale [8] portant spécifiquement sur des questions de droit de l'arbitrage ainsi que sur des points de droit matériel.

1. P. Pic et I. Léger, « Le nouveau règlement d'arbitrage de la CNUDCI (2010) », *Rev. arb.* 2011. 99.
2. V. *supra*, n° 626.
3. V. P. Fouchard, « La Loi-type de la CNUDCI sur l'arbitrage commercial international », *JDI* 1987. 861.
4. L. Degos et C. Malinvaud, *Cahiers de l'arbitrage* 2007/1, p. 5 et p. 12 ; E. Loquin, *RD aff. int.* 2008. 103.
5. P. Fouchard, E. Gaillard, B. Goldman, *Traité de l'arbitrage commercial international*, *op. cit.*, n° 369, p. 199.
6. TGI Paris (réf.), 22 janv. 2010, *Rev. arb.* 2010. 571, note J.-B. Racine.
7. P. Fouchard, E. Gaillard, B. Goldman, *op. cit.*, n° 362, p. 196.
8. Sur laquelle, v. *supra*, n° 115.

CHAPITRE 3

Les avantages et les inconvénients de l'arbitrage commercial international

638 Il ne faut pas idéaliser outre mesure l'arbitrage : il a d'incontestables avantages (SECTION 1), mais il pâtit également de certains inconvénients (SECTION 2).

SECTION 1

LES AVANTAGES

639 Les avantages de l'arbitrage dans le commerce international sont multiples. Il n'existe pas de juridiction internationale de droit privé. Sauf à transiger, les parties à un litige n'ont donc d'autres choix que de saisir, soit une juridiction nationale, soit un arbitre. Or le recours aux tribunaux d'un État pose plusieurs problèmes que l'arbitrage permet de résoudre. Les tribunaux étatiques sont susceptibles de manquer de neutralité (particulièrement dans les

contrats d'État si ce sont les tribunaux de l'État partie au contrat). L'arbitrage fournit, lui, un *forum* neutre. Les tribunaux étatiques vont statuer en application de règles de conflit désignant la loi d'un État. L'arbitrage permet de trancher le litige en vertu de règles matérielles adaptées aux spécificités du commerce international, notamment par application de la *lex mercatoria*. Devant un tribunal étatique, la procédure relève de la *lex fori* et aucun aménagement n'est généralement possible. L'arbitrage autorise les parties à choisir librement une procédure, ce qui est une manifestation de souplesse. Un procès intenté devant un tribunal est public. Une instance portée devant des arbitres est normalement confidentielle. Le recours à l'arbitrage est ainsi protecteur des secrets d'affaires. Les juges étatiques sont imposés. Les arbitres sont au contraire choisis par les parties. Il est ainsi possible de désigner un arbitre en fonction de ses compétences (juridiques, techniques ou linguistiques). La justice étatique est souvent lente. L'arbitrage est considéré comme une justice rapide, en tout cas qui peut être rapide [1]. Il permet aux parties d'avoir une meilleure maîtrise du temps.

Ainsi, l'arbitrage, par son efficacité et sa souplesse, est-il un mode de résolution des conflits particulièrement bien adapté au commerce international. C'est pourquoi il est devenu le mode normal de résolution des litiges commerciaux internationaux. En conséquence, tout est fait, notamment en France, pour favoriser son développement. Le temps de l'hostilité ou de la méfiance est révolu. Au contraire, aujourd'hui, le droit est marqué par une faveur de principe.

1. C. Jarrosson, « Arbitrage commercial. Droit international », *Jurisclasseur Commercial*, Fasc., 203, 1998, n°9.

SECTION 2

LES INCONVÉNIENTS

640 Il ne faut pas masquer les inconvénients de l'arbitrage international : ce n'est pas une justice parfaite. Autrefois, on a pu le présenter comme un mode non conflictuel de résolution des litiges destiné à rétablir la concorde entre des parties appelées à reprendre leurs relations habituelles. À l'heure actuelle, l'arbitrage est affecté par des dérives procédurales. Les obstructions de procédure sont nombreuses et les parties n'hésitent pas à introduire toutes sortes de recours afin de ralentir l'instance ou contester la sentence. De manière pertinente, Oppetit relevait une évolution des tribunaux arbitraux internationaux vers une « nette accentuation de leur juridictionnalisation (le cadre processuel s'alourdit, le formalisme s'accroît, les incidents de procédure se multiplient), de leur institutionnalisation (les centres permanents d'arbitrage ont très sensiblement développé leurs moyens et leur activité) et de leur judiciarisation (l'imbrication des tribunaux arbitraux et des tribunaux étatiques s'affirme au gré du concours prêté par les seconds à la mise en place des premiers ou au prononcé de mesures provisoires et du contrôle judiciaire des sentences et de leur exécution) » [1]. L'arbitrage est moins souple et moins rapide. Il en résulte une perte de spécificité de l'arbitrage par rapport à la justice étatique qui pousse parfois les parties à se tourner vers les modes alternatifs de résolution des conflits comme la médiation. On ajoutera que l'arbitrage international est tout sauf une justice peu onéreuse. Au contraire, le recours à l'arbitrage coûte cher dans la mesure où il faut rémunérer non seulement les conseils, mais aussi les arbitres et, le cas échéant, les centres d'arbitrage, sans compter les frais de l'arbitrage. D'aucuns parlent de justice « de luxe ». On a même pu évoquer une véritable « marchandisation » de l'arbitrage [2].

1. « Philosophie de l'arbitrage commercial international », *JDI* 1993.811, spéc., p. 818.
2. J.-B. Racine, « La marchandisation du règlement des différends : le cas de l'arbitrage », in *Droit et marchandisation*, E. Loquin et A. Martin (dir), Lexis-Nexis Litec, 2010, p. 321.

Ces inconvénients ne remettent pas en cause l'intérêt que représente l'arbitrage pour le commerce international. Il semble évident que les avantages l'emportent sur les inconvénients. Dans la pratique, d'ailleurs, l'arbitrage est le plus souvent la seule solution concrètement envisageable. Même affecté de certaines dérives, l'arbitrage est incontournable. Et on cherchera à jamais la justice idéale...

Titre 2

La convention d'arbitrage

641 L'arbitrage étant une justice conventionnelle, il faut un accord des parties pour y recourir. Cet accord s'exprime dans une convention d'arbitrage qui est l'acte fondateur de la compétence de l'arbitre. La convention est, soit une clause compromissoire, soit un compromis. La clause compromissoire (ou clause d'arbitrage) est la plus fréquente en pratique. C'est une clause d'un contrat par laquelle les parties s'accordent à l'avance pour soumettre tout litige éventuel à l'arbitrage. À l'inverse, le compromis, beaucoup plus rare, est conclu une fois que le litige est né (cf. article 1442 CPC). Cette distinction perd en importance en matière internationale, le régime des deux accords étant largement harmonisé. C'est l'expression englobante de convention d'arbitrage qui rend le mieux compte de la réalité. En matière internationale, celle-ci fait l'objet d'un régime original marqué par la politique de faveur envers l'arbitrage. Une telle tendance est remarquable tant à l'égard de la formation de la convention d'arbitrage (chapitre 1) que de ses effets (chapitre 2).

CHAPITRE 1

La formation de la convention d'arbitrage

642 La convention d'arbitrage est soumise à un régime propre qui la distingue fortement d'autres clauses ou conventions. En effet, la convention d'arbitrage international est régie par un principe de validité (SECTION 1) qui donne une spécificité marquée à ses conditions de validité (SECTION 2).

SECTION 1

LE PRINCIPE DE VALIDITÉ DE LA CONVENTION D'ARBITRAGE

643 Pour permettre le développement de l'arbitrage international, il fallait commencer par établir un régime favorable à la convention d'arbitrage. La jurisprudence a d'abord affirmé un principe d'autonomie de la convention d'arbitrage qui est devenu au fil du temps un véritable principe de validité. La jurisprudence a connu plusieurs étapes qu'il est utile de retracer brièvement.

644 Tout a réellement commencé en 1963 avec l'arrêt *Gosset* par lequel la Cour de cassation a décidé que l'accord compromissoire

présente « une complète autonomie juridique excluant qu'il puisse être affecté par une éventuelle invalidité » du contrat qui le contient [1]. Cet arrêt a consacré l'autonomie de la clause compromissoire par rapport au contrat principal. Dès lors, la clause survit, et développe ses effets, quand bien même le contrat la contenant serait nul. On parle à ce propos d'indépendance ou de séparabilité de la convention d'arbitrage [2]. Le but est d'immuniser la convention contre les causes d'inefficacité touchant le contrat. La solution ne s'applique pas uniquement à la nullité du contrat principal, mais aussi aux cas de résolution, de résiliation et même d'inexistence [3] de celui-ci. La règle est désormais contenue à l'article 1447 al. 1 CPC, issu de la réforme du 13 janvier 2011, aux termes duquel « La convention d'arbitrage est indépendante du contrat auquel elle se rapporte. Elle n'est pas affectée par l'inefficacité de celui-ci ».

645 Dans l'évolution jurisprudentielle, à partir de 1972, c'est l'autonomie de la convention par rapport aux lois étatiques qui a été consacrée. Il s'est agi de soumettre la convention d'arbitrage international à un régime différent de celui de la convention d'arbitrage interne. Le droit français connaissait à l'article 2061 du Code civil une prohibition de principe de la clause compromissoire dont l'extension à l'arbitrage international a été refusée [4]. L'arrêt *Hecht* de la Cour de cassation va dans ce sens considérant valable une clause compromissoire insérée dans un acte mixte international [5]. Le principe d'autonomie a alors servi à immuniser la convention d'arbitrage contre les prohibitions venues du droit

---

1. Civ. 1re, 7 mai 1963, *Rev. crit. DIP* 1963.615, note H. Motulsky ; *D.* 1963.545, note J. Robert ; *JCP* 1963. II. 13405, note B. Goldman ; *JDI* 1964.82, 1re esp., note J.-D. Bredin.
2. La règle a été étendue au droit de l'arbitrage interne (Civ. 2e, 4 avr. 2002 et Com. 9 avr. 2002, *Rev. arb.* 2003.103, note P. Didier).
3. Civ. 1re, 25 oct. 2005, *D.* 2005.3052 et 3060, obs. T. Clay ; *D.* 2006.199, avis J. Sainte-Rose ; *Rev. arb.* 2006.103, note J.-B. Racine ; *JDI* 2006.996, note F.-X. Train.
4. À la suite de la réforme du 15 mai 2001, le principe a été renversé. L'article 2061 du Code civil dispose depuis lors que « Sous réserve des dispositions législatives particulières, la clause compromissoire est valable dans les contrats conclus à raison d'une activité professionnelle ». V. C. Jarrosson, « Le nouvel essor de la clause compromissoire après la loi du 15 mai 2001 », *JCP* 2001. I. 333 ; P. Fouchard, « La laborieuse réforme de la clause compromissoire par la loi du 15 mai 2001 », *Rev. arb.* 2001.397.
5. Civ. 1re, 4 juill. 1972, *JDI* 1972.843, note B. Oppetit ; *Rev. crit. DIP* 1974.82, note P. Level ; *RTD com.* 1973.499, obs. Y. Loussouarn ; *Rev. arb.* 1974.89.

interne. C'est au moyen d'une règle matérielle de droit international privé que la jurisprudence a bâti un régime propre de la convention d'arbitrage international fondé sur sa licéité de principe. Dans cette perspective, la jurisprudence a considéré que la clause compromissoire est « valable indépendamment de la référence à toute loi étatique » [1].

646 Un pas supplémentaire a été effectué en 1993 lorsque la Cour de cassation a décidé d'affranchir totalement la convention d'arbitrage de toute loi étatique et de la soumettre à une règle matérielle de portée générale. Dans l'arrêt *Dalico*, la Cour décide en effet « qu'en vertu d'une règle matérielle du droit international de l'arbitrage, la clause compromissoire est indépendante juridiquement du contrat principal qui la contient directement ou par référence et que son existence et son efficacité s'apprécient, sous réserve des règles impératives du droit français et de l'ordre public international, d'après la commune volonté des parties, sans qu'il soit nécessaire de se référer à une loi étatique » [2]. Cet arrêt sonne le glas de la méthode des conflits de lois en matière de convention d'arbitrage. L'objectif est d'immuniser la convention d'arbitrage contre toute cause d'invalidité ou d'inefficacité pouvant venir des lois étrangères. Il n'y a plus à interroger une loi étatique pour connaître le régime d'une convention d'arbitrage soumise à un juge français. Ce régime découle d'une règle matérielle de droit français faite pour répondre aux besoins du commerce international.

647 L'évolution s'est parachevée en 1999 lorsque la Cour de cassation a visé dans l'arrêt *Zanzi* un « principe de validité » de la clause d'arbitrage en matière internationale [3] réaffirmé plusieurs fois par la suite [4]. La formulation d'un tel principe est, selon nous, justi-

1. Paris, 13 déc. 1975, *Menicucci*, *Rev. crit. DIP* 1976.507, note B. Oppetit ; *JDI* 1977.107, note E. Loquin ; *Rev. arb.* 1977.147, note P. Fouchard.

2. Civ. 1re, 20 déc. 1993, *JDI* 1994.432, note E. Gaillard ; *JDI* 1994.690, note E. Loquin ; *Rev. arb.* 1994.116, note H. Gaudemet-Tallon ; *Rev. crit. DIP* 1994.663, note P. Mayer. V. dans le même sens, Civ. 1re, 30 mars 2004, Uni-Kod, *RTD com.* 2004.443, obs. E. Loquin ; *JCP* 2004. II. 10132, note G. Chabot ; *Rev. arb.* 2005.959, note C. Seraglini.

3. Civ. 1re, 5 janv. 1999, *Rev. arb.* 1999.260, note P. Fouchard ; *Rev. crit. DIP* 1999.546, note D. Bureau ; *JDI* 1999.784, note S. Poillot-Peruzzetto ; *RTD com.* 1999.380, obs. E. Loquin.

4. Civ. 1re, 25 oct. 2005, préc ; Civ. 1re, 7 juin 2006, *JDI* 2006.1384, note A. Mourre ; *JCP E* 2006, n°8, 2784, obs. C. Seraglini ; *Rev. arb.* 2006.945, note E. Gaillard ; Civ. 1re, 11 juill. 2006, *Rev. arb.* 2006.981 ; *JCP* 2006. II. 10182, note P. Caillé ; Civ. 1re, 21 nov. 2006, *Rev. arb.* 2006.1086 ; Civ. 1re

fiée. Il en résulte que la convention d'arbitrage international est en principe valable, sauf s'il existe une cause exceptionnelle de nullité. L'appréciation de la validité de la convention découle uniquement de la règle matérielle de droit international privé français sans qu'il y ait lieu de consulter ni le droit français interne ni une loi étrangère. De la sorte, la jurisprudence assure à la convention d'arbitrage la plus grande efficacité dans le but de favoriser le développement de l'arbitrage international. Bien que le décret du 13 janvier 2011 ne reprenne pas formellement à son compte l'existence de ce principe de validité de la convention d'arbitrage, il va de soi qu'il ne le remet absolument pas en cause. Ce principe doit être considéré comme de droit positif en l'état des nouveaux textes.

Section 2
Les conditions de validité de la convention d'arbitrage

648 La méthode conflictualiste étant abandonnée, c'est par le biais de règles matérielles que les conditions de formation de la convention sont posées. La convention d'arbitrage n'est donc pas un contrat sans loi : elle est soumise à des conditions de validité provenant de normes qui s'imposent à elle. Tout au plus est-elle un « contrat sans conflits de lois » [1]. Dans la perspective du principe de validité, les conditions posées sont très libérales et les causes de nullité sont exceptionnelles.

Les conditions de validité d'une convention d'arbitrage international sont relatives au consentement (**§ 1**), à la capacité et au pouvoir (**§ 2**), à l'aptitude à compromettre des personnes morales de droit public (**§ 3**), à l'arbitrabilité du litige (**§ 4**) et à la forme de la convention (**§ 5**).

8 juill. 2009, *Rev. arb.* 2009. 529, note D. Cohen ; *D.* 2009. 2961, obs. T. Clay ; *JCP* 2009. I. 462, § 5, obs. J. Ortscheidt.

1. P. Fouchard, E. Gaillard, B. Goldman, *Traité de l'arbitrage commercial international, op. cit.*, n° 442, p. 251.

§ 1. L'exigence du consentement

649 L'arbitrage étant une justice qui repose sur un accord de volonté, il faut constater un consentement [1]. Il existe certes des hypothèses dans lesquelles le recours à l'arbitrage s'objective. Il en va ainsi en matière d'investissement où le consentement à l'arbitrage d'un État peut être déduit de la lettre d'un traité ou d'une loi [2]. Mais la Cour d'appel de Paris tient à rappeler que l'arbitrage est une justice d'origine conventionnelle nécessitant un accord de volonté [3]. En cas de contentieux à ce propos, les juges doivent rechercher directement selon les éléments de fait et de droit qui leur sont soumis s'il existe une volonté commune des parties de recourir à l'arbitrage sans avoir à désigner une quelconque loi applicable à la question [4]. Les juges sont également amenés à vérifier l'intégrité du consentement. Il est possible qu'une convention d'arbitrage soit nulle en raison d'un vice du consentement. Dans la pratique, ce grief est rarement invoqué et encore moins souvent retenu. Il n'est pas nécessaire de désigner une loi applicable à la question litigieuse. Il suffit de faire référence aux principes généraux et de résoudre directement le litige pour savoir s'il existe une erreur, un dol voire, hypothèse d'école, une violence. Dans une espèce ancienne, a été considéré comme une erreur viciant le consentement à la convention d'arbitrage le fait de se méprendre sur les qualités d'indépendance de l'arbitre [5].

1. O. Diallo, *Le consentement des parties à l'arbitrage international*, PUF, 2010.
2. E. Gaillard, «L'arbitrage sur le fondement des traités de protection des investissements», *Rev. arb.* 2003.853.
3. Paris, 1er juin 1999, *Tarom*, *Rev. arb.* 2000.493 ; *JDI* 2000.370 note E. Loquin, rejet du pourvoi par Civ. 1re, 19 mars 2002, *JDI* 2003.139, note E. Loquin. V. B. Stern, «Un coup d'arrêt à la marginalisation du consentement dans l'arbitrage international», *Rev. arb.* 2000.403.
4. Paris, 26 mars 1991, *Dalico*, *Rev. arb.* 1991.456, note H. Gaudemet-Tallon.
5. Civ. 2e, 13 avr. 1972, *JCP* 1972. II. 17189, note P. Level ; *D.* 1973.2, note J. Robert ; *Rev. arb.* 1975.235, note E. Loquin.

§ 2. La capacité et le pouvoir de compromettre

650 Tandis que la capacité est l'aptitude à agir pour son propre compte, le pouvoir est l'aptitude à agir dans un intérêt différent du sien. La question est de savoir quelles sont les règles applicables à la capacité et au pouvoir de compromettre. Là encore, la même évolution se manifeste. Sous le couvert du principe de validité de la convention d'arbitrage international et de l'abandon de la méthode conflictualiste, des règles matérielles sont progressivement forgées par la jurisprudence. Il en va ainsi dans un domaine particulier qui donne lieu à contentieux : celui des modalités d'engagement d'une société à l'arbitrage. La question est souvent posée en jurisprudence : une société peut-elle opposer le défaut de pouvoir de son représentant pour échapper à l'arbitrage ? La Cour d'appel de Paris a apporté une réponse en établissant des règles matérielles appropriées [1]. Selon ces arrêts, une partie ne peut « se prévaloir d'un défaut de pouvoir de son représentant apparent lorsque ce défaut de pouvoir a été légitimement ignoré par son cocontractant » [2]. Les juges parisiens ont même ajouté qu'il existait un « principe de capacité fondé sur la croyance légitime [...] déduit du principe de validité de la convention d'arbitrage » [3]. Cette solution a reçu l'onction de la Cour de cassation qui, par un important arrêt du 8 juillet 2009, a déclaré que « l'engagement d'une société à l'arbitrage ne s'apprécie pas par référence à une quelconque loi nationale mais par la mise en oeuvre d'une règle matérielle déduite du principe de validité de la convention d'arbitrage fondée sur la volonté commune des parties, de l'exigence de bonne foi et de la croyance légitime dans les pouvoirs du signataire de la clause pour conclure un acte de gestion courante qui lie la société » [4]. Les solutions sont dérivées

1. V. D. Cohen, « L'engagement des sociétés à l'arbitrage », *Rev. arb.* 2006.35.
2. Paris, 28 oct. 2004, *Rev. arb.* 2006.189. V. aussi, Paris, 10 juin 2004, *Rev. arb.* 2006.154.
3. Paris, 24 févr. 2005, *Rev. arb.* 2006.210.
4. Civ. 1re 8 juill. 2009, *Rev. arb.* 2009. 529, note D. Cohen ; *D.* 2009. 2961, obs. T. Clay ; *JCP* 2009. I. 462, § 5, obs. J. Ortscheidt ; *Cahiers de l'arbitrage/The Paris Journal of international arbitration,* 2010/1, p. 97, note F.-X. Train.

de la théorie de l'apparence et permettent de garantir les exigences de la bonne foi. Une société ne peut invoquer le défaut de pouvoir de celui qui a conclu la convention d'arbitrage en son nom afin de remettre en cause l'efficacité de celle-ci si le cocontractant a pu légitimement croire à l'existence d'un pouvoir de représentation. La règle se justifie aussi par le fait que la conclusion d'une convention d'arbitrage n'est plus considérée comme un acte grave, mais au contraire comme un acte de gestion courante. Une telle jurisprudence par ses méthodes et ses finalités est digne d'approbation.

§ 3. L'aptitude à compromettre des personnes morales de droit public

651 Les personnes morales de droit public (État, communes, établissements publics, etc.) ont-elles l'aptitude à conclure une convention d'arbitrage ? [1] N'y aurait-il pas antinomie entre personnes publiques et justice privée ? Une telle présentation fondée sur l'opposition des deux sphères est trop simpliste et doit être dépassée. Le Code civil contient certes une règle prohibitive à l'article 2060 qui dispose qu'on ne peut compromettre « sur les contestations intéressant les collectivités publiques et les établissements publics ». Cette règle a pu être justifiée par des raisons propres au droit public, notamment par l'impossibilité dans laquelle seraient placées les personnes publiques de se dérober au juge étatique, en particulier le juge administratif. Cette prohibition de principe est gênante en matière interne à tel point qu'il existe de multiples exceptions dont l'article 2060 lui-même prévoit la possibilité à son alinéa 2 [2]. De même, il est question, dans le

1. V. de manière générale, C. Jarrosson, « L'arbitrage en droit public », *AJDA* 1997. 16 ; A. Patrikios, *L'arbitrage en matière administrative*, LGDJ, 1997 ; Y. Gaudemet, « Arbitrage et droit public », *Dr. et patr.* juin 2002, p. 83 ; P. Delvolvé, « L'arbitrage en droit public français », *in* D. Renders, P. Delvolvé et T. Tanquerel (dir.), *L'arbitrage en droit public*, Bruylant-LGDJ, 2010, p. 189.

2. Selon cet article « Toutefois, des catégories d'établissements publics à caractère industriel et commercial peuvent être autorisées par décret à compromettre ». V. le décret du 8 janv. 2002 autorisant notamment EDF et GDF à compromettre. Le législateur est également intervenu (art. L. 311-6 du Code de justice administrative). V. aussi l'ordonnance du 17 juin 2004 relative aux contrats de partenariat public-privé, modifiée par la loi du 28 juillet 2008 (sur cette question en particulier, v. N. Chahid-Nouraï et R. Lazerges, « La résolution des litiges dans les contrats de partenariat », *AJDA* 2009. 1924).

domaine interne, d'admettre l'arbitrage au sujet des litiges contractuels [1], même si à l'heure actuelle le projet semble en berne. En matière internationale, la prohibition de compromettre est profondément contraire aux besoins du commerce international. C'est pourquoi la jurisprudence a très tôt ressenti le besoin d'établir une règle matérielle autorisant les personnes publiques à compromettre dans l'ordre international. C'est en 1966, par l'arrêt *Galakis,* que la Cour de cassation a bâti une telle règle rendant inapplicable à la matière internationale la règle prohibitive issue du droit interne français [2]. La Cour de cassation a considéré que la prohibition de compromettre « édictée pour les contrats internes », ne devait pas s'appliquer « à un contrat international passé pour les besoins et dans des conditions conformes aux usages du commerce maritime » [3].

652 Par la suite, la jurisprudence a étendu la solution aux personnes morales de droit public étrangères [4]. La règle matérielle forgée par les juges a ainsi permis d'écarter systématiquement les prohibitions de compromettre issues de lois étrangères. Le but poursuivi est conforme au principe de validité : une convention d'arbitrage international est par principe valable selon une règle matérielle de portée générale, ce qui refoule toute règle prohibitive émanant des droits étrangers. La solution jurisprudentielle se justifie à plusieurs égards. Elle est bien sûr conforme aux besoins du commerce international. Lorsqu'une personne de droit public, au premier chef un État, a une activité économique et contracte avec une personne privée, l'arbitrage, en tant que mode normal de résolu-

1. D. Labetoulle (dir.), « L'arbitrage en droit public », Rapport remis le 27 mars 2007 au Garde des Sceaux, *JCP A* 2007. 2082. Pour des critiques, J.-L. Delvolvé, « Une véritable révolution... inaboutie (Remarques sur le projet de réforme de l'arbitrage en matière administrative) », *Rev. arb.* 2007. 373 ; S. Lemaire, « La libéralisation de l'arbitrage international en droit administratif. Approche critique du projet de réforme du 13 mars 2007 », *ibid.*, 407.

2. Civ. 1re, 2 mai 1966, *Rev. crit. DIP* 1967.553, note B. Goldman ; *JDI* 1966.648, note P. Level ; *D.* 1966.575, note J. Robert ; *Rev. arb.* 1966.99 ; *JCP* 1966. II. 14798, note Ligneau ; *Les grands arrêts du droit international privé,* par B. Ancel et Y. Lequette, Dalloz, 2006, 5e éd., p. 391. Plus récemment, v. Paris, 13 nov. 2008, *Rev. arb.* 2009. 389, note M. Audit.

3. Le Conseil d'État, à la différence de la Cour de cassation, conserve une réticence de principe à l'égard de l'arbitrage, même dans le domaine international. V. l'avis rendu dans l'affaire *Eurodisney,* 6 mars 1986, *Rev. arb.* 1992.397.

4. Paris, 17 déc., 1991, *Gatoil, Rev. arb.* 1993.281, note H. Synvet ; Paris, 24 févr. 1994, *Bec Frères, Rev. arb.* 1995.275, note Y. Gaudemet ; Paris, 13 juin 1996, *Sté Kuwait Foreign Trading Contracting and Investment, Rev. arb.* 1997.251, note E. Gaillard ; *JDI* 1997.151, note E. Loquin.

tion des conflits du commerce international, doit être rendu possible. C'est même dans la pratique une exigence du partenaire privé qui fait souvent de l'insertion d'une clause d'arbitrage une condition déterminante de son engagement vis-à-vis de la personne publique. La règle s'explique aussi par l'impératif de bonne foi. Il est en effet profondément contraire à la bonne foi pour une personne publique d'accepter de conclure une convention d'arbitrage et, ensuite, une fois le litige né, d'invoquer la prohibition de compromettre issue de son droit national pour échapper à l'arbitrage. La jurisprudence française refuse de faire produire effet à un tel comportement et considère la convention d'arbitrage comme valable. C'est une manifestation particulièrement éclairante du principe de l'interdiction de se contredire au détriment d'autrui [1].

653 La question a connu des développements récents et importants à la suite de l'affaire INSERM/Fondation Saugstad. Il s'agissait d'un contrat conclu par l'Institut national de la santé et de la recherche médicale (INSERM), établissement public français, et une fondation de droit norvégien. Le contrat contenait une clause compromissoire. Après qu'un litige se fût élevé, une sentence fut rendue à Paris. On s'est alors demandé quelle juridiction était compétente pour connaître des recours contre cette sentence. S'agissait-il des juridictions judiciaires (la Cour d'appel en l'occurrence) ou bien des juridictions administratives ? L'affaire a fait l'objet d'un arrêt du Tribunal des conflits en date du 17 mai 2010 [2]. Selon cette décision, les recours doivent normalement être portés devant la Cour d'appel dans le ressort de laquelle la sentence a été rendue conformément aux dispositions du Code de procédure civile pertinentes. Néanmoins, il en va autrement, les juridictions administratives étant alors compétentes, lorsque le recours « implique le contrôle de la conformité de la sentence aux règles impératives du droit public français relatives à l'occupation du domaine public

1. Sur lequel, v. *supra*, n° 121.

2. *D.* 2010, p. 2633, note S. Lemaire ; *D.* 2010. 2944, obs. T. Clay ; *RTD com.* 2010. 525, obs. E. Loquin ; *JCP* 2010. 644. 12, obs. J. Ortscheidt ; *AJDA* 2010. 1564, note P. Cassia. V. aussi, M. Laazouzi, « L'impérativité, l'arbitrage international des contrats administratifs et le conflit de lois. À propos de l'arrêt du Tribunal des conflits du 17 mai 2010, Inserm c/ Fondation Saugstad », *Rev. crit. DIP* 2010. 653 ; M. Audit, « Le nouveau régime de l'arbitrage des contrats administratifs internationaux (à la suite de l'arrêt rendu par le Tribunal des conflits dans l'affaire INSERM) », *Rev. arb.* 2010. 253.

ou à celles qui régissent la commande publique et applicables aux marchés publics, aux contrats de partenariat et aux contrats de délégation de service public ». L'aspect positif d'une telle décision réside dans la confirmation implicite de l'arbitrabilité des litiges dans le domaine couvert (qui selon les termes de l'arrêt sont ceux qui mettent en jeu les intérêts du commerce international). Le point négatif est relatif à la dichotomie instaurée par l'arrêt. Elle est fortement critiquable dans la mesure où elle entraîne une dispersion du contentieux du contrôle de la sentence sur la base de critères difficiles à manier [1]. La prévisibilité des solutions n'est pas au rendez-vous.

§ 4. L'arbitrabilité du litige

654 L'arbitrabilité est une notion profondément originale dont il faut présenter les traits généraux (**A**) pour ensuite en donner quelques illustrations (**B**).

A. Les traits généraux de l'arbitrabilité

655 L'arbitrabilité est la faculté attachée à un litige d'être résolu par la voie de l'arbitrage [2]. L'arbitre étant un juge privé, il ne peut statuer sur tout. Certains litiges échappent à sa compétence, c'est-à-dire sont « inarbitrables ». La question est de savoir quels critères mettre en œuvre pour déterminer le champ de l'arbitrabilité. L'article 2059 du Code civil dispose que « Toutes personnes peuvent compromettre sur les droits dont elles ont la libre disposition ». L'article 2060 du même Code prévoit quant à lui qu'on ne peut compromettre « dans toutes les matières qui intéressent l'ordre public ». *A priori*, on pourrait penser que l'ordre public fait obstacle à l'arbitrabilité, et que, de manière schématique, la protection de l'intérêt général entrerait en opposition avec l'arbi-

1. T. Clay, « Les contorsions byzantines du Tribunal des conflits en matière d'arbitrage », *JCP* 2010. 552. V. aussi, E. Gaillard, « Masochisme français », *JCP* 2010. 585.
2. V. notamment, P. Level, « L'arbitrabilité », *Rev. arb.* 1992. 213 ; C. Jarrosson, « L'arbitrabilité : présentation méthodologique », *RJ com.* 1996. 1 ; B. Hanotiau, « L'arbitrabilité », *Rec. Cours La Haye*, 2002, t. 296, p. 25.

trage. Pendant longtemps, il y a eu effectivement une méfiance à l'égard de l'arbitrage. On a ainsi interdit aux arbitres d'appliquer les règles d'ordre public puis d'en sanctionner la violation, prérogatives censées appartenir exclusivement aux juges étatiques. Les solutions ont toutefois radicalement changé. La jurisprudence a construit au fur et à mesure un régime d'arbitrabilité particulièrement libéral. Aujourd'hui, en matière d'arbitrage international, la quasi-totalité des litiges sont arbitrables, sauf quelques exceptions. La solution est à rapprocher du principe de validité de la convention d'arbitrage. Cette dernière étant en principe valable, un litige est en principe arbitrable. Les causes d'inarbitrabilité sont donc exceptionnelles et se réduisent aux exigences d'un ordre public international strictement conçu. Il y a en la matière une *favor arbitrandum* [1]. Sur le terrain des méthodes, c'est bien entendu par le biais de règles matérielles de droit international privé que le régime s'est forgé.

Il est possible de résumer l'ensemble de la jurisprudence en énonçant les cinq règles caractérisant le régime de l'arbitrabilité en droit positif.

1) Le litige n'est pas inarbitrable du seul fait qu'une réglementation d'ordre public est applicable [2]. La Cour de cassation a rappelé la solution en termes particulièrement clairs, visant en cela spécialement la présence de lois de police [3].

2) L'arbitre a le pouvoir d'appliquer au fond les principes et règles d'ordre public [4].

3) L'arbitre a le pouvoir d'en sanctionner la violation en annulant le contrat et/ou en allouant des dommages et intérêts [5].

4) Ce qui est interdit à l'arbitre, c'est de porter atteinte à l'ordre public dans la sentence qu'il rend au fond. Il en résulte le devoir

1. B. Hanotiau, « L'arbitrabilité et la *favor arbitrandum* : un réexamen », *JDI* 1994.899.

2. Com. 29 nov. 1950, *Tissot, JCP* 1951. IV.5 ; *S.* 1951. I, p. 120 note Robert ; *D.* 1951.170 ; *RTD civ.* 1951.106 obs. Hebraud ; *RTD com.* 1951.275, obs. Boitard.

3. Civ. 1re, 8 juill. 2010, *Rev. crit. DIP* 2010. 743, note D. Bureau et H. Muir Watt ; *D.* 2010. 2884, note M. Audit et O. Cuperlier ; *Rev. arb.* 2010. 513, note R. Dupeyré ; *JCP* 2010. 1286, n° 3, obs. J. Béguin : « le recours à l'arbitrage n'est pas exclu du seul fait que des dispositions impératives, fussent-elles constitutives d'une loi de police, sont applicables ».

4. Paris 16 févr. 1989, *Almira, Rev. arb.* 1989.711, note L. Idot.

5. Paris, 29 mars 1991, *Ganz, Rev. arb.* 1991.478, note L. Idot ; Paris, 19 mai 1993, *Labinal, RTD com.* 1993.492, obs. Dubarry et Loquin ; *Rev. arb.* 1993.645, note C. Jarrosson ; *JDI* 1993.957, note

de l'arbitre d'appliquer les principes et règles d'ordre public, et d'en sanctionner la violation.

5) Seuls restent quelques « îlots d'inarbitrabilité » dont la justification tient, soit au caractère indisponible de certains droits litigieux, soit à la compétence exclusive de certaines autorités étatiques.

En bref, la jurisprudence a totalement vidé de sa substance l'article 2060 du Code civil en ce qu'il fait référence à l'ordre public. Son abrogation serait une excellente chose.

B. Illustrations

656 **Droit de la concurrence.** C'est en cette matière que le contentieux a été le plus fourni et les discussions les plus vives [1]. Il s'agit en effet d'une matière relevant de l'ordre public économique en ce qu'elle établit des contraintes en vue de protéger le libre jeu de la concurrence. L'arrêt fondateur a été rendu par la Cour suprême des États-Unis dans l'affaire *Mitsubishi* le 2 juillet 1985 par lequel la Cour a reconnu l'arbitrabilité des litiges de droit *antitrust* [2]. En France, c'est l'arrêt *Labinal* de la Cour de Paris qui a considéré comme arbitrables les litiges de droit communautaire de la concurrence [3]. Il est donc admis qu'un arbitre a la faculté de statuer en vertu du droit de la concurrence et ainsi de sanctionner civilement une entente anticoncurrentielle ou un abus de position dominante. Il peut même, depuis le Règlement CE n° 1/2003 du Conseil du 16 décembre 2002, prononcer une exemption individuelle en vertu de l'article 101 § 3 TFUE (ex-81 § 3 du Traité). Ce pouvoir étant désormais attribué au juge national, il est logique

L. Idot. V. dans l'arbitrage interne, Com. 9 avr. 2002, *Toulousy, D.* 2003. 1117, note L. Degos ; *Rev. arb.* 2003. 103, note P. Didier.

1. V., notamment, W. Abdelgawad, *Arbitrage et droit de la concurrence. Contribution à l'étude des rapports entre ordre spontané et ordre organisé*, LGDJ, 2001 ; L. Idot, « La place de l'arbitrage dans la résolution des litiges en droit de la concurrence », *D.* 2007. 2681 ; M. De Boisséson, « Arbitrabilité et droit de la concurrence », in *Liber Amicorum B. Cremades*, Kluwer Law Int., 2010, p. 243 ; G. Augendre, « L'arbitrage et le droit de la concurrence ou le respect de l'ordre public international par l'arbitre », in *Mélanges F.-C. Jeantet*, Lexis-Nexis, 2010, p. 15 ; CEPANI, *L'arbitrage et le droit de la concurrence*, Bruylant, 2010 ; L.G. Radicati di Brozolo, « Arbitration and Competition Law : The Position of the Courts and of Arbitrators », *Arb. Int'l.* 2011. 1. 1.

2. *Rev. arb.* 1986. 273. V. J. Robert, «Une date dans l'extension de l'arbitrage international: l'arrêt Mitsubishi contre Soler», *Rev. arb.* 1986. 173.

3. Paris, 19 mai 1993, préc.

de le conférer également aux arbitres [1]. En revanche, les pouvoirs de l'arbitre ne vont pas jusqu'à prononcer des injonctions et des amendes. De telles prérogatives relèvent de la compétence exclusive d'autorités spécialisées (la Commission européenne pour le droit européen de la concurrence).

657 **Droit de la propriété industrielle.** Le droit des brevets d'invention et des marques est d'ordre public en ce que les titres sont délivrés par une autorité publique et qu'ils confèrent à leur titulaire un monopole. Cela n'a pas empêché d'admettre l'arbitrabilité de principe des litiges de propriété industrielle [2]. Ainsi un arrêt de la Cour d'appel de Paris en date du 24 mars 1994 a-t-il décidé que « les litiges portant sur les contrats relatifs à l'exploitation des brevets, qu'il s'agisse d'interprétation ou d'exécution du contrat, sont arbitrables » [3]. Une telle solution doit être étendue au contentieux de l'exploitation d'une marque. Les litiges relatifs à la propriété d'un brevet ou d'une marque ainsi que ceux portant sur les intérêts civils d'une contrefaçon peuvent également donner lieu à arbitrage. Le contentieux de la validité du titre était, quant à lui, considéré comme inarbitrable [4]. Deux raisons ont pu justifier la solution. Le titre est accordé par l'autorité publique, c'est-à-dire en France l'I.N.P.I. De plus, la décision d'annulation d'un brevet ou d'une marque a un effet *erga omnes*, c'est-à-dire absolu, de nature à se heurter à la nature conventionnelle de l'arbitrage. Une telle solution était contestée [5]. La Cour d'appel de Paris a fait évoluer les règles en la matière en décidant que l'arbitre avait le pouvoir d'apprécier la validité d'un brevet, mais à titre incident [6].

1. W. Abdelgawad, «L'arbitrage international et le nouveau règlement d'application des articles 81 et 82 CE», *Rev. arb.* 2004.253.
2. V. G. Bonet et C. Jarrosson, « L'arbitrabilité des litiges de propriété industrielle en droit français», in *Arbitrage et propriété intellectuelle*, Colloque de l'IRPI, Librairies techniques, 1994, p. 61. De manière générale, v. A.-C. Chiariny-Daudet, *Le règlement judiciaire et arbitral des contentieux internationaux sur brevets d'invention*, Litec, 2006. V. en dernier lieu, les articles L. 331-1, L. 521-3-1, L. 623-31 et L. 722-8 CPI tels que modifiés par la loi n° 2011-525 du 17 mai 2011.
3. *Deko*, *Rev. arb.* 1994.515, note C. Jarrosson.
4. Paris, 3 févr. 1992, *RTD com.* 1993. 293, obs. E. Loquin.
5. V. F. Perret, «L'arbitrabilité des contentieux en matière de brevet d'invention», in *Liber amicorum Cl. Reymond, Autour de l'arbitrage*, Litec, 2004, p. 229.
6. Paris, 28 févr. 2008, *D.* 2008. 1325, note R. Meese ; *D.* 2008. 3113, obs. T. Clay ; *RTD com.* 2008. 516, obs. E. Loquin ; *LPA* 2008, n° 199, note V.-L. Benabou ; *JCP E* 2008. 1325, note C. Caron ; *JCP* 2008. I. 164, § 6, obs. J. Béguin ; *Rev. arb.* 2008. 712, note T. Azzi.

On peut donc en déduire que le contentieux de la validité d'un brevet est désormais arbitrable à la condition que la question soit posée à l'arbitre de manière incidente et non principale.

658 **Droit des entreprises en difficulté.** L'arbitrage n'est pas exclu du seul fait que le litige met en jeu le droit des entreprises en difficulté [1]. Toutefois, un arbitre voit sa compétence restreinte en présence d'une procédure collective. Dans ce cas, une juridiction étatique reçoit une compétence exclusive afin de centraliser entre ses mains l'intégralité de la procédure. De multiples intérêts sont alors à l'œuvre : sauvetage de l'entreprise, maintien des emplois et paiement des créanciers. L'ouverture d'une procédure collective est donc amenée à perturber l'arbitrage. Il est admis que les litiges qui relèvent de la compétence exclusive du juge devant lequel une procédure collective est ouverte, c'est-à-dire les litiges « nés de la faillite » ou ceux sur lesquels « l'état de faillite exerce une influence juridique » sont exclus de l'arbitrage. Par exemple, un arbitre ne saurait prononcer la nullité d'un acte de la période suspecte ou juger que la créance est postérieure au jugement d'ouverture [2]. En revanche, les litiges purement contractuels peuvent donner lieu à arbitrage. Une demande en paiement d'une somme d'argent est par exemple arbitrable. L'arbitre ne doit cependant pas porter atteinte dans sa sentence aux principes fondamentaux du droit des procédures collectives, comme celui de la suspension des poursuites individuelles ou celui de l'égalité des créanciers. La jurisprudence en a fait des principes d'ordre public interne et d'ordre public international [3]. Afin de respecter ces principes, après déclaration de la créance, un arbitre saisi d'une action en paiement antérieurement à l'ouverture de la procédure collective doit se contenter de constater dans sa sentence l'existence de la

1. V. P. Fouchard, « Arbitrage et faillite », *Rev. arb.* 1998.471 et *Rev. arb.* 2003.207 ; P. Ancel note sous Com. 14 janv. 2004 et 2 juin 2004 (deux arrêts), *Rev. arb.* 2004.591 ; D. Vidal, « Procédure collective et procédure d'arbitrage : quelle rencontre ? », *Gaz. Pal.* 31 oct. 2009, n° 304, p. 3.

2. Paris, 27 févr. 1992, *Rev. arb.* 1992.590, note P. Ancel.

3. Civ. 1re, 8 mars 1988, *Thinet*, *Rev. arb.* 1989.473, note P. Ancel ; *D.* 1989.577, 1re esp., note J. Robert ; Civ. 1re, 5 févr. 1991, *Almira*, *Rev. arb.* 1991.625, note L. Idot ; Civ. 1re, 4 févr. 1992, *SBBM*, *Rev. arb.* 1992.663, obs. J.H. Moitry ; *D.* 1992.181, note G. Cas ; TGI Paris, ord. Req., 2 févr. 1996, *Rev. arb.* 1998.577 ; Com. 2 juin 2004 (deux arrêts), *RTD com.* 2004.439, obs. E. Loquin ; Civ. 1ère, 6 mai 2009, *D.* 2009. 1422, obs. X. Delpech ; *D.* 2009. 2959, obs. T. Clay ; *Rev. arb.* 2010. 299, note D. Cohen ; *JCP* 2009. II. 534, note G. Bolard ; *RTD com.* 2009. 546, obs. E. Loquin.

créance et fixer son montant en s'abstenant de prononcer une condamnation à payer.

659 **Contrats conclus avec une personne réputée en état de faiblesse.** Motulsky pensait que « l'arbitrage suppose un équilibre des forces ; partout où cet équilibre est rompu, l'arbitrage s'asphyxie » [1]. *A priori*, il y aurait donc une incompatibilité entre l'arbitrage et les situations juridiques qui concernent une partie dite « faible » (salarié, consommateur, etc.). On ne doit cependant pas penser que l'arbitrage serait systématiquement défavorable à la partie en état de faiblesse. L'arbitre est un juge logiquement impartial qui ne saurait favoriser ou défavoriser telle ou telle catégorie de contractant. En revanche, l'existence d'une convention d'arbitrage peut rendre plus difficile pour la partie faible la mise en œuvre de son droit d'action [2]. Il en va ainsi si le siège de l'arbitrage est éloigné de son domicile, si le droit applicable ou la langue de l'arbitrage n'est pas celui ou celle du consommateur, etc. En présence d'une convention d'arbitrage, il est par conséquent nécessaire de prévoir un régime spécial afin que la partie en état de faiblesse ne soit pas dissuadée de faire valoir ses droits devant un juge, fût-il arbitral.

Les réponses données par la jurisprudence sont différentes en droit du travail et en droit de la consommation.

S'agissant du salarié, la Cour de cassation considère que la clause compromissoire insérée dans un contrat de travail international est inopposable au salarié [3]. Le salarié bénéficie d'une forme d'option. Lorsqu'il est demandeur, il peut librement se prévaloir de la clause compromissoire ou bien choisir de saisir les juridictions étatiques. Dans ce dernier cas, l'employeur ne pourra pas lui

1. H. Motulsky (avec la collaboration de R. Plaisant), « L'arbitrage et les conflits du travail », *Rev. arb.* 1956.78, reproduit in *Ecrits*, II, Dalloz, 1974, p. 113, *spéc.*, n° 1, p. 113.

2. F. Valencia, « Parties faibles et accès à la justice en matière d'arbitrage », *Rev. arb.* 2007.45. V. aussi, C. Seraglini, « Les parties faibles face à l'arbitrage international : à la recherche de l'équilibre », *Cahiers de l'arbitrage*, n°2007/4, p. 5 ; E. Loquin, « Arbitrabilité et protection des parties faibles », *Trav. Com. fr. DIP*, années 2004-2006, éd. Pedone, 2008, p. 135.

3. Soc. 16 févr. 1999 et 4 mai 1999, *Rev. arb.* 1999.290, note M.-A. Moreau ; Soc. 9 oct. 2001, *Rev. arb.* 2002.347, note T. Clay ; Soc. 28 juin 2005, *D.* 2005.3052, obs. T. Clay ; *JDI* 2006.616, note S. Sana-Chaillé de Néré. De manière générale, v. T. Clay, « L'arbitrage, justice du travail » in M. Keller (dir.), *Procès du travail, travail du procès*, LGDJ, 2008, p. 99.

opposer la clause compromissoire. La solution est pleinement satisfaisante au regard de l'objectif de protection du salarié.

S'agissant du consommateur, la question est réglée sur le terrain du principe de la compétence-compétence [1]. Un consommateur saisissant les tribunaux étatiques au mépris d'une convention d'arbitrage international se voit répondre par les juges que la question de l'arbitrabilité du litige doit être tranchée d'abord par les arbitres [2]. Le consommateur se doit de participer à l'arbitrage pour ensuite contester la sentence. Les solutions ne sont pas satisfaisantes, car elles dissuadent souvent le consommateur d'agir. La transposition au consommateur de la jurisprudence concernant le salarié serait la bienvenue [3]. Par ailleurs, la position de la Cour de Luxembourg, dans l'ordre européen, est protectrice du consommateur. Elle permet en effet au consommateur d'invoquer la nullité de la convention d'arbitrage au stade du recours en annulation contre la sentence alors même qu'il ne l'avait pas invoquée dans le cadre de la procédure arbitrale [4].

§ 5. La forme de la convention d'arbitrage

660 En droit interne, la convention d'arbitrage doit faire, à peine de nullité, l'objet d'un écrit (art. 1443 CPC). En droit de l'arbitrage

1. Civ. 1re, 21 mai 1997, *Jaguar, Rev. arb.* 1997.537, note E. Gaillard ; *Rev. crit. DIP* 1998.87, note V. Heuzé ; *JDI* 1998.969, 1re esp., note S. Poillot-Peruzzetto ; *RTD com.* 1998.330, obs. E. Loquin ; Civ. 1re, 30 mars 2004, *Rado, Rev. arb.* 2005.115, 1re esp., note X. Boucobza ; *D.* 2004, jur.2458, note I. Najjar ; *RTD com.* 2004.447, obs. E. Loquin. Sur le principe de compétence-compétence, v. *infra*, n° 665 et n° 666.

2. En matière interne, une clause d'arbitrage est susceptible d'être qualifiée de clause abusive, celle-ci étant classée parmi la liste « grise » aux termes de l'article R. 132-2 10° du Code de la consommation (*D.* 2008. 3113, obs. T. Clay ; *D.* 2009. 2959, obs. T. Clay). Dans le même temps, la Cour de cassation a pu décider qu'un compromis d'arbitrage « ne constitue pas une clause figurant dans un contrat conclu entre un professionnel et un non-professionnel ou consommateur, et n'est donc pas susceptible de présenter un caractère abusif... » (Civ. 1re, 25 févr. 2010, *JCP* 2010. 659, note A. Pélissier ; *Rev. arb.* 2011. 139, note J. El Ahdab).

3. A. Sinay-Cytermann, « Une disparité étonnante entre le régime des clauses attributives de juridiction et des clauses compromissoires dans le contrat de travail international et dans le contrat de consommation international », *Rev. crit. DIP* 2009. 427.

4. CJCE 26 oct. 2006, *Mostaza Claro, Rev. arb.* 2007. 109, note L. Idot ; *JCP* 2007. I. 168 obs. C. Seraglini ; *JDI* 2007. 581, note A. Mourre. V. aussi, CJCE, 6 oct. 2009, *Asturcom, Rev. arb.* 2009. 813, note C. Jarrosson. V. A. Musella et P. Pedone, « Clause compromissoire et droit de l'Union. Une nouvelle étape en faveur du consommateur », *Cahiers de l'arbitrage/The Paris Journal of international arbitration*, 2010/2, p. 471.

international, les règles sont beaucoup plus libérales. La matière est dominée par le principe du consensualisme. Aucune forme n'est requise pour la convention d'arbitrage international. Avant la réforme de 2011, la méthode conflictualiste ayant été abandonnée, c'est par le biais d'une règle matérielle que cette solution a été affirmée. L'objectif poursuivi a été de libérer la convention d'arbitrage de toute entrave formelle. Un arrêt de la Cour de Paris du 24 février 2005 a ainsi pu déclarer que « la convention d'arbitrage international n'obéit à aucune règle de forme, mais à un principe de validité qui repose sur le seul accord de volonté des parties » [1]. Depuis le décret du 13 janvier 2011, l'article 1507 CPC prévoit, en matière internationale, que « La convention d'arbitrage n'est soumise à aucune condition de forme ». Une convention d'arbitrage orale est donc théoriquement admissible. Il va cependant sans dire que, dans la pratique, il est préférable de prévoir une convention écrite, ce, dans un but de sécurité juridique.

661 La question de la forme a surtout été posée à propos de la convention d'arbitrage par référence [2]. Il s'agit d'une convention d'arbitrage ne figurant pas dans le contrat de base, mais dans un document annexe (par exemple des conditions générales de vente ou d'achat) auquel le contrat fait référence. Une telle convention d'arbitrage est-elle valable ? La Cour de cassation a d'abord établi une règle restrictive : pour que la convention d'arbitrage produise effet, il fallait que son existence soit mentionnée dans le contrat principal ou bien que les parties soient en relations habituelles d'affaires [3]. Cette solution, par sa rigueur, n'était pas conforme aux besoins du commerce international. C'est pourquoi la Cour de cassation a par la suite assoupli sa position. Elle a admis « qu'en matière d'arbitrage international, la clause compromissoire par référence à un document qui la stipule est valable lorsque la partie à laquelle on l'oppose en a eu connaissance au moment de la conclusion du contrat et qu'elle a, fût-ce par son silence, accepté

1. Paris, 24 févr. 2005, *Rev. arb.* 2006.210.
2. B. Oppetit, « La clause arbitrale par référence », *Rev. arb.* 1990.551 ; X. Boucobza, « La clause compromissoire par référence en matière d'arbitrage commercial international », *Rev. arb.* 1998.495.
3. Civ. 1re, 11 oct. 1989, *Bomar oil*, *Rev. arb.* 1990.134, note C. Kessedjian ; *JDI* 1990.633, note E. Loquin.

cette référence »[1]. La règle se fonde sur le consensualisme et renvoie à une appréciation de fait. Il suffit que la partie à qui la convention d'arbitrage est opposée ait eu connaissance de la convention d'arbitrage au moment de la conclusion du contrat et ait accepté la référence au document la contenant. Ce consentement peut être déduit du silence gardé, c'est-à-dire de l'absence de protestations. Bien entendu, il est inutile de mettre en œuvre une quelconque règle de conflit, la solution posée relevant d'une règle matérielle[2]. Depuis la réforme de 2011, le nouvel article 1507 CPC renforce la validité des clauses d'arbitrage par référence[3].

1. Civ. 1re, 3 juin 1997, *Prodexport*, *Rev. arb.* 1998.537 ; *Rev. crit. DIP* 1999.92, note P. Mayer. V. déjà dans ce sens, Civ. 1re, 9 nov. 1993, *Bomar oil II*, *Rev. arb.* 1994.108, note C. Kessedjian ; *JDI* 1994. 690, note E. Loquin.
2. Civ. 1re, 20 déc. 1993, *Dalico*, préc.
3. V. aussi en matière interne, l'article 1443 CPC *in fine* : « Elle (la convention d'arbitrage) peut résulter d'un échange d'écrits ou d'un document auquel il est fait référence dans la convention principale ».

CHAPITRE 2

Les effets de la convention d'arbitrage

662 La convention développe naturellement des effets entre les parties (SECTION 1). Mais ces effets, loin d'être statiques, sont dynamiques : la convention est susceptible de faire l'objet d'une extension ou d'une transmission (SECTION 2).

SECTION 1

LES EFFETS ENTRE LES PARTIES

663 La convention d'arbitrage, en tant qu'accord de volonté, a naturellement force obligatoire. Les effets de la convention d'arbitrage sont néanmoins originaux en ce que celle-ci porte sur un droit de nature processuelle : il s'agit d'attribuer compétence à un arbitre et de la retirer aux juridictions étatiques. Il y a par conséquent un effet positif (**§ 1**) et un effet négatif (**§ 2**).

§ 1. L'effet positif

664 À moins que les parties ne renoncent d'un commun accord à la convention d'arbitrage, elles sont dans l'obligation de porter leur litige devant l'arbitre et non devant les tribunaux étatiques. Si les parties ont conclu une clause compromissoire, un nouvel accord de volonté une fois le litige né – autrement dit un compromis – n'est pas nécessaire. La clause bénéficie d'une force obligatoire *ab initio*. En cas de non-respect de la convention d'arbitrage, la sanction ne saurait être des dommages et intérêts. C'est d'une exécution en nature qu'il s'agit. Si une partie refuse de participer à l'arbitrage, il sera possible de constituer le tribunal arbitral, de mener la procédure jusqu'au bout et d'aboutir à une sentence parfaitement valable.

De même, les privilèges et immunités ne jouent pas. La conclusion d'une convention d'arbitrage entraîne nécessairement renonciation aux privilèges de juridiction comme ceux des articles 14 et 15 du Code civil. En présence d'une convention d'arbitrage, l'immunité de juridiction [1] ainsi que l'immunité d'exécution [2] des États et organismes publics ne peuvent pas non plus être invoquées.

665 La convention d'arbitrage fonde la compétence de l'arbitre. Au sens propre, la convention est *attributive* de compétence. L'arbitre est ainsi compétent non seulement pour statuer au fond du litige, mais aussi pour prononcer des mesures provisoires et conservatoires. Le nouvel article 1468 CPC, issu de la réforme de 2011 et applicable en matière internationale, consacre cette dernière possibilité de manière explicite [3]. L'arbitre peut même se prononcer sur sa propre compétence. C'est le fameux principe de compétence-compétence (appelé également *Kompetenz-Kompetenz*) [4]. Autrement dit, il est admis que l'arbitre est compétent pour statuer sur sa compétence. Si, par exemple, le défendeur conteste la vali-

1. V. *supra*, n° 217.
2. V. *supra*, n° 219.
3. V. *infra*, n° 711.
4. V. A. Dimolitsa, « Autonomie et *Kompetenz-Kompetenz* », *Rev. arb.* 1998.305.

dité de la convention d'arbitrage, il ne sera pas nécessaire de surseoir à statuer pour que la question soit tranchée par un juge étatique. L'arbitre lui-même pourra décider de la validité ou de la nullité de la convention d'arbitrage [1]. Une telle solution évite les manœuvres dilatoires. Elle s'explique par la fonction juridictionnelle exercée par l'arbitre qui inclut le pouvoir de trancher les litiges portant sur sa compétence. Le principe est affirmé désormais à l'article 1465 CPC, résultant du décret du 13 janvier 2011. Selon cet article, applicable à l'arbitrage international, « Le tribunal arbitral est seul compétent pour statuer sur les contestations relatives à son pouvoir juridictionnel ». Auparavant, la jurisprudence avait bâti une règle matérielle en la matière. La Cour de cassation avait ainsi visé dans le fameux arrêt *Zanzi* le principe « selon lequel il appartient à l'arbitre de statuer sur sa propre compétence » [2]. On est en présence d'un véritable principe général du droit de l'arbitrage qui, à ce titre, est quasi universellement reconnu. Le principe de compétence-compétence n'exclut cependant pas totalement l'intervention du juge étatique. Après que l'arbitre se soit prononcé sur sa compétence en rendant une sentence, le juge étatique, *a posteriori*, a la faculté de contrôler, notamment lors d'un recours en annulation, si l'arbitre était ou non compétent. Le principe signifie seulement que l'arbitre bénéficie d'une priorité par rapport au juge étatique dans l'appréciation de sa propre compétence.

§ 2. L'effet négatif

666 En présence d'une convention d'arbitrage, l'arbitre devient le juge naturel du litige, plus précisément son juge exclusif. Il en résulte que les juridictions étatiques sont incompétentes pour juger des

1. Au besoin en rendant une sentence par laquelle il se déclare incompétent. V. J.-B. Racine, « La sentence d'incompétence », *Rev. arb.* 2010. 729.
2. Civ. 1re, 5 janv. 1999, préc. V. dans le même sens, Civ. 1re, 1er déc. 1999, *Rev. arb.* 2000.96, 1re esp., note P. Fouchard ; Civ. 1re, 26 juin 2001, *Rev. arb.* 2001.529, note E. Gaillard ; *JCP E* 2002. 274, 1re esp., note C. Kaplan et G. Cuniberti ; Civ. 1re, 16 nov. 2004, *Rev. arb.* 2005.673, 1re esp., et la note ; Civ. 1re, 7 juin 2006, *JDI* 2006.1384, note A. Mourre ; *JCP E* 2006, n° 8, 2784, obs. C. Seraglini ; *Rev. arb.* 2006.945, note E. Gaillard.

différends entrant dans le champ de la convention d'arbitrage. En attribuant compétence à l'arbitre, la convention d'arbitrage retire leur compétence aux juridictions étatiques. La solution est posée par le nouvel article 1448 CPC tel qu'issu du décret du 13 janvier 2011 et applicable à l'arbitrage international. Le juge étatique ne peut cependant soulever d'office son incompétence. Il faut que le défendeur soulève l'exception de procédure fondée sur l'existence d'une convention d'arbitrage [1]. À défaut, il est considéré comme ayant implicitement renoncé à la convention.

La question de l'effet négatif se pose lorsque le demandeur agit au fond devant les tribunaux étatiques au mépris d'une convention d'arbitrage. Le défendeur est alors naturellement amené à invoquer la convention d'arbitrage. Dans ce cas, un débat peut-il s'instaurer sur la portée et la validité de celle-ci ? Le demandeur peut-il faire juger que les tribunaux étatiques sont compétents parce que la convention d'arbitrage est nulle ou inefficace ? C'est ici l'effet négatif du principe de compétence-compétence qui s'applique [2]. Tant que l'arbitre ne s'est pas lui-même prononcé sur sa compétence, le juge étatique saisi de l'affaire au fond doit se déclarer incompétent pour statuer sur la compétence de l'arbitre. Autrement dit, l'affaire doit être renvoyée à l'arbitrage. C'est à l'arbitre qu'il reviendra de se prononcer sur sa propre compétence et de rendre, le cas échéant, une sentence au fond. Ce n'est qu'*a posteriori* qu'un juge étatique, une fois la sentence rendue, pourra contrôler la compétence arbitrale. L'effet négatif du principe de compétence-compétence, pleinement reconnu par le droit français, marque une confiance très grande envers l'arbitrage. L'objectif est d'assurer l'efficacité de la convention d'arbitrage. Il demeure certaines exceptions. Ainsi, dès l'instant où le tribunal arbitral n'est pas encore saisi, le juge étatique pourra admettre sa compétence si la convention d'arbitrage est « manifestement

1. L'exception doit être soulevée *in limine litis*. V. Civ. 2e, 22 nov. 2001, *Rev. arb.* 2002. 371, note P. Théry ; *Dr. et procédures*, 2002-2. 108, obs. M. Douchy ; *CCC*, mars 2002, obs. L. Leveneur ; *RTDcom.* 2002. 46, obs. E. Loquin ; *JCP* 2002. II. 10174, note C. Boillot ; *Procédures* 2002, n° 1, obs. R. Perrot ; Civ. 1re, 23 janv. 2007, *Rev. arb.* 2007. 290 ; Civ. 1re, 3 févr. et 14 avr. 2010, *Rev. arb.* 2010. 495, note P. Callé.

2. E. Gaillard, « L'effet négatif de la compétence-compétence », in *Études de procédure et d'arbitrage en l'honneur de J.-F. Poudret*, Université de Lausanne, 1999, p. 387.

nulle ou manifestement inapplicable» (art. 1448 al. 1 CPC). C'est un contrôle *prima facie*. Il faut qu'une convention d'arbitrage soit nulle ou inefficace de manière évidente sans avoir besoin d'un examen approfondi de la question. Dans tous les cas, la jurisprudence admet rarement de telles exceptions [1].

667 Il existe une hypothèse dans laquelle le juge étatique conserve sa compétence en dépit de l'existence d'une convention d'arbitrage. Il s'agit de l'octroi de mesures provisoires et conservatoires [2]. Dès avant la réforme de 2011, il était en effet possible de saisir le juge des référés ou le juge des requêtes aux fins d'obtenir le prononcé de telles mesures [3]. Ainsi une partie pouvait-elle saisir un juge sur le fondement de l'article 145 CPC pour obtenir une mesure d'instruction *in futurum* [4]. La règle est désormais contenue à l'article 1449 CPC, applicable à l'arbitrage international, qui dispose que «L'existence d'une convention d'arbitrage ne fait pas obstacle, tant que le tribunal arbitral n'est pas constitué, à ce qu'une partie saisisse une juridiction de l'État aux fins d'obtenir une mesure d'instruction ou une mesure provisoire ou conservatoire. Sous réserve des dispositions régissant les saisies conservatoires et les sûretés judiciaires, la demande est portée devant le président du tribunal de grande instance ou de commerce, qui statue sur les mesures d'instruction dans les conditions prévues à l'article 145 et, en cas d'urgence, sur les mesures provisoires ou conservatoires sollicitées par les parties à la convention d'arbitrage».

En pratique, c'est surtout le recours au référé-provision qui a suscité des débats. En accordant une provision, le juge des référés

---

1. O. Cachard, «Le contrôle de la nullité ou de l'inapplicabilité manifeste de la clause compromissoire», *Rev. arb.* 2006.893 ; Y. Strickler, «La jurisprudence de la Cour de cassation en matière d'effet négatif de la compétence-compétence (janv. 2009-déc. 2010)», *Rev. arb.* 2011. 191. Pour un exemple d'inapplicabilité manifeste, v. Civ. 1re, 11 juill. 2006, *JDI* 2007. 146, note S. Sana-Chaillé de Néré.

2. S. Besson, *Arbitrage international et mesures provisoires, Étude de droit comparé*, Schultess Polygraphischer Verlag Zürich, 1998 ; M.-A. Bahmaei, *L'intervention du juge étatique des mesures provisoires et conservatoires en présence d'une convention d'arbitrage, Droits français, anglais et suisse*, LGDJ, 2002 ; F. Knoepfler, «Les mesures provisoires et l'arbitrage», in *Médiation et arbitrage, Alternative dispute resolution, Alternative à la justice ou justice alternative ? Perspectives comparatives*, Litec, 2005, p.269 ; J.-M. Jacquet et E. Jolivet (dir.), *Les mesures provisoires dans l'arbitrage commercial international, Évolutions et innovations*, Litec, 2007.

3. Civ. 2e, 1er févr. 1989, *Rev. arb.* 1989.494, 1re esp., note G. Couchez ; Civ. 1re, 20 mars 1989, *Rev. arb.* 1989.653, note P. Fouchard ; Civ. 1re, 6 déc. 2005, *RTD com.* 2006.297, obs. E. Loquin.

4. A. Hory, «Mesures d'instruction *in futurum* et arbitrage», *Rev. arb.* 1996.191.

aborde indirectement le fond du litige et empiète par conséquent sur la compétence de l'arbitre. Avant la réforme de 2011, la jurisprudence avait admis la possibilité de saisir le juge des référés dans ces circonstances, mais en posant des conditions strictes [1]. Tout d'abord, il ne fallait pas que le tribunal arbitral ait été constitué. Dans le cas contraire, la provision devait être demandée au tribunal arbitral lui-même. Ensuite, il fallait qu'il y ait urgence. Cette condition était particulièrement originale dans la mesure où l'urgence n'est pas, en droit commun, une condition du référé-provision. Le nouvel article 1449 CPC consolide cette jurisprudence.

Il y a aussi des situations où l'arbitre et le juge étatique n'ont pas de compétence complémentaire. Dans cette hypothèse, seul le juge étatique a compétence. Ainsi en va-t-il à propos des saisies conservatoires et des sûretés judiciaires qui sont du seul ressort du juge. On considère que ces mesures touchent de trop près à l'*imperium* pour être laissées au pouvoir des arbitres [2].

SECTION 2
EXTENSION ET TRANSMISSION DE LA CONVENTION D'ARBITRAGE

668 La convention d'arbitrage est susceptible de développer des effets à l'égard d'autres personnes que les parties originaires au contrat, celles que l'on appelle souvent les « non-signataires ». Ce sont les hypothèses d'extension (**§ 1**) et de transmission (**§ 2**) de la convention d'arbitrage.

1. Civ. 2e, 18 juin 1986, *Rev. arb.* 1986.565, 1re esp., note G. Couchez ; Civ. 1re, 6 mars 1990, *Rev. arb.* 1990.633, 2e esp., note H. Gaudemet-Tallon ; Com. 29 juin 1999, *Rev. arb.* 1999.817, note A. Hory ; Civ. 2e, 13 juin 2002, *Bull.* civ. II, n° 130, p. 104.
2. P. Mayer, « *Imperium* de l'arbitre et mesures provisoires », in *Études de procédure et d'arbitrage en l'honneur de J.-F. Poudret*, Faculté de droit de l'Université de Lausanne, 1999, p. 437.

§ 1. L'extension

669 La question s'est surtout posée en pratique à propos des groupes de sociétés [1]. Est-il possible d'étendre à une société membre d'un groupe la convention d'arbitrage qui a été « signée » par une autre société du même groupe [2] À s'en tenir aux principes classiques, une telle extension serait impossible en raison des personnalités juridiques distinctes des sociétés membres d'un groupe et de l'effet relatif de la convention d'arbitrage. Toutefois, la jurisprudence est assez favorable à l'extension de la convention d'arbitrage entre sociétés appartenant au même groupe. Ce n'est pas l'existence d'un groupe de sociétés qui justifie, à elle seule, l'extension [3]. Les arbitres et les juges préfèrent partir à la recherche de la volonté des parties. Ils mélangent en réalité des critères subjectifs et des critères objectifs.

670 Le cas le plus célèbre est sans doute en France l'affaire *Dow Chemical.* Deux sociétés filiales de Dow Chemical Company avaient conclu des contrats qui donnèrent lieu à un litige. Une instance arbitrale fut introduite par les deux sociétés signataires ainsi que par la société mère du groupe et une autre filiale. La défenderesse avait alors invoqué l'incompétence du tribunal arbitral pour statuer sur les demandes formulées par les deux dernières sociétés au motif qu'elles n'étaient pas parties à la convention d'arbitrage. La question de l'extension ou de la non-extension de la convention d'arbitrage était posée. Le tribunal arbitral a décidé d'étendre la convention d'arbitrage en déclarant que « la clause compromissoire expressément acceptée par certaines des sociétés du groupe doit lier les autres sociétés qui par le rôle qu'elles ont joué dans la conclusion, l'exécution ou la résiliation des contrats contenant lesdites clauses apparaissent selon la commune volonté de toutes

1. V. I. Fadlallah, « Clauses d'arbitrage et groupe de sociétés », *Trav. Com. Fr. DIP,* 1984-1985, p. 105 ; B. Hanotiau, « L'arbitrage et les groupes de sociétés », *Gaz. Pal., Cahiers de l'arbitrage,* n° 2002/2, 1re partie, p. 6.

2. Pour les problèmes propres posés par les groupes de contrats, v. J.-L. Goutal, « L'arbitrage et les tiers : I – Le droit des contrats, rapport général », *Rev. arb.* 1988. 439 ; F.-X. Train, *Les contrats liés devant l'arbitre du commerce international,* LGDJ, 2003.

3. Sur les groupes de sociétés, v. *supra,* n° 171 s.

les parties à la procédure comme ayant été de véritables parties à ces contrats, ou comme étant concernées, au premier chef, par ceux-ci et par les litiges qui en peuvent découler » [1]. Le recours en annulation formulé à l'encontre de cette sentence a été rejeté par la Cour d'appel de Paris au motif que les arbitres ont pu juger « que, suivant la volonté commune de toutes les sociétés intéressées, les sociétés Dow Chemical France et Dow Chemical Company avaient été parties à ces conventions bien que ne les ayant pas matériellement signées et que la clause compromissoire leur était dès lors applicable » [2]. C'est bien une analyse de la volonté des parties qui a justifié l'extension. Dans cette perspective, le fait qu'une société non signataire participe à la conclusion ou à l'exécution d'un contrat est, pour elle, un indice fort de la volonté d'être liée par la convention d'arbitrage contenue dans ce contrat. On peut en effet en déduire une adhésion tacite.

671 La Cour d'appel de Paris développe une jurisprudence très libérale en ce qu'elle fait référence à « la validité et l'efficacité propres » de la clause compromissoire afin de l'étendre aux « parties directement impliquées dans l'exécution du contrat et dans les litiges qui peuvent en résulter » [3]. La Cour de cassation n'a jamais repris ces formules de validité et d'efficacité propres [4]. Néanmoins, la Haute juridiction est favorable à l'extension. Un important arrêt du 27 mars 2007 en atteste, arrêt qui reprend la règle selon laquelle « l'effet de la clause d'arbitrage international s'étend aux parties directement impliquées dans l'exécution du contrat et les litiges qui peuvent en résulter » [5]. La jurisprudence est donc globalement libérale en vue de conférer à la convention d'arbitrage la plus grande efficacité, l'arbitrage étant le mode usuel de résolution des

1. Sentence CCI n° 4131, 23 sept. 1982, *JDI* 1983.899, obs. Y. Derains ; *Rev. arb.* 1984.137.
2. Paris, 21 oct. 1983, *Rev. arb.* 1984.98, note A. Chapelle.
3. Paris, 30 nov. 1988, *Korsnas, Rev. arb.* 1989.691, 1re esp., note P.-Y. Tschanz ; 11 janv. 1990, *Orri, Rev. arb.* 1990.95, note D. Cohen ; *JDI* 1991.141, note B. Audit ; 7 mai 2009, *LPA* 12 août 2009, n° 160, p. 10, note J. Barbet.
4. Civ. 1re, 11 juin 1991, *Orri, Rev. arb.* 1992.73, note D. Cohen.
5. Civ. 1re, 27 mars 2007, *ABS, Rev. arb.* 2007. 785, note J. El Adhab ; *JCP* 2007. I. 168, n° 11, obs. C. Seraglini ; *D.* 2007. 2077, note S. Bollée; *D.* 2008. 184, obs. T. Clay ; *RTD Com.* 2007. 677, obs. E. Loquin ; *JDI* 2007. 968, note C. Legros ; *D.* 2007. 1086, obs. X. Delpech ; *JCP* 2007. II. 10118, note C. Golhen. V. F.-X. Train, « Arbitrage et action directe : à propos de l'arrêt ABS du 27 mars 2007 », *Gaz. Pal.* 22 nov. 2007, n° 326, p. 6.

conflits du commerce international particulièrement entre sociétés. En présence d'un groupe de sociétés, on peut même dire que, aux conditions posées, l'extension de la convention d'arbitrage au sein du groupe forme un usage du commerce international. C'est ce qui se dégage de la jurisprudence arbitrale [1]. Il existe toutefois des sentences rigoureuses qui refusent la levée du voile social [2].

§ 2. La transmission

672 La question est relative au transfert à un tiers de la convention d'arbitrage. La transmission d'un contrat ou de droits issus d'un contrat opère-t-elle transmission de la convention d'arbitrage qui y est incluse ? C'est ce que certains auteurs appellent la « circulation » de la convention d'arbitrage [3]. On voit les enjeux de la matière. L'efficacité de la convention d'arbitrage réclame une transmission automatique. Mais une transmission par trop facile risque d'entamer la nécessité d'un consentement à l'arbitrage. La jurisprudence française a fait le choix d'une transmission automatique de la convention d'arbitrage. Il en va ainsi dans les cas de cession de créance [4], de cession de contrat [5] et de subrogation [6]. La Cour de cassation a même décidé par un motif général que « la clause d'arbitrage international s'impose à toute partie venant aux droits de l'un des contractants » [7]. Allant encore plus loin, la Haute juridiction a décidé que « En matière internationale, la clause d'arbitrage, juridiquement indépendante du contrat principal, est transmise avec lui, quelle que soit la validité de la transmission

1. V. par exemple la sentence *Dow Chemical* (prèc.) qui vise les « usages conformes aux besoins du commerce international, notamment en présence d'un groupe de sociétés ». V. aussi, E. Loquin, « La réalité des usages du commerce international », *Rev. int. dr. éco.* 1989. 163, spéc., p. 172.
2. Sentence CCI n° 10758 de 2000, *JDI* 2001. 1171, obs. J.-J. A.
3. P. Mayer, « La « circulation » des conventions d'arbitrage », *JDI* 2005. 251.
4. Civ. 1re, 5 janv. 1999 et 19 oct. 1999, *Rev. arb.* 2000. 85, note D. Cohen ; *Rev. crit. DIP* 1999. 832, note E. Pataut ; *JDI* 1999. 787, note S. Poillot-Peruzzetto. La Cour décide que « La clause d'arbitrage international, valable par le seul effet de la volonté des contractants, est transmise au cessionnaire avec la créance, telle que cette créance existe dans les rapports entre le cédant et le débiteur cédé ».
5. Paris, 28 janv. 1988, *JDI* 1989. 1021, note E. Loquin.
6. Paris, 13 nov. 1992, *Rev. arb.* 1993. 632, note J.-L. Goutal ; 6 févr. 1997, *Rev. arb.* 1997. 556, note P. Mayer.
7. Civ. 1re, 8 févr. 2000, *Taurus*, *Rev. arb.* 2000. 280, note P.-Y. Gautier.

des droits substantiels » [1]. La transmission de la convention d'arbitrage dans toutes les hypothèses visées s'effectue de plein droit sans qu'il y ait besoin de recueillir une acceptation, même tacite. De telles solutions peuvent paraître contredire le principe d'autonomie de la convention d'arbitrage. Comment une convention complètement autonome peut-elle être transmise automatiquement en même temps que les droits substantiels ? Des explications sont proposées [2]. Il nous semble que c'est l'objectif très pragmatique d'efficacité de l'arbitrage qui soutient l'ensemble jurisprudentiel.

673 La même tendance est observable s'agissant de la transmission de la convention d'arbitrage au sein d'une chaîne de contrats. Dans un arrêt important, la Cour de cassation avait décidé, en établissant une nouvelle règle matérielle de droit international privé, que « dans une chaîne homogène de contrats translatifs de marchandises, la clause d'arbitrage international se transmet avec l'action contractuelle, sauf preuve de l'ignorance raisonnable de l'existence de cette clause » [3]. Dans cette hypothèse, le sous-acquéreur final d'une marchandise est lié par la convention d'arbitrage contenue dans le contrat initial.

La Cour de cassation a repris une solution similaire par son arrêt du 27 mars 2007 dans lequel elle a déclaré que « dans une chaîne de contrats translatifs de propriété, la clause compromissoire est transmise de façon automatique en tant qu'accessoire du droit d'action, lui-même accessoire du droit substantiel transmis, sans incidence du caractère homogène ou hétérogène de cette chaîne » [4]. La Cour étend la règle de la transmission automatique aux chaînes hétérogènes. Mais la réserve de l'ignorance raisonnable de la clause compromissoire a disparu. La clause d'arbitrage est donc transmise de plein droit dans les chaînes de contrats, homogènes et hétérogènes, ce, sans aucune échappatoire.

1. Civ. 1re, 28 mai 2002, *Cimat*, *Rev. arb.* 2003.397, note D. Cohen.
2. V. Paris, 10 sept. 2003, *Rev. arb.* 2004.623, note L. Aynès.
3. Civ. 1re, 6 févr. 2001, *Peavey*, *Rev. arb.* 2001.765, note D. Cohen ; *JCP* 2001. II. 10567, note C. Legros ; *Rev. crit. DIP* 2001.522, note F. Jault-Seseke.
4. Préc. Dans le même sens, Civ. 1re, 17 nov. 2010, n° 09-12.442.

Titre 3

La procédure d'arbitrage

674 L'arbitrage ayant aussi une nature juridictionnelle, il donne lieu à une véritable procédure. Toutefois, cette procédure se caractérise par une plus grande souplesse que devant les juges étatiques. Les parties ont également une grande liberté dans la conduite de la procédure et plus généralement dans l'élaboration des règles à suivre. Le but est d'assurer l'efficacité de la procédure arbitrale. À ce propos, la Cour d'appel de Paris a même reconnu un « principe d'efficacité de la procédure » destiné à conduire l'arbitrage « avec la flexibilité et la rapidité nécessaires » [1]. Examinons les règles relatives au tribunal arbitral (chapitre 1) et à l'instance arbitrale (chapitre 2).

1. Paris, 7 oct. 2004, *Otor, JDI* 2005.341, note A. Mourre et P. Pedone ; *JCP G* 2005. II. 10071, note J.-M. Jacquet.

CHAPITRE 1

Le tribunal arbitral

675 L'expression de « tribunal » n'est pas usurpée : l'arbitre est un véritable juge. La grande originalité en la matière est qu'un tribunal arbitral n'est pas permanent ; il est éphémère. Il faut le constituer spécialement. Et un tribunal arbitral n'est constitué que pour un seul litige ; il disparaît dès que celui-ci est tranché. Il convient d'étudier la constitution du tribunal arbitral (SECTION 1) et le statut de l'arbitre (SECTION 2).

SECTION 1

LA CONSTITUTION DU TRIBUNAL ARBITRAL

676 Les règles sont différentes selon que la constitution du tribunal arbitral se déroule sans incident (**§ 1**) ou avec incident (**§ 2**).

§ 1. La constitution du tribunal arbitral sans incident

677 Le tribunal arbitral est constitué par les parties. C'est l'un des grands avantages : les parties choisissent leurs juges. L'arbitrage est une justice « à la carte ». L'article 1508 CPC dispose ainsi que « La convention d'arbitrage peut, directement ou par référence à un règlement d'arbitrage ou à des règles de procédure, désigner le ou les arbitres ou prévoir les modalités de leur désignation ».

678 Dans l'arbitrage interne, l'article 1451 CPC pose la règle de l'imparité des membres du tribunal arbitral. Cette règle ne s'impose pas dans l'arbitrage international. Toutefois, en pratique, les tribunaux arbitraux composés d'arbitres en nombre pair sont rares (ils sont utilisés parfois dans les droits de *common law* avec le système de l'*umpire*). Il est préférable, pour éviter toute difficulté lors du délibéré, d'opter pour l'imparité. Il peut s'agir d'un arbitre unique (souvent pour les petits litiges) ou d'un tribunal arbitral composé de trois arbitres (plutôt pour les litiges complexes). Lorsqu'un arbitre unique est prévu, il est généralement désigné d'un commun accord par les parties. En cas de tribunal arbitral composé de trois arbitres, les parties désignent logiquement chacune un arbitre. Le troisième arbitre, le président du tribunal, est désigné soit d'un commun accord par les parties, soit d'un commun accord par les deux arbitres d'ores et déjà désignés [1], soit par une autorité de nomination.

679 Lors de la constitution du tribunal arbitral, le principe fondamental de l'égalité des parties doit être respecté [2]. Dans le célèbre arrêt *Dutco*, la Cour de cassation a en effet jugé que « le principe de l'égalité des parties dans la désignation des arbitres est d'ordre public, qu'on ne peut y renoncer qu'après la naissance du litige » [3]. La question intéresse l'arbitrage multipartite, c'est-à-dire les pro-

1. C'est le système privilégié par l'article 1452-2° CPC : « En cas d'arbitrage par trois arbitres, chaque partie en choisit un et les deux arbitres ainsi choisis désignent le troisième ».
2. E. Loquin, « À la recherche du principe de l'égalité des parties dans le droit de l'arbitrage », *Cahiers de l'arbitrage* 2008/2, p. 5.
3. Civ. 1re, 7 janv. 1992, *Rev. arb.* 1992.470, note P. Bellet ; *JDI* 1992.707, note C. Jarrosson.

cédures opposant plus de deux parties (pluralité de demandeurs et/ou pluralité de défendeurs). Chaque partie doit jouir de la même liberté que son adversaire dans la désignation des arbitres. S'il existe par exemple un demandeur et deux défendeurs, il se peut que les défendeurs ne se mettent pas d'accord sur le nom d'un arbitre. En présence d'un arbitrage institutionnel, cet arbitre est susceptible d'être désigné par le centre d'arbitrage. Il y a là une rupture d'égalité : le demandeur aura désigné un arbitre tandis que les défendeurs se verront imposer un arbitre qu'ils n'ont pas choisi ou bien qu'ils auront désigné uniquement pour éviter l'intervention du centre d'arbitrage. Pour pallier cette difficulté, le règlement d'arbitrage de la CCI prévoit à son article 10 que, dans notre hypothèse, l'ensemble du tribunal arbitral peut être désigné par la Cour d'arbitrage de la CCI. Le principe d'égalité est ainsi respecté, aucune des parties n'ayant un avantage sur l'autre dans la constitution du tribunal arbitral.

Le décret du 13 janvier 2011 a entériné la solution issue de l'arrêt *Dutco*. L'article 1453 CPC dispose désormais que « Lorsque le litige oppose plus de deux parties et que celles-ci ne s'accordent pas sur les modalités de constitution du tribunal arbitral, la personne chargée d'organiser l'arbitrage ou, à défaut, le juge d'appui, désigne le ou les arbitres ».

§ 2. La constitution du tribunal arbitral avec incident

680 Un tribunal arbitral n'est pas permanent : il est constitué à l'effet de juger un litige déterminé. Il se peut que des difficultés surviennent lors de sa constitution. Il en va par exemple ainsi lorsque la partie défenderesse refuse de participer à la désignation du ou des arbitres. Il faut alors prévoir un mécanisme de substitution permettant de constituer malgré tout le tribunal arbitral. L'efficacité de l'arbitrage est en jeu. Le droit français prévoit l'intervention du « juge d'appui ». En matière internationale, il s'agit du Président du Tribunal de grande instance de Paris. L'intervention du juge est ici salutaire. Loin de contrôler ou d'entraver l'arbi-

trage, le juge saisi va donner effet à la convention d'arbitrage et permettre la constitution du tribunal arbitral. C'est un véritable rôle de coopération qui est joué par le juge [1].

681 La compétence du juge français est subordonnée à certaines conditions. L'article 1505 CPC pose quatre critères alternatifs de compétence du juge d'appui. Les deux premiers reprennent les critères posés par l'ancien article 1493 al. 2 CPC, à savoir le fait que « l'arbitrage se déroule en France » ou que « les parties sont convenues de soumettre l'arbitrage à la loi de procédure française ». Le troisième critère alternatif est nouveau. Le juge d'appui français est compétent lorsque « Les parties ont expressément donné compétence aux juridictions étatiques françaises pour connaître des différends relatifs à la procédure arbitrale ». Enfin, le quatrième cas permet d'attribuer compétence au juge français si l'une des parties est exposée à un risque de déni de justice. C'est la reprise de la fameuse jurisprudence NIOC/État d'Israël [2].

682 Comme par le passé, le président du Tribunal de grande instance de Paris peut refuser son intervention s'il constate la nullité ou l'inapplicabilité manifeste de la convention d'arbitrage (art. 1455 CPC applicable en matière internationale). De plus, la compétence du juge d'appui n'est pas impérative. L'article 1505 CPC autorise une « clause contraire ». C'est en pratique souvent le cas, toutes les fois notamment où les parties choisissent un règlement d'arbitrage. Il y a alors dans la quasi-totalité des situations une autorité de nomination prévue au règlement qui se substitue au juge d'appui français. À l'inverse, l'intervention du juge d'appui est particulièrement utile dans les arbitrages *ad hoc* dans lesquels les parties n'ont pas prévu d'autorité de nomination.

683 Quelles sont les attributions du juge d'appui ? Avant la réforme de 2011, ce juge était chargé de régler les difficultés de constitu-

1. P. Fouchard, « La coopération du président du tribunal de grande instance à l'arbitrage », *Rev. arb.* 1985.5.

2. Par une décision importante du 1er février 2005, la Cour de cassation avait décidé dans cette affaire que « l'impossibilité pour une partie d'accéder au juge, fût-il arbitral, chargé de statuer sur sa prétention, à l'exclusion de toute juridiction étatique, et d'exercer ainsi un droit qui relève de l'ordre public international consacré par les principes de l'arbitrage international et l'article 6.1 de la Convention européenne des droits de l'homme, constitue un déni de justice qui fonde la compétence internationale du président du tribunal de grande instance de Paris, dans la mission d'assistance et de coopération du juge étatique à la constitution d'un tribunal arbitral, dès lors qu'il existe un rattache-

tion du tribunal arbitral (ancien article 1493 al. 2 CPC), la jurisprudence ayant interprété largement cette notion. Avec les nouveaux textes, la compétence du juge d'appui est élargie. Il est naturellement chargé de résoudre toutes les difficultés survenant au moment de la désignation des arbitres (art. 1452 à 1454 CPC). Par exemple, si la partie défenderesse refuse de désigner un arbitre, le juge d'appui le désignera à sa place ou prendra toutes les mesures utiles pour qu'il le soit. Le juge d'appui est également compétent en cas de demande de récusation (art. 1456 al. 3 CPC) ou de révocation (art. 1458 CPC) d'un arbitre. Il intervient, au besoin, pour régler les difficultés liées à un empêchement, une abstention ou une démission de l'arbitre (art. 1457 al. 2 CPC). Il peut aussi intervenir afin de proroger la durée de la mission du tribunal arbitral (art. 1463 al. 2 CPC). On rappellera néanmoins que la compétence du juge d'appui est exclue en présence d'une personne chargée d'organiser l'arbitrage, en pratique un centre d'arbitrage.

684 Le président du Tribunal de grande instance de Paris est saisi « comme en matière de référé » (art. 1460 al. 2 CPC). Mais les conditions du référé (urgence ou absence de contestation sérieuse) ne sont pas applicables. Le juge est saisi par la partie la plus diligente ou par les arbitres eux-mêmes (art. 1460 al. 1 CPC). La décision est normalement insusceptible de recours. Avant la réforme de 2011, la jurisprudence avait admis la possibilité de former un appel-nullité en cas d'excès de pouvoir, c'est-à-dire de « vice grossier découlant de la violation d'un principe fondamental ou d'ordre public »[1]. Cette jurisprudence doit logiquement perdurer. Par ailleurs, l'article 1460 al. 3 CPC *in fine* autorise l'appel lorsque le juge d'appui a déclaré n'y avoir lieu à désignation au motif que la convention d'arbitrage est manifestement nulle ou inapplicable.

ment avec la France » (Civ. 1re, 1er févr. 2005, *État d'Israël/NIOC*, *Rev. arb.* 2005.693, note H. Muir Watt ; *Rev. crit. DIP* 2006.140, note T. Clay).

1. Paris, 19 déc. 1995, *Rev. arb.* 1996.110, note A. Hory ; Paris, 17 sept. 1996, *Rev. arb.* 2002.679.

SECTION 2
LE STATUT DE L'ARBITRE

685 Qu'est-ce qu'un arbitre ? Il est à la fois un juge (**§ 1**) et un prestataire de services (**§ 2**).

§ 1. L'arbitre juge

686 Toute personne peut en théorie être nommée arbitre. Il n'est même pas besoin d'être juriste (l'arbitre peut par exemple être un technicien, un économiste, un expert-comptable, etc.). En tant que juge, un arbitre doit cependant avoir certaines qualités : l'indépendance et l'impartialité [1]. La Cour de cassation dans un arrêt de principe a jugé que « l'indépendance d'esprit est indispensable à l'exercice du pouvoir juridictionnel, elle est l'une des qualités essentielles des arbitres » [2]. L'indépendance de l'arbitre s'apprécie essentiellement par rapport aux parties. Il ne doit pas exister de liens matériels et intellectuels avec l'une des parties de nature à affecter le jugement de l'arbitre [3]. Ainsi n'a pas été considéré comme indépendant un arbitre qui, pendant le déroulement de l'arbitrage, continuait à exercer une mission de conseil auprès de l'une des parties [4]. La Cour d'appel de Paris considère que l'indépendance doit aussi s'apprécier par rapport aux conseils des parties (leurs avocats) dans la mesure où, en effet, peuvent exister entre l'arbitre et le conseil de l'une des parties des relations d'intérêts [5]. L'impartialité est, quant à elle, un état psychologique. Un arbitre ne doit pas entretenir de prévention à l'égard de l'une des parties. Notamment, il ne doit pas lui manifester une attitude hostile.

---

1. V. M. Henry, *L'indépendance de l'arbitre*, LGDJ, 2001 ; J. Van Compernolle et G. Tarzia (dir.), *L'impartialité du juge et de l'arbitre. Études de droit comparé*, Bruylant, 2006.
2. Civ. 2e, 13 avr. 1972, *JCP* 1972. II. 17189, note P.Level ; *D.* 1973, jur. 2, note J. Robert ; *Rev. arb.* 1975.235, note E. Loquin.
3. Paris, 2 juin 1989, (2 arrêts), *Rev. arb.* 1991.87 ; Paris, 28 nov. 2002, *Rev. arb.* 2003.445, note C. Belloc.
4. TGI Paris (Ord. Réf.), 15 janv. 1988, *Rev. arb.* 1988.316, note J. Robert.
5. Paris, 9 sept. 2010, *D.* 2010, pan. Cahier n° 44, obs. T. Clay.

687 Il en résulte que l'arbitre n'est pas le mandataire de la partie qui l'a désigné[1]. Il n'a pas à se faire son « défenseur » ou son « avocat » durant le déroulement de l'arbitrage. De même, une partie ne nomme pas « son » arbitre (cette expression – « déplorable » selon les mots de Pierre Bellet[2] - est à bannir du vocabulaire). Elle doit logiquement désigner *un* arbitre neutre et impartial qui pourra éventuellement décider de sa condamnation. La pratique montre parfois les dérives des « arbitres-partisans »[3]. C'est pourquoi il est important d'affirmer et de réaffirmer le principe suivant lequel les arbitres doivent toujours être neutres quel que soit leur mode de désignation.

688 La mise en œuvre du devoir d'indépendance et d'impartialité se réalise d'abord par des moyens préventifs. Un arbitre a une obligation de révélation[4]. Il doit, lorsqu'il est sollicité aux fins d'être nommé arbitre, révéler tout fait de nature à mettre en cause son indépendance et son impartialité. Ainsi, dans certains arbitrages institutionnels, l'arbitre pressenti doit-il rédiger une « déclaration d'indépendance ». Ce sont les circonstances aptes à susciter un « doute raisonnable » sur l'indépendance et l'impartialité qui doivent faire l'objet de la révélation[5]. Par exemple, doit être révélée la circonstance qu'une même personne a été désignée fréquemment et régulièrement par la même partie en tant qu'arbitre, ce qui a créé selon les termes employés par la jurisprudence un « courant d'affaires »[6]. Le décret du 13 janvier 2011 a formellement consacré cette obligation de révélation. L'article 1456 al. 2 CPC dispose désormais qu'« Il appartient à l'arbitre, avant d'accepter sa mission, de révéler toute circonstance susceptible d'affecter

1. Paris, 25 mars 1999, *Rev. arb.* 2003. 123, note P. Fouchard.
2. Note sous Paris, 5 mai 1989, *Rev. arb.* 1989. 723, spéc., p. 731.
3. P. Fouchard, E. Gaillard, B. Goldman, *Traité de l'arbitrage commercial international*, *op. cit.*, n° 1046, p. 593.
4. M. Henry, « Les obligations d'indépendance et d'information de l'arbitre à la lumière de la jurisprudence récente », *Rev. arb.* 1999. 193.
5. Pour une application récente et problématique, v. Paris, 12 févr. 2009, *Technimont*, *Rev. arb.* 2009. 186, note T. Clay ; *LPA*, n° 144, note M. Henry ; *D.* 2009. 2964, obs. T. Clay ; cassé par Civ. 1re civ. 4 nov. 2010, *D.* 2010. 2939 obs. T. Clay ; *Cahiers de l'arbitrage*, 2010. 1147, note T. Clay ; *JCP* 2010. 1286, n° 2, obs. C. Seraglini. V. L. Degos, « La révélation remise en question(s). Retour sur l'arrêt de la Cour d'appel de Paris du 12 février 2009 », *Cahiers de l'arbitrage* 2009/4. 6.
6. Civ. 1re, 20 oct. 2010 (deux arrêts), *JCP* 2010. 1306, note B. Le Bars et J. Juvénal ; *JCP* 2010. 1286, n° 1, obs. C. Seraglini.

son indépendance ou son impartialité. Il lui est également fait obligation de révéler sans délai toute circonstance de même nature qui pourrait naître après l'acceptation de sa mission ». Une fois l'obligation de révélation remplie, il se peut qu'aucune partie n'invoque le défaut éventuel d'indépendance ou d'impartialité et accepte la nomination de l'arbitre concerné. Dans ce cas, le vice potentiel est couvert. La partie qui n'invoque pas le grief tiré du défaut d'impartialité ou d'indépendance lorsqu'elle en a connaissance est réputée y renoncer, ce, de manière définitive. En revanche, si un différend à ce stade s'élève quant au maintien de l'arbitre, il est réglé par le centre d'arbitrage choisi ou, à défaut, par le juge d'appui saisi dans le mois qui suit la révélation (ou la découverte) du fait litigieux (art. 1456 al. 3 CPC).

Il existe ensuite des moyens curatifs. Le premier est la récusation. Celle-ci intervient après la constitution du tribunal arbitral et est demandée selon les cas au centre d'arbitrage ou au juge d'appui. La récusation n'est susceptible d'être sollicitée que pour une cause qui se serait révélée ou serait advenue après la nomination de l'arbitre. Le second est le refus d'exécution [1] ou l'annulation [2] de la sentence. Par exemple, il est possible d'obtenir l'annulation d'une sentence pour défaut d'indépendance au motif que le tribunal arbitral a été irrégulièrement constitué (art. 1520-2 CPC).

§ 2. L'arbitre prestataire de services

689 L'arbitre est lié aux parties par un contrat. Il s'agit du contrat d'arbitre qu'il ne faut pas confondre avec la convention d'arbitrage [3]. Ce contrat donne naissance à des droits et des obligations décrivant ce qu'il est convenu d'appeler le « statut de l'arbitre » [4].

1. Civ. 1re, 24 mars 1998, *Rev. arb.* 1999.255, note P. Fouchard ; *JDI* 1999.155, note A.-E. Kahn.
2. Civ. 1re, 16 mars 1999, *État du Qatar*, *D.* 1999, jur.497, note P. Courbe.
3. V. T. Clay, *L'arbitre*, Préf. P. Fouchard, Dalloz, 2001.
4. P. Fouchard, « Le statut de l'arbitre dans la jurisprudence française », *Rev. arb.* 1996.325. V. aussi, E. Loquin, « Arbitrage. L'arbitre. Conditions d'exercice. Statut », *JurisClasseur Procédure civile*, Fasc. 1015, 2009.

Le contrat n'est ni un mandat ni un contrat d'entreprise, mais une convention *sui generis*.

690 L'arbitre a des droits. Le contrat d'arbitre étant dans la quasi-totalité des cas à titre onéreux, l'arbitre perçoit des honoraires qui sont versés par les parties (c'est la sentence rendue qui décide de la répartition de ces honoraires entre les parties). L'arbitre a aussi des obligations. Il doit ainsi se comporter de manière équitable et impartiale, accomplir sa mission dans les délais et jusqu'à son terme et respecter la confidentialité de l'arbitrage si celle-ci est stipulée [1]. Au titre de ses obligations, l'arbitre engage sa responsabilité civile personnelle. Celle-ci est de nature contractuelle. Certes, en tant que juge, l'arbitre jouit d'une « immunité » empêchant qu'il soit recherché en responsabilité pour les erreurs qu'il commet dans l'exercice de sa fonction juridictionnelle. Un simple « mal-jugé » ne saurait donner lieu à responsabilité. Mais l'arbitre est susceptible d'être responsable des fautes commises dans la conduite de l'instance arbitrale [2]. La Cour de cassation a décidé à cet égard que « en laissant expirer le délai d'arbitrage sans demander sa prorogation au juge d'appui, à défaut d'accord des parties ou faute pour celles-ci de la solliciter, les arbitres, tenus à cet égard d'une obligation de résultat, ont commis une faute ayant entraîné l'annulation de la sentence, et ont engagé leur responsabilité » [3]. Ne pas respecter le délai de l'arbitrage engendre, au vu de cet arrêt, la responsabilité des arbitres. Selon nous, il ne faut reconnaître la responsabilité des arbitres que dans des hypothèses exceptionnelles, en présence d'une faute caractérisée.

Le décret du 13 janvier 2011 a apporté des précisions quant aux droits et obligations des arbitres. L'article 1464 al. 3 CPC, applicable en matière internationale, dispose que « Les parties et les arbitres agissent avec célérité et loyauté dans la conduite de

1. P. Fouchard, E. Gaillard, B. Goldman, *op. cit.*, n° 1127 s., p. 626 s.
2. Pour une distinction entre les obligations de moyens et de résultat en la matière, v. P. Fouchard, E. Gaillard, B. Goldman, *op. cit.*, n° 1149, p. 635.
3. Civ. 1re, 6 déc. 2005, *Rev. arb.* 2006. 126, note C. Jarrosson ; *D.* 2006. 274, note P.-Y. Gautier ; *JCP* 2006. II. 10066, note T. Clay ; *RTD com.* 2006. 299, obs. E. Loquin. Dans le sens d'une plus grande indulgence, v. Paris, 6 nov. 2008, *D.* 2008. 3115, obs. T. Clay ; *D.* 2009. 538, note D. Mainguy ; *Rev. arb.* 2009. 376, note P. Leboulanger ; rejet du pourvoi par Civ. 1re 17 nov. 2010, *D.* 2010. 2849, obs. X. Delpech ; *D.* 2010. 2935 obs. T. Clay.

la procédure ». Il en découle que les arbitres sont, vis-à-vis des parties (voire entre eux), à la fois les créanciers et les débiteurs d'une obligation générale de célérité et de loyauté. Il faudra attendre la jurisprudence pour savoir quels sont les contours exacts d'une telle obligation, formulée en l'état de manière très générale.

CHAPITRE 2

L'instance arbitrale

691 L'arbitrage étant un mécanisme juridictionnel de règlement des conflits, il donne lieu à une instance. En matière internationale, l'originalité tient à la possibilité de choisir le droit applicable à la procédure (SECTION 1). Il conviendra aussi de voir les grandes étapes du déroulement d'une instance arbitrale (SECTION 2).

SECTION 1

LE DROIT APPLICABLE À LA PROCÉDURE

692 L'arbitrage international est terre de souplesse. L'un de ses avantages est pour les parties d'être jugées selon des règles différentes de celles qui sont applicables devant les juridictions étatiques. La souplesse renvoie à la liberté : les parties à l'arbitrage ont la plus grande liberté pour choisir les règles applicables à la procédure. L'article 1509 al. 1 CPC dispose à cet effet que « La convention d'arbitrage peut, directement ou par référence à un règlement d'arbitrage ou à des règles de procédure, régler la procédure à suivre dans l'instance arbitrale ». Cette disposition consacre en

matière procédurale le principe de l'autonomie de la volonté et offre aux parties trois possibilités.

En premier lieu, elles peuvent régler directement la procédure à suivre. Ainsi les parties ont-elles la possibilité « d'inventer » une procédure. Cette faculté est rarement exercée ; elle n'est pratiquée que dans certains arbitrages *ad hoc*.

En deuxième lieu, les parties ont le choix d'adopter un règlement d'arbitrage. Dans le cadre de l'arbitrage institutionnel, les parties se réfèrent au règlement qui se substitue alors aux lois nationales de procédure et qui est fait pour régler l'intégralité de la procédure.

En troisième lieu, les parties peuvent adopter des règles de procédure. L'ancien article 1494 al. 1 CPC parlait, quant à lui, d'une « loi » de procédure. Le terme désormais utilisé est beaucoup plus large : il s'agit des règles de procédure. Il peut s'agir certes d'une loi nationale (lorsque c'est la loi française, l'article 1506 CPC énumère les dispositions relatives à l'arbitrage interne qui sont applicables à l'arbitrage international, sous réserve de la convention contraire des parties lorsqu'elle est admise). Mais, au-delà d'une loi nationale, toute « règle » peut faire l'objet d'un choix. On pense ainsi aux règles transnationales de procédure civile de l'*American Law Institute* et d'UNIDROIT qui montrent à cet égard qu'un droit processuel mondial est en marche [1].

693 Les parties ne sont pas tenues d'exprimer leur volonté quant au choix du droit applicable à la procédure. Dans ce cas, l'article 1509 al. 2 CPC prévoit que « Dans le silence de la convention d'arbitrage, le tribunal arbitral règle la procédure autant qu'il est besoin, soit directement, soit par référence à un règlement d'arbitrage ou à des règles de procédure ». C'est à l'arbitre qu'il revient de déterminer les règles applicables. Il bénéficie dans cette hypothèse d'une grande liberté. Il n'est pas obligé de choisir une loi ou un règlement d'arbitrage. Il peut en effet régler la procédure

1. P. Fouchard (dir.), *Vers un procès civil universel ? Les règles transnationales de procédure civile de l'American Law Institute*, éd. Panthéon-Assas, 2001 ; F. Ferrand, « Le nouveau Code de procédure civile français et les Principes ALI-Unidroit de Procédure civile transnationale : regard comparatif », *in* J. Foyer et C. Puigelier (dir.), *Le nouveau Code de procédure civile (1975-2005)*, Économica, 2006, p. 439.

« directement », c'est-à-dire en fixant lui-même les règles qu'il estime utiles et nécessaires. Il y a même une jurisprudence arbitrale qui se forme et qui donne progressivement naissance à une *lex processualis*. Des principes généraux de la procédure arbitrale ont été dégagés, par exemple l'obligation de collaborer de bonne foi à l'administration de la preuve [1].

694 La procédure arbitrale n'est par conséquent pas soumise obligatoirement et nécessairement au droit du siège de l'arbitrage. Cette solution, un temps admise par certains systèmes juridiques, est totalement exclue selon le droit français. L'arbitre ne saurait être assimilé à un juge national. Il est autonome par rapport au droit du siège. C'est pourquoi les règles de procédure du siège ne sont pas automatiquement applicables à l'arbitrage. La liberté dont jouissent les parties et les arbitres n'est cependant pas totale. Le respect de certains principes fondamentaux de la procédure s'impose, essentiellement le principe de la contradiction. Une sentence qui enfreint un tel principe encourt une annulation et/ou un refus d'exécution [2]. Il existe un ordre public international de procédure. Le nouvel article 1510 CPC est le reflet de cette solution en ce qu'il dispose que « Quelle que soit la procédure choisie, le tribunal arbitral garantit l'égalité des parties et respecte le principe de la contradiction ».

La jurisprudence avait pourtant refusé de considérer l'article 6 § 1 de la Convention européenne de sauvegarde des droits de l'homme relatif au droit à un procès équitable comme étant applicable à l'arbitrage. Dans le fameux arrêt *Cubic* du 20 février 2001, la Cour de cassation a jugé que « L'article 6-1 de la Convention de sauvegarde des droits de l'homme, qui ne concerne que les États et les juridictions étatiques, est sans application » en matière d'arbitrage [3]. La juridiction arbitrale n'est pas une juridiction étatique et n'est donc pas normalement soumise formellement aux dispositions de la Convention et notamment à son article 6 § 1.

1. Sentence CCI, n° 1434, 1975, *JDI* 1976.978, obs. Y. Derains. De manière générale, v. D. Hascher, « Principes et pratique de procédure dans l'arbitrage commercial international », *Rec. Cours La Haye*, 1999, vol. 279, p. 51.
2. V. *infra*, n° 737.
3. Civ. 1re, 20 févr. 2001, *Rev. arb.* 2001.511, note T. Clay.

Il est vrai que les solutions ne sont pas d'une grande fermeté. La Cour européenne des droits de l'homme a pu laisser penser que l'arbitrage était soumis aux dispositions de la Convention [1]. De même, la Cour de cassation a pu décider à l'occasion d'une affaire portant sur une demande d'annulation d'une sentence qu'« aucune méconnaissance de l'article 6 de la Convention européenne des droits de l'homme (n'était) caractérisée » [2], laissant ainsi croire que la disposition était applicable. On défendra, pour notre part, l'inapplicabilité formelle de la Convention européenne des droits de l'homme, en particulier de son article 6, à l'arbitrage. Il n'en reste pas moins que substantiellement, par le biais de l'ordre public international, certaines composantes du droit au procès équitable au sens de l'article 6 § 1 de la Convention sont indirectement applicables à l'arbitrage comme l'obligation d'indépendance et d'impartialité des arbitres ou le principe de la contradiction.

Section 2
Le déroulement de l'instance arbitrale

695 Il n'est pas nécessaire de décrire dans le détail toutes les étapes de la procédure. Les règles changent selon le droit applicable et la pratique joue un très grand rôle en la matière. Il suffit de relater les grandes étapes d'une instance arbitrale.

696 L'instance est introduite par la partie demanderesse qui formule une demande d'arbitrage adressée à la partie défenderesse (soit directement, soit par l'intermédiaire d'un centre d'arbitrage). Cette demande n'obéit à aucune forme particulière. Il faut seulement qu'elle manifeste la volonté dénuée d'ambiguïté d'introduire une action devant les arbitres [3]. Certains règlements d'arbitrage sont plus exigeants comme celui de la Chambre de commerce interna-

1. Cour européenne des droits de l'homme, 3 avril 2008 (*Regent Company*), *Rev. arb.* 2009. 797, note J.-B. Racine.
2. Civ. 1re, 6 oct. 2010, n° 09-10.530.
3. Paris, 5 févr. 1980, *Rev. arb.* 1980.519.

tionale qui réclame diverses mentions à son article 4, par exemple une indication de l'objet de la demande et, si possible, du ou des montants réclamés. La partie défenderesse est ensuite placée dans la possibilité de répondre. Dans sa réponse à la demande d'arbitrage, elle fait valoir tous les moyens qu'elle entend présenter (défenses au fond et/ou exception d'incompétence) et forme le cas échéant une demande reconventionnelle. L'objet du litige est normalement établi par les prétentions respectives des parties. Dans certains arbitrages institutionnels, il est habituel de rédiger un acte de mission [1]. Cet acte est signé par les parties et les arbitres. Il contient un exposé des prétentions des parties, identifie les points litigieux donnés à juger au tribunal et fixe les principales règles qui vont s'appliquer à la procédure. L'acte de mission est normalement distinct de la convention d'arbitrage et ne vaut pas compromis.

697 Le siège de l'arbitrage est fixé par les parties et, à défaut, par l'arbitre ou par le centre d'arbitrage. En pratique, la détermination du siège de l'arbitrage est importante [2]. Certes, l'arbitrage international, au moins selon la conception française, tend à être délocalisé. L'arbitre international n'est pas assimilé à un juge national du lieu où il siège. Il est un juge « mondial ». Mais il reste quelques conséquences attachées à la fixation géographique d'un arbitrage. La compétence du juge d'appui est déduite notamment du siège de l'arbitrage (art. 1505-1° CPC). De même, le recours en annulation contre la sentence s'exerce exclusivement devant les juridictions du siège de l'arbitrage. La jurisprudence a au demeurant une conception souple du siège de l'arbitrage. La Cour de Paris a ainsi décidé que « le siège de l'arbitrage est une notion purement juridique [...] et non une notion matérielle dépendant du lieu où l'audience a été tenue ou du lieu de signature de la sentence, susceptible de varier au gré de la fantaisie ou de la maladresse des arbitres » [3]. Les opérations matérielles (ex. : les audiences

1. J.-J. Arnaldez, « L'acte déterminant la mission de l'arbitre », in *Études offertes à P. Bellet*, Litec, 1991, p. 1.

2. G. Kaufmann-Kohler, « Le lieu de l'arbitrage à l'aune de la mondialisation », *Rev. arb.* 1998.517 ; T. Clay, « Le siège de l'arbitrage international entre 'ordem' et 'progresso' », *Cahiers de l'arbitrage* 2008/2, p. 20.

3. Paris, 28 oct. 1997, *Rev. arb.* 1998.399, note B. Leurent.

d'audition de témoins ou de plaidoiries) peuvent être tenues ailleurs qu'au siège de l'arbitrage [1]. Et, même si la sentence est matériellement rendue ailleurs, elle sera considérée comme ayant été juridiquement rendue au lieu du siège.

698 L'instance se déroule selon les règles de procédure qui sont fixées par les parties ou par les arbitres. Il entre dans les pouvoirs des arbitres de rendre des ordonnances de procédure qui ne sont pas normalement considérées comme des sentences.

L'échange de mémoires et de pièces obéit généralement à un formalisme allégé. Il faut à ce titre respecter le principe de la contradiction, c'est-à-dire communiquer, en temps utile, à la partie adverse et aux arbitres les mémoires et les pièces. Il est possible que la procédure soit entièrement écrite, mais le plus souvent des audiences sont prévues de manière à permettre un échange oral entre tous les acteurs de l'instance (parties, avocats [2], arbitres).

La production des pièces varie suivant le système choisi. Si la procédure est issue de la *common law*, une *discovery* est envisageable (cela impose aux parties de communiquer l'intégralité des éléments de preuve en leur possession même ceux qui leur sont défavorables). Selon un système de droit continental, les parties sont libres de produire les pièces qu'elles veulent au soutien de leurs prétentions.

Les arbitres ont certains pouvoirs d'instruction. Ils sont habilités à enjoindre aux parties de produire des documents qu'elles détiennent au besoin sous astreinte [3]. Cette possibilité est désormais formellement contenue à l'article 1467 al. 3 CPC, applicable en matière internationale, selon lequel « Si une partie détient un élément de preuve, le tribunal arbitral peut lui enjoindre de le produire selon les modalités qu'il détermine et au besoin à peine d'astreinte ». En revanche, un tel pouvoir ne saurait s'exercer à l'égard de tiers, l'arbitre n'ayant pas l'*imperium* d'un juge éta-

1. Un arbitrage ne se tient bien entendu pas au sein d'un palais de justice. Il faut le plus souvent louer des salles de réunion (par exemple dans un hôtel). Certains centres d'arbitrage mettent à disposition des salles, notamment pour tenir les audiences.

2. La représentation par ministère d'avocat n'est pas obligatoire. Dans la pratique, la présence des avocats est néanmoins fréquente.

3. Paris, 7 oct. 2004, *Otor*, *JDI* 2005.341, note A. Mourre et P. Pedone ; *JCP* 2005. II. 10071, note J.-M. Jacquet.

tique ; son autorité est limitée aux parties à la convention d'arbitrage. Néanmoins, grâce à l'un des apports du décret du 13 janvier 2011, il est dans ce cas possible de saisir le président du tribunal de grande instance selon les modalités prévues à l'article 1469 CPC.

L'arbitre a aussi le pouvoir d'ordonner des mesures d'instruction comme une expertise ou l'audition de témoins (cf. art. 1467 CPC). À propos des témoignages, l'influence des droits de *common law* se fait encore sentir lorsqu'il est procédé à une *cross examination* (les témoins sont interrogés directement par les avocats avec la possibilité d'un contre-interrogatoire par l'avocat de la partie adverse).

Après l'audience de plaidoiries, si une telle audience a lieu, l'affaire fait l'objet d'une clôture. On procède alors à une mise en délibéré en vue de la reddition de la sentence.

699 La question du délai de l'arbitrage est cruciale. Dans l'arbitrage interne, le délai légal est de six mois (art. 1463 al. 1 CPC). Aucune disposition ne prévoit en revanche la durée du délai de l'arbitrage en matière internationale. Il se peut que les parties ne conviennent d'aucun délai ou, au contraire, qu'elles se mettent d'accord pour enfermer la mission de l'arbitre dans un délai déterminé dont la durée est laissée à leur appréciation ou qui dépend du règlement d'arbitrage adopté. Lorsque les parties ont convenu d'un délai, la sentence rendue hors délai s'expose à une annulation ou risque de se heurter à un refus d'exécution. Il faut ajouter que les arbitres ne sont pas autorisés à proroger eux-mêmes le délai en raison du caractère contractuel de l'arbitrage [1]. Ce sont les parties ou le juge d'appui qui disposent d'une telle prérogative. L'article 1463 al. 2 CPC, applicable en matière internationale, prévoit à cet égard que « Le délai légal ou conventionnel peut être prorogé par accord des parties ou, à défaut, par le juge d'appui ». Si un règlement d'arbitrage a été adopté, le centre d'arbitrage est également habilité à proroger le délai (ex. art. 24.2 du règlement CCI). La jurisprudence fait néanmoins preuve d'une certaine souplesse. Elle admet

1. Civ. 1re, 15 juin 1994, *Rev. arb.* 1995.88, note E. Gaillard.

notamment que les parties conviennent d'une prorogation tacite de délai lorsqu'elles participent sans réserve aux opérations d'arbitrage ayant lieu après l'expiration du délai stipulé [1]. De manière plus générale, toute attitude des parties manifestant une volonté certaine de proroger le délai est susceptible d'être admise à titre de prorogation tacite [2].

1. Civ. 2e, 11 mai 2000, *Rev. arb.* 2000.635, note E. Tay Pamart ; Paris, 10 déc. 2009, *Rev. arb.* 2010.329, note P. Duprey.
2. Civ. 2e, 8 mars 2001, 18 oct. 2001 et 4 avr. 2002, Paris, 17 janv. 2002, *Rev. arb.* 2002.899, note J.-G. Betto ; Civ. 1re, 6 juill. 2005, *Rev. arb.* 2006.429, note P. Pic.

Titre 4

La sentence arbitrale

700 L'arbitrage se termine normalement par la reddition d'une sentence. Celle-ci est la manifestation du pouvoir juridictionnel dont disposent les arbitres. La sentence tranche le litige. Pour ce faire, en matière internationale, il faut déterminer le droit applicable au fond du litige (chapitre 1). Une fois la sentence rendue (chapitre 2), elle s'expose à un contrôle de la part des juges étatiques (chapitre 3).

CHAPITRE 1

Le droit applicable au fond du litige

701 L'une des questions les plus importantes en matière internationale porte sur la détermination du droit applicable à la question litigieuse. On parle habituellement de *lex causae*, au sens strict « loi de la cause ». Cette expression est préférable à celle de *lex contractus*, car tous les litiges arbitraux ne sont pas relatifs à un contrat (même si c'est la grande majorité d'entre eux). Dans l'arbitrage international, le principe est celui d'une liberté dans la détermination des règles de droit applicables (SECTION 1), même si l'ordre public demeure une limite (SECTION 2). La liberté s'exprime également par la possibilité de convenir d'un arbitrage en amiable composition (SECTION 3).

Section 1
La détermination des règles de droit applicables

702 Le principe veut que le droit applicable au fond du litige soit librement choisi par les parties (**§ 1**) et, à défaut, déterminé par les arbitres (**§ 2**).

§ 1. Le choix par les parties

703 L'article 1511 al. 1 CPC dispose que « Le tribunal arbitral tranche le litige conformément aux règles de droit que les parties ont choisies (...) ». C'est la reprise en matière d'arbitrage international du principe d'autonomie qui habilite les parties à choisir le droit applicable à leur rapport juridique [1]. Le choix des parties peut être exprès et résider dans une clause d'élection de droit (séparée ou non de la convention d'arbitrage) ou bien dans un acte postérieur, par exemple un acte de mission. Il peut être également tacite, ce qui résulte par exemple du comportement procédural des parties qui invoquent chacune le même droit dans leurs écritures.

L'article 1511 al. 1 CPC mentionne les « règles de droit » et non la loi. Autrement dit, les parties ne sont pas tenues de choisir une loi étatique. En effet, l'expression « règles de droit », déjà présente dans l'ancien article 1496 CPC, est beaucoup plus large que le terme de loi. Les parties ont par conséquent la faculté de se référer à la *lex mercatoria*, soit sous cette appellation, soit par la référence à certaines expressions englobantes comme les « principes généraux du commerce international » ou les « principes appliqués dans les rapports économiques internationaux » [2]. L'arbitrage international est d'ailleurs le lieu privilégié d'application de la *lex mercatoria*.

---

1. Sur ce principe, v. *supra*, n° 261 s.
2. Sur la *lex mercatoria*, v. *supra*, n° 90 s.

Toutefois, les parties, même dans le domaine de l'arbitrage, recourent encore fréquemment à une loi étatique [1]. La liberté est également très grande : elles peuvent choisir n'importe quelle loi même celle n'entretenant aucun lien avec leur relation (une loi dite « neutre »), opérer un dépeçage ou bien procéder à un gel de la loi applicable. Il est en outre possible de combiner l'application d'une loi étatique avec celle de la *lex mercatoria*. Étant à l'évidence des règles de droit au sens de l'article 1511 al. 1 CPC, les Principes UNIDROIT et les Principes du droit européen du contrat sont susceptibles de faire l'objet d'un choix des parties [2].

§ 2. La détermination par les arbitres

704 L'article 1511 al. 1 CPC *in fine* prévoit que si les parties n'ont pas choisi les règles de droit applicables au fond, l'arbitre tranche le litige « conformément à celles qu'il estime appropriées ». Lorsque les parties sont muettes sur le droit applicable, il est rationnel de demander à l'arbitre de déterminer le droit en application duquel il rendra sa sentence. La question porte alors sur les méthodes que l'arbitre doit utiliser pour déterminer le droit applicable. Le droit français est libéral : l'arbitre n'est lié par aucune méthode *a priori*. Il n'est pas obligé de se référer aux règles de conflit du siège de l'arbitrage. Un arbitre international n'est pas rattaché juridiquement à un for étatique, ce que signifie le principe « l'arbitre n'a pas de for ». Il n'est même pas obligé d'appliquer une règle de conflit. Il peut déterminer le droit applicable par la méthode de la « voie directe » sans passer par le préalable de la méthode conflictuelle. Sa liberté étant très grande, l'arbitre a aussi la faculté d'appliquer cumulativement plusieurs règles de conflit (celles qui sont intéressées au litige [3]), de se référer aux principes généraux du droit international privé (qui seraient une forme de « *lex internationalis* »), de consulter une règle de conflit de source interna-

1. V. *supra*, n° 100.
2. V. le préambule des principes UNIDROIT et l'article 1 : 101 des PDEC.
3. Y. Derains, « L'application cumulative par l'arbitre des systèmes de conflit de lois intéressés au litige », *Rev. arb.* 1972. 118.

tionale (par exemple la Convention de Rome de 1980 sur la loi applicable aux obligations contractuelles ou le règlement Rome I du 17 juin 2008) ou bien de dégager lui-même la règle de conflit qui lui semble la plus adaptée.

La liberté des arbitres se prolonge quant à la nature des règles de droit applicables. Comme pour les parties, un arbitre n'est pas tenu de désigner une loi étatique. Il peut considérer que les règles de droit les plus appropriées sont celles de la *lex mercatoria* [1]. L'article 1511 al. 2 CPC prévoit que l'arbitre « tient compte dans tous les cas des usages du commerce ». Ce texte n'oblige pas l'arbitre à statuer toujours en vertu de la *lex mercatoria*, celle-ci ne se réduisant pas aux seuls usages. Cette disposition invite seulement les arbitres à consulter les usages « dans tous les cas », c'est-à-dire lorsque les parties ont choisi le droit applicable ou, au contraire, n'ont rien convenu à ce sujet.

Bien que ce ne soit pas une obligation, il est fréquent en pratique que les arbitres désignent une loi étatique. Pour ce faire, certains arbitres utilisent la méthode des liens les plus étroits qui est la mise en œuvre d'un principe de proximité [2]. Selon cette méthode, est rendue applicable la loi qui présente les liens les plus étroits avec la question litigieuse [3]. Il résulte aussi de la pratique que les arbitres aiment à parfaire la motivation de leur sentence. Très souvent, ils veillent à signaler que la solution qu'ils donnent au litige se justifie au regard d'une pluralité de normes différentes, par exemple une ou plusieurs lois étatiques, les usages du commerce international, les Principes UNIDROIT, etc. Bien des sentences sont à cet égard « surmotivées ».

1. En ce sens, la sentence partielle sur le droit applicable rendue dans l'affaire *Valenciana*, *Rev. arb.* 1990.701.

2. P. Lagarde, « Le principe de proximité dans le droit international privé contemporain », *Rec. cours La Haye*, 1986, I, p. 9.

3. V. l'article 187.1 de la loi suisse sur le droit international privé qui dispose : « Le tribunal arbitral statue selon les règles de droit choisies par les parties ou, à défaut de choix, selon les règles de droit avec lesquelles la cause présente les liens les plus étroits ».

Section 2
La limite de l'ordre public

705 La liberté des parties et des arbitres trouve sa limite naturelle dans l'ordre public [1]. Dans le domaine international, de quel ordre public s'agit-il ? Il y a une multitude d'ordres publics différents et il ne saurait être question pour l'arbitre de chercher à les respecter tous. Il n'en reste pas moins que l'arbitre a l'obligation de respecter l'ordre public international à peine d'exposer sa sentence à une annulation ou à un refus d'*exequatur*.

706 La question se pose principalement à propos des lois de police qui sont assurément une composante de l'ordre public international, au moins au sens du droit de l'arbitrage. Il va de soi que l'arbitre est tenu d'appliquer les lois de police appartenant à la *lex causae*. *Quid* à propos des lois de police extérieures à la *lex causae* ? Admettons par exemple que les parties aient choisi le droit suisse : l'arbitre doit-il appliquer le droit européen de la concurrence, à titre de loi de police, et éventuellement annuler le contrat sur ce chef ? Il nous semble que les arbitres doivent s'efforcer de respecter les lois de police extérieures à la *lex causae*. Un arbitre doit tout d'abord veiller à assurer l'efficacité de sa sentence. Par exemple, si la sentence a des chances d'être exécutée dans un pays de l'Union européenne, mieux vaut rendre une sentence respectueuse du droit européen [2]. Il faut ensuite veiller à assurer la pérennité de l'arbitrage. Les États regardent désormais l'arbitrage avec faveur. Il ne faut pas qu'une attitude laxiste des arbitres les invite à faire marche arrière. Dès lors que l'arbitrabilité des litiges impliquant l'ordre public a été reconnue et que les arbitres ont

1. Y. Derains, « L'ordre public et le droit applicable au fond du litige dans l'arbitrage international », *Rev. arb.* 1986.375 ; I. Fadlallah, « L'ordre public dans les sentences arbitrales », *Rec. Cours La Haye*, 1994, V, p. 377 ; J.-B. Racine, *L'arbitrage commercial international et l'ordre public*, Préf. P. Fouchard et avant-propos L. Boy, LGDJ, 1999 ; C. Seraglini, *Lois de police et justice arbitrale internationale*, Préf. P. Mayer, Dalloz, 2001 ; L.G. Radicati di Brozolo, « Arbitrage commercial international et lois de police », *Rec. Cours La Haye*, t. 315, 2005, p. 265 ; S. Lazareff, « L'arbitre face à l'ordre public. Suite... et non fin », in *Mélanges P. Tercier*, Schultess, 2008, p. 851.

2. V. de manière générale, M. Béhar-Touchais, « Arbitrage et ordre public européen », *Rev. aff. eur.*, 2005/2.177.

reçu le pouvoir d'en sanctionner la violation [1], il faut considérer par une forme de raisonnement logique que les arbitres ont l'obligation de respecter l'ordre public, en particulier en appliquant les lois de police extérieures à la *lex causae*. Il est certes nécessaire que la loi de police revendique sur des bases légitimes son application aux faits litigieux (par exemple que le contrat forme une entente affectant le marché européen). L'arbitre n'a pas à appliquer n'importe quelle loi de police [2]. Mais il est important qu'il le fasse. Dans la pratique arbitrale, s'il existe des sentences allant dans ce sens [3], la tendance générale est à la prudence, voire à la timidité. Les arbitres, dans l'ensemble, tiennent avant tout à respecter le contrat et sont rétifs à l'application d'une loi qui viendrait détruire les prévisions des parties [4].

707 L'ordre public transnational est également une limite à la liberté des parties et des arbitres [5]. La loi choisie par les parties qui serait contraire à cet ordre public devrait être évincée par l'arbitre. De même, un contrat violant le même ordre public devrait être annulé. À ce titre, l'ordre public transnational n'a pas à se substituer à la méthode des lois de police. Au contraire, l'un et l'autre sont complémentaires. En outre, l'ordre public transnational ne se confond pas avec la *lex mercatoria*. Il est là pour protéger des valeurs proprement internationales sans être nécessairement au sens strict universelles (outre la lutte contre la corruption, citons comme susceptibles de relever d'un ordre public transnational, la protection de l'environnement, la préservation du patrimoine culturel ou bien encore l'extracommercialité des produits du corps humain). On peut même prétendre que l'arbitre est le garant naturel de cet ordre public.

1. V. *supra*, n° 655.
2. L'arbitre peut s'inspirer de l'article 7.1 de la Convention de Rome de 1980 ou de l'article 9.3 du règlement Rome I pour admettre l'applicabilité d'une loi de police extérieure à la *lex causae*.
3. Sentence CCI n° 6697 du 26 déc. 1990, *Rev. arb.* 1992.135, note P. Ancel.
4. V. par exemple, Sentence CCI n° 8385, *JDI* 1997.1061, obs., Y.D.
5. Sur l'ordre public transnational, v. *supra*, n° 27 et n° 123. Sur les rapports avec l'arbitrage, v. L. Chedly, *Arbitrage commercial international et ordre public transnational*, Centre de publication universitaire, Tunis, 2002.

SECTION 3
L'AMIABLE COMPOSITION

708 Les parties ont le choix de conférer à l'arbitre les pouvoirs d'amiable compositeur [1]. L'article 1512 CPC dispose à cet effet que « Le tribunal arbitral statue en amiable composition si les parties lui ont confié cette mission ». Il en résulte qu'à défaut d'expression de volonté des parties, l'arbitre doit normalement statuer en droit. De même, l'arbitre ne peut s'octroyer les pouvoirs d'amiable compositeur ; il faut un accord des parties. La définition de l'amiable composition est difficile. Cette notion renvoie à l'équité. Autrement dit, un arbitre statuant en amiable composition a la faculté de se dégager de l'application stricte du droit et de statuer au regard de considérations d'équité (on parle aussi d'arbitrage *ex aequo et bono*). Comme l'écrivent des auteurs, l'amiable composition se définit « comme le pouvoir des arbitres de ne pas s'en tenir à l'application de règles de droit, ce qui leur permet aussi bien de les ignorer complètement que de s'en écarter en tant que leur sentiment de l'équité l'exige » [2]. L'amiable composition permet ainsi à l'arbitre de rendre sa décision au vu de son sentiment personnel de ce qui est juste [3].

Il ne faut pas confondre l'amiable composition et la *lex mercatoria*. Les deux sont très différents. La référence à la *lex mercatoria* ne confère pas à l'arbitre les pouvoirs d'amiable compositeur et l'application de la *lex mercatoria* n'est pas subordonnée à l'existence d'une clause d'amiable composition. Comme l'a décidé la Cour de cassation dans l'affaire *Valenciana* [4], l'arbitre appliquant la *lex mercatoria* statue en droit.

1. E. Loquin, *L'amiable composition en droit comparé et international*, préf. P. Fouchard, Litec, 1980 ; E. Bertrand, « À quelles conditions peut-on recourir à l'amiable composition ? », *RD aff. int.* 2008. 609 ; L. Kiffer, « Nature et contenu de l'amiable composition », *RD aff. int.* 2008. 625 ; B. Le Bars, « Peut-on fiabiliser le processus arbitral de l'amiable composition ? Les propositions d'ICC France », *RD aff. int.* 2008. 635 ; E. Vuillard et A. Vagenheim, « Pourquoi recourir à l'amiable composition ? », *RD aff. int.* 2008. 643.

2. P. Fouchard, E. Gaillard, B. Goldman, *Traité de l'arbitrage commercial international, op. cit.*, n° 1502, p. 849.

3. J. Béguin, « L'étonnante liberté de l'arbitre amiable compositeur », in *De code en code, Mélanges en l'honneur de G. Wiederkehr*, Dalloz, 2009, p. 1.

4. V. *supra*, n° 98.

709 Un arbitre amiable compositeur a toujours la possibilité de se référer à une règle de droit. Mais il doit alors constater que l'application du droit aboutit à une solution équitable. La jurisprudence fait en réalité obligation à l'arbitre amiable compositeur, s'il se prononce exclusivement par application de règles de droit, de s'expliquer sur la conformité de celles-ci à l'équité [1]. C'est un devoir de l'arbitre que de vérifier que la solution donnée en application du droit est équitable. Dans cette perspective, l'amiable composition ne renvoie pas nécessairement à l'équité pure, mais permet un mélange de droit et d'équité.

L'arbitre amiable compositeur a d'autres devoirs. Il doit tout d'abord respecter l'ordre public international. Doit-il ensuite respecter le contrat ? A-t-il le pouvoir d'écarter le contrat au motif que son application stricte aurait des conséquences inéquitables pour l'une des parties ? La réponse est nuancée. L'arbitre amiable compositeur est habilité à s'écarter du contrat et à modérer les droits créés par lui [2] (par exemple en accordant une indemnité de résiliation alors que le contrat n'en prévoyait pas). En revanche, il ne peut modifier l'économie du contrat « en substituant aux obligations contractuelles des obligations nouvelles ne répondant pas à l'intention commune des parties » [3].

1. Civ. 2e, 15 févr. 2001, *D.* 2001.2780 note N. Rontchevsky ; *Rev. arb.* 2001.135, 1re esp., note E. Loquin ; Civ. 2e, 10 juill. 2003, *D.* 2003.2474, obs. T. Clay ; *Rev. arb.* 2003.1361, obs. J.-G. Betto. Dans le sens d'une plus grande souplesse, v. Civ. 1re, 28 nov. 2007, *Rev. arb.* 2008. 99, note V. Chantebout ; *D.* 2008. 187, obs. T. Clay ; *RTD Com.* 2008. 521, obs. E. Loquin.

2. Paris, 28 nov. 1996, *Rev. arb.* 1997.380, note E. Loquin ; Civ. 1re, 6 mai 2003, *Rev. arb.* 2004.313, 1re esp., note J.-B. Racine.

3. Paris, 19 avr. 1991, *Rev. arb.* 1991.673, note E. Loquin.

CHAPITRE 2

La reddition de la sentence arbitrale

710 Qu'est-ce qu'une sentence ? C'est à l'étude de la notion qu'il convient tout d'abord de s'attacher (SECTION 1), pour voir ensuite la manière dont elle s'élabore (SECTION 2) et les effets qui lui sont attachés (SECTION 3).

SECTION 1

LA NOTION DE SENTENCE

711 Il est difficile de s'accorder sur une définition incontestable de la sentence arbitrale. La Cour d'appel de Paris a décidé que les sentences sont « des actes des arbitres qui tranchent de manière définitive, en tout ou en partie, le litige qui leur a été soumis, que ce soit sur le fond, sur la compétence ou sur un moyen de procédure qui les conduit à mettre fin à l'instance » [1]. La terminologie est, hélas, flottante. On parle habituellement de sentence « définitive » ce qui désigne la sentence qui « met un terme au différend, en

1. Paris, 25 mars 1994, *Sardisud*, *Rev. arb.* 1994.391, note C. Jarrosson. V. aussi, Paris, 11 avr. 2002, *ABC International*, *Rev. arb.* 2003.143, 2e esp., note D. Bensaude.

tout ou en partie »[1]. Mais cette sentence n'intéresse pas exclusivement le fond du litige. Un arbitre peut par exemple statuer sur sa compétence par une sentence séparée. Il y a donc souvent plusieurs sentences qui sont rendues dans le même litige. Il est ainsi possible qu'un arbitre rende une sentence « partielle » sur la compétence et le droit applicable puis une sentence « finale » sur le fond du litige. Un arbitre a aussi la faculté de rendre une première sentence sur le principe de la responsabilité et une seconde sur le montant de la réparation.

Il faut ajouter que l'arbitre a généralement le pouvoir d'ordonner des mesures provisoires ou conservatoires (par exemple l'autorisation de vendre des marchandises périssables). Cette possibilité est désormais formellement reconnue par l'article 1468 CPC selon lequel « Le tribunal arbitral peut ordonner aux parties, dans les conditions qu'il détermine et au besoin à peine d'astreinte, toute mesure conservatoire ou provisoire qu'il juge opportune. Toutefois, la juridiction de l'État est seule compétente pour ordonner des saisies conservatoires et sûretés judiciaires. Le tribunal arbitral peut modifier ou compléter la mesure provisoire ou conservatoire qu'il a ordonnée ». La qualification de sentence est généralement déniée à ces décisions. Toutefois, un arrêt de la Cour d'appel de Paris du 7 octobre 2004 semble admettre en droit français la qualification de sentence en présence d'une décision arbitrale ayant ordonné des mesures conservatoires[2]. Certaines difficultés subsistent dans la mesure où la même Cour a refusé de voir dans la décision prise par le tiers désigné dans le cadre du référé pré-arbitral de la CCI une véritable sentence[3]. La pratique montre qu'il est parfois difficile de distinguer les simples ordonnances de procédure (insusceptibles de voies de recours et d'exécution forcée) et les sentences.

1. P. Fouchard, E. Gaillard, B. Goldman, *Traité de l'arbitrage commercial international*, *op. cit.*, n° 1359, p. 754.
2. Paris, 7 oct. 2004, *Otor*, *JDI* 2005. 341, note A. Mourre et P. Pedone ; *JCP* 2005. II. 10071, note J.-M. Jacquet.
3. Paris, 29 avr. 2003, *République du Congo*, *Rev. arb.* 2003. 1296, note C. Jarrosson ; *JDI* 2004. 511, note P. Mayer.

SECTION 2
L'ÉLABORATION DE LA SENTENCE

712 La sentence est rendue au terme d'un délibéré (**§ 1**). La forme en est libre (**§ 2**).

§ 1. Le délibéré

713 L'exigence d'un délibéré, qui n'est réellement pertinente qu'en cas de tribunal arbitral composé d'une pluralité d'arbitres, est fondamentale en droit français. Il est classique de considérer que cette exigence relève de l'ordre public international [1]. Ainsi, une sentence rendue sans délibéré s'expose-t-elle à une annulation et/ou à un refus d'*exequatur*. Le délibéré ne répond néanmoins à aucune forme particulière (il peut avoir lieu par exemple au moyen de conversations téléphoniques entre les arbitres ou par visioconférence).

Si les arbitres se divisent quant à la solution à apporter au litige, la sentence est tout de même rendue soit à la majorité (d'où l'utilité d'un nombre impair d'arbitres), soit éventuellement par le président du tribunal statuant seul. À cet égard, l'article 1513 CPC issu de la réforme de 2011 contient une disposition intéressante, applicable seulement en matière internationale. Si aucune majorité ne se dégage entre les arbitres, le président du tribunal statue seul. La règle est utile toutes les fois où les coarbitres ont des positions tellement tranchées que le président ne peut logiquement se rallier ni à l'une ni à l'autre. Dans ce cas, le président peut statuer seul (la sentence produit alors les mêmes effets que si elle avait été rendue à la majorité des voix).

Le fait qu'un arbitre refuse de participer au délibéré n'empêche pas la sentence d'être rendue. Il faut toutefois que l'arbitre ait été mis en mesure de participer aux discussions entre les arbitres.

1. Paris, 16 janv. 2003, *Rev. arb.* 2004.369, note L. Jaeger: «l'exigence du délibéré représente une règle fondamentale de la procédure qui garantit la nature juridictionnelle de la décision à laquelle parvient le tribunal arbitral ; le principe de collégialité suppose [...] que chaque arbitre ait la faculté de débattre de toute décision avec ses collègues».

Enfin, aux termes de l'article 1479 CPC, le délibéré est secret [1]. Un arbitre violant ce secret engage sa responsabilité.

§ 2. La forme de la sentence

714 La forme de la sentence est libre. Aucun texte n'impose formellement la rédaction d'un écrit, mais, dans la pratique, une sentence orale ne se rencontre jamais. La sentence internationale a-t-elle l'obligation d'être motivée ? Il est classiquement admis qu'une sentence non motivée n'est pas en elle-même contraire à l'ordre public international [2]. Néanmoins, l'article 1482 CPC qui pose l'obligation de motivation en matière interne est applicable à l'arbitrage international, sauf si les parties en ont autrement convenu. Il se trouve qu'une grande majorité des sentences rendues en matière internationale sont motivées. En effet, la motivation est gage de sécurité juridique et correspond à l'attente des parties. Une décision est d'autant mieux acceptable par les parties qu'elles connaissent les raisons de fait et de droit qui la justifient. À ce titre, de nombreux règlements d'arbitrage institutionnel exigent la motivation.

715 L'arbitrage international connaît la pratique des opinions dissidentes. Lorsqu'un arbitre n'est pas d'accord avec la décision de la majorité, il a parfois la possibilité de rédiger une opinion dissidente expliquant les raisons de son désaccord. La pertinence d'une telle pratique, qui vient des droits de *common law*, est discutée, une opinion dissidente risquant d'affaiblir l'autorité de la sentence [3]. Elle est néanmoins admise au regard du droit français [4], l'opinion dissidente n'étant cependant pas considérée comme faisant partie de la sentence [5].

---

1. J.-D. Bredin, « Le secret du délibéré arbitral », in *Études offertes à P. Bellet*, Litec, 1991, p. 467 ; « Retour au délibéré arbitral », in *Liber amicorum Cl. Reymond, Autour de l'arbitrage*, Litec, 2004, p. 43.
2. Civ. 1re, 22 nov. 1966, *JDI* 1967.631, note B. Goldman ; *Rev. crit. DIP*, 1967.372, note P. Francescakis ; Civ. 1re, 18 mars 1980, *Rev. arb.* 1980.496, note E. Mezger ; *JDI* 1980.874, note E. Loquin.
3. J.-F. Poudret, « Légitimité et opportunité de l'opinion dissidente dans le silence de la loi ? », in *Liber amicorum Cl. Reymond, op. cit.*, p. 243.
4. Paris, 9 oct. 2008, *Rev. arb.* 2009. 352, note J.-G. Betto et A. Canivet ; *RTD Com.* 2009. 543, obs. E. Loquin.
5. Paris, 16 janv. 2003, *Rev. arb.* 2004.369, note L. Jaeger.

716 Enfin, quelles sont les conditions de forme *stricto sensu* qui sont applicables à la sentence internationale ? L'article 1481 CPC, qui est applicable à l'arbitrage international, sauf convention contraire, énumère la liste des indications formelles que doit contenir la sentence [1]. Néanmoins, contrairement à l'arbitrage interne, l'omission des conditions de forme exigées, à elle seule, ne permet pas l'annulation de la sentence, le grief retenu à l'article 1492-6° CPC pour l'arbitrage interne n'étant pas repris à l'article 1520 CPC concernant l'arbitrage international. De même, l'article 1483 CPC qui prévoit, en matière interne, la nullité de la sentence qui ne respecte pas les conditions de forme posées [2] n'est pas applicable à l'arbitrage international par l'effet de l'article 1506 du même code. Le formalisme d'une sentence internationale est donc moins contraignant que dans le champ interne. Il est toutefois usuel que la sentence rendue en matière internationale soit revêtue de certaines mentions comme sa date, la signature des arbitres et le lieu de son prononcé.

La sentence est confidentielle, mais une publication est parfois autorisée par les parties. Cette publication sert à l'édification d'une jurisprudence arbitrale.

Section 3
Les effets de la sentence

717 La sentence parce qu'elle est un acte juridictionnel d'origine privée ne bénéficie pas de plein droit de la force exécutoire. Il faut pour cela un *exequatur* [3]. En revanche, elle est revêtue de l'autorité de la chose jugée (**§ 1**) et produit un effet de dessaisissement des arbitres (**§ 2**).

1. Selon cet article, « La sentence arbitrale contient l'indication : 1° Des noms, prénoms ou dénomination des parties ainsi que de leur domicile ou siège social ; 2° Le cas échéant, du nom des avocats ou de toute personne ayant représenté ou assisté les parties ; 3° Du nom des arbitres qui l'ont rendue ; 4° De sa date ; 5° Du lieu où la sentence a été rendue. »

2. Selon cette disposition (alinéa 1) : « Les dispositions de l'article 1480, celles de l'article 1481 relatives au nom des arbitres et à la date de la sentence et celles de l'article 1482 concernant la motivation de la sentence sont prescrites à peine de nullité de celle-ci. »

3. V. *infra*, n° 722 s.

§ 1. L'autorité de la chose jugée

718 Selon l'article 1484 al. 1 CPC, applicable en matière internationale, « La sentence arbitrale a, dès qu'elle est rendue, l'autorité de la chose jugée relativement à la contestation qu'elle tranche ». Toute sentence qu'elle soit rendue en France ou à l'étranger, en matière interne ou internationale, est revêtue de plein droit de l'autorité de la chose jugée [1]. Ce qui a été tranché par les arbitres ne peut plus donner lieu à une nouvelle instance devant les juridictions françaises notamment. La jurisprudence est, à ce titre, assez exigeante, car elle a étendu à l'arbitrage la règle de la concentration des moyens (et des demandes). À propos d'un arbitrage interne, la Cour de cassation a décidé qu'« il incombe au demandeur de présenter dans la même instance toutes les demandes fondées sur la même cause et qu'il ne peut invoquer dans une instance postérieure un fondement juridique qu'il s'était abstenu de soulever en temps utile » [2]. Cette solution déjà critiquable devant les tribunaux étatiques, l'est encore plus s'agissant d'arbitrage [3].

De plus, la sentence arbitrale constitue un titre permettant à une partie de pratiquer une saisie conservatoire sans avoir besoin d'obtenir l'autorisation d'un juge [4].

1. D. Hascher, « L'autorité de la chose jugée des sentences arbitrales », *Trav. Com. Fr. DIP*, 2000-2002. 17 ; P. Mayer, « Litispendance, connexité et chose jugée dans l'arbitrage international », in *Mélanges Cl. Reymond*, Litec 2004, p. 185 ; C. Jarrosson, « L'autorité de chose jugée des sentences arbitrales », *Procédures*, n° 8, août 2007, étude 17 ; A. Pinna, « L'autorité de la chose jugée invoquée devant l'arbitre. Point de vue sous le prisme de l'ordre juridique français », *Cahiers de l'arbitrage*, 2010, n° 3, p. 697.

2. Civ. 1ère, 28 mai 2008, *Prodim*, *JCP* 2008. II. 10170, note G. Bolard ; *JCP* 2008. II. 10157, note G. Chabot ; *D.* 2008. 3116, obs. T. Clay ; *Rev. arb.* 2008. 461, note L. Weiller ; *RTD Civ.* 2008. 551, obs. R. Perrot ; *RTD Com.* 2010. 535, obs. E. Loquin ; *Gaz. Pal.* 21 févr. 2009, n° 52, p. 53, obs. F.-X. Train.

3. E. Loquin, « De l'obligation de concentrer les moyens à celle de concentrer les demandes dans l'arbitrage », *Rev. arb.* 2010. 201.

4. Dijon, 23 avr. 2002, *Rev. arb.* 2002.743, note M.-C. Rivier ; Civ. 2e, 12 oct. 2006, *Rev. arb.* 2008. 429, note G. Cuniberti. V. aussi, M.-C. Rivier, « L'arbitrage et le droit des procédures civiles d'exécution », *Dr. et proc.* 2005. 198.

§ 2. Le dessaisissement des arbitres

719 L'article 1485 al. 1 CPC, applicable à l'arbitrage international, dispose que « La sentence dessaisit le tribunal arbitral de la contestation qu'elle tranche ». Ainsi, lorsque les arbitres auront rendu la sentence finale, ils seront normalement dessaisis du litige. Ils ne pourront plus statuer ni être réunis à nouveau.

Certaines exceptions à cette règle sont nécessaires. L'article 1485 al. 2 CPC les prévoit en permettant de demander au tribunal arbitral d'interpréter la sentence, de réparer les erreurs et omissions matérielles et de la compléter en cas d'omission de statuer. L'article 1486 du même code précise les modalités de saisine du tribunal arbitral dans ces différents cas. La plupart des règlements d'arbitrage institutionnel contiennent des règles répondant à ces situations.

CHAPITRE 3

Le contrôle de la sentence

720 Toute sentence n'est pas soumise à un contrôle. Il est fréquent que les parties s'en satisfassent et que la partie perdante exécute spontanément la décision arbitrale. On avance généralement le chiffre de 80 à 90 % de sentences arbitrales dont l'exécution serait volontaire. L'esprit de l'arbitrage, dans sa pureté originelle, pousse en effet les parties à accepter la sentence comme elles ont accepté la convention d'arbitrage. Il se trouve cependant que les mœurs de l'arbitrage se sont dégradées et que le contentieux post-arbitral s'est développé. Un juge étatique est donc assez souvent saisi après qu'une sentence eût été rendue. Il exerce à cette occasion un contrôle. Après avoir vu les modalités du contrôle (SECTION 1), il conviendra d'en analyser les éléments (SECTION 2).

SECTION 1

LES MODALITÉS DU CONTRÔLE

721 Il existe deux types de contrôle : au moment de la reconnaissance et de l'*exequatur* d'une part (**§ 1**) et au moment du recours en annulation d'autre part (**§ 2**).

§ 1. La reconnaissance et l'*exequatur*

722 Seul le droit français sera étudié à l'exclusion de la Convention de New York du 10 juin 1958 pour la reconnaissance et l'exécution des sentences arbitrales. On sait en effet que cette Convention n'est applicable qu'à défaut de dispositions plus favorables du droit des États parties [1]. Devant les juridictions françaises, c'est dans la quasi-totalité des cas le droit français qui s'applique. Le texte de référence est l'article 1514 CPC selon lequel « Les sentences arbitrales sont reconnues ou exécutées en France si leur existence est établie par celui qui s'en prévaut et si cette reconnaissance ou cette exécution n'est pas manifestement contraire à l'ordre public international ». Il est donc prévu qu'une sentence puisse faire l'objet, soit d'une reconnaissance, soit d'un *exequatur*.

723 La reconnaissance ne nous retiendra pas longtemps. Il s'agit par cette procédure d'admettre l'existence de la sentence dans l'ordre juridique français. Elle est peu fréquente en pratique en raison principalement de son manque d'intérêt. Dès l'instant où la sentence a de plein droit l'autorité de la chose jugée, une procédure de reconnaissance est le plus souvent inutile (elle est envisageable pour les sentences de débouté). La reconnaissance n'a de réel intérêt que si l'autorité de la chose jugée attachée à une sentence est invoquée à titre incident [2]. Ce faisant, le juge n'octroie pas au sens strict l'autorité de la chose jugée à la sentence (elle l'a dès son prononcé) ; il la confirme.

724 L'*exequatur* répond en revanche à un besoin pratique considérable. La sentence est certes un acte juridictionnel. Son origine privée la prive cependant de la force exécutoire. Dès lors, si la partie perdante refuse de s'exécuter spontanément, il faut obtenir d'un juge la délivrance d'un *exequatur* en vue de procéder à l'exécution forcée de la sentence. L'*exequatur* est nécessaire que la sentence soit rendue en France ou à l'étranger, en matière interne ou internationale. Le Code de procédure civile prévoit toutefois

1. V. *supra*, n° 634.
2. Sous l'empire des anciens textes, v. T. com. Nanterre, 5 sept. 2001, *Rev. arb.* 2002.455, note D. Bureau.

un régime particulier pour les « sentences arbitrales rendues à l'étranger ou en matière d'arbitrage international ».

Il faut ici apporter une précision. Considérer qu'à l'occasion d'une procédure d'*exequatur*, la sentence serait « insérée », « intégrée » ou « relocalisée » dans l'ordre juridique étatique ne nous semble pas correspondre à la nature de l'arbitrage international. Nous préférons dire que, par le biais d'une procédure d'*exequatur*, la sentence est « accueillie » dans l'ordre juridique français. Il en découle que si la sentence répond à certaines conditions (qui font l'objet du contrôle), l'État va prêter son bras armé à l'exécution. Mais la sentence, qui est autonome selon les conceptions françaises, n'est pas au sens propre « intégrée » dans l'ordre juridique du pays d'exécution. L'État intervient uniquement en vue de favoriser l'efficacité de la sentence. Dans cette perspective, le contrôle n'existe que parce que l'État ne saurait permettre le recours à la force publique pour n'importe quel acte, n'importe quelle sentence.

Le Code de procédure civile n'emploie pas l'expression d'*exequatur*, mais celle d'exécution forcée. Or l'*exequatur* est un préalable à l'exécution forcée. C'est une fois revêtue de l'*exequatur* que la sentence pourra effectivement et concrètement être exécutée par la force. La distinction a été rappelée par la jurisprudence dans le domaine de l'immunité d'exécution des États [1].

725 Aux termes de l'article 1516 CPC, le juge de l'*exequatur* est le tribunal de grande instance [2]. La compétence territoriale est désormais clairement déterminée par le même article. Pour les sentences internationales rendues en France, le tribunal de grande instance compétent est celui dans le ressort duquel la sentence a été rendue et pour les sentences rendues à l'étranger, il s'agit du tribunal de grande instance de Paris.

Le juge de l'*exequatur* est saisi par voie de requête. Il n'y a donc pas de débat contradictoire (art. 1516 al. 2 CPC). La partie

---

1. Civ. 1re, 11 juin 1991, *JDI* 1991.1006, note E. Gaillard ; *Rev. arb.* 1991.637, note A. Broches ; *Rev. crit. DIP* 1992.331, note P.L.

2. Il s'agit du tribunal de grande instance statuant à juge unique. En l'état des textes antérieurs, il a été jugé qu'il n'était pas possible de saisir directement le TGI dans sa formation collégiale selon la procédure de droit commun Civ. 1re, 9 déc., 2003, *Noga*, *Rev. arb.* 2004.337, note S. Bollée ; *D.* 2004. 1055, note G. Weiszberg ; *JCP* 2004. II. 10029, note J.-G. Mahinga.

sollicitant l'*exequatur* doit produire la sentence arbitrale ainsi que la convention d'arbitrage (art. 1516 al. 3 CPC). Lorsque le juge accorde l'*exequatur*, l'ordonnance n'a pas à être motivée. Le juge appose seulement par un cachet la formule exécutoire sur la sentence (art. 1517 al. 1 CPC). C'est l'ordonnance refusant l'*exequatur* qui doit être motivée (art. 1517 al. 3 CPC).

Le contrôle du juge de l'*exequatur* est sommaire. L'absence de débat contradictoire à ce stade implique que le juge n'exerce qu'un contrôle *prima facie*. Aux termes de l'article 1514 CPC, le contrôle ne porte que sur deux éléments : l'existence de la sentence et sa non-contrariété manifeste à l'ordre public international. Il faut tout d'abord que l'existence de la sentence soit établie ce qui résulte de la production de son original ou d'une copie authentique de celle-ci (art. 1515 CPC). Il ne faut pas ensuite que la sentence soit « manifestement » contraire à l'ordre public international. Les critères sont restrictifs. Seul l'ordre public international est visé à l'exclusion de l'ordre public interne. Il faut aussi une contrariété manifeste, c'est-à-dire qui résulte de manière évidente d'une simple lecture de la sentence. Dans ces conditions, les refus d'*exequatur* sont extrêmement rares [1]. En aucun cas, le juge de l'*exequatur* n'est autorisé à modifier la sentence. Il a cependant la faculté de délivrer un *exequatur* partiel.

La logique du système veut que le véritable contrôle de la sentence soit entre les mains de la Cour d'appel. Un appel est possible à l'encontre de l'ordonnance qui *refuse* l'*exequatur* (art. 1523 CPC). Le régime de l'appel contre l'ordonnance qui *accorde* l'*exequatur* est plus complexe. Un appel à l'encontre de celle-ci est possible pour les sentences rendues à l'étranger dans les conditions de l'article 1525 CPC. En revanche, pour les sentences rendues en France, un appel contre l'ordonnance d'*exequatur* est normalement exclu (art. 1524 CPC). Toutefois, le recours en annulation formé à l'égard de la sentence emporte de plein droit recours contre cette ordonnance (art. 1524 al. 2 CPC).

1. Pour un exemple, TGI Paris (ord.), 2 févr., 1996, *Rev. arb.* 1998.577 refusant l'*exequatur* d'une sentence contraire à la règle de suspension des poursuites individuelles en matière de procédures collectives.

§ 2. Le recours en annulation

726 Un recours en annulation est une voie de recours intentée directement contre la sentence. C'est même, en principe, la seule voie de recours admise contre une sentence internationale. En effet, l'appel et la tierce opposition - tous deux autorisés en matière d'arbitrage interne - sont exclus dans l'arbitrage international [1]. Seul un recours en annulation, qu'il ne faut pas confondre avec un appel, est autorisé (art. 1518 CPC). Ce recours obéit à un régime spécial. Alors qu'il est possible de demander l'*exequatur* dans tous les pays (concrètement dans tous les pays où se situent des actifs saisissables), le recours en annulation n'est recevable qu'au lieu où la sentence a été rendue. Le siège de l'arbitrage est un critère universellement reconnu pour admettre la recevabilité d'un recours en annulation. Par conséquent, seules les sentences rendues en France peuvent donner lieu à un recours en annulation en vertu des dispositions du Code de procédure civile.

Les griefs permettant d'obtenir l'annulation sont les mêmes que ceux qui peuvent être présentés dans le cadre d'un appel contre l'ordonnance d'*exequatur* [2]. Le recours en annulation est porté devant la Cour d'appel dans le ressort de laquelle la sentence a été rendue (art. 1519 al. 1 CPC). Le délai est d'un mois à compter de la notification de la sentence (art. 1519 al. 2 CPC). Le rejet du recours en annulation confère l'*exequatur* à la sentence arbitrale (art. 1527 al. 2 CPC). En revanche, si le recours en annulation est admis, la sentence rendue est anéantie. Étant annulée, elle ne produit aucun effet. En matière d'arbitrage international, la Cour d'appel n'a pas le pouvoir de statuer sur le fond du litige (contrairement à la règle applicable en matière interne : art. 1493 CPC) ; il faut procéder à un nouvel arbitrage (sauf si la sentence a été

1. À titre exceptionnel, la jurisprudence avait admis un recours en rétractation en cas de fraude. Civ. 1re, 25 mai 1992, *Fougerolle*, *JDI* 1992.974, note E. Loquin ; *Rev. crit. DIP* 1992.699, note B. Oppetit ; *Rev. arb.* 1993.91 ; Paris, 17 juin 2010, *Rev. arb.* 2010. 844, note S. Bollée. Depuis la réforme de 2011, le recours en révision est formellement ouvert en matière internationale par renvoi de l'article 1506 CPC à l'article 1502 (al. 1 et 2) CPC. V., de manière générale, T. Clay, « Le fabuleux régime du recours en révision contre les sentences arbitrales », in *Mélanges S. Guinchard*, Dalloz, 2010, p. 651.
2. V. *infra*, n°733 s.

censurée au motif que la convention d'arbitrage était nulle ou inexistante)[1].

727 Le décret du 13 janvier 2011 a apporté au sujet du recours en annulation plusieurs innovations.

La première, et la principale, est la possibilité offerte aux parties de renoncer au recours en annulation. Selon l'article 1522 al. 1 CPC, « Par convention spéciale, les parties peuvent à tout moment renoncer expressément au recours en annulation ». Pour les arbitrages internationaux se déroulant en France, il est maintenant admis que les parties puissent se priver volontairement du recours normalement ouvert. La disposition va dans le sens du plus grand libéralisme (le détachement par rapport au siège de l'arbitrage est alors quasiment complet). Mais les conditions posées sont strictes. Il faut une convention spéciale et la renonciation doit être expresse. Autrement dit, il faut que la volonté des parties soit certaine et dénuée d'ambiguïté (il ne suffit pas d'une simple renonciation aux recours formulée de manière générale). Par ailleurs, même en cas de renonciation au recours en annulation, l'appel contre l'ordonnance d'*exequatur* est possible (art. 1522 al. 2 CPC).

La deuxième est la possibilité pour les parties de convenir d'un mode de notification de la sentence autre que la signification (dans un but de souplesse). En effet, l'article 1519 al. 3 CPC dispose que « La notification est faite par voie de signification à moins que les parties en conviennent autrement ». La notification peut alors se faire par tout mode convenu (ex. lettre recommandée avec accusé de réception ou bien courrier électronique). On doit ajouter que la notification de la sentence peut être faite sans que cette dernière ait été au préalable exequaturée (ce qui permet de gagner du temps).

La troisième est le caractère non suspensif du recours en annulation (ainsi que de l'appel contre l'ordonnance d'*exequatur*). Cette règle, posée à l'article 1526 al. 1 CPC, permet ainsi, à titre de principe, l'exécution de la sentence en dépit d'un recours intenté

1. B. Moreau, « Les effets de la nullité de la sentence arbitrale », in *Études offertes à P. Bellet*, Litec, 1991, p. 403. *Adde*, A. Pinna, « L'annulation d'une sentence arbitrale partielle », *Rev. arb.* 2008. 615.

contre elle. La solution va dans le sens de l'efficacité de l'arbitrage. Cependant, l'article 1526 al. 2 du code offre au premier président de la Cour d'appel statuant en référé ou au conseiller de la mise en état dès qu'il est saisi la possibilité d'arrêter ou d'aménager l'exécution de la sentence « si cette exécution est susceptible de léser gravement les droits de l'une des parties ».

728 Quels sont les effets en France d'une sentence annulée à l'étranger ? Une sentence qui a été annulée par les juridictions du siège de l'arbitrage peut-elle néanmoins produire effet en France ? La jurisprudence a répondu par l'affirmative. La Cour de cassation a décidé par un très important arrêt du 23 mars 1994 dans l'affaire *Hilmarton* que « la sentence rendue en Suisse était une sentence internationale qui n'était pas intégrée dans l'ordre juridique de cet État, de sorte que son existence demeurait établie malgré son annulation et que sa reconnaissance en France n'était pas contraire à l'ordre public international » [1]. Une sentence annulée en Suisse, lieu du siège, a ainsi pu recevoir l'*exequatur* en France. La motivation de cette solution repose sur l'autonomie de l'arbitrage commercial international. Dans la conception française, l'arbitrage n'étant pas localisé juridiquement au lieu de son siège, la sentence rendue survit à son annulation. Cette conception très libérale a donné lieu à controverse [2]. Elle a été réitérée en termes éloquents par la Cour de cassation dans l'affaire *Putrabali*. La Cour a ainsi déclaré que « la sentence internationale, qui n'est rattachée à aucun ordre juridique étatique, est une décision de justice internationale dont la régularité est examinée au regard des règles applicables dans le pays où sa reconnaissance et son exécution sont demandées » [3]. Il s'en est suivi en l'espèce que la

---

1. Civ. 1re, 23 mars 1994, *Rev. arb.* 1994.327, note C. Jarrosson ; *JDI* 1994.701, note E. Gaillard ; *Rev. crit. DIP* 1995.356, note B. Oppetit ; *RTD com.* 1994.702, obs. E. Loquin. V. dans le même sens, Paris, 14 janv. 1997, *Chromalloy Aero Services*, *Rev. arb.* 1997.395, note P. Fouchard ; *JDI* 1998.750, note E. Gaillard.

2. Sur l'intense discussion générée en doctrine par une telle solution, v. notamment, P. Fouchard, « La portée internationale de l'annulation de la sentence arbitrale dans son pays d'origine », *Rev. arb.* 1997, p. 329 ; J.-P. Poudret, « Quelle solution pour en finir avec l'affaire *Hilmarton* ? », *Rev. arb.* 1998. 7 ; E. Gaillard, « L'exécution des sentences annulées dans leur pays d'origine », *JDI* 1998. 645.

3. Civ. 1re, 29 juin 2007 (deux arrêts), *JDI* 2007. 1236, note T. Clay ; *Rev. arb.* 2007. 507, note E. Gaillard ; *RTD com.* 2007. 682, obs. E. Loquin ; *JCP* 2007. I. 216, n° 7, obs. C. Seraglini. V. J.-P. Ancel, « L'arbitrage : une juridiction internationale autonome », *RJDA* 2007. 883 ; P. Pinsolle, « L'ordre juridique arbitral et la qualification de la sentence arbitrale de décision de justice internationale. À

sentence annulée en Angleterre a pu faire l'objet d'un *exequatur* en France. Malgré les critiques, notamment l'existence d'une contrariété de décisions qui peut en résulter (toutes les fois où une seconde sentence est rendue dans la même affaire [1]), la position de la Cour de cassation doit être entièrement défendue. Selon les conceptions françaises, l'arbitrage est autonome par rapport à son siège. Il en découle logiquement une indifférence de l'annulation de la sentence par les juridictions du siège. Par ailleurs, fondamentalement, seules les juridictions à qui l'on demande d'accorder la force exécutoire ont une véritable légitimité pour contrôler la sentence [2]. La légitimité des juridictions du siège est faible et repose sur une conception ancienne de l'arbitrage. Dans cette veine, la réforme de 2011 a permis aux parties de renoncer au recours en annulation [3]. De même, le rapport au Premier ministre accompagnant le décret du 13 janvier 2011 indique qu'il n'est pas question de revenir sur l'acquis jurisprudentiel constitué par la jurisprudence *Putrabali*. Dans ces conditions, la règle semble bien ancrée dans le paysage juridique français.

Section 2
Les éléments du contrôle

729 Comment le contrôle s'exerce-t-il ? Après des observations générales (**§ 1**), il y aura lieu d'énumérer les griefs recevables à l'encontre de la sentence (**§ 2**).

propos de l'arrêt Putrabali du 29 juin 2007 », *Cahiers de l'arbitrage* 2007/3, p. 14 ; L. Degos, « La consécration de l'arbitrage en tant que justice autonome (à propos des arrêts Putrabali du 29 juin 2007) », *D.* 2008. 1429. *Adde*, A. Mourre, « À propos des articles V et VII de la Convention de New York et de la reconnaissance des sentences annulées dans leur pays d'origine : où va-t-on après les arrêts Termo Rio et Putrabali ? », *Rev. arb.* 2008. 263.

1. C. Debourg, *Les contrariétés de décisions dans l'arbitrage international*, thèse Université Paris Ouest Nanterre la Defense, 2011.

2. E. Gaillard, « L'interférence des juridictions du siège dans le déroulement de l'arbitrage », in *Liber amicorum Cl. Reymond, Autour de l'arbitrage*, Litec, 2004, p. 83, spéc., 95 : « il faut reconnaître que l'État à qui l'on demande de prêter main-forte à l'exécution d'une sentence, de permettre la saisie de comptes bancaires ou de biens de toute nature sur son territoire, a un intérêt plus fort que celui qui a permis à l'arbitrage de se dérouler sur son sol de déterminer ce qui, à son sens, constitue une convention d'arbitrage, puis une sentence arbitrale dignes de protection ».

3. V. *supra*, n° 727.

§ 1. Observations générales

730 Le contrôle des sentences arbitrales est guidé par quelques principes qui convergent tous vers les mêmes buts : ne pas entraver l'efficacité de l'arbitrage et respecter son autonomie. C'est pourquoi le contrôle est nécessairement restreint. Il en découle que les cas dans lesquels une ordonnance d'*exequatur* est réformée ou bien une sentence annulée sont rares.

731 Le premier principe de base est la prohibition de la révision au fond [1]. Le juge étatique chargé du contrôle de la sentence ne statue pas sur le fond du litige. C'est ainsi la grande différence entre un appel contre la sentence et un recours en annulation. Dans le cadre d'un appel, la Cour statue à nouveau en fait et en droit en vertu de la règle de l'effet dévolutif. Rien de tel en matière de recours en annulation. L'objectif de la règle est simple : respecter la décision de l'arbitre qui dispose d'un pouvoir autonome de juger. Le même principe est applicable dans le cadre d'un appel contre une ordonnance d'*exequatur*.

Il ne faut pourtant pas avoir une vue extrême de la prohibition de la révision au fond. Il est acquis que le juge du contrôle ne saurait examiner le bien-jugé des arbitres. Une Cour d'appel saisie d'un recours en annulation ou d'un appel contre une ordonnance d'*exequatur* ne peut sanctionner ou redresser les erreurs de fait ou de droit commises par les arbitres. Mais une marge de manœuvre appréciable existe permettant au juge du contrôle d'exercer un contrôle indirect sur le fond du litige [2]. Ainsi, certains arrêts ont-ils pu décider par le passé qu'« aucune limitation n'est apportée au pouvoir [de la cour d'appel] de rechercher en droit et en fait tous les éléments concernant les vices en question » [3]. À vouloir défendre une vision extensive de la prohibition de la révision au

1. V. Chantebout, *Le principe de non révision au fond des sentences arbitrales*, Thèse Paris II, 2007.
2. V., à propos des jugements étrangers, D. Holleaux, « Les conséquences de la prohibition de la révision », *Trav. com. fr. DIP* 1980-81.53.
3. Civ. 1re, 6 janv. 1987, *Rev. arb.* 1987.469, note P. Leboulanger ; *JDI* 1987.638, note B. Goldman. V. aussi, Paris, 30 sept. 1993, *Rev. arb.* 1994.359, note D. Bureau ; *Rev. crit. DIP* 1994.349, note V. Heuzé ; Paris, 10 sept., 1998, *Rev. arb.* 2001.583, 1re esp., et la note ; Paris, 22 mai 2003, *Rev. arb.* 2003.1252, 2e esp., note F.-X. Train.

fond, on court le risque d'abolir tout contrôle effectif de la sentence. Selon nous, la Cour d'appel doit logiquement avoir le pouvoir de porter une appréciation sur le fond du litige dans la stricte limite de l'article 1520 CPC afin d'établir l'existence de l'un des griefs visés à cet article. On va voir néanmoins que la jurisprudence est assez restrictive, particulièrement s'agissant du contrôle de la conformité à l'ordre public international.

732 Le second principe de base est relatif à la renonciation à se prévaloir des irrégularités de la procédure arbitrale [1]. La jurisprudence a bâti un régime de recevabilité des griefs invocables afin de faire régner la bonne foi dans le contentieux arbitral. La Cour d'appel de Paris a décidé que « Pour être recevable, le grief invoqué à l'encontre de la sentence doit avoir été soulevé, chaque fois que cela était possible, devant le tribunal arbitral lui-même » [2]. Cette solution a été formellement consacrée à l'occasion de la réforme de 2011. Selon l'article 1466 CPC, applicable en matière internationale, « La partie qui, en connaissance de cause et sans motif légitime, s'abstient d'invoquer en temps utile une irrégularité devant le tribunal arbitral est réputée avoir renoncé à s'en prévaloir ». La partie qui n'invoque pas l'irrégularité durant l'arbitrage est considérée comme y ayant renoncé. Il faut donc soulever le grief devant le tribunal arbitral lui-même pour ensuite pouvoir l'invoquer devant les juridictions françaises dans le cadre d'un appel contre l'ordonnance d'*exequatur* ou d'un recours en annulation. Cette règle, qui doit être bien connue des praticiens, est au service de la loyauté procédurale.

Avant l'adoption du décret du 13 janvier 2011, la jurisprudence a aussi utilisé la notion, venue de *common law*, d'*estoppel* [3]. Les résultats sont globalement identiques : au nom de l'*estoppel*, une partie ne peut adopter un comportement contradictoire, par

1. L. Cadiet, « La renonciation à se prévaloir des irrégularités de la procédure arbitrale », *Rev. arb.* 1996. 3.

2. Paris, 18 sept. 2003, *Rev. arb.* 2004. 311, 3e esp. et la note.

3. Civ. 1re, 6 juill. 2005, *Golshani*, *Rev. arb.* 2005. 993, note P. Pinsolle ; *D.* 2005. 3059, obs. T. Clay ; *JDI* 2006. 608, note M. Béhar-Touchais ; *RTD com.* 2006. 309, obs. E. Loquin ; Paris, 20 sept. 2007, *Rev. arb.* 2008. 325, note M. Danis et B. Siino ; *D.* 2008. 188, obs. T. Clay ; Paris, 7 févr. 2008, *Rev. arb.* 2008. 501, note J.-B. Racine ; Paris, 9 oct. 2008, *Rev. arb.* 2009. 360, note P. Duprey ; Civ. 1re, 6 mai 2009, *Rev. arb.* 2010. 299, note D. Cohen.

exemple saisir, dans un premier temps, un tribunal arbitral et, dans un second temps, contester la sentence au motif d'un défaut de convention d'arbitrage [1]. La Cour de cassation a décidé que pour qu'il y ait *estoppel*, il faut un changement de position, en droit, de nature à induire en erreur l'autre partie sur ses intentions [2].

La règle de la renonciation doit-elle s'appliquer à tous les griefs de l'article 1520 CPC ? Il faut, selon nous, réserver quelques cas dans lesquels une éventuelle renonciation serait inopérante, par exemple lorsque l'ordre public international – au moins de direction – est en jeu [3]. Par ailleurs, il a été jugé que la règle ne s'imposait pas à la partie défaillante à l'arbitrage [4].

§ 2. Les griefs recevables à l'encontre de la sentence

733 Les griefs, au nombre de cinq, sont énoncés à l'article 1520 CPC. Ils sont communs au recours en annulation et à l'appel contre l'ordonnance d'*exequatur*. La sentence peut être annulée ou se voir refuser l'*exequatur* si le tribunal s'est déclaré à tort compétent ou incompétent (**A**), si le tribunal arbitral a été irrégulièrement constitué (**B**), si le tribunal arbitral a statué sans se conformer à la mission qui lui avait été confiée (**C**), si le principe de la contradiction n'a pas été respecté (**D**) et si la sentence est contraire à l'ordre public international (**E**). La jurisprudence a toujours fait de ces différents cas une interprétation stricte. La liste de l'article 1520 CPC est par ailleurs limitative.

1. Circonstances de l'affaire Golshani (Civ. 1re, 6 juill. 2005, préc.).
2. Civ. 1re, 3 févr. 2010, *Rev. arb.* 2010. 93, note L. Weiller ; *JCP* 2010. 303. obs. E. Kleiman ; *JCP* 2010. 626, note D. Houtcieff ; *JCP* 2010. 644, n° 14, obs. J. Béguin ; *D.* 2010. 2940, obs. T. Clay.
3. V. en ce sens, Paris, 14 juin 2001, *Tradigrain*, *Rev. arb.* 2001.773, note C. Seraglini.
4. Paris, 21 janv. 2010, *Rev. arb.* 2010. 339, note F.-X. Train.

A. Le tribunal arbitral s'est déclaré à tort compétent ou incompétent (article 1520-1° CPC)

734 Il importe de vérifier la compétence de l'arbitre lorsque celle-ci est contestée. Le principe de compétence-compétence donne une priorité à l'arbitre [1]. Mais une fois que l'arbitre s'est prononcé, le juge du contrôle a le pouvoir d'apprécier si l'arbitre s'est déclaré à tort ou à raison compétent. L'ancien article 1502-1° CPC permettait de contrôler la sentence pour savoir si l'arbitre avait statué sans convention d'arbitrage ou sur convention nulle ou expirée. La réforme de 2011 a abouti à une reformulation de ce grief, sur le modèle du droit suisse. Il est désormais inscrit dans les textes que le contrôle de la sentence porte à la fois sur l'aspect positif – la compétence – et l'aspect négatif - l'incompétence. On peut donc reprocher à l'arbitre de s'être à tort déclaré compétent et, à l'inverse, de s'être déclaré à tort incompétent [2].

Dans un important arrêt du 6 octobre 2010, la Cour de cassation a décidé, en l'état des textes antérieurs à la réforme de 2011, que dans tous les cas ce contrôle devait être total. La Cour a en effet déclaré que « le juge de l'annulation contrôle la décision du tribunal arbitral sur sa compétence, qu'il se soit déclaré compétent ou incompétent, en recherchant tous les éléments de droit ou de fait permettant d'apprécier la portée de la convention d'arbitrage et d'en déduire les conséquences sur le respect de la mission confiée aux arbitres » [3]. Cette solution devrait perdurer à la lumière des nouveaux textes.

B. Le tribunal arbitral a été irrégulièrement constitué (article 1520-2° CPC)

735 C'est au regard de la volonté des parties que la régularité de la composition du tribunal arbitral doit être appréciée. Il faut que la

1. V. *supra*, n°665.
2. En ce sens, Paris, 22 mai 2008, *Abela*, *JCP* 2008. I. 222, n° 7, obs. C. Seraglini ; *D.* 2008. 3117, obs. T. Clay ; *Rev. arb.* 2008. 730, note F.-X. Train. V. J.-B. Racine, « L'affaire Abela ou les vicissitudes du contrôle de la compétence arbitrale », *Cahiers de l'arbitrage*, Gaz. Pal. 17-18 juillet 2009, p. 13.
3. Civ. 1re, 6 oct. 2010, *Abela*, *JCP* 2010. 1028, note P. Chevalier ; *Rev. arb.* 2010. 813, note F.-X. Train ; *D.* 2010. 2943, obs. T. Clay ; *JCP* 2010. 1286, n° 6, obs. J. Ortscheidt ; *Rev. crit. DIP* 2011. 85, note F. Jault-Seseke.

composition du tribunal réponde aux modalités prévues par les parties, soit directement dans la convention d'arbitrage, soit indirectement par l'adoption d'une loi de procédure ou d'un règlement d'arbitrage. Il existe quelques principes qui s'imposent selon leurs propres conditions : celui de l'égalité des parties dans la désignation des arbitres [1] et celui de l'indépendance et de l'impartialité des arbitres [2].

C. Le tribunal arbitral a statué sans se conformer à la mission qui lui avait été confiée (article 1520-3° CPC)

736 Les arbitres sont des juges investis par la volonté des parties. Leur mission étant définie par les parties, ceux-ci doivent veiller à s'y conformer. Un tel grief est toutefois apprécié de manière particulièrement stricte. L'arbitre demeure un juge et il n'est pas totalement « prisonnier » de la mission qui lui a été confiée. De plus, ce grief ne saurait permettre au juge de s'immiscer dans le raisonnement de l'arbitre ou de contrôler la bonne application du droit.

Il faut tout d'abord que l'arbitre respecte sa mission quant à l'étendue du litige. Il ne doit pas statuer *infra petita*, c'est-à-dire omettre ou refuser de statuer sur des demandes qui lui sont présentées [3] (il est toutefois possible de réparer l'omission de statuer [4]). Il ne doit pas non plus statuer *ultra petita*, c'est-à-dire se prononcer au-delà des demandes qui sont formulées devant lui. Il faut ensuite que l'arbitre respecte les règles de procédure et de fond qui ont été choisies par les parties. S'agissant de la procédure, l'arbitre doit motiver sa sentence si sa mission y conduit. S'agissant du fond du litige, l'arbitre ne peut s'arroger les pouvoirs d'amiable compositeur sans y avoir été autorisé par les parties. De même, il ne peut appliquer une autre loi que celle qui a été adoptée par les parties (mais le juge ne saurait contrôler la manière dont cette loi a été appliquée). L'arbitre est cependant habilité

1. V. *supra*, n° 679.
2. V. *supra*, n° 686 s.
3. X. Nyssen et S. Nataf, « L'*infra petita* dans les sentences rendues en matière d'arbitrage international », *Rev. arb.* 2010. 783.
4. V. *supra*, n° 719.

à s'écarter du choix des parties en application de l'ordre public international et des lois de police [1]. Enfin, le respect de la mission arbitrale intéresse l'application de la *lex mercatoria*. Il est désormais de jurisprudence constante que l'arbitre devant statuer en droit ne s'écarte pas de sa mission en appliquant la *lex mercatoria* [2].

D. Le principe de la contradiction n'a pas été respecté (article 1520-4° CPC)

737 Le principe de la contradiction est l'épine dorsale de toute procédure et de la procédure arbitrale en particulier [3]. Quel que soit le droit applicable à l'instance arbitrale, ce principe, qui relève de l'ordre public international, doit être respecté [4]. À cet égard, le nouvel article 1510 CPC réaffirme l'importance du principe de la contradiction.

Celui-ci impose qu'une partie soit informée qu'une procédure d'arbitrage est diligentée contre elle. La contradiction doit aussi être respectée tout au long de l'instance. La Cour d'appel de Paris a remarquablement synthétisé les contours du principe à ce stade en considérant que « la juridiction arbitrale doit impérativement respecter et faire respecter le principe de la contradiction ; que ce principe suppose que chaque partie ait été en mesure de faire valoir ses moyens de fait et de droit, de connaître ceux de son adversaire et de les discuter, ensuite qu'aucune écriture et qu'aucun document n'ait été porté à la connaissance des arbitres sans être également communiqué à l'autre partie, enfin qu'aucun moyen de fait ou de droit ne soit soulevé d'office par le tribunal arbitral sans que les parties n'aient été invitées à présenter leurs observations éventuelles » [5].

1. Paris, 2 juin 2004, *Cineco*, *Rev. arb.* 2005.673, 2e esp., note J.-B. Racine.
2. V. *supra*, n° 98.
3. De manière générale, v. L. Ascensi, *Du principe de la contradiction*, LGDJ, 2006.
4. C. Kessedjian, « Principe de la contradiction et arbitrage », *Rev. arb.* 1995.381 ; S. Guinchard, « L'arbitrage et le principe du respect du contradictoire (à propos de quelques décisions rendues en 1996) », *Rev. arb.* 1997.185.
5. Paris, 16 janv. 2003, *Rev. arb.* 2004.369, note L. Jaeger.

Le principe de la contradiction a pour destinataires non seulement les parties elles-mêmes, mais aussi les arbitres [1]. Ces derniers ne doivent pas fonder leur décision sur des moyens de fait ou de droit qui n'ont pas été discutés par les parties [2], à moins qu'éventuellement, par leur généralité, ces moyens soient nécessairement dans le débat [3]. La jurisprudence est vigilante quant au respect du principe [4]. Elle fait cependant preuve de souplesse en admettant que les arbitres n'ont aucune obligation de soumettre au préalable leur motivation à une discussion contradictoire des parties [5].

E. La sentence est contraire à l'ordre public international (article 1520-5° CPC)

738 La réserve de l'ordre public est classique en droit international privé. Elle trouve une application particulière en matière de sentences arbitrales. L'*exequatur* peut être refusé ou l'annulation prononcée si la sentence est contraire à l'ordre public international. C'est l'ordre public « international » qui est visé, celui-ci étant conçu de manière moins large que l'ordre public interne [6]. C'est, qui plus est, la conception française de l'ordre public international qui est mise en œuvre, c'est-à-dire « l'ensemble des règles et des valeurs dont l'ordre juridique français ne peut souffrir la méconnaissance, même dans des situations à caractère international » [7]. Il ne nous semblerait cependant pas aberrant que le juge du contrôle se réfère à un ordre public réellement international [8]. Dans la même optique, il nous paraîtrait

1. C. Chainais, « L'arbitre, le droit et la contradiction : l'office du juge arbitral à la recherche de son point d'équilibre », *Rev. arb.* 2010. 3. *Adde*, A. Carlevaris, « L'arbitre international entre Charybde et Scylla : le principe *jura novit curiae* entre principe de la contradiction et impartialité de l'arbitre », *Cahiers de l'arbitrage/The Paris Journal of international arbitration*, 2010/2, p. 433.
2. Solution rappelée par Civ. 1re, 14 mars 2006, *Charasse*, *Rev. arb.* 2006.483.
3. Pour le principe d'exécution de bonne foi des contrats, Paris, 25 nov. 1993, *Rev. arb.* 1994.730, note D. Bureau.
4. Paris, 15 mai 2008, 19 juin 2008, 19 oct. 2008 et 3 déc. 2009, *Rev. arb.* 2010. 105.
5. Paris, 25 mars 2004, *Rev. arb.* 2004.671, note J. Ortscheidt ; Paris, 19 juin 2008, préc.
6. Civ. 1re, 19 nov. 1991, *Grands Moulins de Strasbourg*, *Rev. arb.* 1992.76, note L. Idot.
7. Paris, 27 oct. 1994, *Rev. arb.* 1994.709 ; Paris, 14 juin 2001, *Tradigrain*, *Rev. arb.* 2001.773, note C. Seraglini.
8. Paris, 30 sept. 1993, *Westman*, *Rev. arb.* 1994.359, note D. Bureau ; *Rev. crit. DIP* 1994.349, note V. Heuzé, qui a jugé qu'un « contrat ayant pour cause et pour objet l'exercice d'un trafic d'influence par le versement de pots-de-vin est [...] contraire à l'ordre public international français ainsi qu'à l'éthique des affaires internationales telle que conçue par la plus grande partie des États de la communauté internationale ».

admissible que le même juge prenne en compte un ordre public étranger à la condition que ce dernier poursuive les mêmes objectifs que le droit français ou des objectifs différents qu'il considère légitimes [1].

739 Même limité à sa conception française, l'ordre public international concerne à la fois la procédure et le fond.

S'agissant de la procédure, on peut citer comme relevant de l'ordre public international, outre le principe de la contradiction qui n'en est qu'une application particulière, le principe d'égalité des parties [2] ou l'interdiction de la fraude procédurale [3]. En revanche, ne relève pas de l'ordre public international la règle « le criminel tient le civil en l'état », celle-ci ne s'imposant pas aux arbitres en matière internationale [4].

S'agissant du fond, outre les principes fondamentaux de l'ordre juridique français, les lois de police font rationnellement partie de l'ordre public international au sens de l'article 1520-5° (ex-1502-5° CPC) [5]. Il en va ainsi tout particulièrement du droit de la concurrence. À cet égard, la Cour de justice des communautés européennes a rendu un important arrêt dans l'affaire *Eco Swiss* par lequel elle a dit pour droit que « Une juridiction nationale saisie d'une demande en annulation d'une sentence arbitrale doit faire droit à une telle demande lorsqu'elle estime que cette sentence est effectivement contraire à l'article 81 CE (ex-art. 85 et désormais article 101), dès lors qu'elle doit, selon ses règles de procédure internes, faire droit à une demande en annulation fondée sur la méconnaissance de règles nationales d'ordre public » [6]. Cet arrêt intègre le droit européen de la concurrence dans le champ du contrôle des sentences arbitrales au titre de l'ordre public.

1. V. de manière implicite, Paris, 22 janv. 2004, *Rev. arb.* 2004.647, note E. Loquin.
2. V. *supra*, n° 679.
3. Paris, 30 sept. 1993, *Westman*, préc.
4. Civ. 1re, 25 oct. 2005, *D.* 2005.3052 et 3060, obs. T. Clay ; *D.* 2006.199, avis J. Sainte-Rose ; *Rev. arb.* 2006.103, note J.-B. Racine ; *JDI* 2006.996, note F.-X. Train. Sur l'impact de la réforme du 5 mars 2007 modifiant l'article 4 du Code de procédure pénale en matière d'arbitrage interne, v. F.-X. Train, *Rev. arb.* 2007.145.
5. P. Mayer, «La sentence contraire à l'ordre public au fond», *Rev. arb.* 1994.615.
6. CJCE, 1er juin 1999, *Rev. arb.* 1999.631, note L. Idot ; *JDI* 2000.307, chron., S. Poillot-Peruzzetto, *ibid.* 299.

740 Le problème n'est pas tant celui du contenu de l'ordre public international que celui de l'étendue du contrôle effectué par le juge. Jusqu'où celui-ci peut-il aller pour déceler une contrariété à l'ordre public international ? Cette question est actuellement l'une des plus débattues du droit de l'arbitrage. La jurisprudence est aujourd'hui extrêmement restrictive. Le fameux arrêt *Thalès* a adopté une conception du contrôle de la conformité de la sentence à l'ordre public international limitée aux seuls cas exceptionnels d'une violation flagrante, effective et concrète [1]. La Cour a ajouté dans cette affaire où était alléguée une violation du droit communautaire de la concurrence que « le juge de l'annulation peut certes, dans le cadre de ses pouvoirs de nature disciplinaire, porter une appréciation en droit et en fait sur les éléments qui sont dans la sentence déférée à son contrôle, mais pas statuer au fond sur un litige complexe qui n'a jamais encore été ni plaidé, ni jugé devant un arbitre concernant la simple éventualité de l'illicéité de certaines pratiques contractuelles ». La Cour de cassation est allée dans le même sens à l'occasion de l'affaire *SNF/Cytec* dans laquelle elle a décidé que « s'agissant de la violation de l'ordre public international, seule la reconnaissance ou l'exécution de la sentence est examinée par le juge de l'annulation au regard de la compatibilité de sa solution avec cet ordre public, dont le contrôle se limite au caractère flagrant, effectif et concret de la violation alléguée » [2]. La jurisprudence est désormais constante [3]. La solution peut s'expliquer par le souci d'éviter les contentieux parasites après la reddition de la sentence et par la volonté de préserver le caractère définitif de la décision des arbitres. Cependant, une conception trop restrictive du contrôle risque dans la pratique de tenir pour lettre morte l'article 1520-5° CPC. Une souplesse excessive en la matière donne une liberté totale aux arbitres et refoule

1. Paris, 18 nov. 2004, *Thalès*, *Rev. arb.* 2005.751 ; *JDI* 2005.357, note A. Mourre ; *JCP* 2005. I. 134, n°8, obs. C. Seraglini ; *Rev. crit. DIP* 2006.104, note S. Bollée. V. L.G. Radicati di Brozolo, « L'illicéité «qui crève les yeux» : critère de contrôle des sentences au regard de l'ordre public international (à propos de l'arrêt *Thalès* de la Cour d'appel de Paris) », *Rev. arb.* 2005.529.

2. Civ. 1re, 4 juin 2008, *Rev. arb.* 2008. 473, note I. Fadlallah ; *JDI* 2008. 1107, note A. Mourre ; *D.* 2008. 3118, obs. T. Clay ; *RTD Com.* 2008. 518, obs. E. Loquin ; *JCP* 2008. I. 164, n° 8, obs. C. Seraglini.

3. Paris, 22 oct. 2009, *Linde*, *Rev. arb.* 2010. 124, note F.-X. Train ; Paris, *Schneider*, 10 sept. 2009, *Rev. arb.* 2010. 548, note L.-C. Delanoy. V. L. Radicati di Brozolo, « Arbitrage et droit de la concurrence : vers un consensus », *Cahiers de l'arbitrage*, 2010/1, p. 181.

à leur égard toute obligation de respecter l'ordre public [1]. Il serait sans doute nécessaire d'être plus exigeant dans le contrôle des sentences au regard de l'ordre public international non pas en introduisant une véritable révision au fond, mais en permettant au juge une appréciation limitée et ponctuelle du fond du litige [2]. Des propositions ont été faites en doctrine afin de trouver une solution raisonnable aux problèmes posés. Pierre Mayer a ainsi suggéré de distinguer entre une atteinte matérielle à l'ordre public (par exemple si une sentence conduit à pérenniser un accord anticoncurrentiel en imposant à une partie de le respecter pour l'avenir) et une atteinte à l'effectivité d'une règle d'ordre public (par exemple si une sentence condamne à des dommages et intérêts une partie qui se refuse à exécuter un accord anticoncurrentiel) [3]. Le contrôle pourrait être plus poussé dans la première situation que dans la seconde. De même, Christophe Seraglini a proposé de supprimer l'exigence d'une atteinte « flagrante » à l'ordre public international pour lui substituer la nécessité d'une atteinte « grave » ou « sérieuse » [4]. Au final, les cas dans lesquels une contrariété de la sentence à l'ordre public international est reconnue sont très rares [5].

1. V. C. Seraglini, « L'affaire Thalès et le non-usage immodéré de l'exception d'ordre public (ou les dérèglements de la déréglementation) », in *Cahiers de l'arbitrage*, *Gaz. Pal.*, 21-22 oct. 2005, p. 5.
2. V. C. Seraglini, note sous Paris, 14 juin 2001, *Rev. arb.* 2001.773 ; S. Bollée, note sous Com. 17 janv. 2006 et autres, *Rev. arb.* 2007.97. V., aussi, L.-C. Delanoy, « Le contrôle de l'ordre public au fond par le juge de l'annulation : trois constats, trois propositions », *Rev. arb.* 2007. 177.
3. P. Mayer, « L'étendue du contrôle, par le juge étatique, de la conformité des sentences arbitrales aux lois de police », in *Mélanges H. Gaudemet-Tallon*, Dalloz, 2008, p. 459, spéc., p. 474 s.
4. C. Seraglini, « Le contrôle de la sentence au regard de l'ordre public international par le juge étatique : mythes et réalités », in *Cahiers de l'arbitrage*, 2009/1, p. 5.
5. Pour un exemple, Paris, 5 avr. 1990, *Courrèges*, *Rev. arb.* 1992, p. 110, note H. Synvet ; *Rev. crit. DIP* 1991.580, note C. Kessedjian. V., récemment, en raison d'une fraude procédurale, Paris, 1er juill. 2010, *Rev. arb.* 2010. 856, note B. Audit.

INDEX ALPHABÉTIQUE

Les chiffres renvoient aux numéros de paragraphes.

A

B

C

D

S

T

U

V

TABLE DES MATIÈRES

Photocomposition Nord Compo
59650 Villeneuve d'Ascq

708961 (I) (2) OFM-Ter 60g NC (JoE)
Imprimé en France. - JOUVE, 1, rue du Docteur Sauvé, 53100 MAYENNE
N° 767605P. - Dépôt légal : octobre 2011